国家标准GB/T28158－2011《国际贸易业务的职业分类与资质管理》培训考试教材
国际贸易类专业校企合作专业共建计划指定教学资源
高等院校国际贸易类专业规划教材

初级国际贸易会计

——助理国际贸易会计师业务技能考试用书

杨文侠 主编

中国对外贸易经济合作企业协会
全国外经贸从业人员考试中心
组织编写

上海财经大学出版社

图书在版编目(CIP)数据

初级国际贸易会计：助理国际贸易会计师业务技能考试用书/杨文侠主编．—上海：上海财经大学出版社，2015.1
国家标准 GB/T28158—2011《国际贸易业务的职业分类与资质管理》培训考试教材
国际贸易类专业校企合作专业共建计划指定教学资源
高等院校国际贸易类专业规划教材
ISBN 978-7-5642-1967-3/F·1967

Ⅰ.①初… Ⅱ.①杨… Ⅲ.①国际贸易-会计-资格考试-教材 Ⅳ.①F740.45

中国版本图书馆 CIP 数据核字(2014)第 161988 号

□ 责任编辑　陈　佶
□ 封面设计　钱宇辰
□ 责任校对　胡　芸　赵　伟

CHUJI GUOJI MAOYI KUAIJI
初级国际贸易会计
——助理国际贸易会计师业务技能考试用书
杨文侠　主编

上海财经大学出版社出版发行
（上海市武东路 321 号乙　邮编 200434）
网　　址：http://www.sufep.com
电子邮箱：webmaster @ sufep.com
全国新华书店经销
同济大学印刷厂印刷
上海景条印刷有限公司装订
2015 年 1 月第 1 版　2015 年 1 月第 1 次印刷

787mm×1092mm　1/16　19 印张　486 千字
印数：0 001—4 000　　定价：38.00 元

总序

改革开放以来我国国际贸易行业高速发展，在扩大就业、增加财政收入、缓解资源约束、推动技术进步及产业升级、扩大国际影响力等方面作出了巨大贡献，在国民经济中占据了重要地位。近年来，随着国际国内政治经济形势的发展，国际贸易行业处于转型发展的关键时期。以标准化管理提升企业管理能力，以专业化人才提升企业经营能力成为国际贸易行业的共识。

2010年中国对外贸易经济合作企业协会受国家标准化管理委员会委托，着手制定国家标准《国际贸易业务的职业分类与资质管理》，2012年7月该标准正式公布实施，标准编号GB/T 28158-2011。该标准填补了我国外经贸行业职业资质标准的空白，为外经贸企业选人、用人提供了参照和标尺，为我国外经贸行业从业人员职业能力培训考试工作提供了依据。该标准的应用与实施将在推进国际贸易企业基础管理、提升专业人员职业素养方面发挥巨大作用。

本套教材是中国对外贸易经济合作企业协会为《国际贸易业务的职业分类与资质管理》(GB/T 28158-2011)应用工作编写的配套教材，是对标准内容的系统诠释，客观反映了目前我国国际贸易企业业务现状，可用于国际贸易从业人员职业能力培训考试，也可用于院校国际贸易类专业教学。

在教材编写中协会坚持“实用性、前瞻性、高啮合度”的原则，以外经贸各领域一线专家组成编写团队，围绕各岗位工作要求，以业务过程串联知识点，使学员在了解工作内容中掌握知识；在教学内容上强调前沿、新颖，使学员知识结构与业务环境基本同步；在体例结构上摒弃了普通教材知识结构大而泛的弊病，紧紧围绕业务内容，使认证学员了解工作岗位最真实的细节和方法。

为配合国家标准GB/T28158—2011在院校中的应用，协会推出了“国际贸易相关专业校企合作专业共建计划”，协会将对参加计划的院校在行业专家进校园、提供核心技能课程教学资源、推进院校“双证书”工作、“双师型”教师培训、共建专业第三方行业评价等方面进行支持，本套教材是该计划指定教材。后续协会将推出相应课程教学资源，包括教学课件(PPT)，教学、实训、测试软件，试卷相关的视、音频资料等。

本套教材是宣传贯彻国家标准GB/T28158—2011工作重要组成部分，凝结着广大开发人员的心血，感谢为本套教材付出努力的各位专家，希望各教材使用单位和我协会共同努力，构建完善国际贸易职业能力培训考核体系，提升国际贸易从业人员职业素养，为我国外经贸行业的快速发展作出贡献。

中国对外贸易经济合作企业协会

国家标准《国际贸易业务的职业分类与资质管理》编制小组

二○一四年十月

前　言

2012年7月1日，由中国对外贸易经济合作企业协会和中国标准化研究院联合起草的国家标准GB/T28158—2011《国际贸易业务的职业分类与资质管理》经国家标准化管理委员会审核颁布并正式实施。

本书依据国家标准《国际贸易业务的职业分类与资质管理》中，国际贸易财会类三级职业能力要求编写，内容涵盖了国际贸易会计员的工作内容，针对国际贸易会计的活动领域，将全书分为国际贸易会计总论、外币业务与国际贸易结算、出口贸易业务、出口退税核算、进口贸易业务、易货及加工补偿贸易、进出口企业财务会计报表七部分内容。

本书充分体现了实用性、先进性和前瞻性。内容新颖、体系务实、适应面广、针对性强，各章节均配以重点指导及复习思考等内容。

本书既是全国外经贸从业人员职业能力培训考试教材，也是高等院校会计类、国际贸易类专业学生的双证融通教材。

参加本书编写工作的人员有：杨文侠（第一、三、四章）、杨福强（第二、七章）、沈政（第五、六章）。全书由杨文侠总纂。

广大教师与学员在本教材使用中如发现问题，可通过电子邮件与考试中心取得联系（kszx@chinaftat.org），有关考试管理内容，请查看全国外经贸考试中心网（http://www.chinaftat.org）。

编　者

2014年10月

目 录

第一章 国际贸易会计总论

第一节 国际贸易会计的意义

国际贸易是国际范围的商品交换活动。从一国角度来看，一个国家或地区同另外的国家或地区进行商品交换的活动，称为对外贸易。国际贸易会计是应用于外经贸企业和其他企业国际贸易的一种专业会计。

一、国际贸易会计的基本职能

国际贸易会计具有会计核算和会计监督两大基本职能。

会计核算职能是指将参与国际贸易的企业已经发生的个别的、大量的经济业务，通过确认、计量、记录、汇总和报告，转化为全面、连续、系统的会计信息，以反映外经贸企业经济活动的全过程及其结果。

会计监督职能是指控制和规范参与国际贸易企业经济活动的运行，使其达到预定的目标。会计机构、会计人员要监督企业的经济活动是否符合国家的财经政策和财经纪律；监督会计核算反映的会计信息是否真实完整；监督经济活动是否按照事先确定的财务目标和编制的各项预算运行；及时反馈脱离预算的偏差，并及时采取措施，予以调整。

会计核算和会计监督两大职能相辅相成。核算是监督的基础，只有正确进行会计核算，监督才有真实可靠的依据；而监督则是核算的继续，只有严格地进行会计监督，才能使经济活动按预期目的运行，会计核算才能在企业的经济管理中充分发挥作用。

二、国际贸易会计的作用和意义

（一）为企业加强管理、进一步参与国际竞争提供可靠的信息

国际贸易会计核算可以为企业开展业务经营提供重要信息，真实客观地反映企业各项商品、财产和资金的增减变动，全面系统地记录与核算进出口贸易收入、成本、费用、支出、利润（或亏损）的形成和分配等，这些重要信息为企业加强经营管理、进一步参与国际竞争提供保证。

（二）促进外经贸企业经济效益的提高

通过行之有效的会计核算，特别是通过会计人员预测经济成果和积极参与决策，可以促进参与国际贸易的企业管好、用好各项资金，加强财务管理，努力降低成本，节约费用，多创利润，不断提高经济效益，为进一步发展对外经济贸易服务。

（三）迅速收汇、合理付汇，保护企业利益

国际贸易会计的核算与监督职能有助于参与国际贸易的企业合理付汇以及安全迅速收汇。同时，涉外企业账务涉及大量的商品、物资、设备和货币资金，会计人员可以通过有效的会

计核算方法以及财产清查等手段保护企业财产的安全和完整。

(四)维护财经纪律,保护国家利益

国际贸易会计通过对会计凭证和账簿的审核,可以检查和监督企业在参与国际贸易活动中遵守财经纪律的情况,促使企业严格遵守各项法律、法规及制度,维护国家利益。

第二节 国际贸易会计准则体系

一、我国的会计法律体系

法律体系,法学中有时也称为"法的体系",是指由一国现行的全部法律规范按照不同的法律部门分类组合而形成的一个呈体系化的有机联系的统一整体。法律体系通常是指一个国家全部现行法律规范分类组合为不同的法律部门而形成的有机联系的统一整体。简单地说,法律体系就是部门法体系。部门法又称法律部门,是根据一定标准、原则所制定的同类规范的总称。

我国会计法律规范体系,是指用以规范我国会计行为、调整会计关系的全部法律规范的有机总和,包括协调会计主体、会计客体以及会计法律关系等。我国的会计法律规范,既包括《会计法》、《注册会计师法》、《企业会计准则》等专门会计法律,又包括《公司法》、《证券法》、《刑法》等其他相关法律规定内容。我国的会计法律规范体系,主要是指由以全国人民代表大会及其常务委员会为代表的立法机关和相关行政机关制定的一系列会计法律、法规与规章等。会计法律体系按权威和法律效力区分,可分为四个层次:

(一)会计法律

会计法律是指由全国人民代表大会及其常务委员会经过一定立法程序制定的、调整我国经济生活中会计行为关系的法律规范的总称。现行的《中华人民共和国会计法》(简称《会计法》)是唯一的一部会计法律,它是会计法律规范体系中层次最高、最具有法律效力的法律规范,是会计工作的根本大法,是制定其他会计法律法规、会计规章制度的依据,也是指导我国会计工作的最高准则,其他任何会计法律法规都不得与之相违背。我国会计法律的立法宗旨是为了规范会计行为,保证会计资料真实、完整,加强经济管理和财务管理,提高经济效益,维护社会主义市场经济秩序。国家机关、社会团体、公司、企业、事业单位和其他组织(以下统称为单位)必须按照会计法律办理会计事务。我国最早的一部完整封建法典——战国时期的《法经》,即对会计问题做出了相关规定;北洋政府于 1913 年 3 月颁布《会计法条例》,同年 10 月 2 日重新修订并改称《会计法》,这是中国独立进行会计立法的首次尝试;新中国于 1985 年 1 月 21 日在第六届全国人民代表大会常务委员会第九次会议上通过了《中华人民共和国会计法》,自 1985 年 5 月 1 日起施行;1993 年 12 月 29 日第八届全国人民代表大会常务委员会第五次会议通过了《关于修改〈中华人民共和国会计法〉的决定》,自公布之日起施行;1999 年 10 月 31 日第九届全国人民代表大会常务委员会第十二次会议又对《会计法》进行了修订,自 2000 年 7 月 1 日起施行。

(二)会计行政法规

会计行政法规是指国务院制定并颁布,或者国务院有关部门拟定并经国务院批准颁布,调整经济生活中某些方面会计关系的法律规范。会计行政法规制定的依据是《会计法》,会计行政法规的效力仅次于会计基本法,是一种重要的法律形式。在我国现行的属于会计行政法规的主要包括 1990 年 12 月 31 日国务院颁布的《总会计师条例》、2000 年 6 月 21 日国务院颁布的《企业财务会计报告条例》。会计行政法规通常以条例、办法、规定等具体名称出现。

(三)国家统一的会计制度

国家统一的会计制度是指国务院财政部门根据《会计法》制定的关于会计核算、会计监督、会计机构和会计人员以及会计工作管理的制度,包括规章和规范性文件。会计规章是根据《立法法》规定的程序,由财政部制定,并由部门首长签署命令予以颁布的制度办法。如 2001 年 2 月 20 日时任财政部部长项怀诚以财政部第 10 号令形式颁布的《财政部门实施会计监督办法》,2006 年 2 月 15 日时任财政部部长金人庆以财政部第 33 号令形式颁布的修订后的《企业会计准则——基本准则》。会计规范性文件是指主管全国会计工作的行政部门,即国务院财政部门,制定并颁布的各种核算制度及办法。例如,2006 年 2 月 15 日财政部印发的《企业会计准则第 1 号——存货》等 38 项具体准则及 2006 年 10 月 30 日印发的《企业会计准则——应用指南》,由财政部颁布的《企业会计制度》、《金融企业会计制度》、《小企业会计制度》、《会计基础工作规范》、《会计从业资格管理办法》,以及财政部与国家档案局联合颁布的《会计档案管理办法》等。会计规范性文件的制定依据是会计法律和会计行政法规。

(四)地方性会计法规

地方性会计法规是由省、自治区、直辖市的人民代表大会或常务委员会在同宪法、会计法律、行政法规和国家统一的会计制度不相抵触的前提下,根据本地区情况制定颁布的关于会计核算、会计监督、会计机构和会计人员以及会计工作管理的规范性文件。实行计划单列管理的计划单列市、经济特区的人民代表大会及其常务委员会在宪法、法律、行政法规允许范围内制定的会计规范性文件,也属于地方性会计法规。例如,《四川省会计管理条例》、《山东省实施〈中华人民共和国会计法〉办法》、《深圳市会计条例》等。

综上可见,我国会计法律规范体系的内涵和内容十分丰富,是一套数量庞大、种类繁多、层面广阔、角度全面、内容丰富的会计法律规范体系。

二、会计准则体系

我国的会计准则是为适应社会主义市场经济发展的需要,保证会计信息质量,根据《中华人民共和国会计法》制定的。它是我国会计核算工作的统一标准,是审核企业、事业单位会计报告的依据。我国的企业会计准则体系可以分为如下三个层次:

(一)基本准则

《企业会计准则——基本准则》(中华人民共和国财政部令第 33 号)由财政部于 2006 年 2 月 15 日颁布,属于财政部部门规章,自 2007 年 1 月 1 日起施行。基本准则是为进行会计核算工作而作出的原则性规定,它为制定具体准则和会计制度提供依据,包括会计信息质量要求、会计假设和会计要素准则等基本内容。

(二)具体准则

《企业会计准则——具体准则》(财会[2006]3 号)由财政部于 2006 年 2 月 15 日颁布,属于财政部规范性文件,自 2007 年 1 月 1 日起在上市公司范围内施行,鼓励其他企业执行(执行具体准则的企业不再执行原准则、《企业会计制度》和《金融企业会计制度》)。

具体准则是指依据基本会计准则的要求,就经济业务的处理及其程序作出的具体规定。2006 年颁布的 38 个具体会计准则分别是:《企业会计准则第 1 号——存货》、《企业会计准则第 2 号——长期股权投资》、《企业会计准则第 3 号——投资性房地产》、《企业会计准则第 4

号——固定资产》、《企业会计准则第 5 号——生物资产》、《企业会计准则第 6 号——无形资产》、《企业会计准则第 7 号——非货币性资产交换》、《企业会计准则第 8 号——资产减值》、《企业会计准则第 9 号——职工薪酬》、《企业会计准则第 10 号——企业年金基金》、《企业会计准则第 11 号——股份支付》、《企业会计准则第 12 号——债务重组》、《企业会计准则第 13 号——或有事项》、《企业会计准则第 14 号——收入》、《企业会计准则第 15 号——建造合同》、《企业会计准则第 16 号——政府补助》、《企业会计准则第 17 号——借款费用》、《企业会计准则第 18 号——所得税》、《企业会计准则第 19 号——外币折算》、《企业会计准则第 20 号——企业合并》、《企业会计准则第 21 号——租赁》、《企业会计准则第 22 号——金融工具确认和计量》、《企业会计准则第 23 号——金融资产转移》、《企业会计准则第 24 号——套期保值》、《企业会计准则第 25 号——原保险合同》、《企业会计准则第 26 号——再保险合同》、《企业会计准则第 27 号——石油天然气开采》、《企业会计准则第 28 号——会计政策、会计估计变更和会计差错更正》、《企业会计准则第 29 号——资产负债表日后事项》、《企业会计准则第 30 号——财务报表列报》、《企业会计准则第 31 号——现金流量表》、《企业会计准则第 32 号——中期财务报告》、《企业会计准则第 33 号——合并财务报表》、《企业会计准则第 34 号——每股收益》、《企业会计准则第 35 号——分部报告》、《企业会计准则第 36 号——关联方披露》、《企业会计准则第 37 号——金融工具列报》、《企业会计准则第 38 号——首次执行企业会计准则》。

（三）应用指南

《企业会计准则——应用指南》（财会[2006]18 号）由财政部于 2006 年 10 月 30 日颁布，属于财政部规范性文件，自 2007 年 1 月 1 日起在上市公司范围内施行，鼓励其他企业执行。截至目前，对于《企业会计准则第 15 号——建造合同》、《企业会计准则第 25 号——原保险合同》、《企业会计准则第 26 号——再保险合同》、《企业会计准则第 29 号——资产负债表日后事项》、《企业会计准则第 32 号——中期财务报告》、《企业会计准则第 36 号——关联方披露》6 项具体准则，财政部尚未颁布应用指南。

上述基本准则、具体准则、应用指南三个方面，依次自上而下形成企业会计准则的三个层次，构成我国的企业会计准则体系，并具有法律法规上的效力，在全国范围内（我国港、澳、台地区除外）强制执行。

我国外贸企业除了要遵守以上共同的会计规范体系之外，还要结合外贸企业资金运动的特点和特殊性，更好地组织外贸企业的会计核算。

第三节　会计核算基本前提及会计信息质量要求

一、会计核算的基本前提

会计核算的基本前提是指为了使会计核算工作能够正常进行和向有关方面提供高质量的会计信息，对会计核算的范围、内容、基本程序、方法和计量方式上所作的规定。作为会计核算对象的企业经营活动，具有一定程度的不确定性，而会计核算的目的就是通过连续、系统、全面地记录、计算和反映经济活动，为各方面提供必要的会计信息。所以，会计核算的基本前提，实际上就是对会计核算中的一些重要因素，根据正常情况或客观需要，在空间范围内、在时间界限上、在计量方式上所作的一些合乎情理的限制和规定。由于这些规定都是为了达到会计核算的目的而设立的，所以又称会计假设。

我国《企业会计准则》规定的会计核算前提有四个：会计主体、持续经营、会计期间和货币计量。

（一）会计主体

会计主体是指会计工作为之服务的经济组织和责任实体。凡是实行独立核算的单位，在会计上都可以设定为一个会计主体。

企业进行会计核算时，必须首先明确会计主体，即为谁核算、核算谁的经济业务。为此，《企业会计准则》规定，会计核算应当以企业发生的各项交易或事项为对象，记录和反映企业本身的各项生产经营活动。也就是说，会计核算是反映一个特定企业的经营活动，既不包括企业所有者本人，也不包括其他企业的经营活动。只有首先提出会计主体这一前提，才能使会计的核算范围得到明确，才能使企业的财务状况、经营成果和现金流量独立地反映出来。

明确会计主体，也是明确会计人员处理经济业务的立场。虽然任何经济交易都是买卖两方面的活动，而会计只记录买或卖一个方面主体的经济活动。例如，一项商品购销业务，甲方是买方，乙方是卖方。按照会计主体的要求，会计人员应站在本企业的立场上处理业务，即甲方的会计应作商品购进的账务处理，而乙方的会计应作商品销售的账务处理。明确会计主体，不仅可以把会计主体之间的经济关系划分清楚，而且还可以把特定单位投资者及职工个人的财务活动与特定单位的财务活动划分清楚，从而正确处理好各方面的经济关系。

（二）持续经营

我国《企业会计准则》规定：企业会计确认、计量和报告应当以持续经营为前提。持续经营是指会计主体的生产经营活动是持续正常进行的，在可以预见的未来不会面临破产清算。这是假定企业在正常情况下，将按既定的经营方针、目标连续经营下去。这一假设为解决会计核算中的财产计价和费用分配问题提供了前提条件。例如，企业固定资产计量应按购建时的历史成本入账，固定资产价值通过提取折旧的形式，在其使用年限内分期转作费用；待摊费用也应按受益期限均衡摊配下去等，都是以持续经营为前提的。

在市场经济条件下，任何企业都存在破产、清算的风险，如果可以判断企业不会持续经营，就应该改变会计核算的原则和方法，并在企业财务会计报告中作相应披露。

（三）会计期间

我国《企业会计准则》规定：企业应当划分会计期间，分期结算账目和编制财务会计报告。会计期间是指将会计主体持续不断的经营活动人为地划分为不同的时期，以便分期结算账目和编制财务会计报告。

我国《企业会计准则》中将会计期间分为年度和中期，中期是指短于一个完整的会计年度的报告期间，可分为半年度、季度和月份。年度、半年度、季度和月份的起讫日期采用公历日期，即会计年度与公历年度相同，从 1 月 1 日开始到 12 月 31 日止。会计期间假设是对持续经营假设的必要补充。根据持续经营假设，会计主体是无限期地持续经营下去，直至停业或破产清算才告结束。但在市场竞争中，企业的决策者为了评价企业的经营情况，必须及时掌握企业的财务会计报告资料，而绝不能等到企业停止经营活动时再去总结经营成果和财务状况。因此，会计反馈信息的及时性要求企业会计应分期提供会计信息，也就有必要运用会计期间假设。

（四）货币计量

我国《企业会计准则》规定：企业会计应当以货币计量。货币计量是指会计核算以货币作为统一的计量尺度，而且假设货币本身的价值稳定不变。会计将货币作为统一的计量单位，这是货币本身的特性决定的。货币是一种共同的价值尺度，只有货币单位才能把实物单位和劳动单位换算为统一的价值尺度。因此，会计以货币作为统一的计量单位，以便能连续、系统、全面地记录、汇总、分析企业的生产经营过程和财务成果，这就产生了货币计量这一会计核算的前提。在我国，会计核算应当以人民币作为记账本位币；业务收支以外币为主的企业，也可以选定某种外币作为记账本位币，但向有关方面报送的会计报表应当折算为以人民币反映。

在以货币作为统一计量单位的条件下，还要假设货币本身的价值稳定不变。按照国际会计惯例，当货币本身的价值波动不大或前后波动能相互抵消时，会计核算可以不考虑这些波动，仍按照稳定的币值计量进行会计处理。

以上对企业的会计核算所作的会计假设在实际工作中具有十分重要的作用，它们具有互为补充、相互关联的依存关系：会计主体首先确立了会计核算的空间范围；持续经营和会计期间确立了会计核算的时间范围；货币计量为会计核算提供了必要的手段。没有会计主体就不会有持续经营；没有持续经营就不会有会计期间；没有货币计量就不会提供有价值的会计信息，所以会计的四个基本前提是一个有机的统一体，缺一不可。

二、会计信息质量要求

（一）客观性原则

客观性原则是指企业应当以实际发生的交易或者事项为依据进行会计确认、计量和报告，如实反映符合确认和计量要求的各项会计要素及其他相关信息，保证会计信息真实可靠、内容完整。

按照客观性的要求，会计核算应当以实际发生的交易或事项为依据，这些交易或事项要有合法的证据；会计核算具有客观性，即所应用的方法和标准应该符合经济业务的特点；会计核算成果的会计报告也应该是客观的，即财务会计报告应该根据合法的会计账簿进行编制，而不能凭空捏造，更不能出现账簿记录与财务会计报告不相符的现象。总之，客观性是会计信息的生命，要使会计信息客观公正，就必须在会计记录和会计报告过程中做到真实准确。

（二）相关性原则

相关性原则是指企业提供的会计信息应当与财务会计报告使用者的经济决策需要相关，有助于财务会计报告使用者对企业过去、现在或者未来的情况作出评价或者预测。

企业应当编制财务会计报告，财务会计报告的目标是向财务会计报告使用者提供与企业财务状况、经营成果和现金流量等有关的会计信息，而提供会计信息的目的是为了有助于会计信息使用者作出正确的经济决策。因此，衡量会计信息质量的一个重要标准就是，要看其是否有助于财务会计报告的使用者及时、正确地作出经济决策。

（三）明晰性原则

明晰性原则是指企业提供的会计信息应当清晰明了，便于财务会计报告使用者理解和使用。

提供会计信息的目的在于使用，要使用会计信息，首先必须了解会计信息的内涵、弄清会计信息的内容，这就要求会计核算和财务会计报告必须清晰明了，否则就谈不上会计信息的使用。在会计核算工作中，坚持明晰性原则，会计记录应当准确、清晰，及时填制会计凭证、登记会计账簿，必须做到依据合法、账户对应关系清楚、文字摘要完整；在编制财务会计报告时，项目勾稽关系清楚、项目完整、数字准确。

（四）可比性原则

根据《企业会计准则——基本准则》要求，企业提供的会计信息应当具有可比性。可比性原则包含两层含义：

一是要求同一企业不同时期发生的相同或者相似的交易或者事项，应当采用一致的会计政策，不得随意变更。也就是说，企业的会计处理方法前后期应当保持一致。

在会计核算中，经常会遇到有多种可供选择的情况，如存货计价方法、固定资产折旧方法、费用分配标准及产品成本计算方法等。为保证会计核算资料有关数据的前后期可比性，会计处理方法就应当保持一致，不得随意变更；如确有必要变更，应当将变更的内容、变更的累积影响数以及累积影响数不能合理确定的理由等在财务会计报告附注中加以说明。

二是要求不同企业发生的相同或者相似的交易或者事项，应当采用规定的会计政策，确保会计信息口径一致、相互可比。

为了保证企业之间开展公平竞争，要求不同企业之间的会计信息可以进行比较。在市场经济条件下，只有不同的行业和不同的企业都采用大致相同的会计核算方法，才有可能使其所提供的会计信息相互可比，才有助于在宏观上调节经济活动。可比性原则首先表现在财务会计报告指标口径一致，其次表现在所选择的会计处理方法的可比。

（五）实质重于形式原则

实质重于形式原则是指企业应当按照交易或者事项的经济实质进行会计确认、计量和报告，不应仅以交易或者事项的法律形式为依据。

在实际工作中，交易或事项的外在法律形式或人为形式并不能完全真实地反映其实质内容，所以，会计信息要想反映其拟反映的交易或事项，就必须根据交易或事项的实质和经济现实，而不能仅仅根据它们的法律形式进行核算和反映。

（六）重要性原则

重要性原则是指企业提供的会计信息应当反映与企业财务状况、经营成果和现金流量等有关的所有重要交易或者事项。

对资产、负债、损益等有较大影响，并进而影响财务会计报告使用者据以作出合理判断的重要会计事项，必须按照规定的会计方法和程序进行处理，并在财务会计报告中予以充分、准确的披露；对于次要的会计事项，在不影响会计信息真实性和不至于误导财务会计报告使用者作出正确判断的前提下，可适当简化处理。

（七）谨慎性原则

谨慎性原则又称稳健性原则，是指企业对交易或者事项进行会计确认、计量和报告时应当保持应有的谨慎，不应高估资产或者收益、低估负债或者费用。

企业在进行会计核算时，应当遵循谨慎性原则的要求，不得多计资产或收益、少计负债或费用，并且不得计提秘密准备。在会计核算工作中坚持谨慎性原则，要求企业在面临确定因素的情况下，作出职业判断时应当保持必要的谨慎，即不高估资产或收益，也不低估负债或费用。例如，要求企业定期或者至少每年年度终了时对可能发生的各项资产损失计提资产减值准备，就充分体现了谨慎性原则。

（八）及时性原则

及时性原则是指企业对于已经发生的交易或者事项，应当及时进行会计确认、计量和报告，不得提前或延后。

及时性原则包括三方面的含义：一是要求及时收集会计信息，即在经济业务发生后，及时收集各种原始单据；二是及时处理会计信息，即在国家统一的会计制度规定的时限内，及时编制出财务会计报告；三是及时传递会计信息，即在国家统一的会计制度规定的时限内，及时将编制出的财务会计报告传递给使用者。

第四节 会计要素及会计计量

一、会计要素

会计要素是会计对象要素的简称。会计要素是指对会计对象的个体内容所作的基本分类，它是会计对象的组成部分，是会计报表内容的基本框架，也是账户的归并和概括。会计的对象就是会计核算和监督的内容。企业会计的基本要素分为资产、负债、所有者权益、收入、费用和利润六个方面。

（一）资产

资产是指过去的交易或者事项形成的，由企业拥有或者控制的，预期会给企业带来经济利益的资源。

1. 资产的确认

按照我国《企业会计准则》的规定，只有当符合资产定义的资源同时满足以下条件时，才能确认为资产：

(1)与该资源有关的经济利益很可能流入企业；

(2)该资源的成本或者价值能够可靠地计量。

2. 资产的特征

(1)资产是由过去的交易或事项所形成的，也就是说，资产必须是现实的资产，而不能是预期的资产。它是企业在过去一个时期里，通过交易或事项所形成的，是过去已经发生的交易或事项所产生的结果。至于未来交易或事项以及未发生的交易或事项可能产生的结果，则不属于现在的资产，不得作为资产确认。

(2)资产是企业拥有或者控制的。一般来说，一项资源要作为企业的资产予以确认，应该拥有此项资源的所有权，可以按照自己的意愿使用或处置，其他企业或个人未经同意，不能擅自使用本企业的资产。但在某些情况下，对于一些特殊方式形成的资产，企业虽然对其不拥有所有权，但能够实际控制的，按照实质重于形式的原则，也应当确认为企业的资产，如融资租入固定资产。

(3)资产最重要的特征，是预期会给企业带来经济利益。所谓预期会带来经济利益，是指直接或间接地增加流入企业的现金或现金等价物的潜力，这种潜力在某些情况下可以单独产生净现金流入，而在某些情况下则需与其他资产结合起来才可能在将来直接或间接地产生净现金流入。预期不能带来经济利益的，就不能确认为企业的资产。

3. 资产的分类

资产按其流动性可以分为流动资产和非流动资产。

流动资产是指可以合理地预期将在一年内转换为现金或被销售、耗用的资产。主要包括货币资金、应收票据、应收账款、待摊费用、存货等。

根据规定，资产满足以下条件之一的，应当归为流动资产：

(1)预计在一个正常营业周期中变现、销售或耗用。

(2)主要为交易目的而持有。

(3)预计在资产负债表日起1年内(含1年)变现。

(4)自资产负债表日起1年内,交换其他资产或清偿负债的能力不受限制的现金或现金等价物。

非流动资产是指除流动资产以外的其他资产。主要包括持有至到期投资、长期股权投资、固定资产、无形资产等。

(二)负债

负债是指由过去的交易或者事项形成的,预期会导致经济利益流出企业的现时义务。

1. 负债的确认

按照我国《企业会计准则》的规定,只有当符合负债定义的义务满足下列条件时,才可确认为负债:

(1)与该义务有关的经济利益很可能流出企业;

(2)未来流出的经济利益的金额能够可靠地计量。

2. 负债的特征

(1)负债是基于过去的交易或事项而产生的。也就是说,导致负债的交易或事项必须已经发生,例如,购置货物或使用劳务会产生应付账款(已经预付或是在交货时支付的款项除外),接受银行贷款则会产生偿还贷款的义务。只有源于已经发生的交易或事项,会计上才有可能确认为负债。

(2)负债是企业承担的现时义务。由于具有约束力的合同或法定要求,义务在法律上可能是强制执行的,如收到货物或劳务而发生的应付账款;另外,义务还可能产生于正常的业务活动、习惯以及为了保持良好的业务关系或公平处事的愿望,如企业在已经售出的产品上预期会发生的免费修理费用就形成该企业的负债。一般情况下,只有在资产已经获得时才产生义务。

(3)现时义务的履行通常关系到企业放弃含有经济利益的资产,以满足对方的要求。现时义务的履行,可采取若干种方式,例如:支付现金;转让其他资产;提供劳务;以其他义务替换该项义务;将该项义务转换为所有者权益;等等。

(4)负债通常是在未来某一时间,通过交付资产(包括现金和其他资产)或提供劳务来清偿债务。有时,企业可以通过承诺新的负债或转化为所有者权益来了结一项现有负债,因此,现时的负债代表着企业未来经济利益的流出。

3. 负债的分类

负债按其流动性可以分为流动负债和非流动负债。

流动负债是指将在1年(含1年)或者超过1年的一个营业周期内偿还的债务。包括短期借款、应付票据、应付账款、预收账款、应付职工薪酬、应付股利、应交税费、其他应付款和1年内到期的长期借款等。

根据规定,负债满足以下条件之一的,应当归为流动负债:

(1)预计在一个正常营业周期内清偿;

(2)主要为交易目的而持有;

(3)自资产负债表日起1年内到期,并应予以清偿;

(4)企业无权自主地将清偿推迟至资产负债表日后1年以上。

非流动负债是指偿还期在1年或者超过1年的一个营业周期以上的负债,包括长期借款、应付债券、长期应付款等。

(三)所有者权益

所有者权益是指企业资产扣除负债后由所有者享有的剩余权益。所有者权益的来源包括所有者投入的资本、直接计入所有者权益的利得和损失、留存收益等。

所有者投入的资本主要是指实收资本(或称股本),是投资者按照企业章程或合同、协议的约定,实际投入企业的资本。投资者投入资本的形式可以有多种,如投资者可以用现金投资,也可以用非现金资产投资,符合国家规定比例的,还可以用无形资产投资。

直接计入所有者权益的利得和损失,是指不应计入当期损益,会导致所有者权益发生增减变动的,与所有者投入资本或者向所有者分配利润无关的利得或者损失。其中,利得是指由企业非日常活动所形成的,会导致所有者权益增加的,与所有者投入资本无关的经济利益的流入;损失是指由企业非日常活动所发生的,会导致所有者权益减少的,与向所有者分配利润无关的经济利益的流出。

留存收益主要包括盈余公积和未分配利润。其中,盈余公积是指企业按规定从净利润中提取的各种公积金,一般包括法定盈余公积、任意盈余公积金等。未分配利润是指企业实现的净利润经过弥补亏损、提取盈余公积和向投资者分配利润后留存在企业的、历年结存的利润。

(四)收入

收入是指企业在日常活动中形成的,会导致所有者权益增加的,与所有者投入资本无关的经济利益的总流入。

1. 收入的确认

收入只有在满足以下两个条件时才能予以确认:

(1)经济利益可能流入并导致企业资产增加或负债减少;

(2)经济利益的流入额能够可靠计量。

2. 收入的特征

(1)收入从企业的日常活动中产生,而不是从偶发的交易或事项中产生。比如,工商企业的收入是从其销售商品、提供工业性劳务等日常活动中产生的,而不是从处置固定资产等非日常活动中产生的。

(2)收入可能表现为企业资产的增加,如增加银行存款、应收账款等;也可能表现为企业负债的减少,如以商品或劳务抵偿债务;或者两者兼而有之,如商品销售的货款部分抵偿债务、部分收取现金。

(3)收入能导致企业所有者权益的增加。收入能增加资产或减少负债,或两者兼而有之。因此,根据"资产－负债＝所有者权益"的公式,企业取得收入一定能增加所有者权益,但收入扣除相关成本费用后的净额则可能增加所有者权益,也可能减少所有者权益。这里仅指收入本身导致的所有者权益的增加,而不是指收入扣除相关成本费用后的毛利对所有者权益的影响。

(4)收入只包括本企业经济利益的流入,不包括为第三方或客户代收的款项,如企业代国家收取增值税,商业银行代委托贷款企业收取利息等。代收的款项,一方面增加企业的资产,另一方面增加企业的负债,因此,不增加企业的所有者权益,也不属于本企业的经济利益,不能作为本企业的收入。

3. 收入的分类

收入可以有不同的分类。按收入的性质,可以分为销售商品收入、提供劳务收入和让渡资产使用权等取得的收入;按企业经营业务的主次,可以分为主营业务收入和其他业务收入。主营业务收入是指企业的主要经营业务所取得的收入，其他业务收入是指企业的其他经营业务所取得的收入。

（五）费用

费用是指企业在日常活动中发生的，会导致所有者权益减少的，与向所有者分配利润无关的经济利益的总流出。

1. 费用的确认

费用只有在满足以下两个条件时才能予以确认：

（1）经济利益可能流入并导致企业资产增加或负债减少；

（2）经济利益的流入额能够可靠计量。

2. 费用的特征

（1）费用最终将会减少企业的资源。这种减少具体表现为企业资金流出，从这个意义上说，费用本质上是企业的一种资产流出，它与资产流入企业所形成的收入相反。

（2）费用最终会减少企业的所有者权益。通常，企业的资金流入（收入）会增加企业的所有者权益；相反，资金流出会减少企业的所有者权益，即形成企业的费用。但是，企业在生产经营过程中，有的支出是不应归入费用的。例如，企业以银行存款偿付一项债务时，只是一项资产和一项负债的等额减少，对所有者权益没有影响，因此不构成费用；又如，企业向投资者分配股利或利润，这一资金流出虽然减少了企业的所有者权益，但其属性是对最终利润的分配，不是经营活动的结果，也不应作为费用。

3. 费用的分类

费用按其经济用途可以划分为应计入产品成本的费用和不应计入产品成本的费用。对于应计入产品成本的费用又可以划分为直接费用和间接费用，其中，直接费用包括直接材料费用、直接人工费用和其他直接费用；间接费用指制造费用。对于不应计入产品成本的费用，则作为期间费用。期间费用是指企业当期发生的、必须从当期收入中得到补偿的费用。由于它仅与当期实现的收入相关，所以必须计入当期损益。期间费用包括企业行政管理部门为组织和管理生产经营活动而发生的管理费用，为筹集资金而发生的财务费用，为销售商品而发生的销售费用。

（六）利润

利润是指企业在一定会计期间的经营成果，包括营业利润、投资收益、利得和损失等。

营业利润是指主营业务收入减去主营业务成本、主营业务税金及附加，加上其他业务利润，减去销售费用、管理费用、财务费用、资产减值损失，加上公允价值变动收益（减去公允价值变动损失）和投资收益后的金额。

投资收益是指企业对外投资所取得的收益减去发生的投资损失和计提的投资减值准备后的净额。

利得是指收入和直接计入所有者项目外的经济利益的净流入。

所得税是指企业应计入当期损益的所得税费用。

二、会计计量

我国《企业会计准则》规定：企业在将符合确认条件的会计要素登记入账并列报于会计报表及其附注时，应当按照规定的会计计量属性进行计量，确定其金额。会计计量属性主要包括以下几个方面：

(一)历史成本

在历史成本计量下,资产按照购置时支付的现金或者现金等价物的金额,或者按照购置资产时所支出的对价的公允价值计量。负债按照因承担现时义务而实际收到的款项或者资产的金额,或者承担现时义务的合同金额,或者按照日常活动中为偿还负债预期需要支付的现金或者现金等价物的金额计量。

(二)重置成本

在重置成本计量下,资产按照现在购买相同或者相似资产所需支付的现金或者现金等价物的金额计量。负债按照现在偿付该项债务所需支付的现金或者现金等价物的金额计量。

(三)可变现净值

在可变现净值计量下,资产按照其正常对外销售所能收到现金或者现金等价物的金额扣减该资产至完工时估计将要发生的成本、估计的销售费用以及相关税费后的金额计量。

(四)现值

在现值计量下,资产按照预计从其持续使用和最终处置中所产生的未来净现金流入量的折现金额计量。负债按照预计期限内需要偿还的未来净现金流出量的折现金额计量。

(五)公允价值

在公允价值计量下,资产和负债按照在公平交易中,熟悉情况的交易双方自愿进行资产交换或者债务清偿的金额计量。

企业在对会计要素进行计量时,一般应当采用历史成本,如果采用重置成本、可变现净值、现值、公允价值计量的,应当保证所确定的会计要素金额能够取得并可靠计量。

第五节 国际贸易会计特点及涉外会计科目

一、国际贸易会计对象

国际贸易会计对象就是参与国际贸易企业的资金运动。参与国际贸易企业资金运动的主要内容是组织国家间的进出口商品流通,其主要经营活动包括出口业务与进口业务。参与国际贸易的企业与一般商业企业一样,同处于商品流通领域,但它又有和一般商业企业不同的地方。国际贸易会计的特点是由国际贸易活动的特点决定的。以专业化的外贸企业为例,它既经营出口业务,也从事进口业务。其中,出口是指在国内收购商品销售到国外以换取外汇,它是外汇之源;进口则是用外汇从国外购进商品以供应国内,它是外汇之流。无论是出口还是进口,都涉及对内、对外两个方面,要通过国内、国外两个市场,涉及国内、国外两种价格,使用本国货币与外币两种货币。因此,外贸企业经营过程的货币资金运动表现为“外币—人民币”或“人民币—外币”的转换过程。也就是说,在出口经营活动中,企业要将出口商品销售所得外汇,按照国家规定在银行结汇;而在进口经营活动中,又要用人民币向银行购买外汇以支付货款。国际贸易企业在其资金循环过程中所持有的本币与外币之间的不断转换过程,形成了其资金运动的特殊性。进出口业务资金运动特点如图 1—1 和图 1—2 所示,出口业务资金周转是“卖中有卖”,即一卖商品,二卖外汇;进口业务资金周转则是“买中有买”,即一买外汇,二买商品。

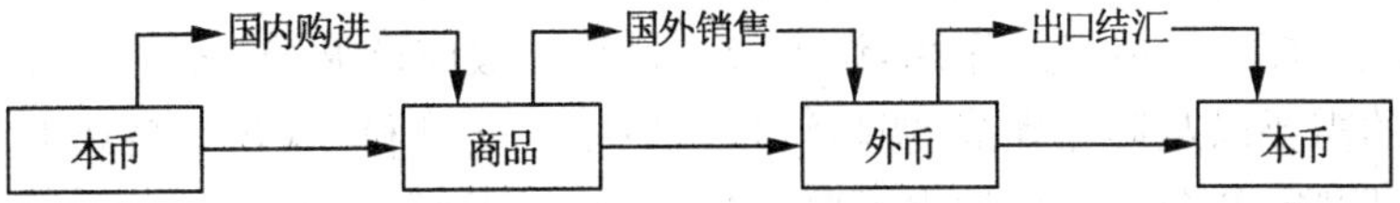

图 1—1　出口业务资金运动图示

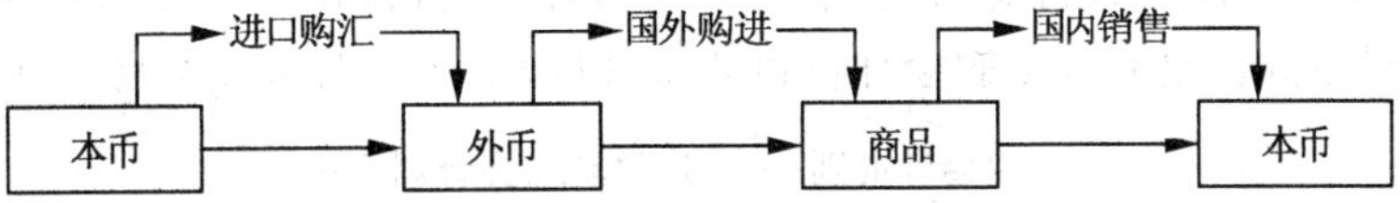

图 1—2　进口业务资金运动图示

二、国际贸易会计特点

（一）采用复币记账

国际贸易企业经营的出口和进口业务都涉及外币结算，而我国国内大部分涉外企业以人民币为记账本位币，因此涉及的外汇业务在填制记账凭证和登记账簿时，应填制和登记外币数额，并以外币的数额为基数，按照外汇汇率填制、登记人民币数额，同时核算人民币和外币，即对外币业务应作出"双重记录"。

（二）反映汇兑损益

在现行汇率制度下，外币与人民币的汇率经常发生波动，从而产生了汇兑损益。为了反映汇兑损益对国际贸易企业经营成果的影响，在"财务会计"项下设置"汇兑损益"明细账户进行核算。

（三）价格核算差异

由于进出口业务会涉及不同的价格条件，而不同的价格条件下的交易条件及价值构成也不尽相同，因此，不同价格条件下的出口商品销售收入和进口商品的成本确认与计量也有很大的差别，在不同价格条件下如何对出口商品销售收入和进口商品的成本予以确认和计量，以及在国际贸易业务处理中如何依据不同价格条件进行核算，形成了国际贸易会计的一大特点。

（四）结算方式不同

在国际贸易会计核算中凡涉及商品、费用的资金结算，属于国内部分，常采用委托收款、托收承付等结算方式处理；而涉及国外的，则多使用国际通用的汇付、托收、信用证等结算方式办理。

（五）核算出口退税

国家为了使国际贸易企业能够公平地在国际市场上参与竞争，对出口商品采取了国际上通行的退税政策，出口企业通过对出口退税的核算，以掌握出口退税额对企业经营情况的影响。

三、国际贸易会计的科目设置

会计科目是指为记录各项经济业务而对会计要素按其经济内容所进行分类的项目。为了提供系统、有效的会计资料，需要进行综合、详细的分类核算。会计科目是会计核算的基点，对于会计科目的合理设置具有非常重要的意义。

为了更好地发挥会计科目的作用，设置会计科目一般应遵循统一性与灵活性相结合，满足企业内部管理的需要以及遵守规范、明晰清楚等原则。会计科目（包括各级明细科目）的设置要尽可能规范、明晰，各会计科目的内涵要清楚、外延要明确，便于企业外部人员正确地阅读和理解企业会计核算的资料，从而充分发挥会计这一国际通用的商业语言的作用。

2006 年《企业会计准则——应用指南》对企业设置会计科目规定如表 1—1 所示。在此基础上，国际贸易企业可以结合自身情况，增减必要的会计科目（包括一级科目和明细科目），形成一整套符合国际贸易业务特点的会计科目体系，以满足各方对国际贸易会计信息的需求。

表 1—1　　《企业会计准则——应用指南》会计科目表

序号	编号	会计科目名称	序号	编号	会计科目名称	序号	编号	会计科目名称
一、资产类			一、资产类（续）			三、共同类（续）		
1	1001	库存现金	55	1606	固定资产清理	107	3101	衍生工具
2	1002	银行存款	56	1611	未担保余值	108	3201	套期工具
3	1003	存放中央银行款项	57	1621	生产性生物资产	109	3202	被套期项目
4	1011	存放同业	58	1622	生产性生物资产累计折旧	四、所有者权益类		
5	1012	其他货币资金	59	1623	公益性生物资产	110	4001	实收资本
6	1021	结算备付金	60	1631	油气资产	111	4002	资本公积
7	1031	存出保证金	61	1632	累计折耗	112	4101	盈余公积
8	1101	交易性金融资产	62	1701	无形资产	113	4102	一般风险准备
9	1111	买入返售金融资产	63	1702	累计摊销	114	4103	本年利润
10	1121	应收票据	64	1703	无形资产减值准备	115	4104	利润分配
11	1122	应收账款	65	1711	商誉	116	4201	库存股
12	1123	预付账款	66	1801	长期待摊费用	五、成本类		
13	1131	应收股利	67	1811	递延所得税资产	117	5001	生产成本
14	1132	应收利息	68	1821	独立账户资产	118	5101	制造费用
15	1201	应收代位追偿款	69	1901	待处理财产损溢	119	5201	劳务成本
16	1211	应收分保账款	二、负债类			120	5301	研发支出
17	1212	应收分保合同准备金	70	2001	短期借款	121	5401	工程施工
18	1221	其他应收款	71	2002	存入保证金	122	5402	工程结算
19	1231	坏账准备	72	2003	拆入资金	123	5403	机械作业
20	1301	贴现资产	73	2004	向中央银行借款	六、损益类		
21	1302	拆出资金	74	2011	吸收存款	124	6001	主营业务收入
22	1303	贷款	75	2012	同业存放	125	6011	利息收入
23	1304	贷款损失准备	76	2021	贴现负债	126	6021	手续费及佣金收入
24	1311	代理兑付证券	77	2101	交易性金融负债	127	6031	保费收入

续表

序号	编号	会计科目名称	序号	编号	会计科目名称	序号	编号	会计科目名称
25	1321	代理业务资产	78	2111	卖出回购金融资产款	128	6041	租赁收入
26	1401	材料采购	79	2201	应付票据	129	6051	其他业务收入
27	1402	在途物资	80	2202	应付账款	130	6061	汇兑损益
28	1403	原材料	81	2203	预收账款	131	6101	公允价值变动损益
29	1404	材料成本差异	82	2211	应付职工薪酬	132	6111	投资收益
30	1405	库存商品	83	2221	应交税费	133	6201	摊回保险责任准备金
31	1406	发出商品	84	2231	应付利息	134	6202	摊回赔付支出
32	1407	商品进销差价	85	2232	应付股利	135	6203	摊回分保费用
33	1408	委托加工物资	86	2241	其他应付款	136	6301	营业外收入
34	1411	周转材料	87	2251	应付保单红利	137	6401	主营业务成本
35	1421	消耗性生物资产	88	2261	应付分保账款	138	6402	其他业务成本
36	1431	贵金属	89	2311	代理买卖证券款	139	6403	营业税金及附加
37	1441	抵债资产	90	2312	代理承销证券款	140	6411	利息支出
38	1451	损余物资	91	2313	代理兑付证券款	141	6421	手续费及佣金支出
39	1461	融资租赁资产	92	2314	代理业务负债	142	6501	提取未到期责任准备金
40	1471	存货跌价准备	93	2401	递延收益	143	6502	提取保险责任准备金
41	1501	持有至到期投资	94	2501	长期借款	144	6511	赔付支出
42	1502	持有至到期投资减值准备	95	2502	应付债券	145	6521	保单红利支出
43	1503	可供出售金融资产	96	2601	未到期责任准备金	146	6531	退保金
44	1511	长期股权投资	97	2602	保险责任准备金	147	6541	分出保费
45	1512	长期股权投资减值准备	98	2611	保户储金	148	6542	分保费用
46	1521	投资性房地产	99	2621	独立账户负债	149	6601	销售费用
47	1531	长期应收款	100	2701	长期应付款	150	6602	管理费用
48	1532	未实现融资收益	101	2702	未确认融资费用	151	6603	财务费用
49	1541	存出资本保证金	102	2711	专项应付款	152	6604	勘探费用
50	1601	固定资产	103	2801	预计负债	153	6701	资产减值损失
51	1602	累计折旧	104	2901	递延所得税负债	154	6711	营业外支出
52	1603	固定资产减值准备	三、共同类			155	6801	所得税费用
53	1604	在建工程	105	3001	清算资金往来	156	6901	以前年度损益调整
54	1605	工程物资	106	3002	货币兑换			

练习题

一、单项选择题

1. 外贸会计的主要特色是(　　)。

A. 复式记账、汇兑差额核算、出口退税核算

B. 复币记账、汇兑差额核算、出口退税核算

C. 进出口贸易核算、加工贸易核算、出口退税核算

D. 进出口贸易核算、汇兑差额核算、加工贸易核算

2. 企业会计准则可以分为(　　)。

A. 共同业务准则和特殊业务准则　　B. 基本会计准则和具体会计准则

C. 共同业务准则和会计报表准则　　D. 具体会计准则和一般会计准则

3. 会计准则最早在(　　)。

A. 19 世纪 50 年代的英国出现　　B. 19 世纪 50 年代的美国出现

C. 20 世纪 30 年代的英国出现　　D. 20 世纪 30 年代的美国出现

4. 会计制度是在(　　)。

A. 会计学科基础上制定的具体会计方法、程序的总称

B. 会计理论基础上制定的具体会计方法、程序的总称

C. 会计准则基础上制定的具体会计方法、程序的总称

D. 会计性质基础上制定的具体会计方法、程序的总称

5. 会计所使用的主要计量手段是(　　)。

A. 实物量度　　B. 货币量度

C. 劳动量度　　D. 实物和货币量度

6. 会计主体这一假设,明确了会计核算的(　　)范围。

A. 空间　　B. 时间

C. 业务　　D. 计量

7. 会计信息质量要求中的可比性主要包括两层含义,即(　　)。

A. 同一企业相同时期可比,不同企业相同会计期间可比

B. 同一企业相同时期可比,不同企业不同会计期间可比

C. 同一企业不同时期可比,不同企业相同会计期间可比

D. 同一企业不同时期可比,不同企业不同会计期间可比

8. 权责发生制基础要求(　　)。

A. 当期已经实现的收入,款项未收妥,不应当作为当期的收入

B. 当期已经发生的费用,款项未付出,不应当作为当期的费用

C. 当期应当负担的费用,款项未付出,不应当作为当期的费用

D. 凡是当期已经实现的收入和已经发生或应当负担的费用,无论款项是否收付,都应当作为当期的收入和费用

9. 谨慎性要求企业对交易或者事项进行会计确认、计量和报告应当保持应有的谨慎,(　　)。

A. 不应高估资产或者负债　　B. 不应低估收益或者费用

C. 不应高估资产或者收益　　D. 不应低估资产或者费用

10. 解决不同企业会计指标横向可比问题的会计信息质量要求是(　　)要求。

A. 可比性　　B. 重要性

C. 相关性　　D. 配比性

11. 企业前后各期采用的会计政策应保持一致,不得随意改变的会计信息质量要求是(　　)要求。

A. 可比性　　B. 一贯性

C. 明晰性　　D. 相关性

12. 在会计信息质量要求的特征中,要求充分估计可能发生的风险和损失的是(　　)特征。

A. 谨慎性　　B. 可比性

C. 相关性　　D. 可靠性

13. 下列各项中,属于企业负债的是(　　)。

A. 应收账款　　B. 预收账款

C. 预付账款　　D. 应收票据

14. 下列选项中,关于资产的叙述不正确的是(　　)。

A. 是过去的交易或事项形成的　　B. 由企业拥有或控制

C. 预期会给企业带来经济利益　　D. 必须能为企业带来经济利益的流入

15. 下列各项中,不属于反映企业财务状况的会计要素的是(　　)。

A. 所有者权益　　B. 负债

C. 利润　　D. 资产

16. 下列各项资产中,企业不能够确认为资产的有(　　)。

A. 已经收到发票,但尚未到达企业的原材料　　B. 经营租入的设备

C. 经营租出的设备　　D. 预付的购货款

17. 下列各项收到的款项中,不属于"收入"的有(　　)。

A. 出租固定资产收到的租金　　B. 销售商品收取的增值税

C. 出售原材料收到的价款　　D. 提供劳务收到的价款

18. 根据负债的基本特征判断,下列选项中,不是负债的是(　　)。

A. 应付账款　　B. 预收账款

C. 其他应付款　　D. 预付账款

19. 根据借贷记账法的账户结构,账户借方登记的内容有(　　)。

A. 收入的增加　　B. 所有者权益的增加

C. 费用的增加　　D. 负债的增加

20. 费用(成本)类账户的结构与资产类账户的结构(　　)。

A. 一致　　B. 相反

C. 无法确定　　D. 无关

二、多项选择题

1. 反映企业一定时期财务状况的要素有(　　)。

A. 资产　　B. 负债

C. 利润　　D. 所有者权益

2. 会计规范的内容主要包括(　　)。

A. 会计法律　　B. 会计准则

C. 会计制度　　D. 会计行为

3. 具体会计准则是指依据基本会计准则的要求,就经济业务的处理及其程序作出的具体规定,包括(　　)等。

A.《存货》　　B.《外币折算》

C.《借款费用》　　D.《财务报表列报》

4. 会计准则是从技术角度对会计实务的处理提出的要求,是由一定的权威机构所颁布的会计工作规范,(　　)。

A. 属于具体法规　　B. 具有强制性

C. 可视为法律　　D. 企业在应用上具有一定的可选择性

E. 企业在应用上具有一定的灵活性

5. 企业会计制度是由(　　)以《企业会计准则》为依据制定的。

A. 财政部门　　B. 财政部门会同其他主管部门

C. 社会会计服务机构　　D. 企业

E. 企业委托社会会计服务机构

6. 会计准则与会计法规相比,企业在应用上具有一定的(　　)。

A. 可操作性　　B. 可分析性

C. 可选择性　　D. 可格式性

E. 灵活性

7. 只有在持续经营假设的前提下,企业才会(　　)。

A. 按原有目的去使用资产

B. 按现时的承诺去偿还其债务

C. 在会计信息收集和整理上所使用的会计程序和会计方法保持稳定

D. 在收入和费用的计算上有据可循

8. 我国的会计基本假设包括(　　)。

A. 会计主体　　B. 持续经营

C. 会计分期　　D. 货币计量

9. 企业会计的确认、计量和报告应当以权责发生制为基础,权责发生制基础要求(　　)。

A. 凡是属于当期的收入,无论款项是否收到,都应当作为当期的收入

B. 凡是不属于当期的收入,即使款项已在当期收到,也不应当作为当期的收入

C. 凡是不属于当期的费用,即使款项已在当期支付,也不应当作为当期的费用

D. 凡是属于当期的费用,无论款项是否支付,都应当作为当期的费用

10. 在会计核算中,属于会计信息质量要求的有(　　)。

A. 及时性　　B. 可靠性

C. 权责发生制　　D. 可比性

11. 下列各项中,不属于企业资产确认范围的有(　　)。

A. 约定未来购入商品　　B. 融资租入设备

C. 经营租入设备　　D. 委托加工商品

E. 委托代销商品

12. 下列各项中，属于资产要素特征的有（ ）。

A. 必须为企业所控制或拥有
B. 能够给企业带来经济利益
C. 由过去的交易或事项所形成
D. 是预计将来可能发生的交易或事项
E. 必须是有形的

13. 下列要素中，因收入的取得而可能发生影响的要素有（ ）。

A. 资产
B. 负债
C. 所有者权益
D. 费用
E. 利润

14. 下列各项中，属于资产的有（ ）。

A. 长期待摊费用
B. 预付账款
C. 预收账款
D. "应付账款"账户借方余额
E. "应收账款"账户贷方余额

15. 收入是在日常活动中形成的，（ ）属于企业的日常活动。

A. 工业企业出售不用的厂房
B. 保险公司签发保单
C. 商业银行对外贷款
D. 软件公司开发软件

16. 下列各项中，属于资产必须具备的基本特征有（ ）。

A. 预期会给企业带来经济利益
B. 被企业拥有或控制
C. 由过去的交易或事项形成
D. 具有可辨认性

17. 下列各项收到的款项中，属于"收入"的有（ ）。

A. 出租无形资产收到的租金
B. 销售商品收取的增值税
C. 出售原材料收到的价款
D. 出售无形资产收到的价款

三、判断题

1. 会计主体与法律主体是同一概念。（ ）
2. 会计计量单位只有一种，即货币计量。（ ）
3. 对外贸易会计核算以收付实现制为基础。（ ）
4. 可比性要求企业提供的会计信息既强调同一企业不同时期的横向比较，又强调不同企业的纵向比较。（ ）
5. 重要性要求是相对的，对于某一会计事项，在某一企业具有重要性，而在另一企业则不一定具有重要性。（ ）
6. 谨慎性要求是指会计人员以一种悲观态度来处理经济业务和编制会计报表，所以往往与客观性要求相矛盾。（ ）
7. 谨慎性原则要求企业尽可能低估资产、少计收入。（ ）
8. 计提折旧，前后期采用不同的计算方法，违背了会计上的可比性原则。（ ）
9. 外贸企业会计的确认、计量和报告应当以收付实现制为基础。（ ）
10. 企业提供的会计信息应当清晰明了是可靠性要求。（ ）
11. 如果某项资产不能再为企业带来经济利益，即使是由企业拥有或者控制的，也不能作为企业的资产在资产负债表中列示。（ ）
12. 资产应为企业拥有并控制，这样才能给企业带来经济利益。（ ）
13. 企业因存货盘亏造成的待处理流动资产净损失，属于企业的流动资产。（ ）

14. 企业对融资租入的固定资产虽不拥有所有权，但能对其进行控制，故应将其作为本企业的固定资产核算。 （ ）

15. 资产就是企业经济活动中形成的，会给企业带来经济利益的资源。 （ ）

16. 收入、费用和利润是体现企业的资金运动在某一会计期间处于相对运动状态的会计要素。 （ ）

17. 因技术更新，没有使用价值的专利技术属于企业的资产。 （ ）

18. 收入减去费用后的净额即为利润。 （ ）

19. 资产流入企业是由企业增加收入导致的。 （ ）

20. 外贸企业的会计对象，就是外贸企业进出口商品流转过程中的资金运动。 （ ）

第二章　外币业务与国际贸易结算

第一节　外汇与汇率

一、外汇

(一)外汇的定义

外汇的概念具有双重含义,即有动态和静态之分。

动态的外汇是国际汇兑(Foreign Exchange)的简称,是指货币在各国间的流动以及把一个国家的货币兑换成另一个国家的货币,借以清偿国际间债权、债务关系的一种专门性的经营活动。

静态的外汇又分狭义的外汇概念和广义的外汇概念。

狭义的外汇指的是以外国货币表示的、为各国普遍接受的、可用于国际间债权债务结算的各种支付手段。它必须具备三个特点:可支付性(必须以外国货币表示的资产)、可获得性(必须是在国外能够得到补偿的债权)和可兑换性(必须是可以自由兑换为其他支付手段的外币资产)。从这个意义上讲,只有存放在国外银行的外币资金,以及将对银行存款的索取权具体化了的外币票据才构成外汇,主要包括银行汇票、支票、银行存款等。

广义的外汇指的是一国拥有的一切以外币表示的资产。国际货币基金组织(IMF)对此的定义是:"外汇是货币行政当局(中央银行、货币管理机构、外汇平准基金及财政部)以银行存款、财政部国库券、长短期政府证券等形式保有的在国际收支逆差时可以使用的债权。"我国以及其他各国的外汇管理法令中一般沿用这一概念。

根据 2008 年 8 月 5 日颁布的修改后的《中华人民共和国外汇管理条例》的规定,在我国,外汇是下列以外币表示的可以用作国际清偿的支付手段和资产:外币现钞,包括纸币、铸币;外币支付凭证或者支付工具,包括票据、银行存款凭证、银行卡等;外币有价证券,包括债券、股票等;特别提款权及其他外汇资产。

(二)外汇的种类

按照不同的标准,外汇可作如下分类:

1. 按照外汇进行兑换时的受限制程度,可分为自由兑换外汇、有限自由兑换外汇和记账外汇

自由兑换外汇,就是在国际结算中用得最多,在国际金融市场上可以自由买卖,在国际金融中可以用于偿清债权债务,并可以自由兑换其他国家货币的外汇。例如,美元、港币、加拿大元等。有限自由兑换外汇,是指未经货币发行国批准,不能自由兑换成其他货币或对第三国进行支付的外汇。国际货币基金组织规定,凡对国际性经常往来的付款和资金转移有一定限制的货币均属于有限自由兑换货币。世界上有一大半的国家货币属于有限自由兑换货币,包括

人民币。记账外汇，又称清算外汇或双边外汇，是指记账在双方指定银行账户上的外汇，不能兑换成其他货币，也不能对第三国进行支付。

2. 根据外汇的来源与用途不同，可以分为贸易外汇、非贸易外汇和金融外汇

贸易外汇，也称实物贸易外汇，是指来源于或用于进出口贸易的外汇，即由于国际间的商品流通所形成的一种国际支付手段。非贸易外汇是指贸易外汇以外的一切外汇，即一切非来源于或用于进出口贸易的外汇，如劳务外汇、侨汇和捐赠外汇等。金融外汇与贸易外汇、非贸易外汇不同，是属于一种金融资产外汇，例如银行同业间买卖的外汇，既非来源于有形贸易或无形贸易，也非用于有形贸易，而是为了各种货币头寸的管理。资本在国家之间的转移，也要以货币形态出现，或是间接投资，或是直接投资，都形成了国家之间流动的金融资产，特别是国际游资数量之大、交易之频繁、影响之深刻，不能不引起有关方面的特别关注。

3. 根据外汇的交割期限不同，可分为即期外汇和远期外汇

即期外汇也称“外汇现货”或“现汇”，是指外汇买卖成交后，买卖双方在两个营业日内收进或付出的外汇。即期外汇买卖又称“现汇交易”。远期外汇交易又称期汇交易，是指交易双方在成交后并不立即办理交割，而是事先约定币种、金额、汇率、交割时间等交易条件，到期才进行实际交割的外汇交易。这种在将来某一时间进行交割的外汇称为远期外汇。

二、汇率

（一）汇率的定义

汇率又称“外汇行市或汇价”，是一国货币兑换另一国货币的比率，是以一种货币表示另一种货币的价格。由于世界各国货币的名称不同、币值不一，所以一国货币对其他国家的货币要规定一个兑换率，即汇率。从短期来看，一国的汇率由对该国货币兑换外币的需求和供给所决定。外国人购买本国商品、在本国投资以及利用本国货币进行投机会影响本国货币的需求。本国居民想购买外国产品、向外国投资以及外汇投机会影响本国货币供给。在长期，影响汇率的主要因素主要有相对价格水平、关税和限额、对本国商品相对于外国商品的偏好以及生产率等。

（二）汇率的标价方法

确定两种不同货币之间的比价，先要确定用哪个国家的货币作为标准。由于确定的标准不同，产生了几种不同的外汇汇率标价方法。

1. 直接标价法

直接标价法又称应付标价法，是以一定单位（1、100、1 000、10 000）的外国货币为标准来计算应付出多少单位本国货币。其相当于计算购买一定单位外币所应付多少本币，所以称为应付标价法。在国际外汇市场上，包括中国在内的世界上绝大多数国家目前都采用直接标价法。如日元兑美元汇率为 119.05，即 1 美元兑 119.05 日元。在直接标价法下，若一定单位的外币折合的本币数额多于前期，则说明外币币值上升或本币币值下跌，称为外汇汇率上升；反之，如果用比原来较少的本币即能兑换到同一数额的外币，这说明外币币值下跌或本币币值上升，称为外汇汇率下跌，即外币的价值与汇率的涨跌呈正比。直接标价法与商品的买卖常识相似，例如美元的直接标价法就是把美元外汇作为买卖的商品，以美元为 1 单位，且单位是不变的，而作为货币另一方的人民币是变化的。一般商品的买卖也是这样，500 元买进一件衣服，550 元把它卖出去，赚了 50 元，商品没变，而货币却增加了。

2. 间接标价法

间接标价法又称应收标价法，是以一定单位（如 1 个单位）的本国货币为标准，来计算应收若干单位的外汇货币。在国际外汇市场上，欧元、英镑、澳元等均为间接标价法。如欧元兑美元汇率为 0.970 5，即 1 欧元兑 0.970 5 美元。在间接标价法中，本国货币的数额保持不变，外国货币的数额随着本国货币币值的变化而变化。如果一定数额的本币能兑换的外币数额比前期少，这表明外币币值上升、本币币值下降，即外汇汇率下跌；反之，如果一定数额的本币能兑换的外币数额比前期多，则说明外币币值下降、本币币值上升，即外汇汇率上升，外汇的价值和汇率的涨跌呈反比。因此，间接标价法与直接标价法相反，所以在引用某种货币的汇率和说明其汇率高低涨跌时，必须明确采用哪种标价方法，以免混淆。

3. 美元标价法

美元标价法又称纽约标价法，是指在纽约国际金融市场上，除对英镑用直接标价法外，对其他外国货币用间接标价法的标价方法。美元标价法由美国在 1978 年 9 月 1 日制定并执行，目前是国际金融市场上通行的标价法。

（三）汇率的分类

1. 按制定汇率的方法划分，有基本汇率和套算汇率

各国在制定汇率时必须选择某一国货币作为主要参照对象，这种货币称为关键货币。根据本国货币与关键货币实际价值的对比，制定出两者间的汇率，这个汇率就是基本汇率。一般美元是国际支付中使用较多的货币，各国都把美元当作制定汇率的主要货币，常把对美元的汇率作为基本汇率。

套算汇率是指各国按照对美元的基本汇率套算出的、直接反映其他货币之间价值比率的汇率。

2. 按银行买卖外汇的角度划分，有买入汇率、卖出汇率、中间汇率和现钞汇率

买入汇率也称买入价，即银行向同业或客户买入外汇时所使用的汇率。采用直接标价法时，外币折合本币数较少的那个汇率是买入价，采用间接标价法时则相反。

卖出汇率也称卖出价，即银行向同业或客户卖出外汇时所使用的汇率。采用直接标价法时，外币折合本币数较多的那个汇率是卖出价，采用间接标价法时则相反。买入卖出之间的差价是银行买卖外汇的收益，一般为 1%～5%。银行同业之间买卖外汇时使用的买入汇率和卖出汇率也称同业买卖汇率，实际上就是外汇市场买卖价。

中间汇率是买入价与卖出价的平均数。西方报道汇率消息时常用中间汇率，套算汇率也用有关货币的中间汇率套算得出。

一般国家都规定，不允许外国货币在本国流通，只有将外币兑换成本国货币，才能够购买本国的商品和劳务，因此产生了买卖外汇现钞的兑换率，即现钞汇率。按理现钞汇率应与外汇汇率相同，但需要把外币现钞运到各发行国去，由于运送外币现钞要花费一定的运费和保险费，因此，银行在收兑外币现钞时的汇率通常要低于外汇买入汇率；而银行卖出外币现钞时使用的汇率则高于其他外汇卖出汇率。

3. 按银行外汇付汇方式划分，有电汇汇率、信汇汇率和票汇汇率

电汇汇率是经营外汇业务的本国银行在卖出外汇后，即以电报委托其国外分支机构或代理行付款给收款人所使用的一种汇率。由于电汇付款快，银行无法占用客户资金头寸，同时，国际间的电报费用较高，所以电汇汇率较一般汇率高。但是电汇调拨资金速度快，有利于加速国际资金周转，因此电汇在外汇交易中占有很大的比重。

信汇汇率是银行开具付款委托书，用信函方式通过邮局寄给付款地银行转付收款人时所

使用的一种汇率。由于付款委托书的邮递需要一定的时间，银行在这段时间内可以占用客户的资金，因此，信汇汇率比电汇汇率低。

票汇汇率是指银行在卖出外汇时，开立一张由其国外分支机构或代理行付款的汇票交给汇款人，由其自带或寄往国外取款时所使用的汇率。由于票汇从卖出外汇到支付外汇有一段间隔时间，银行可以在这段时间内占用客户的头寸，所以票汇汇率一般比电汇汇率低。票汇有短期票汇和长期票汇之分，其汇率也不同。由于银行能更长时间运用客户资金，所以长期票汇汇率较短期票汇汇率低。

4. 按外汇交易交割期限划分，有即期汇率和远期汇率

即期汇率也称现汇汇率，是指买卖外汇双方成交当天或两天以内进行交割的汇率。

远期汇率是在未来一定时期进行交割，而事先由买卖双方签订合同、达成协议的汇率。到了交割日期，由协议双方按预订的汇率、金额进行钱汇两清。远期外汇买卖是一种预约性交易，这是由于外汇购买者对外汇资金需要的时间不同，以及为了避免外汇汇率变动风险。远期外汇的汇率与即期汇率相比是有差额的，这种差额称为远期差价，有升水、贴水、平价三种情况：升水表示远期汇率比即期汇率高，贴水表示远期汇率比即期汇率低，平价则表示两者相等。

三、汇率制度

（一）汇率制度的内容

汇率制度又称汇率安排（Exchange Rate Arrangement），是指一国货币当局对汇率制度与本国汇率变动的基本方式所作的一系列安排或规定。传统上，按照汇率变动的幅度，汇率制度被分为两大类型：固定汇率制和浮动汇率制。汇率制度的内容通常包括以下几个方面：

1. 确定汇率的原则和依据。例如，以货币本身的价值为依据，还是以法定代表的价值为依据等。

2. 维持与调整汇率的办法。例如，是采用公开法定升值或贬值的办法，还是采取任其浮动或官方有限干预的办法。

3. 管理汇率的法令、体制和政策等。例如，各国外汇管制中有关汇率及其适用范围的规定。

4. 制定、维持与管理汇率的机构。例如，外汇管理局、外汇平准基金委员会等。

（二）汇率制度的比较

1. 固定汇率制

固定汇率制（Fixed Exchange Rate）是指一国货币与美元或其他货币保持固定汇率的制度。固定汇率是在金本位制度下和布雷顿森林体系下通行的汇率制度，这种制度规定本国货币与其他国家货币之间维持一个固定比率，汇率波动只能限制在一定范围内，由官方干预来保证汇率的稳定。

固定汇率制由于汇率稳定，有利于国际贸易、国际信贷和国际投资的经济主体进行成本利润的核算，避免了汇率波动风险。但同时也存在不能发挥调节国际收支的经济杠杆作用，为维护固定汇率制将破坏内部经济平衡以及容易引起国际汇率制度的动荡和混乱等缺点。

2. 浮动汇率制

浮动汇率制是指汇率完全由市场的供求决定，政府不加任何干预的汇率制度。鉴于各国对浮动汇率的管理方式和宽松程度不一样，该制度又有诸多分类：按政府是否干预，可以分为自由浮动和管理浮动；按浮动形式，可分为单独浮动和联合浮动；按被盯住的货币不同，可分为

盯住单一货币浮动以及盯住一篮子货币浮动。

浮动汇率制对经济的有利影响主要表现为通过汇率变动调节国际收支平衡，防止外汇储备流失，缓解国际游资冲击并保证国内经济政策的独立自主。浮动汇率制下的投机具有稳定性，发挥"市场修正"的作用，让市场参与者自己承担风险，促进经济稳定。其缺点是汇率频繁、剧烈的波动所带来的不确定性会阻碍本国外经贸发展。

此外，国际货币基金组织在1999年对其成员国的汇率制度分类体系进行重新调整后，提出了中间汇率制度的概念，这是指处于完全固定汇率制度和完全自由浮动汇率制度之间的各种层次的汇率制度。但这种汇率制度既要固定又要浮动，在操作中具有一定难度。

为建立和完善我国社会主义市场经济体制，充分发挥市场在资源配置中的基础性作用，自2005年7月21日起，我国开始实行以市场供求为基础、参考一篮子货币进行调节、有管理的浮动汇率制度，以保持人民币汇率在合理、均衡水平上的基本稳定。

第二节 外汇账户的开立与管理

一、经常项目外汇账户的主要内容

（一）经常项目的概念及其特征

经常项目通常是指一个国家或地区对外交往中经常发生的交易项目。经常项目一般具有以下主要特征：

一是交易行为通常发生在居民与非居民之间。居民主要是指在一个国家或地区连续居住一年以上者，否则为非居民。居民与非居民均包括个人和机构。

二是交易行为在历史上经常、频繁发生，如国际贸易。随着国际经济交往日益密切，国际投资、借贷等以往不常发生的交易行为频繁发生，但不被称作经常项目。

三是所有权通常发生转移。经常项目交易一般伴随有形或无形商品的流动，交易中商品的所有权通常发生转移。而资本项目交易中资本的所有权不变，发生转移的往往是资本的使用权，会产生债权债务关系。

（二）经常项目的内容

经常项目收支通常包括贸易收支、服务收支、收益及经常转移，其中贸易及服务是最主要的内容，具体见图2－1。

贸易收支又称货物贸易收支，是一国出口货物所得外汇收入和进口货物的外汇支出的总称。近年来，我国货物贸易收付汇长期处于顺差状态，即收汇大于付汇。

服务收支又称服务贸易收支，是一国对外提供各类服务所得外汇收入和接受服务发生的外汇支出的总称，包括国际运输、旅游等项目下外汇收支。近年来我国服务贸易收付汇一直处于逆差状态，即付汇大于收汇。

收益包括职工报酬和投资收益两部分，其中职工报酬主要为工资、薪金和其他福利，投资收益主要是利息、红利等。近年来，我国收益项下顺差额不断扩大。

经常转移也称单方面转移，是资金或货物在国际间的单向转移，不产生归还或偿还问题。具体包括个人转移和政府转移，前者是指个人之间的无偿赠与或赔偿等，后者是指政府之间的军事、经济援助，赔款，赠与等。近年来，我国经常转移项下顺差额也呈现持续扩大的态势。

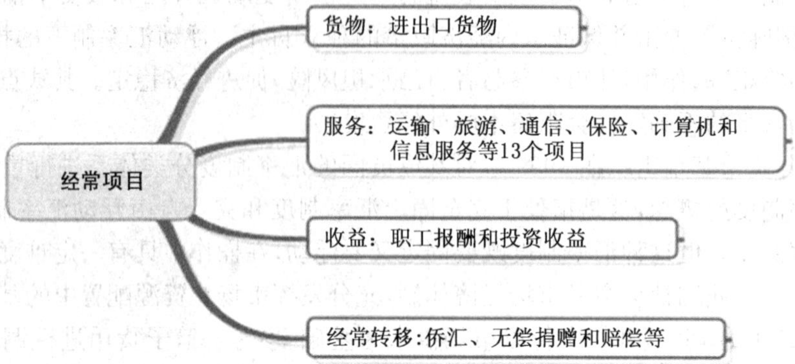

图 2—1　经常项目的内容

二、经常项目外汇账户管理的主要内容

经常项目外汇账户是涉外主体开展日常对外经营活动，办理外汇收支的主要载体。与资本项目外汇账户实施专户管理不同，国家对于经常项目外汇账户主要通过开户资格和总量限制进行管理，并且不断调整放松。目前，境内企事业单位均能自主开立经常项目外汇账户，自主保留和使用账户外汇资金。

(一)经常项目外汇账户的开立

自 2006 年 5 月 1 日起，外汇局不再对经常项目外汇账户的开立、变更、关闭进行核准。境内内资机构如需开立经常项目外汇账户(含待核查账户)，应先持营业执照、组织机构代码证以及加盖单位公章的境内机构基本信息登记表到外汇局进行企业基本信息登记，然后到外汇指定银行办理开立手续即可，其开户数量、币种和账户资金规模不受限制。

(二)经常项目外汇账户的使用范围

1. 跨境收付

境内机构通过外汇账户办理跨境收付时，需办理国际收支申报，并遵守货物贸易和服务贸易相关法规。境内机构收入的外汇，可以保留在账户中，也可以办理结汇；对外付汇时，可以使用自有外汇，也可以使用人民币购汇支付。

2. 境内划转

同一个境内机构在多家银行开立有多个经常项目外汇账户的，其账户内资金可以直接在银行办理划转；不同的境内机构，在符合货物贸易和服务贸易有关规定的条件下，也允许办理境内划转，如境内机构向运输公司支付运费、向保险公司支付保费等。

3. 购汇、结汇

为促进贸易便利化，境内机构在有真实贸易背景且有对外支付需求的情况下，可在开户银行提前办理购汇，并存入其经常项目外汇账户；除此之外，其他情况下购汇后即须对外支付。外汇账户内的资金结汇，需遵守货物贸易的有关规定。

4. 存取外币现钞

境内机构因支付境外差旅费等情况，需提取外币现钞的，一定金额以下的可直接在银行办理；超过一定金额的须向所在地外汇局申请，经所在地外汇局审核批准后到银行办理。原则上，境内机构不得将外币现钞存入银行。

（三）使用外汇账户的一般规定

1. 在办理账户收付时，必须向银行出具《外汇账户使用证》。开户银行凭《外汇账户使用证》规定的账户收支范围为开户单位办理账户的收付业务。

2. 按规定使用外汇账户。在实际工作中，应按《开立外汇账户批准书》及《外汇账户使用证》中有关使用期限、结汇方式等规定使用账户，不得超范围、超期限使用账户。对于净收入需结汇的账户，开户单位应及时办理结汇。因项目进展问题需延期使用的账户，应提前向外汇局申请，未经批准不得擅自延期。

3. 每年必须参加年检。年检时间为每年的 1～4 月份，账户的具体检查工作由开户单位委托的会计师事务所进行。

4. 在工作中应避免以下违规行为：(1)未经批准开立外汇账户；(2)出租、出借、转让外汇账户；(3)擅自改变账户使用范围；(4)擅自超出外汇局核定的账户最高金额、使用期限使用账户；(5)违反其他有关外汇管理规定。

三、境内机构经常项目外汇账户的开立、变更、关闭

（一）办理依据

1.《中华人民共和国外汇管理条例》(2008 年国务院第 532 号令)；

2.《境内外汇账户管理规定》(银发[1997]416 号)；

3.《国家外汇管理局关于进一步调整经常项目外汇账户管理政策有关问题的通知》(汇发[2002]87 号)；

4.《国家外汇管理局关于调整经常项目外汇管理政策的通知》(汇发[2006]19 号)；

5.《国家外汇管理局综合司关于下发〈经常项目外汇账户和境内居民个人购汇操作规程〉的通知》(汇综发[2006]32 号)。

（二）基本信息登记

境内机构是指中华人民共和国境内的国家机关、企业、事业单位、社会团体、部队等，外国驻华外交领事机构和国际组织驻华代表机构除外。初次开立经常项目外汇账户持以下材料，到外汇主管部门进行境内机构基本信息登记，之后到外汇指定银行办理开户手续。

1. 营业执照或社团登记证或外国(地区)企业常驻代表机构登记证(驻华机构)的原件和复印件(正副本均可)；

2. 组织机构代码证的原件和复印件(正副本均可)。

登记时，需携带加盖企业公章的《企业经常项目外汇账户信息登记申请书》(见样本 2—1)及《境内机构基本信息登记表》(见表 2—1)，由外管局在《企业外汇档案数据库系统》录入其基本信息。

样本 2—1　　　　企业经常项目外汇账户信息登记申请书

国家外汇管理局××局：

为了便于我公司正常开展对外进出口业务需要，本公司现申请办理经常项目外汇账户信息登记，拟开户行________________账户币种________________，请审核批准！

提交材料：(以下材料复印件需加盖公章)

1. 出口单位加盖公章的信息登记申请书、介绍信。

2. 营业执照或社团登记证等有效证明的原件和复印件。

3.《中华人民共和国组织机构代码证》原件和复印件。

4. 外汇局要求提供的其他材料。

单位公章

年　　月　　日

表 2—1　　境内机构基本信息登记表

单位名称		组织机构代码	
单位地址(注册地)		邮政编码	
营业执照注册号		经营期限	自　年　月　日 至　年　月　日
企业性质(类型)		注册资本	
法定代表人		联系电话	
联系人(核销员)		联系电话	
单位行业类别		所属外汇局	
对外经营权	□无对外经营权 □专业外贸公司 □有外经权的生产经营性企业 □有进出口业务的外商投资企业 □无进出口业务的外商投资企业	经济区标识	□一般贸易区 □保税区 □出口加工区 □钻石交易所
经营范围			
变更事项			
备　注			

填表人：　　　　　　　　　　单位盖章：

（三）基本信息变更

境内机构的机构名称、机构性质、组织机构代码等基本情况发生变更时，应及时到外汇局办理境内机构基本信息变更手续。外汇局应在审核以下材料后，办理境内机构基本信息变更手续。

1. 变更申请书；

2. 变更后的营业执照或社团登记证等有效证明的原件和复印件或变更后的组织机构代码证原件和复印件；

3. 有权管理部门出具的营业执照或社团登记证变更通知书。

（四）账户的开立

1. 办理流程

(1)外商投资企业已办理《外商投资企业外汇登记证》的，不需要到外汇局登记企业信息，可直接到外汇指定银行办理经常项目外汇账户开户手续。

(2)境内机构凡已办理基本信息登记手续或已开立经常项目外汇账户的，如需开立新的经常项目外汇账户，可直接到外汇指定银行办理开户手续。

(3)境内机构因经营需要在注册地以外开立经常项目外汇账户的，应当向注册地外汇局备案，持注册地外汇局的"异地开户备案件"及规定的材料向开户所在地外汇局申请，凭开户所在地外汇局核发的"账户开立核准件"到开户金融机构办理开户手续。

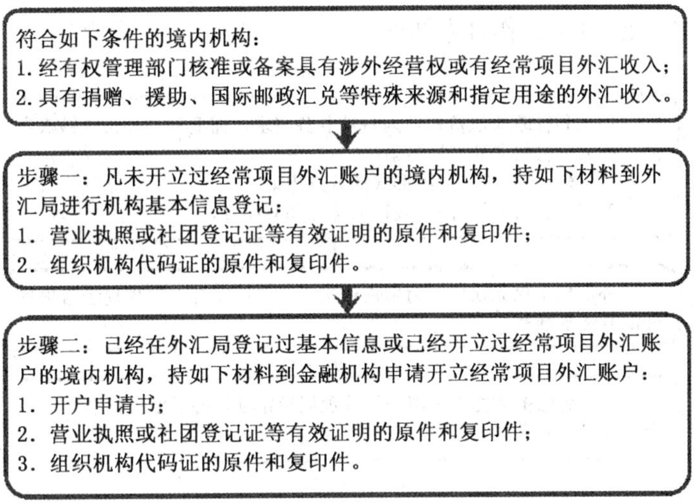

图 2—2　开立经常项目外汇账户业务流程

2. 开户手续

境内机构可于外汇局办理基本信息登记的次日，持以下材料去其开户金融机构办理开户手续。

(1)开户申请书；

(2)营业执照或社团登记证等有效证明的原件和复印件；

(3)组织机构代码证的原件和复印件。

另外，根据现行的外汇管理规定，出口企业货物出口后收取外汇，需开立《出口收结汇待核查账户》，该账户由金融机构直接为出口企业开立即可。

开户金融机构为境内机构开立经常项目外汇账户时，应通过外汇账户信息交互平台，查询境内机构是否已在开户地外汇局进行基本信息登记。境内机构的基本信息已登记，且与实际情况一致的，开户金融机构可为境内机构开立经常项目外汇账户。开户金融机构应打印查询结果，与境内机构的开户资料一并留存。境内机构的基本信息未登记或登记的信息与实际情况不一致的，开户金融机构不得为其办理开户手续，同时应通知境内机构到开户地外汇局办理基本信息登记或变更手续。开户金融机构为境内机构开户后，须于次日按照外汇账户管理信息系统报送数据的要求将相关数据及时报送外汇局。

(五)境内机构经常项目外币现钞账户的开立

1. 申报材料

境内机构除特殊情况外不得开立外币现钞账户，司法和行政执法机构等因特殊业务需求需要开立外币现钞账户的：

(1)境内机构正式公函形式的开户申请书；

(2)境内机构设立的有效证明原件和复印件；

(3)组织机构代码证的原件和复印件。

2. 办理流程

境内机构持有关材料在外汇主管部门办理，经批准后，持国家外汇局经常项目外汇业务核准件到开户银行办理。

3. 办理期限

自受理申请之日起 20 个工作日内办理。

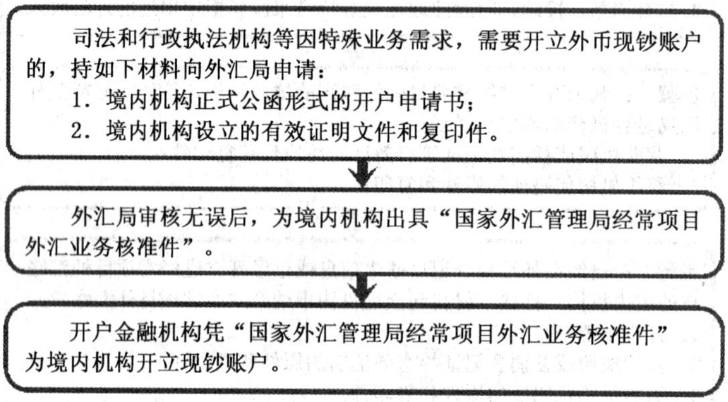

图 2—3　境内机构开立外币现钞账户流程

(六)账户的变更与关闭

经常项目外汇账户变更开户银行和关闭账户的手续，在开户银行直接办理。

境内机构关闭经常项目外汇账户后，如还开有其他相同性质经常项目外汇账户的，账户内资金可以转入其他相同性质经常项目外汇账户。开户金融机构为境内机构关闭经常项目外汇账户后，须通过外汇账户信息交互平台提交关户报告。

第三节　外汇收支业务的管理

一、经常项目外汇管理的一般规定

我国经常项目外汇管理制度经历了严格管制、逐步放松和实现经常项目可兑换的过程。《外汇管理条例》对经常项目外汇收支管理的一般规定主要包括：

(一)经常项目外汇收支需有真实、合法的交易基础

人民币经常项目可兑换后，对企业和个人经常项目下用汇的管理，主要体现为对外汇收支及汇兑环节的真实性审核，见图 2—4。《外汇管理条例》第十二条规定，经常项目外汇收支应当具有真实、合法的交易基础。经营结汇、售汇业务的金融机构应当按照国务院外汇管理部门的规定，对交易单证的真实性及其与外汇收支的一致性进行合理审查。外汇管理机关有权对前款规定事项进行监督检查。

(二)经常项目外汇收入实行意愿结汇制

《外汇管理条例》第十三条规定，经常项目外汇收入，可以按照国家有关规定保留或者卖给

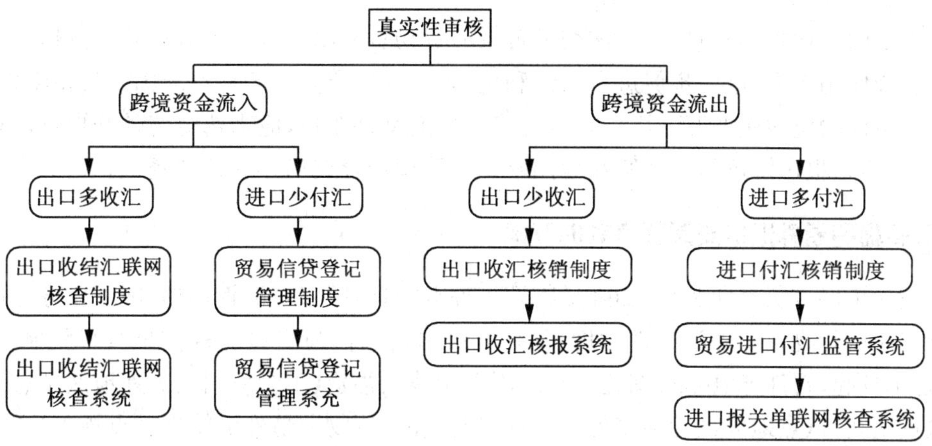

图 2—4　真实性审核

经营结汇、售汇业务的金融机构。此前我国实行强制结汇制，境内机构的所有外汇收入都必须按照《结汇、售汇及付汇管理规定》卖给外汇指定银行，或者在外汇指定银行开立的外汇账户中在经批准的限额内保留一部分。

（三）经常项目外汇支出凭有效单证，无需审批

《外汇管理条例》第十四条规定，经常项目外汇支出，应当按照国务院外汇管理部门关于付汇与购汇的管理规定，凭有效单证以自有外汇支付或者向经营结汇、售汇业务的金融机构购汇支付。

二、货物贸易外汇收支管理制度

1996 年，国家实现经常项目可兑换后，国家对具有真实、合法基础的货物贸易外汇收支不予以限制，只是通过对贸易外汇自己流动的真实性及其与货物进出口的一致性实施监督管理，防范本无贸易背景的外汇资金假借货物贸易渠道非法流出和流入。国家对货物贸易外汇资金的主要管理制度包括：

（一）出口收汇与进口付汇核销制度

出口收汇核销制度，是指外汇管理部门以出口货物价值为标准，事后核对是否有相应的外汇收回境内的管理做法。该制度在预防和遏制逃汇及境外截留外汇等行为、防止外汇资源流失等方面发挥着十分重要的作用。进口付汇核销制度，是指外汇管理部门以进口足额到货为标准，对贸易付汇的真实性进行事后甄别。该制度强调报关单金额与付汇金额要大致相等，相关单证要素要保持一致。该制度在打击骗汇与反走私、反逃税方面发挥着显著作用，从防范资本外逃的角度有力地支持了国家外汇资金的积累。

（二）延期付款登记管理制度

近年来，受到人民币升值预期以及资本项目存在部分管制等因素的影响，进口延期付款的动机日趋复杂，存在着隐性资本交易、债权债务抵销、馈赠等多种情况。在人民币出现贬值预期等特定条件下，延期付汇可能导致集中清偿，进而成为国家出现债务危机的诱因，对经济发展和金融稳定形成潜在威胁。因此，有必要对延期付款进行动态的总量监控，及时防范和化解风险。从 2005 年 3 月开始，外汇管理部门对进口延期付款实行登记管理。

(三)出口收入存放境外管理制度

允许境内企业将具有真实、合法交易背景的货物贸易出口收入存放境外,既可以提高境内企业的资金使用效率,进一步促进贸易便利化,也符合均衡监管的基本原则。具备将出口收入存放境外条件的境内企业开立用于存放出口收入的境外账户,应当选定境外开户行,与其签订《账户收支信息报送协议》,并到所在地国家外汇管理局分支局办理开户登记。

三、货物贸易外汇收支管理方式的改革

为进一步促进贸易便利化、加强货物贸易外汇管理,国家外汇管理局、国家税务总局、海关总署决定改革货物贸易外汇管理制度、优化升级出口收汇与出口退税信息共享机制,自 2011 年 12 月 1 日起,在江苏、山东、湖北、浙江(不含宁波)、福建(不含厦门)、大连地区试点。

试点期间,试点地区试行国家外汇管理局制定的《货物贸易外汇管理试点指引》和《货物贸易外汇管理试点指引实施细则》(以下简称试点法规),企业不再办理出口收汇核销手续。试点地区外汇局对企业的贸易外汇管理方式由现场逐笔核销改为非现场总量核查,通过货物贸易外汇监测系统,全面采集企业货物进出口和贸易外汇收支逐笔数据,定期比对、评估企业货物流与资金流总体匹配情况,便利合规企业贸易外汇收支;对存在异常的企业进行重点监测,必要时实施现场核查。

(一)对试点地区企业实施动态分类管理

试点地区外汇局根据企业贸易外汇收支合规性,将企业分为 A、B、C 三类。A 类企业进口付汇单证简化,可凭进口报关单、合同或发票等任何一种能够证明交易真实性的单证在银行直接办理付汇,出口收汇无需联网核查;银行办理收付汇审核手续相应简化。对 B、C 类企业在贸易外汇收支单证审核、业务类型、结算方式等方面实施严格监管。B 类企业贸易外汇收支由银行实施电子数据核查,C 类企业贸易外汇收支须经外汇局逐笔登记后办理。试点地区外汇局结合企业在分类监管期内遵守试点法规情况,动态调整分类结果。A 类企业违反外汇管理法规将被降级为 B 类或 C 类,B、C 类企业在分类监管期内守法合规经营的,监管期届满后可升级为 A 类。

(二)简化出口退税凭证,调整出口报关流程

试点期间,试点地区出口企业申报出口退税时,不再提供纸质出口收汇核销单。税务局参考外汇局提供的企业出口收汇信息和分类情况,依据规定审核企业出口退税。试点期间,试点地区企业出口报关仍按现行规定提供出口收汇核销单。货物贸易外汇管理制度改革在全国推广后,海关总署与国家外汇管理局将调整出口报关流程,取消出口收汇核销单。

(三)加强部门联合监管

试点地区企业应当严格遵守相关规定,增强诚信意识,加强自律管理,自觉守法经营。国家外汇管理局与国家税务总局、海关总署将进一步加强合作,实现数据共享;完善协调机制,形成监管合力;严厉打击各类违规跨境资金流动;严厉打击骗税、走私等违法行为。

第四节 外汇汇兑损益及其核算

国际贸易企业日常会发生大量的外币业务,按照记账本位币的要求,在外币业务发生后一方面要记录外币的金额,同时还应将其折算为记账本位币来记账。

一、外币业务核算的内容和程序

（一）外币业务核算的内容

1. 外币业务的内容

《企业会计准则》对外币业务的核算作出了明确的规定。在外经贸企业所发生的外币业务，也就是通常所说的外币交易，是指以外币计价或者结算的交易。外币交易包括：买入或者卖出以外币计价的商品或者劳务；借入或者借出外币资金；其他以外币计价或者结算的交易。

外经贸企业的外币业务是指以记账本位币以外的货币进行的款项收付、往来结算及计价业务。外经贸企业由于生产经营需要所发生的涉及外币的经济业务，在会计处理中应将其折算为记账本位币。实际工作中这些外币业务主要包括由国外进口材料、设备等业务，向国外出口商品业务，由银行取得外币借款业务及发生的按外币计价的往来款项结算业务。具体包括以下几种类型：(1)外币现金和银行存款的增加或减少的外币业务；(2)按外币结算的收付往来外币业务；(3)借入外币资金及偿还时的外币业务；(4)不同货币之间兑换时的外币业务；(5)期末对外币账户调整时的外币业务。

2. 外币业务的核算要求

按国家现行制度要求，对企业发生的外币业务必须按照规定汇率将其折算为记账本位币，实际工作中汇率的使用可以有两种方式：一是使用经济业务发生日汇率，即外币业务发生时的汇率；二是可以使用当月 1 日汇率。但无论使用哪种汇率，都必须是中间价。

3. 外币账户的设置

在核算外币业务时，外经贸企业应当设置相应的外币账户。

外币账户是指按外币进行计价和结算的账户。具体包括外币现金、外币银行存款以及按外币结算的债权和债务账户。外币结算的债权账户包括应收账款、应收票据、其他应收款、预付账款等；外币结算的债务账户包括短期借款、长期借款、应付账款、应付票据、应付工资等。以上这些外币账户在进行登记时，除记载实际发生的外币金额外，还应同时记载相应折算的记账本位币金额。

非外币账户是指同外币业务有关但不按外币进行计价和结算，只按记账本位币进行记账的账户。例如，发生进口业务时的固定资产账户，当把固定资产账户的外币折算成按记账本位币反映的人民币之后，该账户的外币记录只是一个参考记录；再如，当发生出口业务时的主营业务收入账户，把该账户的外币折算成按记账本位币反映的人民币之后，该账户的外币记录只是一个参考记录。实际工作中，外经贸企业的大量账户都属于非外币账户。

（二）外币业务核算的程序

企业发生外币业务时，其会计核算的基本程序为：

1. 对企业发生的外币业务，根据规定的汇率将外币金额折算为记账本位币金额，编制有关特种凭证。

2. 根据特种凭证登记有关外币账户和非外币账户。

在登记外币账户时，一方面要记录所发生的外币金额，另一方面也要登记按照一定汇率所折算的记账本位币金额，即要对外币账户作出双重记录；为了反映业务发生时的外币折算过程，对外币折算时所采用的汇率通常要登记在外币账户中。对于非外币账户则可直接登记所折算的记账本位币金额，当然，为了全面记录经济业务的来龙去脉，在记录记账本位币的同时记录外币金额也是一种较好的记录手段。实际工作中许多外经贸企业都采用了对非外币账户同时作出双重记录的方式。

3. 按照《企业会计准则》的要求处理所发生的货币兑换业务。

4. 期末调整确认外币账户的汇兑损益。

期末(指月末、季末或年末,下同)对各种外币账户(包括外币现金、银行存款以及以外币结算的债权债务)的期末余额,按照期末市场汇率折合为记账本位币金额,并将外币账户期末余额折合为记账本位币的金额与相应的外币账户的记账本位币期末余额之间的差额进行对比,确认为汇兑损益。

二、外币业务核算的基本方法

(一)外币业务核算方法概述

外经贸企业对外币业务的核算采用的方法有外币统账法和外币分账法。外币统账法是指以某种货币(比如人民币)为记账本位币记录企业发生的所有外币业务的外币记账方法。外币分账法是指在外币业务发生时直接按外币记账,不反映相应折算的记账本位币金额的记账方法。外经贸企业多数采用的是外币统账法。在此方法下对所发生的外币业务,如外币现金和银行存款的增加减少、按外币结算的收付往来、借入外币资金及其偿还以及不同货币之间兑换等外币业务的核算,都要按照企业确定的汇率折算为记账本位币。在外币账户中要在记录外币金额的同时,记录所折算的记账本位币金额,即应做出双重记录;而在非外币账户中一般只需要按记账本位币做出记录。上述外币业务的核算程序中外币统账法下的程序,也就是外经贸企业目前所采用的外币业务核算的基本方法。

(二)外币业务的基本核算方法

1. 进口商品业务

【例 2-1】 2×13 年 5 月 5 日 A 公司由国外 H 公司进口乙商品一批,价款 USD 20 000 尚未支付,业务发生时汇率为 1:6.678 5。

企业从国外购进商品时,按照当日或月初的市场汇率将支付的外币或应支付的外币折算为记账本位币记账,以确定购入商品的入账价值,同时按照外币的金额登记有关外币账户,如外币银行存款和外币应付账款账户等。

此项经济业务的发生,一方面使企业的存货价值增加,应按照业务发生时汇率将外币金额折算为记账本位币,即人民币;另一方面企业的应付账款增加,应付账款账户为一外币账户,对外币账户按要求应做出双重记录。应编制如下会计分录:

借:库存商品——进口乙商品　　USD 20 000/￥133 570 (1:6.678 5)

　　贷:应付账款——H 公司(美元户)　USD 20 000/￥133 570 (1:6.678 5)

2. 出口商品业务

【例 2-2】 2×13 年 5 月 18 日,A 公司向国外 I 公司出口丁种产品一批,货款 USD 16 000 尚未收回,当日汇率 1:6.680 4。

企业向国外出口产品时,按照当日的市场汇率将出口的外币销售收入折算为记账本位币记账,同时按照外币金额登记有关外币账户,如外币银行存款账户和外币应收账款账户等。

借:应收账款——I 公司(美元户)　USD 16 000/￥106 886.4 (1:6.680 4)

　　贷:主营业务收入——出口丁产品 USD 16 000/￥106 886.4 (1:6.680 4)

企业对外出口产品,按国家现行税法规定属于鼓励出口的产品将享受税收优惠政策,即出口环节免征增值税,所以在此不再考虑应交税金的问题。但随着国家税收政策的调整,对部分出口商品也视同内销要征收增值税，在此种情况下，出口商品也应计算销项税额。此笔经济业务中，企业的主营业务收入增加，按当日汇率将其折算为记账本位币，同时标注外币金额主要是为做一备考记录。由于货款尚未收回，应反映应收账款的增加，应收账款为一外币账户，按要求应做出双重记录，按当日汇率将外币金额折算为人民币。

3. 外币支付业务

【例 2—3】 2×13 年 5 月 21 日，公司通过银行支付之前欠 B 公司货款 USD 24 000，当日汇率 1∶6.665 2。编制会计分录如下：

借：应付账款——B 公司（美元户） USD 24 000/￥159 964.8（1∶6.665 2）

　　贷：银行存款——美元户　　　　USD 24 000/￥159 964.8（1∶6.665 2）

企业通过银行支付了所欠的应付账款，一方面要减少企业的外币银行存款，同时企业的应付账款也随之减少，均采用业务发生日汇率进行折算。在此，应付账款和银行存款均属于外币账户，所以都要做出双重记录，以反映企业外币资产增减变化情况。

4. 外币借款业务

【例 2—4】 2×13 年 5 月 22 日，公司由银行借入为期半年的美元借款 USD 20 000，当日汇率 1∶6.655 1。

借：银行存款（美元户）　　　　USD 20 000/￥133 102（1∶6.655 1）

　　贷：短期借款（美元户）　　　　USD 20 000/￥133 102（1∶6.655 1）

国际贸易企业由于生产经营的需要可以按照国家的规定借入外币资金。企业借入外币时，按照借入外币时的市场汇率将外币折算为记账本位币记入银行存款账户，同时按照借入外币的金额及所折算的记账本位币金额登记其对应的负债账户。由于所涉及的账户均为外币账户，所以都要做出双重记录进行反映。

三、货币兑换业务

（一）货币兑换业务概述

货币兑换业务是指外经贸企业所发生在人民币与外币之间或不同外币之间的兑换业务。具体可包括企业以人民币从银行等金融机构购入外币（对于银行来说，则是卖出外币）、向银行等金融机构售出外币（对于银行来说，则是买入外币）或是以一种外币兑换另一种外币的业务。例如，企业用 10 000 美元兑换人民币，对企业来说是卖出美元，而银行则为买入；再如，企业用 30 000美元兑换英镑，对企业来说是卖出美元买入英镑，而对银行来说则为买入美元、卖出英镑。在实际工作中，外经贸企业所发生的货币兑换业务其具体的兑换过程由银行来完成，企业会计人员只是需要对兑换的结果做出账务处理。货币兑换所产生的记账本位币的差额应记入“汇兑损益”账户。

（二）货币兑换业务案例

2007 年 5 月 24 日，有关外汇汇率如下：

货币名称	现汇买入价	现钞买入价	卖出价
英镑	1 514.03	1 482.11	1 526.19
港币	97.61	96.83	97.98
美元	763.67	757.55	766.73

【例 2－5】 由银行存款美元户中支出 USD 10 000 兑换人民币。

此笔兑换业务的发生，银行对兑换过程计算如下：

USD 10 000×7.636 7＝¥76 367

对企业来讲是卖出美元，银行为买入美元，所以银行使用买入价将美元 10 000 折算为人民币 76 367 元。对企业来讲人民币增加 76 367 元和美元减少 10 000 元是此笔经济业务的结果。

企业根据银行的兑换结果编制会计分录如下：

借：银行存款——人民币户 76 367

汇兑损益 153

贷：银行存款——美元户 USD 10 000/¥76 520(1∶7.652)

美元中间价 7.652＝(7.636 7＋7.667 3)/2

本例中，企业应当在银行存款美元账户记录美元的减少，同时按照当日的市场汇率中间价 7.652 将美元折算为人民币，在银行存款美元账户中同时记录外币和人民币的减少；按实际收到的人民币金额，在银行存款人民币账户记录人民币的增加；两者之间的差额 153 元人民币作为当期的汇兑损失处理。

【例 2－6】 由银行存款户中支出人民币 100 000 元兑换英镑。

此笔兑换业务的发生，银行对兑换过程计算如下：

¥100 000/15.261 9＝GBP 6 552.26

对企业来讲是买入英镑，银行为卖出英镑，所以银行使用卖出价 15.261 9 将人民币 100 000元折算为英镑 6 552.26。对企业来讲，人民币减少 100 000 元和英镑增加 6 552.26 是此笔经济业务的结果。

企业根据银行的兑换结果编制会计分录如下：

借：银行存款——英镑户 GBP 6 552.26/¥99 601.56(1∶15.201 1)

汇兑损益 398.44

贷：银行存款——人民币户 100 000

英镑中间价 1 520.11＝(1 514.03＋1 526.19)/2

企业一方面应记录人民币的减少，同时应记录英镑的增加，企业对外币的增加应采用外汇的中间价 15.201 1 进行折算，银行存款英镑户所折算的人民币金额和人民币户的人民币金额之间的差额 398.44 元人民币作为汇兑损失处理。

【例 2－7】 由银行存款美元户中支出 USD 20 000 兑换港币。

此笔兑换业务的发生，银行对兑换过程计算如下：

USD 20 000×7.636 7/0.979 8＝HK$155 882.83

企业是卖出美元，银行为买入美元，所以银行使用买入价将美元 20 000 元折算为人民币 152 734 元。企业的兑换目的是港币，所以还要按港币的卖出价 0.979 8 将 152 734 元人民币折算为港币 155 882.83 元。企业的港币增加 155 882.83 元和美元减少 20 000 元是此笔经济业务的结果。

企业根据银行的兑换结果编制会计分录如下：

借：银行存款——港币户 HK$155 882.83/¥152 445.61(1∶0.977 95)

汇兑损益 594.39

贷：银行存款——美元户 USD 20 000/¥153 040(1∶7.652)

港币中间价 0.977 95=(0.976 1+0.979 8)/2

美元中间价 7.652=(7.636 7+7.667 3)/2

在本例中，银行存款港币账户作增加记录，按照当日的市场汇率 0.977 95 将港币155 882.83元折算为人民币，银行存款美元户减少，对减少的美元金额按照当日的市场汇率7.652 将20 000美元折算为人民币。两者之间的差额作为当期的汇兑损失。

四、月末汇兑损益的核算

(一)汇兑损益的概念

外贸企业发生外币业务时，应当按外币原币种登记外币账户，同时选用一定的汇率将外币金额折算为记账本位币金额，而外汇汇率总是在不断地变化，这就导致同一外币数额在不同时点会对应不同的记账本位币数额，两者间相互折算时就会形成汇兑差额。企业持有的外币受汇率变动的影响而产生的人民币的差额，应确认为汇兑损益。

汇兑损益的产生有两种途径，即外币兑换及期末汇兑差额的计算。

(1)从事外币兑换业务时，由于银行总是低价买入、高价卖出，企业在外币兑换中会产生汇兑损失；

(2)期末计算汇兑差额时，应对外币账户的期末余额以期末汇率(即期汇率)进行折算，折算金额与账面金额之间的差额，确认为汇兑差额。

在月份(或季度、年度)终了时，对于各外币账户的期末余额，按期末即时汇率(即期汇率)将外币账户期末余额折算为记账本位币金额，并将外币金额账户期末余额折算为记账本位币金额与相对应的记账本位币的期末余额之间的差额，确认为汇兑损益，计入当期损益。

以外币计量的资产类科目，在汇率上升时会产生汇兑收益，在汇率下降时会产生汇兑损失，以外币计量的负债类科目，在汇率上升时产生汇兑损失，在汇率下降时会产生汇兑收益。

(二)汇兑损益的核算要求

外经贸企业所发生的汇兑损益，应按照《企业会计准则》的有关要求进行处理。具体要求如下：

1. 发生在企业筹建期间的汇兑损益，应记入长期待摊费用，并于开始生产经营的当月一次记入开始生产经营当月的期间费用。

2. 发生在生产经营期间的汇兑损益应记入当期的“汇兑损益”。

3. 企业发生的与固定资产有关的外币专门借款产生的汇兑损益，在所购建的固定资产达到预计可用状态前发生的符合资本化条件的汇兑损益应记入固定资产的购建支出，列入该项固定资产的原值；对不符合资本化条件的汇兑损益以及在所购建的固定资产达到可用状态后发生的记入当期的“汇兑损益”。

4. 按有关规定在会计期末将外币会计报表折算为按人民币表示的会计报表时，因会计报表折算产生的记账本位币的差额，作为“外币报表折算差额”处理，在资产负债表所有者权益项目下单独列示。

5. 发生在企业清算期间的汇兑损益应记入“清算损益”。

(三)期末外币账户的调整。

在会计期间(月份、年度)终了时，应当对外币账户的期末余额按期末汇率进行记账本位币的折算，折算后的记账本位币金额与原账面记账本位币金额之间的差额，即为汇兑损益。调整的步骤如下：

1. 月末，将外币账户的外币余额按月末汇率折算为记账本位币；

2. 按月末汇率折算的记账本位币金额与该账户记账本位币账面余额之间的差额作为汇兑损益。

【例 2—8】 2007 年 5 月 31 日美元中间价为 1：6.646 5，A 公司有关外币账户的余额资料如下：

银行存款——美元户　　USD 20 000/￥133 560

应付账款——甲公司——美元户　　USD 15 000/￥100 170

对银行存款账户调整如下：

①USD20 000×6.646 5=￥132 930

②132 930－133 560=－630(元人民币)

由以上计算可知，由于汇率的变动，银行存款美元户 USD 20 000 的记账本位币等值发生了变化，由原来的 133 560 变为 132 930，企业的外币资产所折算的记账本位币等值比原来减少了 630，即发生汇兑损失 630 元人民币。

对应付账款账户调整如下：

①USD 15 000×6.646 5=￥99 697.5

②99 697.5－100 170=－472.5(元人民币)

由以上计算可知，由于汇率的变动，USD 15 000 的记账本位币等值发生了变化，由原来的 100 170 变为 99 697.5，企业的外币负债项目所折算的记账本位币等值比原来减少了 472.5，即发生汇兑收益 472.5 元人民币。

(四)汇兑损益的账务处理

企业在正常生产经营期间所发生的汇兑损益按照规定应通过“汇兑损益”账户进行核算。期末，在对所有外币账户进行汇兑损益的调整时，调整哪个外币账户，哪个外币账户就要与“汇兑损益”账户发生对应关系。

对以上外币账户的调整业务编制会计分录如下：

借：汇兑损益　　630

　　贷：银行存款——美元户　　630

借：应付账款——甲公司——美元户　　472.5

　　贷：汇兑损益　　472.5

(五)外汇核算综合案例详解

【例 2—9】 蓝天股份有限公司(以下简称蓝天公司)对外币业务采用交易发生日的即期汇率折算，按月计算汇兑损益。2×13 年 6 月 30 日市场汇率为 1 美元=8.25 元人民币。2008 年 6 月 30 日有关外币账户期末余额如下：

项　目	外币(美元)金额	折算汇率	折合人民币金额
银行存款	100 000	6.25	625 000
应收账款	500 000	6.25	3 125 000
应付账款	200 000	6.25	1 250 000

蓝天公司 2008 年 7 月份发生以下外币业务(不考虑增值税等相关税费)：

(1)7 月 15 日收到某外商投入的外币资本 400 000 美元，当日的市场汇率为 1 美元=6.24

元人民币，投资合同约定的汇率为 1 美元＝6.30 元人民币，款项已由银行收存。

(2)7 月 18 日，进口一台机器设备，设备价款 500 000 美元，尚未支付，当日的市场汇率为 1 美元＝6.23 元人民币。该机器设备正处在安装调试过程中，预计将于 2009 年 11 月完工交付使用。

(3)7 月 20 日，对外销售产品一批，价款共计 200 000 美元，当日的市场汇率为 1 美元＝6.22 元人民币，款项尚未收到。

(4)7 月 28 日，以外币存款偿还 6 月份发生的应付账款 200 000 美元，当日的市场汇率为 1 美元＝6.21 元人民币。

(5)7 月 31 日，收到 6 月份发生的应收账款 300 000 美元，当日的市场汇率为 1 美元＝6.20 元人民币。

要求：对蓝天公司 2×13 年 7 月份外币业务进行会计处理。

(1)编制 7 月份发生的外币业务的会计分录；

(2)分别计算 7 月份发生的汇兑差额，并列出计算过程；

(3)编制期末记录汇兑差额的会计分录。

【具体操作步骤】

第一步：编制 7 月份发生的外币业务的会计分录：

7 月 15 日：

借：银行存款——美元(400 000×6.24)　　2 496 000

　　贷：股本　　2 496 000

7 月 18 日：

借：在建工程　　3 115 000

　　贷：应付账款——美元(500 000×6.23)　　3 115 000

7 月 20 日：

借：应收账款——美元(200 000×6.22)　　1 244 000

　　贷：主营业务收入　　1 244 000

7 月 28 日：

借：应付账款——美元　　1 250 000

　　贷：银行存款——美元(200 000×6.21)　　1 242 000

　　　　财务费用　　8 000

7 月 31 日：

借：银行存款——美元(300 000×6.2)　　1 860 000

　　财务费用　　15 000

　　贷：应收账款——美元(300 000×6.25)　　1 875 000

第二步：期末计算各外币账户产生的汇兑损益：

银行存款汇兑差额＝600 000×6.2－(625 000＋2 496 000－1 242 000＋1 860 000)
＝－19 000(元人民币)

应收账款汇兑差额＝400 000×6.2－(3 125 000＋1 244 000－1 875 000)
＝－14 000(元人民币)

应付账款汇兑差额＝500 000×6.2－(1 250 000＋3 115 000－1 250 000)
＝－15 000(元人民币)

汇兑损失净额=19 000+14 000−15 000−8 000+15 000=25 000(元人民币)

第三步:编制期末记录汇兑损益的会计分录:

借:应付账款——美元　　15 000
　　财务费用——汇兑差额　　18 000
　　贷:应收账款——美元　　14 000
　　　　银行存款——美元　　19 000

第五节　国际贸易术语与国际贸易结算

一、贸易术语

贸易术语又称价格术语、价格条件。国际贸易中,买卖双方所承担的义务,会影响到商品的价格。在长期的国际贸易实践中,逐渐形成了把某些和价格密切相关的贸易条件与价格直接联系在一起,形成了若干种报价的模式。每一种模式都规定了买卖双方在某些贸易条件中所承担的义务。用来表明这种义务的术语,就称为贸易术语。

贸易术语所表示的贸易条件,主要分两个方面:其一,说明商品的价格构成,是否包括成本以外的主要从属费用,即运费和保险;其二,确定交货条件,即说明买卖双方在交接货物方面彼此所承担的责任、费用和风险的划分。

贸易术语是国际贸易中构成单价条款的重要组成部分。在对外报价和签订合同时,涉及到价格问题,它都是不可缺少的内容。它明确了双方在货物交接方面各自应承担的责任、费用和风险,说明了商品的价格构成,从而简化了交易磋商的手续,缩短了成交时间。《国际贸易条款(2000年)》中共包括4组13种贸易术语。

(一)E组:发货地交货组

EXW:工厂交货(……指名地)Ex Works(... named place)

工厂交货(……指名地)是指当卖方在其所在地或其他指定的地点(如工场、工厂或仓库)将货物交给买方处置时,即完成交货,卖方不办理出口清关手续或将货物装上任何运输工具。

该术语是卖方承当责任最小的术语。买方必须承当在卖方所在地受领货物的全部费用和风险。

(二)F组:起运地交货,主要运费未付组

F组中包括的三种贸易术语FCA、FAS和FOB,它们在交货地点、风险划分界限以及适用的运输方式等方面并不完全相同,然而它们也有相同之处,其共同点是按这些术语成交时,卖方要负责将货物按规定的时间运到双方约定的交货地点,并按约定的方式完成交货。从交货地点到目的地的运输事项由买方安排,运费由买方负担。买方要指定承运人,订立从交货地至目的地的运输合同,并通知卖方。可见,按这些术语达成交易,卖方承担的费用在交货地点随着风险的转移而相应地转移给了买方。此外,采用这三种贸易术语成交时,均由卖方负责货物出口报关的手续和费用;由买方负责货物进口报关的手续和费用。

1. FCA:货交承运人(……指名地)Free Carrier(... named place)

货交承运人(……指名地)是指卖方只要将货物在指定的地点交给买方指定的承运人,并办理了出口清关手续,即完成交货。需要说明的是,交货地点的选择对于在该地点装货和卸货的义务会产生影响。若卖方在其所在地交货,则卖方应负责装货,若卖方在任何其他地点交货，卖方不负责卸货。

该术语可用于各种运输方式，包括多式联运。“承运人”是指在运输合同中，承诺通过铁路、公路、空运、海运、内河运输或上述运输的联合方式履行运输或由他人履行运输的任何人。若买方指定承运人以外的人领取货物，则当卖方将货物交给此人时，即视为已履行了交货义务。

2. FAS：船边交货（……指名装运港）Free Along Side(... named port of shipment)

船边交货（……指名装运港）是指卖方在指定的装运港将货物交到船边，即完成交货。买方必须承担自那时起货物灭失或损坏的一切风险。“船边”的含义是按照港口的惯用方式，一般是指起重机的吊钩能吊取货物的地点。FAS 术语要求卖方办理出口清关手续。但是，如当事方希望买方办理出口手续，需要在销售合同中明确写明。

3. FOB：船上交货（……指名装运港）Free On Board(... named port of shipment)

船上交货（……指名装运港）是当货物在指定的装运港越过船舷，卖方即完成交货。这意味着买方必须从该点起承当货物灭失或损坏的一切风险。该术语仅适用于海运或内河运输。如当事各方无意越过船舷交货，则应使用 FCA 术语。

FOB 是国际贸易中常用的价格术语之一。卖方承担的基本义务是在合同规定的装运港和规定的期限内，将货物装上买方指派的船只，并及时通知买方。货物在装船时越过船舷，风险即由卖方转移至买方。买方要负责租船订舱，支付运费，并将船期、船名及时通知卖方。货物在装运港越过船舷后的其他责任、费用也都由买方负担，包括取得进口许可证或其他官方证件，以及办理货物入境的手续和费用。

（三）C 组：起运地交货，主要运费已付组

C 组包括 CFR、CIF、CPT 和 CIP 四种贸易术语。卖方在约定的装运港（地）交货后，还要负责办理货物从装运港（地）到目的港（地）的运输事项，并承担相关费用，因按本组术语成交，货价构成因素中都包括运费。

C 组术语下，风险划分和费用划分是两个不同的概念，风险划分在装运港（地），费用划分则是在目的港（地）。也就是说，卖方虽然承担从交货地至目的地的运输责任，并负担相关费用，但是，他并不承担从交货地至目的地的运输途中货物发生损坏、灭失及延误的风险。CFR 和 CIF 是在装运港交货，风险划分均以船舷为界，适用于水上运输方式；CPT 和 CIP 则是在约定地点向承运人交货，风险划分以货交第一承运人为界，适用于各种运输方式。

1. CFR：成本加运费（……指名目的港）Cost and Freight(... named port of destination)

成本加运费（……指名目的港）是指在装运港货物越过船舷卖方即完成交货，卖方必须支付将货物运至指定的目的港所需的运费和开支。但交货后货物灭失或损坏的风险，以及由于各种事件造成的任何额外费用，即由卖方转移到买方。如当事各方无意越过船舷交货，则应使用 CPT 术语。CFR 术语要求卖方办理出口清关手续。该术语仅适用于海运或内河运输。

2. CIF：成本、保险加运费付至（……指名目的港）Cost, Insurance and Freight(... named port of destination)

成本、保险费加运费（……指名目的港）是指在装运港货物越过船舷时卖方即完成交货。卖方必须支付将货物运至指定的目的港所需的运费和费用，但交货后货物灭失或损坏的风险及由于各种事件造成的任何额外费用即由卖方转移到买方。但是，在 CIF 条件下，卖方还必须办理买方货物在运输途中灭失或损坏风险的海运保险，由卖方订立保险合同并支付保险费。如当事各方无意越过船舷交货，则应使用 CIP 术语。CIF 是国际贸易中常用的价格术语，仅适

用于海运和内河运输。术语要求卖方办理货物出口清关手续。

3. CPT：运费付至(……指名目的地)Carriage Paid to(... named place of destination)

运费付至(……指名目的地)是指卖方向其指定的承运人交货，但卖方还必须支付将货物运至目的地的运费，亦即买方承担交货之后一切风险和其他费用。CPT术语要求卖方办理出口清关手续。该术语可适用于各种运输方式，包括多式联运。"承运人"是指在运输合同中，承诺通过铁路、公路、空运、海运、内河运输或上述运输的联合方式履行运输或由他人履行运输的任何人。如果还使用接运的承运人将货物运至约定目的地，则风险自货物交给第一承运人时转移。

4. CIP：运费、保险费付至(……指名目的地) Carriage and Insurance Paid to(... named place of destination)

运费和保险费付至(……指名目的地)是指卖方向其指定的承运人交货，但卖方还必须支付将货物运至目的地的运费，亦即买方承担卖方交货之后的一切风险和额外费用。但是，按照CIP术语，卖方还必须办理买方货物在运输途中灭失或损坏风险的保险。因此，由卖方订立保险合同并支付保险费。CIP术语要求卖方办理出口清关手续。该术语可适用于各种运输方式，包括多式联运。

(四)D组：目的地交货组

D组包括DAF、DES、DEQ、DDU和DDP五种贸易术语。采用D组术语，卖方应负责将货物运至边境、目的港或进口国内约定的目的地，并承担货物运至该地以前的全部风险和费用。D组术语条件下，卖方所承担的风险要大于前面各组，按D组术语订立的买卖合同属于到货合同。

1. DAF：边境交货(……指名地点) Delivered At Frontier (... named place)

边境交货(……指名地点)是指当卖方在边境的指定的地点和具体交货点，在毗邻国家海关边界前，将仍处于交货的运输工具上尚未卸下的货物交给买方处置，办妥货物出口清关手续但尚未办理进口清关手续时，即完成交货。但是，如当事各方希望卖方负责从交货运输工具上卸货并承担卸货的风险和费用，则应在销售合同中明确写明。该术语可用于陆地边界交货的各种运输方式，"边境"一词可用于任何边境，包括出口国边境。因而，用指定地点和具体交货点准确界定所指边境，这是极为重要的。

2. DES：目的港船上交货(……指名目的港) Delivered EX Ship(... named port of destination)

目的港船上交货(……指名目的港)是指在指定的目的港，货物在船上交给买方处置，但不办理货物进口清关手续，卖方即完成交货。卖方必须承担货物运至指定的目的港卸货前的一切风险和费用。只有当货物经由海运或内河运输或多式联运在目的港船上交货时，才能使用该术语。

3. DEQ：目的港码头交货(……指名目的港) Delivered EX Quay(... named port of destination)

目的港码头交货(……指名目的港)是指卖方在指定的目的港码头将货物交给买方处置，不办理进口清关手续，即完成交货。卖方应承担将货物运至指定的目的港并卸至码头的一切风险和费用。只有当货物经由海运、内河运输或多式联运且在目的港码头卸货时，才能使用该术语。

DEQ术语要求买方办理进口清关手续并在进口时支付一切办理海关手续的费用、关税、税款和其他费用。如果当事方希望卖方负担全部或部分进口时缴纳的费用，则应在销售合同中写明。

4. DDU：未完税交货（……指名目的地）Delivered Duty Unpaid(... named place of destination)

未完税交货（……指名目的地）是指卖方在指定的目的地将货物交给买方处置，不办理进口手续，也不从交货的运输工具上将货物卸下，即完成交货。卖方应承担将货物运至指定的目的地的一切风险和费用，不包括在需要办理海关手续时在目的国进口应缴纳的任何“税费”（包括办理海关手续的责任和风险，以及缴纳手续费、关税税款和其他费用）。买方必须承担此项“税费”和因其未能及时运输货物、办理进口清关手续而引起的费用和风险。但是，如果双方希望卖方办理海关手续并承担由此发生的费用和风险，以及在货物进口时应支付的一些费用，则应在销售合同中明确写明。该术语适用于各种运输方式。

5. DDP：完税后交货（……指名目的地）Delivered Duty Paid(... named place of destination)

完税后交货（……指名目的地）是指卖方在指定的目的地，办理完进口清关手续，将在交货运输工具上尚未卸下的货物交与买方，完成交货。卖方必须承担将货物运至指定的目的地的一切风险和费用，包括在需要办理海关手续时在目的地应缴纳的任何“税费”（包括办理海关手续的责任和风险，以及缴纳手续费、关税税款和其他费用）。但是，如当事方希望将任何进口时所要支付的一切费用（如增值税）从卖方的义务中排除，则应在销售合同中明确写明。若卖方不能直接或间接地取得进口许可证，则不应使用此术语。在 DDP 术语下卖方承担最大责任。该术语适用于各种运输方式。

（五）常用贸易术语的价格换算

贸易术语是国际贸易中表示价格的必不可少的内容。报价中使用贸易术语，明确了双方在货物交接方面各自应承担的责任、费用和风险，说明了商品的价格构成，是买卖双方洽谈和签订合同时必须考虑的一个重要问题。国际贸易中常用的价格术语有 FOB、CFR、CIF 三种。企业在会计核算中，自营出口销售收入不论以哪种价格条件成交，一般均以 FOB 价格为基础进行核算，而进口商品的国外进价则以 CIF 价格为基础。所以我们对常用贸易术语的价格换算要有所了解。

1. FOB 价换算为其他价

$$\text{CFR 价}=\text{FOB 价}+\text{国外运费}$$

$$\text{CIF 价}=\frac{(\text{FOB 价}+\text{国外运费})}{1-(1+\text{投保加成率})\times\text{保险费率}}$$

【例 2—10】 某外贸企业从美国进口甲商品，FOB 价格 30 000 美元，为甲商品支付国外运费 1 500 美元，保险费率 2%，保险加成 10%，求 CIF、CFR 报价。

CFR 价＝30 000＋1 500＝31 500（美元）

CIF 价＝(30 000＋1 500)÷(1－110%×2%)＝32 208.59（美元）

2. CFR 价换算为其他价

$$\text{FOB 价}=\text{CFR 价}-\text{国外运费}$$

$$\text{CIF 价}=\frac{\text{CFR 价}}{1-(1+\text{投保加成率})\times\text{保险费率}}$$

【例 2—11】 某外贸企业出口 A 商品，CFR 价格 40 000 美元，其中国外运费 2 000 美元，保险费率1.5%，保险加成10%，求FOB、CIF报价。

FOB价=40 000−2 000=38 000(美元)

CIF价=40 000÷(1−110%×1.5%)=40 671.07(美元)

3. CIF价换算为其他价

FOB价=CIF价×[1−(1+投保加成率)×保险费率]−国外运费

CIF价=CIF价×[1−(1+投保加成率)×保险费率]

【例2−12】 某外贸企业出口B商品，CIF价格50 000美元，其中国外运费3 000美元，保险费率2.5%，保险加成10%，求FOB、CFR报价。

FOB价=50 000×(1−110%×2.5%)−3 000=45 625(美元)

CFR价=50 000×(1−110%×2.5%)=48 625(美元)

二、国际结算

国际结算是指国际间由于贸易或非贸易活动而引起的货币收支和债权债务的结算，分为贸易结算和非贸易结算两种。其中贸易结算是当前国际结算的主要部分。

当前国际贸易发展迅速，数量、品种、金额等都在不断扩大，传统"银货两讫"的结算方式早已不能适应现代国际贸易的需求，多数外贸结汇都是经由银行，通过票据、单据等结算工具的转移和传递，来清偿国际间的债权、债务，从而实现买卖的最终完成。

目前，国际贸易的结算方式主要有信用证、托收、汇付等结算方式。

(一)信用证结算方式(Letter of Credit，L/C)

信用证结算方式是银行信用介入国际货物买卖价款结算的产物。它的出现不仅在一定程度上解决了买卖双方之间互不信任的矛盾，而且还能使双方在使用信用证结算货款的过程中获得银行资金融通的便利，从而促进了国际贸易的发展。因此，被广泛应用于国际贸易之中，以致成为当今国际贸易中的一种主要的结算方式。

信用证是银行做出的有条件的付款承诺，即银行根据开证申请人的请求和指示，向受益人开具的有一定金额并在一定期限内凭规定的单据承诺付款的书面文件；或者是银行在规定金额、日期和单据的条件下，愿意代开证申请人承购受益人汇票的保证书。

1. 信用证的种类

(1)根据信用证项下的汇票是否附有货运单据，可以分为跟单信用证和光票信用证。

跟单信用证(Documentary Credit)是开证行凭跟单汇票或单纯凭单据付款的信用证。单据是指代表货物或证明货物已交运的运输单据，如提单、铁路运单、航空运单等。通常还包括发票、保险单等商业单和国际贸易中一般使用的跟单信用证。

光票信用证(Clean Credit)是开证行仅凭不附单据的汇票付款的信用证，汇票如附有不包括运输单据的发票、货物清单等，仍属光票。

(2)根据开证行所负的责任为标准，可以分为不可撤销信用证和可撤销信用证。

不可撤销信用证(Irrevocable Credit)是指信用证一经开出，在有效期内，未经受益人、开证人及保兑行(如果有)的同意，开证行不得片面修改或撤销信用证的规定和承诺。信用证上未注明可否撤销，即为不可撤销信用证。国际贸易中使用的信用证，基本上是不可撤销信用证。

可撤销信用证(Revocable Credit)是指开证行有权随时予以修改或撤销，但若受益人已按信用证规定得到议付、承兑或延期付款保证，则银行的撤销或修改无效。

（3）根据有无另一家银行加以保证兑付，可以分为保兑信用证和不保兑信用证。

保兑信用证（Confirmed Credit）是指由另一家银行即保兑行（通常是通知行，也可是其他第三者银行）对开证行开立的不可撤销信用证加负保证兑付责任的信用证。保兑行一经保兑，就同开证行一样承担付款责任。所以，保兑信用证是一种双重保证的信用证，对出口方安全收汇是非常有利的。

不保兑信用证（Unconfirmed Credit）是指未经另一家银行加以保兑的信用证。

（4）根据受益人对信用证的权利可否转让，可以分为可转让信用证和不可转让信用证。

可转让信用证（Transferable Credit）是指受益人有权将议付来证的全部或部分金额转让给另一个或两个以上的第三者（即第二受益人）使用的信用证。凡可转让信用证，必须注明"可转让"（Transferable）字样，如未注明，则被视为不可转让信用证。

不可转让信用证（Non-transferable Credit）是指受益人不能将信用证权利转让给第三者的信用证。

（5）根据付款期限的不同，可以分为即期信用证和远期信用证。

即期信用证（Sight Credit）是指受益人根据信用证的规定，可凭即期跟单汇票或仅凭单据收取货款的信用证。其特点是受益人收汇安全迅速。

远期信用证（Usance Credit）是指开证行或其指定付款行收到受益人交来的远期汇票后，并不立即付款，而是先行承兑，待汇票到期再行付款的信用证。

此外，如信用证中规定"远期汇票即期付款，所有贴现和承兑费用由买方负担"的条款，则为假远期信用证（Usance Credit Payable at Sight）。这种信用证对出口人来说仍属于即期实足收款的信用证，但对开证人来说则属于远期付款的信用证，故也称为"买方远期信用证"（Buyer's Usance Credit）。

（6）循环信用证。

循环信用证（Revolving Credit）是指信用证被受益人全部或部分使用后，又恢复到原金额，再被受益人继续使用，直至用完规定的使用次数或累计总金额为止的信用证。它与一般信用证的不同之处在于它可以多次循环使用，而一般信用证在使用后即告失效。

循环信用证主要是用于长期或较长期内分批交货的供货合同。使用这种信用证，买方可节省开证押金和逐单开证的手续及费用，卖方也避免了等证、催证、审证的麻烦，因而有利于买卖双方业务的开展。按运用的方式分为按时间循环和按金额循环两种。

（7）对开信用证。

对开信用证（Reciprocal Credit）是买卖双方各自开立的以对方为受益人的信用证。在对等贸易中，交易双方互为买卖双方，双方各为自己的进口部分互为对方开立信用证，这两张互开的信用证便是对开信用证。两张信用证的金额相等或大体相等，可同时互开，也可先后开立。

对开信用证在易货贸易、补偿贸易、来料加工、来件装配业务中的使用居多。

（8）对背信用证。

对背信用证（Back to Back Credit）是适应中间商经营进出口业务的需要而产生的一种信用证。它是指出口人（中间商）收到进口人开来的信用证（称为母证）后，要求该证的通知行或其他银行以原证为基础，另开一张内容近似的新证（称为子证）给另一受益人（实际供货人）。这另开的新证就是对背信用证。

（9）预支信用证。

预支信用证(Anticipatory Credit, Prepaid Credit)是指开证行允许受益人在货物装运前，可凭汇票或其他有关证件向指定付款行(通常为通知行)提前支取货款的信用证。它与远期信用证刚好相反，是开证人付款在先、受益人交单在后。

为醒目起见，预支信用证的预支条款常用红字打出，习惯上称其为"红条款信用证"(Red Clause Credit)。

2. 信用证的主要内容

信用证虽然是国际贸易中的一种主要支付方式，但它并无统一的格式。不过其主要内容基本上是相同的，大体包括：

(1)对信用证自身的说明，如信用证的种类、性质、编号、开证日期、有效期及到期地点、当事人的名称和地址、使用本信用证的权利可否转让等。

(2)信用证的最高金额和使用的货币。

(3)开证文句，即开证声明受进口方的委托开立信用证。

(4)汇票和单据条款，受益人(出口方)应凭汇票取款，汇票的付款人为何方，汇票是即期还是远期，以及汇票应附哪些单据，单据的份数，货物的名称、品质、规格、数量、包装、运输标志、单价等。

(5)对运输的要求，包括装运期限、装运港、目的港、运输方式、运费应否预付，可否分批装运和中途转运等。

(6)开证行对受益人和汇票持有人保证付款的责任文句，它是确定开证行付款责任的依据，是信用证结算方式的主要特点。

(7)特殊条款，可以根据进口国政治、经济、贸易情况的变化或每一笔具体业务的需要作出不同的规定。

3. 信用证的当事人

信用证结算方式的基本当事人有六个：开证申请人、开证行、通知行、受益人、议付行和付款行。开证申请人又称开证人，是指向银行申请开具信用证的人，即进口人或实际买主；开证行即受开证人之托开具信用证并保证付款的银行，一般在进口人所在地；通知行即受开证行之托将信用证通知或转交出口人的银行，一般在出口人所在地，通常是开证行的分行或代理行，它只证明信用证的真伪，并不承担其他义务；受益人指信用证指定的有权使用该证的人，即出口人或实际供货人；议付行即愿意买入或贴现受益人跟单汇票的银行；付款行即开证行指定的付款银行，一般是开证行本身，也可以是开证行指定的另一家银行(代付行)。此外，还可能涉及保兑行、偿付行、受让人等其他当事人。

信用证结算方式的一般程序如图 2—5 所示。

4. 信用证结算方式的特点

信用证结算是当前国际贸易中使用得最为广泛的一种结汇方式。它把原来由进口商履行的"凭单付款"责任，转由银行来承担，即"以银行信用取代商业信用"。因为，银行信用更加可靠、更加稳健，而且，银行的资金也更加雄厚，使得买卖双方都增加了安全感，从而大大地促进国际贸易的发展。信用证结算程序，资金从进口方流向出口方，跟单汇票从出口方寄送进口方，二者方向相反，属于逆汇。

此外，信用证结算方式还具有如下特点：

(1)信用证是一项独立文件。

信用证虽以贸易合同为基础，但它一经开立，就成为独立于贸易合同之外的另一种契约。

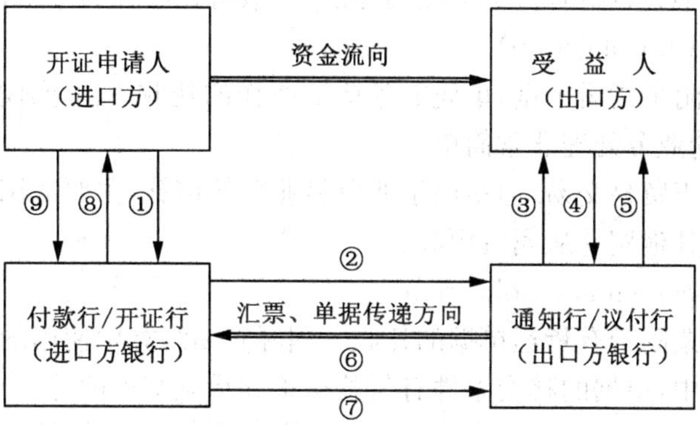

说明：

①进口方填制开证申请书，缴纳押金和手续费，要求开证行开出以出口方为受益人的信用证。

②开证行将信用证寄交出口方所在地的分行或代理行（通知行）。

③通知行核对印鉴无误后，将信用证转交出口方。

④出口方审核信用证与合同相符后，按信用证规定装运货物，并备齐各项货运单据，开具汇票，在信用证有效期内一并送交当地银行（议付行）请求议付。

⑤议付行审核单据与信用证无误后，按汇票金额扣除利息和手续费，将货款垫付给出口方。

⑥议付行将汇票和单据寄交开证行或其指定的付款行索偿。

⑦开证行或其指定的付款行审单无误后，向议付行付款。

⑧开证行通知进口方付款赎单。

⑨进口方向开证行付款赎单，凭单取货。

图 2—5　信用证结算方式的一般程序

贸易合同是买卖双方之间签订的契约，只对买卖双方有约束力；信用证则是开证行与受益人之间的契约，开证行和受益人以及参与信用证业务的其他银行均应受信用证的约束，但这些银行当事人与贸易合同无关，故不受合同的约束。

（2）开证行是第一性付款人。

信用证支付方式是一种银行信用，由开证行以自己的信用作出的付款保证，开证行提供的是信用而不是资金，其特点是在符合信用证规定的条件下，首先由开证行承担付款的责任。开证行要依照开证申请人的要求和指示，在规定的单据符合信用证条款的情况下，由自身或授权另一银行向受益人或其指定人进行付款，或支付或承兑受益人开立的汇票，即银行要早于开证申请人最先付款。

（3）信用证业务处理的是单据。

信用证是单据交易，俗称“单据买卖”，即各有关方面处理的是单据，而不是与单据有关的货物、服务及其他行为。单据是银行付款的唯一依据，因此，在信用证业务中，只要受益人或其指定人提交的单据表面上符合信用证规定，开证行就应承担付款或承兑并支付的责任。受益人要想安全及时收到货款，必须做到“单单一致、单证一致”。

（二）托收结算方式（Collection）

托收是由债权人（出口商）签发汇票，委托当地银行通过其在债务人所在地的联行或代理行向债务人（进口商）收取款项的结算方式。

1. 托收的种类

按托收项下的汇票是否附有货运单据的标准，一般将托收分为光票托收和跟单托收。

(1)光票托收(Clean Collection)。

光票托收是指不附带货运单据，单凭财务单证所作的托收。由于不涉及货权的转移或货物的处理，光票托收的业务处理非常简单。

光票托收可能基于贸易交易，但多用于非贸易业务的结算，主要适用于向进口商收取货款差额、佣金、样品款或其他贸易从属费用等。

(2)跟单托收(Documentary Collection)。

跟单托收是指汇票附带有货运单据的托收。国际贸易结算中使用的托收一般都是跟单托收。在跟单托收业务中，单据的移交条件有付款交单和承兑交单两种。

付款交单(Documents against Payment, D/P)是指卖方的交单以买方的付款为条件，也就是说，买方支付货款后才能向代收行赎取货运单据，从而获得货物所有权。付款交单又分为即期和远期两种。即期付款交单是指单据寄到进口方所在地的代收行后，由代收行向进口商提示，进口商审单无误后立即付款赎单。付款交单多指这一类型。远期付款交单是指进口商见票并审单无误后，立即承兑汇票，于汇票到期日付款赎单。在汇票到期前，汇票和货运单据由代收行保管。远期付款交单的业务流程与即期付款交单大致相同。不同之处在于，此时出口商出具的是远期汇票，故有承兑这一票据行为的发生。进口商要等票据到期日付款后方能得到单据。

承兑交单(Documents against Acceptance, D/A)是指卖方的交单以买方承兑汇票为条件，也就是说，买方在汇票上履行承兑手续后，即可从代收行取得货运单据，凭此提取货物。等到汇票到期日，买方再付款。

远期付款交单和承兑交单虽然都适用于远期汇票的托收，但对进口方而言，承兑交单更有利。因为进口方只需承兑就能获得单据提取货物，可以尽早投入生产或销售。对于出口方而言，承兑交单要冒相当大的风险。因为承兑毕竟不等于付款，一旦交了单就失去了物权，丧失了约束进口商付款的手段。

2. 托收的当事人

托收方式的基本当事人有四个：委托人、托收行、代收行和付款人。委托人即开出汇票委托银行向国外付款人收款的出票人，也就是国际贸易中的出口方；托收行即接受委托人的委托，转托国外银行向国外付款人代为收取款项的银行；代收行即接受托收行的委托，代向付款人收款的银行；付款人就是汇票的受票人，即国际贸易中的进口方。根据托收的定义，委托人与托收行，托收行与代收行之间都只是委托代理关系。

托收结算的一般程序如图 2－6 所示。

3. 托收结算方式的特点

托收方式是由债权方开出汇票，要求债务方付款。其支付工具主要是跟单汇票，它的寄送方向与资金流向相反，所以属于逆汇法，也称出票法。

托收方式的信用是建立在买方信誉基础上的，因此属于商业信用。由于出口商的资金至少要占压从出售货物到收回货款这段时间，所以，出口商面临的风险和负担是多重的。

虽然托收方式对出口商不利，但在当前出口商品市场竞争日益激烈的情况下，为推销商品和扩大出口，出口商有时也不得不采用这种方式。各国银行为助本国出口商一臂之力，也纷纷采取了相应的措施和办法，如出口保理、出口押汇等，以融通资金和提高出口商品在国际市场的竞争能力。

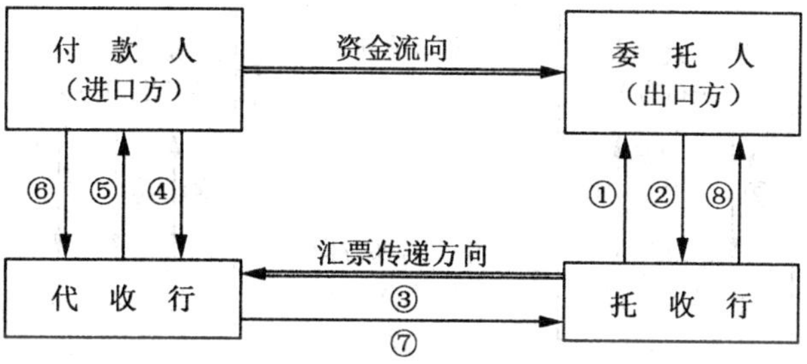

说明：

①出口方开出汇票，随附规定的单据，填写托收申请书，送交托收行。

②出口方取得回单。

③托收行填写托收委托书，连同跟单汇票寄国外代收行。

④代收行向进口方提示跟单汇票。

⑤D/P 方式进口方付款赎单，D/A 方式进口方承兑赎单。

⑥D/A 方式，汇票到期进口方付款。

⑦代收行将收妥“贷记通知”寄给托收行。

⑧托收行通知出口方货款已收妥。

图 2—6　托收结算的一般程序

（三）汇付结算方式（Remittance）

汇付又称汇款，是通过进出口双方所在地银行的汇兑业务进行结算的，是一种操作较为简便的结算方式。汇付就是由付款人通过银行，使用各种结算工具将货款汇交收款人的一种结算方式。

1. 汇付的种类

汇款按资金调拨方式，分为信汇、电汇和票汇。

（1）信汇（Mail Transfer，M/T）即由汇款人向汇出行提出申请，并交付款项，由该银行开具付款委托书，以信函方式委托汇入行将款项付给收款人。信汇费用低，是所有结算方式中最便宜的一种，但速度较慢，适用于小额的商品交易。

（2）电汇（Telegraphic Transfer，T/T）是指汇款资金的调拨和汇款委托指示是采用电信方式送达汇入行的。电汇可使收款人很快收到货款，但电汇费用较高，因此多在比较紧急时使用。

（3）票汇（Demand Draft，D/D）是由汇款人向当地银行购买汇票，自行寄给收款人，由收款人凭汇票向汇票上指定的银行取款的结算方式。其特点是付款银行无需另行通知收款人，且收款人在必要时可以将汇票背书转让，有流通的便利。

2. 汇付的当事人

汇付业务涉及的当事人有四个，即付款人（汇款人）、收款人、汇出行和汇入行。付款人即进口方；收款人即出口方；汇出行是受付款人委托将款项付给收款人的银行，与汇款人同在一地；汇入行是受汇出行委托，将款项付给收款人的银行。付款人与汇出行之间订有代理合约关系，汇出行与汇入行之间订有代理合约关系。

信汇、电汇方式的一般程序如图 2—7 所示。

3. 汇付结算方式的特点

汇付结算方式下，不论是以信汇委托书、电报，还是以即期汇票为结算工具，其传递方向与资金流向正好一致，属于顺汇。

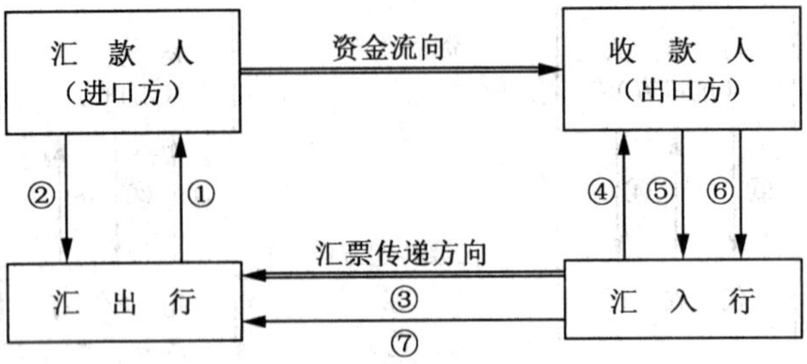

说明：

①汇款人填写信汇或电汇申请书，并向汇出行交款付费。

②汇出行将信汇或电汇申请书回执退还给汇款人。

③汇出行邮寄信汇委托书或拍发电报委托汇入行解付汇款。

④汇入行收到信汇委托书或收到电报，核对无误后，交收款人汇款通知单。

⑤收款人持盖章的通知单收据联，到汇入行取款。

⑥汇入行解付汇款。

⑦汇入行将付讫"借记通知"寄给汇出行。

图 2—7 信汇、电汇方式的一般程序

汇付结算方式只有在进出口双方高度信任的基础上才适用，属于商业信用。

汇款结算方式风险较大、使用频率较低，通常只用于支付佣金广告费、杂项费用和货款尾数等。

三、国际结算的实务处理

(一)信用证的会计处理

1. 进口方的会计处理

进口货物通过交易磋商，在签订合同时采用信用证方式结算，进口商应首先向银行办理开证申请，填制开证申请书，申明其将向银行提供支付货款的资金，同意支付银行的手续费和利息。根据开证申请书及进口合同的金额，填写支取凭条(见样本 2—2)，向银行办理从外汇结算往来户转入信用证存款专户。主要账务处理为：

借：其他货币资金——信用证存款

　　财务费用

　　　贷：银行存款——××外币户

凡无现汇账户的，现行规定不可提前购汇(此时企业无需对外付汇)，要用人民币作信用证保证金，会计分录如下：

借：其他货币资金——信用证保证金

　　　贷：银行存款——人民币户

采用信用证结算方式，按国际惯例银行只收取部分开证保证金，故信用证存款户的资金多数不足以付清货款，还需补足差额。付款赎单的账务处理如下：

借：应付账款、商品采购等账户

　　　贷：其他货币资金——信用证存款

　　　　　银行存款——人民币户(或××外币户)

样本 2—2

支取凭条
DRAWING SLIP

□活期外汇存款
(付出)□外汇专户活期存款
□其他金融机构往来

	账 号: Account No. ________
中国银行台照 To BANK OF CHINA	日期 Date ________
请付 Pay ________________	
小写金额 In Figures ________	签 章 Signature ________

【例 2—13】 某外贸公司进口 A 商品 100 件,国外进价每件 100 美元,总值 10 000 美元。

(1)1 月 1 日申请开立信用证,从外汇存款账户按合同价款的 40%划出信用证保证金,手续费忽略不计。当日汇率中间价 USD 1=RMB 6.28,会计分录如下:

借:其他货币资金——信用证保证金 ¥25 120
　　贷:银行存款——美元户 ¥25 120

(2)1 月 25 日收到银行转来全套单据,企业审单无异议,通知银行冲销原保证金,其余办妥购汇手续赎单。当日汇率中间价 USD 1=RMB 6.28,卖出价 USD 1=RMB 6.29,会计分录如下:

借:商品采购——进口商品 ¥62 860
　　贷:其他货币资金——信用证存款 ¥25 120
　　　　银行存款——人民币户 ¥37 740

购汇申请书应作为购汇业务的原始凭证,所购外汇由银行直接对外支付,在企业账户上无反映。我国银行所用购汇申请书的格式如样本 2—3 所示。

样本 2—3

购买外汇申请书

××银行:

我公司为执行第______号合同项下对外支付,需向贵行购汇。现按外汇管理局有关规定向贵行提供下述内容及所附文件,请审核并按实际付汇日牌价办理售汇。所需人民币资金从我公司______号账户中支付。

1. 购汇金额:
2. 用　途:□进口商品　□从属费用　□索退赔款　□其他
3. 支付方式:□信用证　□代收　□汇款　(□货到付款　□预付货款)
4. 商品名称:
5. 数量:
6. 合同号:　　　　金额:
7. 发票号:　　　　金额:
8. □一般进口商品,无需批文。

□控制进口商品，批文随附如下：

□进口证明　□许可证　□登记证明　□其他批文

批文号码：　批文有效期：

9. 附件：□批文　□合同/协议　□发票　□正本运单

□报关单　□运费单/收据　□保险费收据

□佣金单　□关税证明　□仓单　□其他

申请单位＿＿＿＿＿(盖章)

年　月　日

银行审核意见＿＿＿＿＿＿＿＿银行业务编号

上述内容与随附文件/凭证描述相符，拟按申请书要求办理售汇。

经办人：　复核人：　核准人：

售汇日期：　经办人：

(加盖售汇专用章)

2. 出口方的会计处理

在信用证结算方式下，出口方作为受益人会收到由通知行转来的进口方开具的信用证原件及信用证通知书，此时出口方无需作账务处理，作备忘记录即可。出口方发货后，汇集全套单据向付款行或议付行交单，以求尽快获取资金。账务处理如下：

借：应收账款——应收外汇账款

　　贷：主营业务收入

银行审单相符后即支付货款。由于中国的外汇管理，受益人收到的信用证款项是人民币，出口所得外汇必须结售给指定银行，银行开具“结汇水单”(见样本 2—4)，作为出口方入账原始凭证。账务处理如下：

借：银行存款——人民币户

　　贷：应收账款——应收外汇账款

(二)托收的会计处理

1. 进口方的会计处理

如合同采用托收方式结算货款，出口方发货后向银行办理交单，承办银行开出“进口代收单据通知书”(见样本 2—5)，将全套单据向进口方提示。此时进口方作如下会计处理：

借：商品采购

　　贷：应付账款——应付外汇账款

若采用 D/P 方式，在付款赎单日应作如下会计分录：

借：应付账款——应付外汇账款

　　贷：银行存款——人民币户(或××外币户)

若采用 D/A 方式，在承兑日的账务处理为：

借：应付账款——应付外汇账款

　　贷：应付票据——应付外汇票据

远期汇票到期日：

借：应付票据——应付外汇票据

　　贷：银行存款——人民币户(或××外币户)

样本 2—4

××Bank FX Clearing Memo
(结汇水单)

20××.××.××

Payee
(收款人名称):

Payee's a/c No.
(收款人账号):

Voucher No.
(申报单号):

FX amount(外汇金额)	Rate(结汇牌价)	Recording amount(入账金额)

Description 摘要			
	Reference No. (业务编号):	Invoice No. (发票号):	VAL-DATE (起息日):
	Deduction (国外扣费):	Verification (核销单号)	Paying charge (偿付费):
	Commission (手续费):	Postal (邮电费):	Discrepancy fee (不付费):
	LESS-COMM.(手续费) LESS-OTHE.(其他) OUR COMMISSIONS AND CHARGES PRE-ADV(预通知费) ADV/CONF(通知/保兑费) AMENDMT(修改费) NEG/PYT(议付/付款费) POSTAGE(邮费) CAB/TEL(电信费) OTHER(其他) TOTAL(合计)		

样本 2—5

××银行

进口 代收/信用证 单据通知书

公司　　银行通知编号　　通知日期:　年　月　日

议付行/托收行	支付方式	到期日	金　额
			总　计

兹送上下列单据,请查收。

Inv.	P/W List	AWB/Mem.	Ins. Pol/Cert	Cable	Benf. Cert.	Cert.	Cert. Qly/Qty	

(　)信用证项下,从单据通知的次日算起,请你公司在三个工作日内务必答复我行是否付款(如拒付,

须由确凿单据不符并需经我行复审,同时退回全套单据)。我行在五个工作日内未获答复,则认为单据已被接受,将主动扣你公司账户对外付汇。

(　　)托收项下,单据通知的次日起算,请你公司在三个工作日内务必审单并答复我行是否付款。如拒付,须提出确凿单据不符并经我行复审,同时退回全套单据。

(　　)上列信用证单据有下列不符点:

××银行

2. 出口方的会计处理

在托收方式下,出口方发货后向银行办理交单,在交单日,无论是D/P方式,还是D/A方式,出口方均在此时确认收入。会计处理如下:

借:应收账款——应收外汇账款

　　贷:主营业务收入

若采用D/A方式,出口方凭银行通知在承兑日作如下账务处理:

借:应收票据——应收外汇票据

　　贷:应收账款——应收外汇账款

在D/P收汇日或D/A远期汇票到期日,凭结汇水单,作如下账务处理:

借:银行存款——人民币户(或××外币户)

　　贷:应收账款——应收外汇账款

　　　(或应收票据——应收外汇票据)

(三)汇付的会计处理

1. 汇出汇款的会计处理

汇款的会计处理与国内业务基本相同,通过"其他货币资金"账户进行核算。汇款人填制申请书并付款时,凭申请书的回单联作如下会计处理:

借:其他货币资金——银行汇票或在途资金

　　贷:银行存款——人民币户(或××外币户)

当收款人领取汇款后,汇款人收到退回的收条,作转销处理:

借:有关科目

　　贷:其他货币资金——银行汇票或在途资金

2. 汇入汇款的会计处理

收款人在收到汇款后,应凭汇入汇款通知书及外汇结汇证明,作如下会计处理:

借:银行存款——人民币户(或××外币户)

　　贷:有关科目

汇款使用的频率较低,通常只用来支付佣金、广告费、杂项费用和货款尾数等。

练习题

一、单项选择题

1. 在外汇业务中,当企业收到投资方投入的外币资金,应采用的折合汇率是(　　)。

A. 收到投资款项期初即期汇率(中间价)　　B. 收到投资款项期末即期汇率(中间价)

C. 收到投资款项当日即期汇率(中间价)　　D. 收到投资款项按合同约定汇率

2. 根据现行企业会计制度规定,项目筹建期内发生的汇兑差额,属于开办费的应计入

(　　)。

A. 经营费用　　B. 制造费用

C. 在建工程　　D. 长期待摊费用

3. 外贸企业借入外汇借款用于购建固定资产，其汇率变动产生的差额在办理固定资产竣工决算后应计入(　　)。

A. 固定资产　　B. 财务费用

C. 在建工程　　D. 管理费用

4. 当企业接受国外投资者投资时，应当采用(　　)。

A. 以收到外汇投资时的期初即期汇率折算入账

B. 以收到外汇投资时的当天即期汇率折算入账

C. 以收到外汇投资时的期末即期汇率折算入账

D. 以收到外汇投资时的协议即期汇率折算入账

5. 在进口付汇核销流程中，当外汇局审查进口商报送的核销表及所附单证后，进口商应当将外汇局退存的核销表及所附单证(　　)。

A. 保存 3 年备查　　B. 保存 5 年备查

C. 保存 8 年备查　　D. 保存 10 年备查

6. 新会计准则规定，当核算外币往来账款时，记账汇率应采用(　　)。

A. 账面汇率　　B. 年初汇率

C. 实际汇率　　D. 即期汇率

7. 期末计算汇兑差额时，应对货币性资产的外币账户期末余额，以期末汇率(即期汇率)进行折算，(　　)确认为汇兑差额。

A. 折算金额与账面金额之间的差额　　B. 折算金额与实际交易金额之间的差额

C. 实际交易金额与账面金额之间的差额　　D. 实际交易金额与期初汇率之间的差额

8. 企业在核算外币业务时应当设置外币账户，下列选项中，不属于外币账户的是(　　)。

A. 应收账款　　B. 长期借款

C. 预付账款　　D. 主营业务收入

9. 企业接受外币资本投资，相应的资产账户，一律按(　　)进行折算。

A. 合同约定汇率　　B. 当日的即期汇率

C. 期初汇率　　D. 期末汇率

10. 下列外币业务发生时，一定不会产生汇兑损益的是(　　)。

A. 以人民币向银行购买美元

B. 外币账户期末余额调整

C. 不允许开立现汇账户的企业把日元卖给银行

D. 出口一批商品到美国，货款未收到

11. 企业销售产品所形成的外币债权，由于汇率变动而产生的外币债权折算差额，按我国现行会计制度的规定，应计入(　　)。

A. 主营业务收入　　B. 外币债权

C. 财务费用　　D. 营业外收入

12. 某企业采用人民币作为记账本位币。下列项目中，不属于该企业外币业务的是(　　)。

A. 与外国企业发生的以人民币计价结算的销售业务

B. 与中国银行发生的外币借款业务

C. 与外国企业发生的以美元计价结算的购货业务

D. 与中国银行发生的外币兑换业务

13. 外国投资者的下列出资方式中，不符合中外合资经营企业法律制度有关规定的是（　　）。

A. 以机器设备出资　　B. 以工业产权出资

C. 以已作质押的专利出资　　D. 以外币出资

14. 某企业注册资本为400万美元，合同约定分两次投入，但未约定折算汇率。中、外投资者分别于2001年1月1日和3月1日投入300万美元和100万美元。2001年1月1日、3月1日、3月31日和12月31日美元对人民币的汇率分别为1∶8.20、1∶8.25、1∶8.24和1∶8.30。假定该企业采用人民币作为记账本位币，外币业务采用业务发生日的汇率折算。该企业2001年年末资产负债表中"实收资本"项目的金额为人民币（　　）万元。

A. 3 280　　B. 3 296

C. 3 285　　D. 3 320

15. 某企业对外币业务采用业务发生时的市场汇率折算，按月结算汇兑损益。2002年3月20日，该公司自银行购入240万美元，银行当日的美元卖出价为1美元＝8.25元人民币，当日市场汇率为1美元＝8.21元人民币。2002年3月31日的市场汇率为1美元＝8.22元人民币。企业购入的该240万美元于2002年3月所产生的汇兑损失为（　　）万元人民币。

A. 2.40　　B. 4.80

C. 7.20　　D. 9.60

16. 按我国现行会计制度规定，销售商品所形成的外币应收账款由于外币升值引起的折算差额，在期末确认时，应（　　）。

A. 增加财务费用　　B. 冲减财务费用

C. 增加主营业务收入　　D. 冲减主营业务收入

17. 企业从国外购买原材料，并以外币支付时，原材料的入账价值应按照（　　）折算确定。

A. 期初市场汇率　　B. 平均汇率

C. 银行卖出汇率　　D. 当日即期汇率

18. 本日外币收盘价分别为1欧元＝10.482 4元人民币，100日元＝6.785 1元人民币，1港元＝0.942 1元人民币，1美元＝7.083 5元人民币，则1欧元分别等于（　　）日元和（　　）美元。

A. 139.75　1.21　　B. 154.49　1.48

C. 135.6　1.19　　D. 137.81　1.17

19. 某外商投资企业收到外商作为实收资本的固定资产一台，协议作价100万美元，当日的即期汇率为1美元＝7.06元人民币。另发生运杂费2万元人民币，进口关税20万元人民币，安装调试费12万元人民币。该设备的入账价值为（　　）万元人民币。

A. 742　　B. 726

C. 728　　D. 740

20. 企业在采用外币业务发生时的市场汇率作为折算汇率的情况下，将人民币兑换成外币时所产生的汇兑损益，是指（　　）。

A. 银行买入价与当日市场汇率之差所引起的折算差额
B. 银行卖出价与当日市场汇率之差所引起的折算差额
C. 账面汇率与当日市场汇率之差所引起的折算差额
D. 账面汇率与当日银行卖出价之差所引起的折算差额

二、多项选择题

1. 外汇根据来源与用途不同可分为（　　），根据限制性不同可分为（　　）。
A. 自由外汇和记账外汇　　B. 即期外汇和远期外汇
C. 自有外汇和借入外汇　　D. 外币支付凭证和记账凭证
E. 贸易外汇和非贸易外汇

2. 外汇业务的主要内容包括（　　）。
A. 外汇借款、外汇贷款　　B. 外汇存款、外汇汇款
C. 外汇票据的承兑与贴现　　D. 外汇投资、外汇买卖
E. 发行外币股票、债券、有价证券

3. 下列选项中，属于外汇的有（　　）。
A. 外国货币　　B. 外币支付凭证
C. 其他外汇资产　　D. 外币有价证券
E. 特别提款权

4. 下列会产生汇兑损益的业务途径有（　　）。
A. 不同外币与记账本位币之间的兑换　　B. 不同外币之间的兑换
C. 外币与记账本位币之间的折算　　D. 各外币账户期末汇兑损益的结转

5. 即期汇率可以是外汇牌价的（　　），在与银行不进行货币兑换时，一般以中间价为即期汇率。
A. 现汇买入价　　B. 现汇卖出价
C. 中间价　　D. 现钞买入价
E. 现钞卖出价

6. 企业在核算外币业务时应当设置外币账户，下列可能是外币账户的有（　　）。
A. 银行存款　　B. 应交税费
C. 短期借款　　D. 应付账款
E. 预收账款

7. 下列情况产生的汇兑损益，应当计入当期损益的有（　　）。
A. 购建的固定资产达到预定可使用状态后发生的汇兑损益
B. 企业在生产经营期间发生的汇兑损益
C. 企业在年末因外币会计报表折算产生的外币差额
D. 企业在清算期间发生的汇兑损益
E. 企业在筹建期间发生的汇兑损益

8. 我国对企业购（付）汇管理的措施主要有（　　）。
A. 记录登记、公布管理　　B. 进口付汇备案管理
C. 进口付汇核销管理　　D. 进口报关单核查

E. 出口收汇核销管理

9. 我国外币业务的折算汇率可采用(　　)。

A. 期末汇率　　B. 业务发生日的即期汇率

C. 业务发生日的近似汇率　　D. 银行买入或卖出汇率

E. 约定汇率

10. 某企业以港币作为记账本位币,下列币种中,汇率变动会影响该企业汇兑损益的有(　　)。

A. 人民币　　B. 港币

C. 欧元　　D. 美元

E. 日元

11. 下列账户中,在汇率上升时会产生汇兑收益;在汇率下降时,会产生汇兑损失的有(　　)。

A. 银行存款　　B. 应付账款

C. 应交税费　　D. 预付账款

E. 长期借款

12. 外币汇率的表示方法有(　　)。

A. 现行汇率　　B. 直接标价法

C. 历史汇率　　D. 间接标价法

E. 账面汇率

13. 外贸企业的外币业务类型主要有(　　)。

A. 外币购销业务　　B. 外币兑换业务

C. 外币借贷业务　　D. 外币资本投入业务

14. 中国人民银行自 1995 年 4 月 1 日起,只公布人民币对(　　)等货币的基准汇率,不再公布对其他货币的基准汇率。

A. 美元　　B. 港币

C. 日元　　D. 欧元

E. 卢布

15. 需要按期末汇率调整的外币账户包括(　　)。

A. 现金　　B. 预付账款

C. 应付账款　　D. 实收资本

E. 固定资产

16. 外汇是用于国际支付的手段,具体包括(　　)。

A. 外币存款　　B. 外国货币

C. 外币公司债券　　D. 外国政府公债

E. 外币支票

17. 下列项目中,属于外币业务的有(　　)。

A. 接受外币资本投资　　B. 从国内银行借入外币

C. 将持有的外币兑换成人民币　　D. 以持有的外币清偿外国银行借款

E. 购入外国公司债券

18. 在发生外币业务的企业,应当设置的外币账户有(　　)。

A. 固定资产　　　　B. 银行存款
C. 应收账款　　　　D. 应付账款
E. 原材料

19. 下列差额中，应当作为汇兑损益核算的有（　　）。
A. 收到外币资本投资时外币折算差额
B. 收到外币资本投资时至本会计期末外币折算差额
C. 外币会计报表折算差额
D. 外币兑换发生的外币折算差额
E. 持有外币存款期间发生的外币折算差额

三、判断题

1. 对"应收外汇账款"余额进行调整时，若按期末外汇牌价折算的余额大于原账面余额时，应计入"汇兑损益"账户的借方。（　　）

2. 期末汇兑差额的结转有逐笔结转和集中结转两种方式，无论哪种结转方法，年末必须按当日即期汇率将外汇账户人民币余额与原账面余额的差额计入汇兑损益。（　　）

3. 外贸企业借入外汇借款用于购建固定资产，其汇率变动产生的差额在办理固定资产竣工决算前应计入汇兑损益。（　　）

4. 记账外汇因为不经货币当局批准不能自由使用，因此不代表国际债权债务。（　　）

5. 即期外汇是指外汇买卖成交当日交割完毕的外汇。（　　）

6. 具有捐赠、援助等特殊来源和指定用途的外汇收入的境内机构经外汇局批准，可以开立经常项目外汇账户。（　　）

7. 境内机构原则上只能开立一个经常项目外汇账户，在同一银行开立相同性质、不同币种的经常项目外汇账户须再到外管局核准。（　　）

8. 在已使用账户系统的地区，符合开户条件的境内机构可以根据实际经营需要，向外管局申请开立多个经常项目外汇账户。（　　）

9. 外汇账户开户单位在办理账户收付时须出具外汇账户使用证，并不得超范围、超限额、超期限使用。（　　）

10. 新开立的经常项目外汇账户，如上年度无经常项目外汇收入，其外汇账户的初始限额不得超过等值5万美元。（　　）

11. 境内机构经常项目外汇账户限额统一采用美元核定，若为其他币种账户，则按核定的即期汇率折算。（　　）

12. 开立经常项目外汇账户的外贸企业在取得外汇收入后，应将外汇存入外汇存款账户，超出外管局核定限额的部分，必须按规定结汇。（　　）

13. 外贸企业将经常项目外汇账户中的外币资金转作定期存款须经外汇管理机关批准。（　　）

14. 境内机构经常项目外汇账户开立后，若一年内未发生任何外汇收支的，应当办理账户关闭手续。（　　）

15. 即期汇率是指买卖双方在未来交割时采用的汇率。（　　）

16. 出口单位出口货物后，应当在预计收汇日期起30日内，向外管局进行出口收汇核销报告。（　　）

17. 期末，各外币账户要汇总编制一笔调整分录，将借贷方轧差后的金额确认为汇兑损益。 (　　)

18. 在各类外汇借款中，外汇现汇贷款是外贸企业进出口业务中最普遍的融资方式，其利率可以采用浮动利率或固定利率。 (　　)

19. 一般来说，外贸企业获得的外汇贷款一般用于在进出口业务中对国外支付，不允许在境内结汇成人民币使用。 (　　)

20. 企业如果在其主营业务中经常使用某种外国货币进行往来收付、计价和结算的，就可以选该种外国货币作为记账本位币。 (　　)

四、综合练习

【习题 1】

1. 目的：练习汇兑差额的期末外币账户的月末调整法。

2. 资料：

某公司是一家具有进出口权的生产型公司，选择确定的记账本位币为人民币，其外币交易记账汇率采用即期汇率，20×8 年 12 月 1 日“银行存款——美元户”账户的期初余额如下：

账户名称	外币金额	汇　率	人民币金额
银行存款——美元户	USD 200 000	7.90	1 580 000

该公司 12 月份发生以下业务：

(1)12 月 5 日，上月国外 A 公司所欠货款 30 000 美元今日收到入账，当日即期汇率 1 美元=7.88 元人民币。

(2)12 月 12 日，从美元银行存款账户支付上月所欠国外 B 公司货款 25 000 美元，当日即期汇率为 1 美元=7.87 元人民币。

(3)12 月 16 日，将 20 000 美元兑换成人民币，当日即期汇率为买入价 1 美元=7.79 元，中间价为 1 美元=7.80 元人民币。

(4)12 月 18 日，从美元银行存款账户中支付外方工作人员工资 7 200 美元，当日即期汇率为 1 美元=7.85 元人民币。

(5)12 月 20 日，收到向国外 A 公司销售产品的货款 50 000 美元，当日即期汇率 1 美元=7.85 元人民币。

(6)12 月 21 日，从美元存款户中归还欠 B 公司货款 25 000 美元，当日即期汇率 1 美元=7.86 元人民币。

(7)12 月 26 日，将 40 000 美元兑换成港元，当日港元即期汇率为卖出价 1 港元=0.95 元人民币，中间价为 1 港元=0.94 元人民币；美元即期汇率为买入价 1 美元=7.85 元人民币，中间价为 1 美元=7.86 元人民币。

(8)12 月 31 日，当日美元即期汇率为 1 美元=7.96 元人民币，港币即期汇率为 1 港元=0.95 元人民币。

3. 要求：

(1)计算上述业务(7)中“银行存款——港元户”的入账金额；

(2)计算期末“银行存款——美元户”折算所产生的汇兑差额；

(3)根据业务编制必要的会计分录。

【习题 2】

1. 目的:练习汇兑差额的期末外币账户的计算调整。

2. 资料:

ABC 有限责任公司(以下简称 ABC 公司)外币业务采用即期汇率折算,按月计算汇兑差额。

(1)20×1 年 1 月 1 日的市场汇率为 1 美元=8.35 元人民币,各外币账户的年初余额如下:

应收账款 400 万美元,人民币金额为 3 340 万元;银行存款 700 万美元,人民币金额为 5 845万元;应付账款 160 万美元,人民币金额为 1 336 万元;长期借款 500 万美元,人民币金额为 4 175 万元(仅为建造固定资产而借入的)。

(2)公司 20×1 年 1 月有关外币业务如下:

①本月发生应收账款 200 万美元,即期汇率为 1 美元=8.5 元人民币。

②本月收回应收账款 100 万美元,即期汇率为 1 美元=8.5 元人民币,款项存入银行。

③以外币银行存款偿还为购建固定资产借入的 120 万美元,即期汇率为 1 美元=8.5 元人民币。该项固定资产正在建造中。

④接受投资者投入的外币资本 1 000 万美元,作为实收资本,收到外币当日的市场汇率为 1 美元=8.35 元人民币,外币存入银行。

(3)1 月 31 日的市场汇率为 1 美元=8.4 元人民币。

3. 要求:计算期末外币账户的调整数额(列示计算过程)。

第三章　出口贸易业务

第一节　出口业务的意义

一、出口业务的意义和作用

出口贸易业务是指外贸企业组织工农业产品在国际市场上销售并取得外汇的业务，它是外贸企业的一项重要的业务。商品出口收汇是我国外汇收入的主要来源，它为进口我国经济发展所需要的先进生产设备和用于满足提高人民生活水平的商品创造了条件。

一个国家的进口贸易和出口贸易是相辅相成的，没有出口贸易，也就没有了进口贸易。出口贸易大于进口贸易，外汇收支表现为顺差，构成了外汇储备的来源，它标志着一个国家的支付能力和经济实力。

外贸企业应积极拓展出口贸易业务，加强出口贸易业务的核算和管理，这对于加强国际间的分工协作、扩大就业机会、安全及时收汇、降低出口成本、提高人民生活水平、加快国民经济的建设和发展都具有重要的意义。

二、出口贸易的基本步骤

出口贸易的一般步骤是：出口交易前的准备→交易磋商、订立合同→组织出口货源→履行合同、处理争议→核算效益、总结得失。

（一）出口交易前的准备

这一阶段主要完成的工作是进行调研信息收集并制订商品经营方案。

1. 通过国际商务信息的收集与整理，对国际市场进行调查研究

此项工作是为了获得与贸易有关的各种信息，通过对信息的分析得出国际市场行情特点，判定贸易的可行性并进而据以制订贸易计划。行情调研范围和内容包括经济调研、市场调研、客户调研。

(1)经济调研。

经济调研的目的在于了解一个国家或地区的总体经济状况、生产力发展水平、产业结构特点、国家的宏观经济政策、货币制度、经济法律和条约、消费水平和基本特点等。总之，是对经济大环境有一个总体的了解，预估可能的风险和效益情况。对外贸易总是要尽量与总体环境好的国家和地区间开展。

(2)市场调研。

市场调研主要是针对某一具体选定的商品，调查其市场供需状况、国内生产能力、生产的技术水平和成本、产品性能、特点、消费阶层和高潮消费期、产品在生命周期中所处的阶段、该产品市场的竞争和垄断程度等内容。目的在于确定该商品贸易是否具有可行性、收益性。

(3)客户调研。

客户调研在于了解欲与之建立贸易关系的国外厂商的基本情况,包括它的历史、资金规模、经营范围、组织情况、信誉等级等总体状况,以及它与世界各地其他客户和与我国客户开展对外经济贸易关系的历史和现状。只有对国外厂商有了一定的了解,才可以与之建立外贸联系。我国对外贸易实际工作中,常有因对对方情况不清,匆忙与之进行外贸交易活动而造成重大损失的事件发生。因此在交易磋商之前,一定要对国外客户的资金和信誉状况有十足的把握,不可急于求成。

调研信息的主要来源有:①一般性资料,如一国官方公布的国民经济总括性数据和资料,内容包括国民生产总值、国际收支状况、对外贸易总量、通货膨胀率和失业率等;②国内外综合刊物;③委托国外咨询公司进行行情调查;④通过我国外贸公司驻外分支公司和商务参赞处,在国外进行资料收集;⑤利用交易会、各种洽谈会和客户来华做生意的机会了解有关信息;⑥派遣专门的出口代表团、推销小组等进行直接的国际市场调研,获得第一手资料。

2. 落实出口货源,制订出口商品经营方案

此项工作是指有关进出口公司根据国家的政策、法令,对其所经营的出口商品做出一种业务计划安排。它是交易有计划、有目的地顺利进行的前提。出口商品经营方案一般包括以下内容:

(1)商品的国内货源情况。

如生产地、主销地、主要消费地;商品的特点、品质、规格、包装、价格、产量、库存情况。

(2)国外市场情况。

如市场容量、生产、消费、贸易的基本情况,主要进出口国家的交易情况,今后可能发展变化的趋势,对商品品质、规格、包装、性能、价格等各方面的要求,国外市场经营该商品的基本做法和销售渠道。

(3)确定出口地区和客户。

在行情研究、信息分析的基础上,选择最有利的出口地区和合作伙伴。

(4)经营历史情况。

如我国出口商品目前在国际市场上所占地位、主要销售地区及销售情况、主要竞争对手、经营该种商品的主要经验和教训等。

(5)经营计划安排和措施落实。

如销售数量和金额、增长速度、采用的贸易方式、支付手段、结算办法、销售渠道、运输方式等。

(二)交易磋商、订立合同阶段

1. 交易磋商

交易磋商包括询盘、发盘、还盘和接受四个过程。其中发盘和接受是达成交易、合同成立不可缺少的两个基本环节和必经的法律步骤。

(1)询盘。

询盘又称询价,是指交易的一方为购买或出售某种商品,向对方口头或书面发出的探询交易条件的过程。其内容可繁可简,可只询问价格,也可询问其他有关的交易条件。询盘对买卖双方均无约束力,接受询盘的一方可给予答复,也可不做回答。但作为交易磋商的起点,商业习惯上,收到询盘的一方应迅速作出答复。由买方主动发出的向国外厂商询购所需货物的函电,称为买方询盘。在实际业务中,询盘一般多由买方向卖方发出。而在市场处于动荡变化及

供求关系反常的情况下,为探听市场虚实、选择成交时机、主动寻找有利的交易条件,卖方也会向买方发出征询其购买意见的函电,这称为卖方询盘。

(2)发盘。

发盘又称发价,是指交易的一方向另一方提出一定交易条件,并表示愿意按照提出的交易条件达成买卖该项货物的交易并签订合同的一种口头或书面的表示。发盘人可以是买方,也可以是卖方。发盘有实盘和虚盘之分,前者有约束力,后者无约束力。

(3)还盘。

还盘又称还价,是受盘人不同意或不完全同意发盘中的内容或条件而提出自己的修改意见或条件的表示。还盘中的任何一点改动,都意味着对原发盘的拒绝。

还盘只能由受盘人在原发盘的有效期内做出,其他任何人无还盘权力。发盘人对于受盘人的还盘,要仔细分析,弄清实质性变动和对方的真实意图,并做出相应答复。若原发盘人对还盘内容和条件又做出新的修改,则成为再还盘,有时又构成新的发盘。一笔交易的成立,往往要经过多次还盘和再还盘的过程。

(4)接受。

接受是指受盘人在发盘有效期内无条件全部同意发盘的全部内容,并愿意签订合同的一种口头或书面的表示。接受可由买方表示,也可由卖方做出,但必须是合法的受盘人,而且接受表示需在发盘有效期内送达发盘人。接受的表示必须明确。

2. 订立合同

在交易磋商过程中,一方发盘经另一方接受以后,交易即可成立,买卖双方就构成了合同关系。订立合同是对以往磋商过程中双方达成的协议、共同接受的交易条件的最终书面确认。合同具有法律效力,一经订立,以后的贸易活动都应与合同条款一致。

实盘虽然对双方都有约束力,但仍应通过合同的方式加以确认。我国《涉外经济合同法》中规定:"当事人就合同条款以书面形式达成协议并签字,即为合同成立。通过信件、电报、电传达成协议,一方当事人要求签订确认书的,签订确认书时,方为合同成立。"

(三)组织出口货源

此阶段的主要工作是,按照合同规定的商品规格和交易条件,组织生产或收购,安排调拨调运与仓储保管。

1. 组织生产或收购

对于自营出口商,订立合同后,应立即组织好生产。要求产品的品质、性能、包装、规格、外型等都与合同条款保持一致。要保证原辅料、中间产品的及时供应,确保按时交货。对于代理出口业务,出口商订立合同后,应做好国内的收购、调拨。收购途径有商业供货和外贸直接供货两种。

2. 安排调拨调运

该工作是将组织好的出口货物运往选定的出口地。如港口、车站、机场。调运过程中要合理安排流向,选择从产地到出口地的最便利、最省时的运输路径。

3. 仓储保管

货物运到出口地不能马上出运时,应妥善保管。仓储时间要尽量缩短,因为仓储货物的价值不能马上实现,是一种资金的占用,同时还要支付仓储费,这是一种双重损失。为此,应及时与外运公司取得联系,使货物尽快装运出口。

（四）履行合同、处理争议

1. 出口合同履行的一般程序

（1）申领相关证书。

主要包括：①申请领取出口许可证（外经贸机构批准）；②申请原产地证书（贸促会批准）；③接受法定检验或委托鉴定，取得检验报告或鉴定证书（商检提供）。

（2）催证、审证、改证。

国际贸易结算的主要方式是：托收、汇付和信用证，以信用证最为普遍，前两种方式已很少使用。这里所说的"证"，即指信用证。与信用证有关的活动主要包括：①催证：指卖方督促买方尽快将信用证开出，通过开证行、议讨行送抵卖方。对外贸易中不履约事件经常发生，只有拿到了信用证，交易才有了基本成功的可能性，卖方才有可能收到货款。②审证：信用证的有关内容必须与合同条款完全一致，即所谓"证同一致"。因为银行在议付时，只按信用证内容付款，而不管合同条款如何。卖方应确保证同一致，防止买方通过信用证改变合同中规定的交易条件而蒙受损失。③改证：当发现信用证与合同不符时，卖方应及时要求买方按合同规定修改信用证。

此外，买方在修改信用证的同时会提出展证要求，以避免出现延期、违约行为。

（3）租船订舱、投保、报关。

主要包括：①租船订舱：国际贸易运输方式有海运、陆运、空运等，其中以海运为主，通常在工厂交货两周前向货运公司发出书面订舱通知。②投保：国际贸易运输路途远、时间长、风险大，因而必须投保。出口商品的投保一般是逐笔办理的，在投保时，应将货名、保额、运输线路和险别列清。③报关：货物到达目的地后，向海关申报、检查，缴纳关税，在装货单上加盖放行章放行。

（4）制单结汇。

国际贸易凭单结汇的主要单据有：以发票为中心的货物单据，以提单为中心的运输单据和以保险单为中心的保险单据。各套单据之间的内容应相符，即"单单一致"，且都要与信用证内容相同，即"单证一致"。银行在结汇时，只要审查为"单单一致"、"单证一致"即付款，而不管货物实际情况如何（这是信用证结算的主要特点之一）。

2. 处理争议

争议的解决办法一般有三种：协商解决、仲裁解决、诉讼解决。

（1）协商解决。

双方当事人在没有第三者干预的情况下通过谈判自主解决争端。其优点是程序简单、费用节省，且不破坏双方的合作关系。但是协商解决一般难以达成协议，取得令双方都满意的结果；而且协商结果没有法律强制的约束力，一旦一方反悔，又会发生新的争端。在所有的国际贸易争端中，能通过此种方式解决的所占比例很小。

（2）仲裁解决。

仲裁解决方式是指双方当事人在争端发生之前或在争端发生之后，达成书面协议，自愿将争端提交双方所同意的第三者审理，由其做出裁决。仲裁结果是任何人再无权改动，必须得执行。合同中一般都有关于仲裁地点、方式等内容的条款。

（3）诉讼解决。

如果当事人在争端发生后，不能通过协商、调解的方式解决，又没有在合同中订立仲裁条款，则任何一方当事人都可以向有管辖权的法院起诉，通过诉讼的方式解决争议，诉讼主要用于办理无仲裁的案件。因为外贸争议诉讼时间过长(一般均在2年以上),且诉讼期间该产品不得进入该国市场,所以一般的外贸争议都不通过此种方式解决,而普遍采用仲裁法。

(五)核算效益、总结得失

此阶段往往被企业所忽视,而它恰恰是求得国际贸易中出口业务持续稳定发展的重要因素。

1. 核算效益

核算效益是指衡量投入与产出之间的比例。投入是指出口商品的成本和与贸易有关的直接费用之和;产出是指出口外汇收入。核算效益的主要指标有投入产出之比;出口商品盈亏;换汇成本、创汇率;等等。出口贸易不仅要追求出口数量、金额的绝对量的增加,而且要努力提高经济效益,这样的出口发展才有积极意义。亏损型的出口贸易对经济发展并无益处。

2. 总结得失

总结得失应包括对整个贸易过程各个阶段的经验总结,以便在以后的贸易中更熟练、更有把握地进行。

第二节　出口商品收购的方式及程序

出口商品外贸收购是指对外贸易企业单位为了出口或经过加工后再供应出口,而从对外贸易系统以外的单位或个人购进商品的行为。它是出口贸易的物质基础。

一、出口商品收购的特征

出口商品收购具有以下三个特征:

首先,收购商品的目的和用途,必须是为了供应出口或经过加工后再供应出口,即以销往国际市场为目的。购进以后,专供企业自身消费(如办公用品、建筑用材料等),或间接为了出口而购进的商品(如奖售物资、储运包装用品等)都不能作为出口商品收购。

其次,商品收购必须通过买卖行为,即取得商品所有权必须支付一定的代价。未通过买卖行为而收入的商品,如无代价收到其他部门赠送的出口样品、借入商品、收回借出商品、调出(售出)退回商品、国外来料加工装配的出口商品、代理出口商品和商品升溢等,都不能作为出口商品收购。

最后,必须是以对外贸易系统为总体的商品购进,即以非外贸部门为购进商品的来源。从外贸系统内调入或作价买进的商品,都不能算出口商品收购。因为这些购进并不能增加整个对外贸易系统的出口商品货源,而只是原有货源在外贸企业之间或地区间的转移。

二、出口商品收购和交接的方式

(一)出口商品收购的方式

出口商品收购主要有直接收购和间接收购两种方式。直接收购是指外贸企业与生产单位和有关部门通过签订购销合同、协议,收购工矿产品和由外贸系统统一经营的产品。它包括向生产单位收购——收购工矿产品的主要方式,以及向商业基层单位收购——收购农副产品的主要方式。

间接收购是指经商业企业和农村基层收购单位收购农副产品及工矿产品。因为农副土特产品的货源分散在各地农村,而且数量零星,不利于外贸企业直接收购,因此,需要采取间接收购的方式，由外贸企业支付一定的手续费给商业、粮食和基层等代购单位，作为劳务报酬。它是外贸企业收购农副土特产品的一种主要形式。

此外，还有由内贸或其他有关部门直接、主动供货给外贸企业，这也是出口商品收购的渠道之一。

随着外贸体制改革的进展，有外贸经营权的企业除极少数品种属统一经营外，都可自行收购商品对外出口。

（二）出口商品交接的方式

外贸企业对收购进来的工矿产品和农副土特产品，要实行严格的交接、验收和结算货款等手续。通过交接验收，认为收购的商品其数量和质量均符合合同（协议）的规定，即应进行货款结算，以结束整个收购业务。

在买卖交易的具体实践中，出口商品交接的方式，一般有以下几种：

1. 送货制。即由供货单位将商品直接送到收购单位仓库或指定的地点交货。这是本地直接收购所采取的主要方式。

2. 提货制。即由收购单位直接向供货单位的仓库或指定地点提取商品。这也是本地采购使用的方式。

3. 发货制。即由供货单位发运商品到购货单位的车站、码头交货，适合于外地采购。商品交接与验收一般是同时进行的，但验收因商品性质的不同，有的可由收购单位直接验收，如一般技术性不复杂的商品，收购单位只要对其品种、数量、质量、规格、等级、包装等检验其是否与合同（协议）的有关规定相符即可；但对技术性复杂的商品（如机器、仪器、化工产品等），外贸企业可以要求供货单位出具检验证明书，证明供货单位负责保证商品的质量。这时，收购单位（外贸企业）一般只要验收商品的数量和包装即可。

三、出口商品收购的程序

国际贸易出口商品收购的主要环节包括签订购销合同、落实货源，进货验收、入库出口商品和结算收购货款等。

（一）签订购销合同、落实货源

国际贸易企业出口商品计划落实后，可按《经济合同法》有关规定，及时与供货部门签订购销合同，在合同中明确规定交货日期、地点、运输和结算方式，交货数量、品种、规格、等级、价格以及费用负担和索赔条件等，以便明确购销双方的权利和义务。

（二）进货验收、入库出口商品

企业对外购的出口商品应按合同或协议的规定进行验收和入库。在验收的时候，应区别以下情况作不同处理：对一般的出口商品应点验其品种、数量、规格、花色、式样和包装等；对规格特殊、技术复杂、企业又无条件进行鉴定验收的商品，如机械、电器、仪器和化工产品等，应按合同或协议的规定。交接验收时，应取得供货部门的有关商品检验证明书，同时，应点验商品数量，检查商品包装；对于应由商品检验部门检验的出口商品，应取得商品检验部门的合格证明书，并对商品的数量和包装进行点验和检查。

（三）结算收购货款

在办理完出口商品交接验收后，购销双方应及时进行货款结算，以加速购销双方的资金周转和经济核算。如果有不符合出口规格和质量的商品，应拒绝收购和付款。如已凭托收结算凭证付款的，应及时予以追回。

收购出口商品的货款结算，应遵循起运托收、单货同行、钱货两清的原则，不得相互拖欠。除限额以下的零星货款结算和向个体农民收购出口农副产品可用现金支付外，其他均应通过银行办理转账结算。

第三节　出口商品收购的核算

一、账户的设置

为了全面反映国际贸易企业出口商品国内采购的过程，监督在途商品的到货情况，国内在途物资业务的核算一般设置如下账户。

（一）“在途物资”账户

“在途物资”为资产类账户，核算企业采用实际成本（或进价）进行材料、商品的日常核算，并作为购入尚在途中或虽已运达尚未验收入库材料的采购成本。企业购入商品时，根据发票和银行有关结算凭证，按应计入商品采购成本的金额，计入借方；商品验收入库时，计入贷方；余额在借方，表示企业在途商品的成本。企业可按供应单位和物资品种进行明细核算。

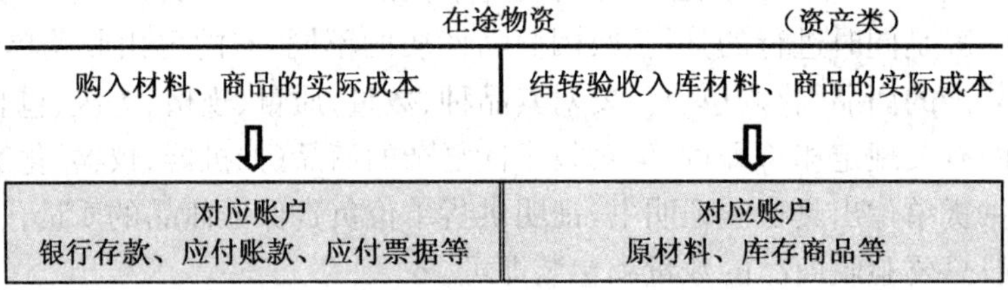

（二）库存商品

“库存商品”为资产类账户，核算企业存放和寄存外库、委托其他单位代管代销的商品，以及陈列展览的商品等。它反映企业出口商品的储存和增减变动情况。当购进、委托加工收汇商品验收入库和发生盘盈时，计入借方；商品销售和发生盘亏时，计入贷方；余额在借方，表示库存商品的结存数额。经营商品品种和规格较多的企业可按商品大类或商品品名设置明细科目。经营进出口业务的外贸企业可在本科目内设置“库存进口商品”、“库存出口商品”和“其他库存商品”等明细科目进行明细核算。

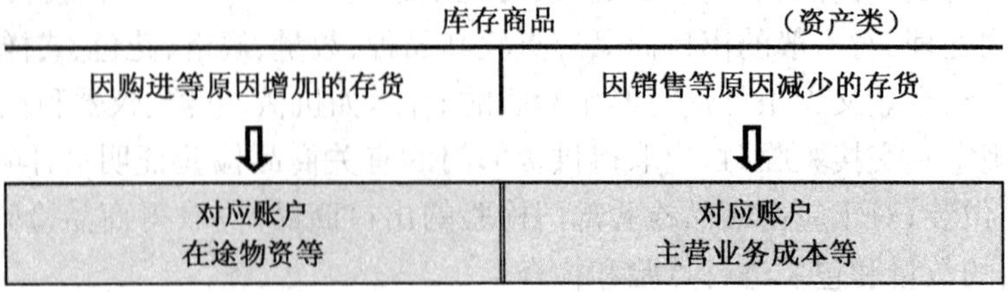

二、出口商品收购业务的核算

外贸企业采购出口商品，按地域不同，可分为本地收购和外地收购；按商品交接方式，可分为送货制和提货制等。会计核算上应视不同的商品交接方式、凭证流转方式和货款的支付时间等具体情况进行相关的账务处理。

（一）购进出口商品验收入库，同时支付货款的核算

这种情况多见于本地出口商品购进业务。核算处理时，根据出口商品入库凭证及发票账单，借记“库存商品”、“应交税费——应交增值税（进项税额）”等科目；贷记“银行存款”、“应付账款”等科目。

【例 3—1】 某公司 2×13 年 7 月 10 日购入商品一批，取得的增值税专用发票上注明的商品价款为 20 000 元，增值税额为 3 400 元，运杂费为 1 000 元，发票等结算凭证已经收到，货款及运杂费通过银行转账支付，商品已验收入库。作如下会计分录：

借：库存商品——库存出口商品　　21 000
　应交税费——应交增值税（进项税额）　　3 400
　　贷：银行存款　　24 400

若为先收货后付款，则会计分录如下：

①收货时：

借：库存商品——库存出口商品
　应交税费——应交增值税（进项税额）
　　贷：应付账款——应付国内账款——供货企业

②付款时：

借：应付账款——应付国内账款——供货企业
　　贷：银行存款

（二）购进商品先承付货款、后验收入库的核算

外贸企业向外地收购出口商品，一般采用发货制方式，即由供货单位将商品委托运输部门发运到购货单位所在地的车站、码头交货。同时向当地银行申请办理委托收款结算手续，向购货单位收取货款。由于运输部门发运商品和银行邮寄托收凭证在时间上有先后的差异，经常发生单到货未到的情况。

对于已经付款或已开出商业承兑汇票，但商品尚未到达（或尚未验收入库）的业务，应根据结算凭证、发票账单等，借记“在途物资”、“应交税费——应交增值税（进项税额）”等科目；贷记“银行存款”或“应付票据”等科目。等到商品验收入库后，再借记“库存商品”科目，贷记“在途物资”科目。

【例 3—2】 某公司购入商品一批，增值税专用发票上注明的商品价款为 10 000 元，增值税额为 1 700 元。发票等结算凭证已到，签发一张 2 个月到期的商业汇票结算商品价款，商品尚未收到。企业应作如下会计分录：

①单到承付时：

借：在途物资——在途出口物资　　10 000
　应交税费——应交增值税（进项税）　　1 700
　　贷：应付票据　　11 700

②货到时：

借:库存商品——库存出口商品 10 000

贷:在途物资——在途出口物资 10 000

(三)购进出口商品先验收入库、后支付货款的核算

对于商品已到达并验收入库,但发票账单等结算凭证未到达本企业的情况下,外贸企业根据运输部门的到货通知单,先由储运部门提货验收进仓,财会部门一般暂不作会计处理,待收到有关结算凭证并支付货款时再做相关的会计处理。如果月末仍未收到结算凭证,则按商品的暂估价值,借记“库存商品”科目,贷记“应付账款——暂估应付账款”,下月初作红字分录冲回,以便收到结算单据付款时,按正常程序进行核算。

【例 3-3】 某公司购入一批出口服装,共计 1 000 件,已到货并验收入库。月终仍未收到有关的结算单据,按暂估价每件 20 元入账。企业应作如下会计分录:

①月末暂估入账时:

借:库存商品——库存出口商品 20 000

贷:应付账款——暂估应付账款 20 000

②下月初红字冲回原暂估部分:

借:库存商品——库存出口商品 [20 000]

贷:应付账款——暂估应付账款 [20 000]

实际收到银行转来托收凭证,并支付货款时,视同“单货同到”进行会计处理。需要指出的是,在月末商品估价入账时,要掌握“估价不估税”的原则,即只能按商品估价入账,不能将增值税进项税额估价入账。

(四)出口商品购进的其他业务核算

1. 购货折扣和购货折让的核算

(1)购货折扣的核算。

国际贸易企业在赊购商品时,销货方为了鼓励客户尽早归还货款而给予一定的折扣优惠,从而产生了购货折扣。按照我国现行会计制度的规定,企业赊购商品时,对于购货折扣应采用总价法进行核算,即以商品的发票价格作为买方入账价格,当企业取得购货折扣时,再冲减当期的财务费用。

【例 3-4】 某外贸公司赊购一批商品,销货方给予的付款条件为:1/10,n/20,即 10 天内付款给予 1%的折扣,10~20 天内付款不再给予折扣(计算折扣时不考虑增值税)。

6 月 1 日,赊购商品 500 件,每件 20 元,货款 10 000 元,增值税为 1 700 元,商品已验收入库,作会计分录如下:

借:库存商品——库存出口商品 10 000

应交税费——应交增值税(进项税额) 1 700

贷:应付账款——应付国内账款——供货企业 11 700

如果付款日为 6 月 9 日,则享受购货折扣 100 元。支付货款时编制如下会计分录:

借:应付账款——应付国内账款——供货企业 11 700

贷:银行存款 11 600

财务费用 100

如果付款日为 6 月 15 日,则不享受购货折扣。支付货款时,编制如下会计分录:

借:应付账款——应付国内账款——供货企业 11 700

贷:银行存款 11 700

(2)购货折让的核算。

销售企业因售出商品的质量不合格等原因而在售价上给予的减让为销货折让。从购买方的角度,从销货单位所取得的价格上的折让即为购货折让。

【例 3—5】 某公司购进一批商品,价款总计为 12 000 元,增值税额 2 040 元。签发转账支票 14 040 元支付货款及增值税额,作会计分录如下:

借:在途物资——在途出口物资 12 000

应交税费——应交增值税(进项税额) 2 040

贷:银行存款 14 040

验收商品时,发现质量不符合要求,销货方同意给予 10%的折让。收到销货方开具的红字折让发票,并收到折让款 1 200 元及增值税 204 元,作会计分录如下:

借:银行存款 1 404

贷:在途物资——在途出口物资 1 200

应交税费——应交增值税(进项税额) 204

商品验收入库时,编制如下会计分录:

借:库存商品——库存出口商品 10 800

贷:在途物资——在途出口物资 10 800

2. 购进商品溢余和短缺的核算

企业出口商品在收购过程中,由于各种自然或人为的原因,可能会造成商品的实收数与应收数发生不符(溢余或短缺)的情况,因此应认真进行验收,以确保账实相符。在实际验收中发现溢余或短缺损耗情况,应及时反映、查明原因、明确责任,并根据不同情况进行处理。

造成购进商品溢余、短缺的原因主要有:商品在运输途中受自然条件或技术设备等影响,发生自然溢余或损耗;由于供货方工作失误而多发或少发商品,从而造成出口商品溢余或短缺;属于运输部门责任造成出口商品丢失短缺等。对于这些情况,财会部门除按实收数入账外,还应查明原因,如当时未能查明原因,应先记入“待处理财产损溢”科目,待查明原因作出处理决定后,再进行转账。

“待处理财产损溢”科目是具有资产类与负债类双重性质的科目,下设“待处理固定资产损溢”和“待处理流动资产损溢”两个子科目。本科目核算企业在清查资产中查明的各种商品物资的盘盈、盘亏和损耗、升溢等情况。本科目借方反映待处理各种财产损耗的发生数和待处理财产查明原因后的结转数;贷方反映待处理各种财产溢余的发生数和待处理财产查明原因后的结转数。

(1)购进商品溢余的核算。

购进商品溢余如果属于商品的自然溢余,应冲减“管理费用”账户;如果属于供货单位多发货,经双方协商,同意补作购入商品,则应补付价款和税款,取得对方补开的增值税专用发票后,作商品购入的账务处理。如果本单位不同意补价购入,则应按溢余减少库存。

【例 3—6】 某公司购进一批商品,发生溢余 20 千克,价款为 800 元。财务部根据入库凭证与商品溢余报告单,编制如下会计分录:

借:库存商品——库存出口商品 800

贷:待处理财产损溢——待处理流动资产损溢 800

如果属于自然溢余,应递减“管理费用”,会计分录如下:

借:待处理财产损溢——待处理流动资产损溢　800
　　贷:管理费用　800

属于供货单位多发货,购货单位同意补作购货,根据供货单位补开的发票补付货款时,会计分录如下:

借:待处理财产损溢——待处理流动资产损溢　800
　应交税费——应交增值税(进项税额)　136
　　贷:银行存款　936

如果本单位不同意补作购货,则将多发商品退换给供货单位,会计分录如下:

借:待处理财产损溢——待处理流动资产损溢　800
　　贷:库存商品——库存出口商品　800

(2)购进商品短缺的核算。

企业购进的商品发生的毁损或短缺,除合理损耗可以计入采购成本外,其余则应区分不同的情况进行处理。

【例 3—7】 某公司购进 A 商品 1 000 件,总值 10 000 元,增值税额 1 700 元。财务部门根据有关结算凭证,进行如下账务处理:

借:在途物资——在途进口物资——A 商品　10 000
　应交税费——应交增值税(进项税额)　1 700
　　贷:银行存款　11 700

商品到达并验收入库时,发现实到 950 件,短少 50 件,财务部门根据入库凭证与商品短缺报告单,编制如下会计分录:

借:库存商品——库存出口商品——A 商品　9 500
　待处理财产损溢——待处理流动资产损溢　500
　　贷:在途物资——在途进口物资——A 商品　10 000

属于供货单位少发,经索赔收到其多收的货款及增值税时,应作如下分录:

借:银行存款　585
　　贷:待处理财产损溢——待处理流动资产损溢　500
　　　应交税费——应交增值税(进项税额)　85

如果上述损失应由保险公司、运输部门或其他过失人负责赔偿,应作分录为:

借:其他应收款　585
　　贷:待处理财产损溢——待处理流动资产损溢　500
　　　应交税费——应交增值税(进项税额转出)　85

如果属于自然灾害等非正常原因造成的损失,应将扣除残料价值和过失人及保险公司赔偿后的净损失计入“营业外支出”;属于无法收回的其他损失,经批准列作“管理费用”。

此外,还需注意的是,如短缺或损耗的商品属于运输途中定额范围内的合理损耗,可按材料实际数量记账,并相应提高入库商品的单位成本,一般不进行账务处理;如果发现短缺时已经做了账务处理,则应作如下分录:

借:库存商品——库存出口商品
　　贷:待处理财产损溢——待处理流动资产损溢

3. 购进商品退补价的处理

如果外贸企业收购新产品,由于供销双方对该产品尚未核定销售价格时,可以先与供货单位协商确定暂定价，据以进行货款结算。以后，再按供销双方正式核定的价格，进行多退少补，即当供销双方正式核定的价格低于暂定价时，供货单位应将多收的价款退还给购货单位；反之，核定价高于暂定价时，购货单位应补付货款给供货单位。此外，由于生产用材料调价，需要协商调整商品进价时，也会发生购进商品退补价的情况。

退价与补价的核算，应在原账务处理的基础上加以调整，不涉及商品实物数量的变动。发生购入商品退补价款业务时，由供货方填制销货更正单和红字或蓝字增值税专用发票转交购货方；购货方有关部门审核后，填制进货更正单，连同红字或蓝字增值税专用发票交财会部门据以办理价款结算，调整库存商品的价格。

(1)购进商品退价的处理。

退价时，应根据红字增值税专用发票的抵扣联，调减进项税额；根据红字增值税专用发票的发票联，调减库存商品或商品销售成本。如退价商品尚未出售，或虽已出售但尚未结转销售成本，则调减库存商品成本；如退货商品已全部或部分售出，并已结转销售成本，则应调减商品销售成本。

【例 3—8】 某企业 4 月初从某皮鞋厂购入皮鞋 400 双，进价 60 元/双，价款 24 000 元，税额 4 080 元，以银行存款支付。现收到银行转来的供货方信汇凭证收款通知单、退价销货更正单以及红字增值税专用发票，上列每双鞋退价 5 元，计价款 2 000 元，税额 340 元。作会计分录如下：

若购货单位财会部门接到供货单位送来的红字退价发票和多收货款时，该批皮鞋尚未销售或虽销售但尚未结转成本，应作如下会计分录：

借：银行存款	2 340	
贷：应交税费——应交增值税(进项税额)		340
库存商品——库存出口商品——皮鞋		2 000

当该批鞋已全部销售并已结转成本时：

借：银行存款	2 340	
贷：应交税费——应交增值税(进项税额)		340
主营业务成本——自营出口销售成本——皮鞋		2 000

(2)购进商品补价的处理。

补价时，也应根据补价商品的存销情况，比照退货作相应的账务处理，即根据蓝字增值税专用发票的抵扣联调增进项税额，根据蓝字增值税专用发票的发票联调增库存商品成本或商品销售成本。

【例 3—9】 承上例，若企业收到的是补价发票，每双鞋补价 5 元，增值税专用发票上注明：价款 2 000 元，税额 340 元，已通过银行汇出。作会计分录时，当该批鞋尚未销售，应按正常购进进行账务处理，财会部门应根据有关单证进行如下账务处理：

借：库存商品——库存出口商品——皮鞋	2 000	
应交税费——应交增值税(进项税额)	340	
贷：银行存款		2 340

如果财会部门收到补价发票时，该批皮鞋已出售 100 双并结转销售成本，库存 300 双，财会部门应根据有关单证进行如下账务处理：

借：库存商品——库存出口商品——皮鞋	1 500	
主营业务成本——自营出口销售成本——皮鞋	500	

应交税费——应交增值税(进项税额) 340

贷:银行存款 2 340

4. 拒付货款和拒收商品的核算

拒付货款和拒收商品,是指商品流通企业采用托收承付或委托收款结算方式购进商品时,因商品品种、规格、质量、等级、单价等不符合合同规定而向销货方提出拒付货款和拒收商品的经济业务。

(1)拒付货款的核算。

外贸企业收购出口商品,在单到货未到的情况下,如发现银行转来的托收凭证的金额与合同规定不符时,可以在承付期内填制拒付理由书,拒绝承付部分或全部货款。但不得无理拒付,或因部分差错而全部拒付。在账务处理上,对全部拒付的货款,在账上可以不作反映,以后商品到达,作代管商品处理。对部分拒付的货款,在办理部分拒付手续的同时,应办理部分承付的手续。以后商品到达,对部分拒付货款的商品,应作代管商品处理。

【例 3-10】 某外贸企业购进商品一批,价值 30 000 元,其中发现有 500 元商品与合同规定不符而拒绝承付。根据 29 500 元同意承付的发票,应作会计分录如下:

借:在途物资——在途出口物资 29 500

应交税费——应交增值税(进项税额) 5 015

贷:银行存款 34 515

(2)拒收商品的核算。

外贸企业收购出口商品,在货到单未到的情况下,外贸企业对供货单位发来的商品发现与合同规定不符时,可以拒绝接受,但应负责保管。企业对已承付的货款及运杂费由“在途物资”转入“应收账款”科目或暂不做处理。如果到年末纠纷仍未解决,应将此笔交易由“在途物资”科目转入“应收账款”科目,待到供货方退回货款时,借记“银行存款”科目,贷记“应收账款”科目。

【例 3-11】 某企业从外地购进出口商品一批,计价 10 000 元,增值税税率 17%,根据银行转来的托收凭证,承付货款时:

借:在途物资——在途出口物资 10 000

应交税费——应交增值税(进项税额) 1 700

贷:银行存款 11 700

商品到达经清点验收,发现商品型号不符合合同规定,当即予以拒收。原已支付款项暂转入“应收账款”科目,其会计分录为:

借:应收账款——应收国内账款——供货企业 11 700

贷:应交税费——应交增值税(进项税额) 1 700

在途物资——在途出口物资 10 000

供货单位收回拒收商品,并汇来拒收商品货款及费用时:

借:银行存款 11 700

贷:应收账款——应收国内账款——供货企业 11 700

第四节 出口业务收入、成本、费用的核算

在我国参与国际贸易的企业,其出口贸易按经营责任的不同,可分为自营出口和代理出

口。其中,自营出口是指企业自主经营、自筹资金、自负盈亏的出口业务。代理出口是指国际贸易企业受托代理其他单位经营的出口业务,其盈亏由委托单位负责,国际贸易企业只按规定收取代理手续费。

一、自营出口销售业务的核算

(一)自营出口销售业务概述

自营出口销售是指企业自行经营的出口销售业务。销售收入归企业所有,出口商品的购货成本及与出口业务有关的一切国内外费用以及佣金、索赔、罚款、理赔等均由企业自行负担,出口销售的盈亏由企业自担。它是外贸企业销售收入的主要来源,因此加强对国际贸易企业出口环节的会计核算和管理,对我国企业扩大出口规模、安全及时收汇、降低出口成本、提高经济效益发挥着重要的作用。

与内销业务相比,国际贸易企业自营出口销售具有如下特点:

1. 涉及的业务环节多且业务内容复杂

出口商品销售业务,一般要经过出口商品收购、备货、商品出运、报关报检、投保、交单议付、结汇售汇、处理索赔等业务环节。这些业务环节涉及公司内部的业务、储运、仓库、财会等职能部门,均需要企业内部各部门密切配合,才能使出口业务工作协调进行,保证及时出口和安全收汇,从而取得预期经济效益。

2. 面对国内、国际两个市场,出口盈亏受多种因素影响

出口商品销售是组织国产商品销往国外,要面对国内与国际两个市场,涉及不同货币计价,因而国内物价水平、生产发展水平、国家宏观经济政策的调整、国际商品市场的政治经济因素、国际金融市场的动荡以及外汇汇率的变化等都会直接或间接地影响国际贸易企业自营出口业务的盈亏。

3. 资金投入量大且存在一定的经营风险

出口商品销售不同于国内的批发和零售。出口销售经营批量大,且商品由购进到完成销售的周转时间长,资金周转速度慢,所以出口销售资金占用量大且占用时间长。由于出口商品的运输、销售涉及不同的国别和地区,付款条件和成交外币也各异,因此存在较高的收汇风险和经营风险。

(二)自营出口贸易的单证管理

由于出口方式不同的出口货物品名不同,所以具体涉及到的单证很多,但归纳起来,主要有以下几种单证:

1. 货运委托书(Entrusting Order Cargo Transport)

货运委托书由运输公司出具,内容由客户用英文填写。如启运港、目的港、标记及编号、件数、中英文货名、毛重、长宽高及立方米,以及发货人、收货人名称、地址、电话、运费等项目。

2. 出口货物报关单

报关单上需要填写的主要项目有出口口岸、出口日期、经营单位、发货单位、许可证号、批准文号、合同协议号、运抵国别(地区)、运抵港以及成交方式、数量、包装种类、重量、税费征收情况等项目。

3. 外销商品发票(Commercial Invoice)

外销商业发票的主要项目有出口人的代码、名称和地址、发货人名称和地址、唛头、包装件数、商品名称、商品数量、单价、总值、中国港口离岸价值、装运地、装运期及目的地等内容。我

国规定，生产企业所开具使用的外销发票应采用国家税务部门统一制定的外销发票，而商品流通企业目前除使用国家税务总局统一规定的外销发票之外，尚可使用企业自行打制的外销发票。

4. 装箱单(Packing List)

装箱单主要内容有货号、箱号、装箱套数、花型色别、每箱尺寸搭配等内容。

5. 细码单(SEA SHI PME NT)

细码单主要是填写箱单中的货物的具体尺寸、规格及每种尺寸、规格的货品的具体颜色等内容。

6. 原产地证书(Declaration)

原产地证书是出口商应进口商要求而提供的，由公证机构或政府或出口商出具的证明货物原产地或制造地的一种证明文件。原产地证书是贸易关系人交接货物、结算货款、索赔理赔、进口国通关验收、征收关税的有效凭证，它还是出口国享受配额待遇、进口国对不同出口国实行不同贸易政策的凭证。

7. 提货单

提货单是在海上货物运输中，承运人收到承运的货物后，签发给托运人的书面单证。收货人凭正本提单向货运目的地的运输部门提货。

8. 出口收汇核销单

出口收汇核销单所需要填列的项目有出口单位名称、单位代码、出口币种总价、收汇方式、货物名称、货物数量、预计收款日期、报关日期等内容。

9. 出口许可证(Ex Port License)

出口许可证上的主要项目有出口代码、名称和地址、收货人名称和地址、许可证号码、协议年度、发票号码、装运地、装运期及目的地、中国港口离岸价值等内容。

10. 出口商品检验证书

出口商品检验证书是指出口商品经过商检机构进行检验或鉴定后，由该检验机构出具的书面证明，也称为“商品检验证书”。此外，在交易中如果买卖双方约定由生产单位或使用单位出具检验证明，则该证明也可起到检验证书的作用。

11. 其他单证

其他单证是指如银行结汇水单、增值税专用发票和专用缴款书，纺织品出口还需要编织品出口证明申请书等单证。

上述单证按照不同用途可分类列示，如图 3－1 所示。

出口业务的单证涉及出口业务的全过程，加强对出口业务单证的管理，是提高会计核算工作质量的重要手段。

第一，出口业务合同的管理。

进出口贸易是以业务合同为中心进行的。出口业务合同既是国际间销售货物的一种最基本的合同，也是涉外经济合同之一。出口业务合同一经依法订立，即具有法律约束力，并受法律保护和监督。进出口双方均必须按合约有关条款规定，严格、正确、及时履行其应尽的义务。

对出口方来讲，主要是交付销售的货物、移交与货物有关的单据和转移货物所有权，同时也就确立了可按合同规定收取货款的权利，因此严格按出口业务合同有关条款履行应尽的义务，是防止造成纠纷和损失的关键。基于出口业务是对外经济贸易企业的主要业务之一，围绕履行出口业务合同发生的各项经济业务活动，都是企业会计核算的重要内容。特别是出口业

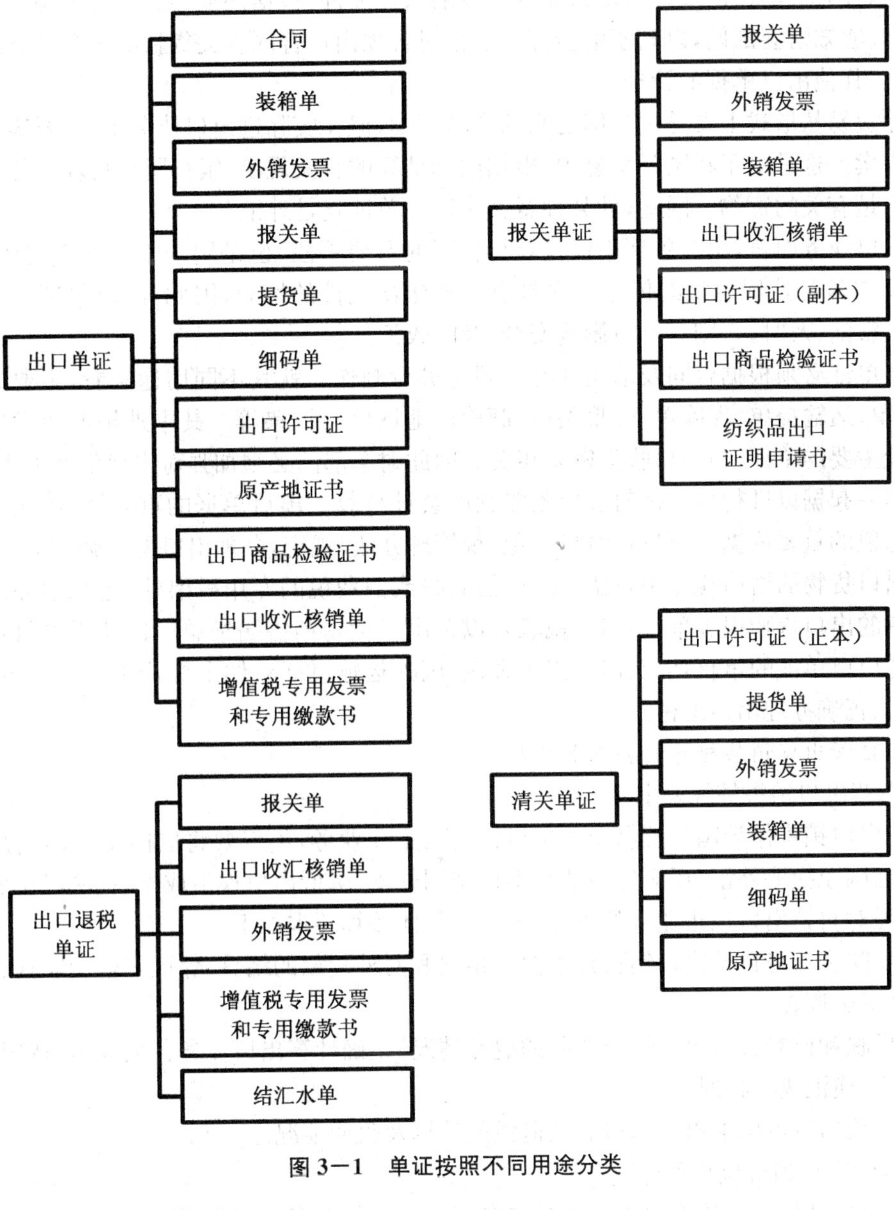

图 3—1 单证按照不同用途分类

务合同中有关出口货物的品名、规格、数量、包装，交货时间和地点、单价、金额及价格条件，货款支付的时间、地点、方式，以及违约或争议的处理等，都与出口业务的会计核算密切相关。为此，出口业务的会计核算，同样应以出口业务合同为中心，在核算的同时，负有对企业履行出口业务合同全过程的监控职能。

出口业务就其性质不同，可以分成自营出口、代理出口、加工补偿出口、援外出口及代销国外商品等。自营出口就其经营方式不同，又可分为直接出口、转口贸易、托售出口、进料加工复出口等。企业在对外签订各项出口业务合同前，原则上均应有财会部门参与会签。公司内部业务、财会、储运、单证及其他有关部门，应制定以履行合同为中心的制度或管理办法，明确分工、规定责权。对一般正常的单边出口业务合同，也可以在采用固定合同格式的基础上，统一规定使用即期信用证的方式。对改变规定货款结算方式，或其他影响收取出口货款的合同和对国内、国外有关单位涉及各项出口业务结算的来往文件，包括外汇、银行、海关等部门的有关规定，均应通知财会部门，以利于财会部门加强对各项出口合同有关货款的核算和管理。

第二，其他出口单据的管理。

国际贸易从形式上看是国与国之间的商品买卖，但在实际进出口业务中，主要表现为有关单据的买卖。这是由于在国际贸易中，根据国际结算的有关规定，银行履行付款责任的依据是单据而不是有关的货物。因此，就某种意义来讲，“单证就是外汇”。

就出口业务而言，出口单证不仅是履行合同的重要手段，也是用于收汇的重要依据，发生纠纷时又常常是处理争议的依据。它具有涉外法律文件的性质，因此，出口单证必须做到正确、完整、整洁、及时，否则会严重影响安全、及时收汇。

出口单证必须根据合同及信用证有关规定进行制作。就其不同用途来看，主要有商业发票、包装单、运输提单、保险单证、报关单，商检产地证以及汇票等。其中外销商业发票及结算单证是最主要的单证，与出口收汇密切相关。因此财会部门必须加强对出口发票的审核，并与结算单据一起据以进行出口销售及应收账款的会计核算。出口单据的重要性，还在于它是办理出口退税的重要依据。《出口货物退(免)税管理办法》规定，办理出口退税必须提供的凭证，除购进出口货物的增值税专用发票(税款抵扣联)或消费税的专用税票外，还必须提供盖有海关验讫章的出口货物报关单(出口退税联)，以及出口货物销售明细单。这就要求财会部门必须加强对出口单证的审核，以及出口销售金额、国外运输、保险、佣金等费用支出的核算，以免影响及时、正确办理出口退税。

(三)自营出口销售核算的要求和程序

1. 自营出口销售核算要求

自营出口销售作为国际贸易企业出口销售的主要业务，不仅要将国内生产的商品推向国际市场，为国家换取外汇，还应努力节约出口费用开支、降低出口换汇成本、提高经济效益。为此，应加强对自营出口销售业务的管理、核算。具体核算要求如下：

(1)反映和监督自营出口销售计划执行情况和对外货款的结算，保证安全、及时收汇，促使企业加强资金周转。

(2)反映和监督自营出口销售业务的盈亏情况，正确计算出口业务各项成本、费用开支，考核出口商品换汇成本状况。

(3)反映出口税缴纳以及出口商品退税的计算及收回情况。

2. 自营出口销售核算程序

自营出口销售业务核算的内容包括在自营出口销售业务的各环节中，货物的运行情况及资金的收回过程以及成本费用的发生、盈亏的形成情况。国际贸易企业自营出口销售业务的会计核算，一般包括如下程序：

(1)出口商品的发出代运、装运出口及出口商品销售成本的形成过程。

(2)出口销售收入的确认、出口货款的收汇及汇兑损益的确认。

(3)出口环节的国内、国外费用。国内费用通常包括商品运费、包装费、备货费用、检验费、海关规费、港务费等，国外费用包括国外运费、国外保险费及佣金等。

(4)核算出口盈亏及每美元出口成本。为了比较在不同贸易术语条件下不同地区的出口商品盈亏情况，国际贸易企业的自营出口业务应计算每一笔出口商品的盈亏额，并注意积累业务资料，指导业务工作，还应计算每笔或每类出口商品的每美元出口成本。

(5)出口退税核算。出口退税是指对已出口的商品退还其在国内已缴纳的增值税和消费税，国际贸易企业应及时准确地申报出口退税，争取出口退税资金的及时收回。

(6)出口理赔、索赔，出口退货等业务的核算。

(四)自营出口销售核算的相关规定

在国际贸易企业自营出口销售业务中，由于所采用的贸易术语及货款结算方式不同，在出口销售的会计处理上存在较大差异，下面将自营出口销售会计核算的有关规定分述如下：

1. 自营出口销售收入的确认时间

自营出口销售收入的确认时间，应以商品装运出口、取得各种运输单证(陆运取得铁路运单或联运提单、海运取得出口已装船提单、空运取得运单)，并向银行交单的时间为准。实际工作中，会计部门是以收到储运部门或业务部门交来的出口销售发票和实际出口通知单上所列的时间作为销售收入的入账时间。

2. 销售收入的确认标准

根据销售收入的确认标准，国际贸易企业自营出口成交所选用的贸易术语不同，则价格条件中所包含的权力、义务各不相同，因而不能单纯以发票价格作为确认收入的标准。目前，国际贸易企业自营出口销售收入统一以FOB价格作为确认销售收入的标准。在实际工作中，可采用以出口发票所列外币总金额按向银行交单日的汇率(买入价)折合人民币金额入账；对实际支付的国外运费、保险费、佣金等国外费用，按支付日的外汇牌价(卖出价)折合人民币金额以红字冲减销售收入。

3. 自营出口业务涉及的国内、国外费用的会计核算规定

自营出口销售业务中的国内费用，一律以实际支付时作为本期的“销售费用”处理。年末对已出口、未支付的国内费用，不实行预估入账。

佣金是指在合同或贸易条件中规定的应付给中间商的推销报酬。按其支付方式不同，佣金可分为：

(1)明佣：在合同或贸易术语中规定，并在出口发票中列明的佣金。明佣由国外客户在支付出口货款时直接扣除，因而出口企业不需要另付。但在出口销售收入的核算中，应单独反映，并于确认销售收入的同时，将明佣作为主营业务收入的减项处理。实务中也可采用按出口发票净价入账的账务处理方法。

(2)暗佣：在出口合同中订有佣金内容，但在贸易术语和出口发票上均未列明的佣金。对于暗佣，由国际贸易出口企业在将出口货款全额收回后，再另行支付给国外中间商(以汇付方式支付)，为了防止暗佣的重付和漏付，在出口销售收入确认入账时，按规定的比例预计佣金，冲减主营业务收入，同时贷记“应付账款”账户的“出口佣金”专户。

(3)累计佣金：指出口企业按一定时期的累计销售额和事先商定的佣金率给国外包销商、代理商的推销报酬。对于能认定具体出口商品的累计佣金，应冲减该商品的销售收入；对于无法认定具体出口商品的累计佣金，可作“销售费用”项下的“累计佣金”项目处理。

4. 国外运费的会计核算规定

国外运费是指为出口商品所支付的出口过程中的海运运费(含内河开放口岸的内河运费)、陆海联运运费、航空运费及邮运费。支付运费时，经审核无误后，办理国内外汇转账结算手续予以支付，按支付日的外汇牌价(卖出价)折合的人民币金额直接冲减各出口商品的主营业务收入。

5. 国外保险费的会计核算规定

国外保险费是指出口业务以CIF贸易术语成交时，由出口企业承担的出口商品在运输途

中的保险费。按惯例，出口商品的投保金额应为 CIF 发票价格的 110%。保险费的核算方法同国外运费的核算方法，会计部门收到保险公司保险费计收单据后，于实际支付时按当日汇率（卖出价）折合人民币金额冲减有关商品的主营业务收入。

6. 年末预估国外费用的规定

为了准确计算自营出口销售业务的总盈亏额及出口各商品的盈亏额，年终决算前，国际贸易企业应对年内已出口但尚未支付的，应由我方负担的出口商品国外运费、保险费进行预估（佣金若在出口时未预估的年末应进行预估），并将预估费用金额冲减本年主营业务收入。

预估的方法是，根据"主营业务收入"明细账，凡出口合同贸易术语为 CFR 或 CIF，但账面无支付国外费用记录的，应根据同一商品、出口同一地区的费用水平逐笔进行预估列出清单。下年度实际支付国外费用时，若实付数与预估数之间存在差额的，将该差额调整本年度的主营业务收入，无需调整上年度的收入。

7. 结转销售成本的规定

自营出口销售业务需计算每一批次出口盈亏，应分批次核算出口收入和结转出口商品销售成本。自营出口销售业务结转成本的方法，应实行随时逐笔结转的方法，即每确认一笔出口销售收入，都应立即计算并结转其销售成本，以实现每批（笔）收入与成本的配比。出口商品销售成本的确定，可采用先进先出法、加权平均法、分批实际法等。但对同一种出口商品，在同一年度内只能采用同一种方法且不得变更。对不同的出口商品，可结合其特点，采用不同的方法计算销售成本。

（五）自营出口销售会计核算的账户及结构

1. 自营出口销售的会计处理

（1）自营出口销售收入的确认。

根据我国现行的《企业会计准则》，对销售商品收入的确认，必须同时满足以下 4 个条件：①企业已将商品所有权的主要风险和报酬转移给购货方；②企业既没有保留通常与所有权相联系的继续管理权，也没有对已售出的商品实施有效控制；③与交易相关的经济利益很可能流入企业；④相关的收入金额和已发生或将发生的成本能够可靠计量。

自营出口销售收入的实现，不论是海、陆、空方式还是邮寄出口，原则上均应以取得装运提单并向银行办理交单后作为销售收入的实现。这里的"单"指的是全套商业单据，应包括外销发票（或称货单，Invoice）、运输单据、保险单据等。

（2）自营出口销售收入的计量。

实现的销售商品收入应按实际收到或应收到的价款入账，在一般的贸易情况下，应遵循以下原则：①有合同协议的情况下，按合同协议金额确定；②无合同协议的情况下，按购销双方都同意或能接受的价格确定；③不考虑各种预计可能发生的现金折扣、销售折让。

由于出口销售价格调控的特殊性，我国为了使销售收入的记账口径一致，不论出口成交使用哪一种价格条款，出口商品销售收入的入账金额一律以离岸价（FOB 价）为基础。按离岸价以外的价格条款成交的出口商品，其发生的境外运输费、保险费及其佣金连同以外汇支付的银行手续费等费用支出，均应冲减商品出口销售收入。

（3）自营出口会计科目设置。

①主营业务收入——自营出口销售收入。

"主营业务收入"账户：本账户核算企业自营出口销售的总收入及不同商品的出口销售收入。本账户属损益类账户，账户的贷方登记自营出口销售的收入，以及以红字冲减收入的国外费用、出口理赔、出口退货等。月末结账前的贷方余额反映本月自营出口销售的净收入。对于销售净收入，月末结账后从本账户的借方转入“本年利润”账户并与“主营业务成本”账户相配比，计算自营出口销售盈亏，期末转账后本账户无余额。本账户可按出口主要商品设置明细账户。本账户明细账的格式，可采用多栏式明细账（贷方多栏），在贷方分别开设收入、国外运费、国外保险费、佣金等专栏，以分别反映各项内容。该账户的明细账也可与“主营业务成本”账户的明细账户合并设置，以便比较、计算出口各商品、各批次的盈亏额。

主营业务收入——自营出口销售收入

①发生海外运输费、保险费、佣金时，应冲减本期的货物销售收入 ②期末转入“本年利润”账户的自营出口销售收入	企业实现的出口货物销售收入

②主营业务成本——自营出口销售成本。

“主营业务成本”账户：本账户核算自营出口销售的销售成本（销售进价）。本账户属损益类账户，月末与“主营业务收入”账户相配比，反映自营出口销售的盈亏。“主营业务成本”账户借方登记出口商品销售成本，对销货退回应以红字冲减已结转的销售成本。月（年）末将本期销售成本从本账户的贷方转入“本年利润”账户，结转后本账户无余额。本账户的明细分类账户的开设应与“主营业务收入”账户口径一致，以便于二者的配比。

主营业务成本——自营出口销售成本

从“库存商品”账户结转的本期已销售货物的成本	期末转入“本年利润”账户的已销售货物的成本

对于上述账户，生产企业多采用三栏式的格式，当发生出口销货退货时，则可作出口销售收入和出口销售成本相反的会计分录。登入上列账户后，可将原来实现的出口销售收入和结转的出口销售成本予以冲销。

在商品流通型企业中，尤其是一些国有外贸企业所使用的明细账，习惯于采用一种并列式账户。

样本 3—1

类别： 品名： 单位：

年		记账凭证号	摘要	价格条件及地区	数量	借：销售成本金额	贷：销售收入金额	盈亏（金额）	附：国外费用资料		
月	日								佣金	运费	报废

这种并列式账户的借方是“主营业务成本”，贷方是“主营业务收入”，其余额实际上是“销售毛利”。该种账户的优点是可以清楚地看出一单一货出口的盈亏，防止重转、漏转成本和漏付、重付境外费用，有利于汇总核算和编制主要出口商品销售利润（亏损）表。

发生实际要支付的海运费、保险费、佣金，以及发生销售的退货、退回时，可作如下会计分录：

	生产型企业		流通型企业(外贸公司)	
冲销收入	借:主营业务收入——自营出口销售收入 　贷:应收账款(银行存款等)	蓝字 蓝字	贷:主营业务收入——自营出口销售收入 贷:应收账款(银行存款等)	红字 蓝字
冲销成本	借:库存商品(在途物资) 　贷:主营业务成本——自营出口销售成本	蓝字 蓝字	借:库存商品(在途物资) 借:主营业务成本——自营出口销售成本	蓝字 红字

(4)自营出口销售会计分录举例。

【例 3—12】 自营出口销售采用收妥结汇方式下的账务处理

华杰公司对美国某公司出口甲商品 100 吨，贸易术语为 CIF，纽约每吨 USD 1 500，该商品国内进价为每吨 9 500 元人民币，作出相关的账务处理。

①商品出库：将出口商品发往码头待运，根据商品出库凭证，按规定的方法计算商品成本并转账。

借：发出商品——发出出口商品　　950 000

　贷：库存商品——库存出口商品　　950 000

②装运出口：商品装船后，收到有关业务部门转来的已向银行交单的出口销货发票、商品实际出口通知单等单据，按发票金额和当日汇率买入价折合人民币入账。当日汇率为USD 1＝CNY 7.544 5。

借：应收账款——应收外汇账款——某公司　　1 131 675

(USD 150 000×7.544 5＝￥1 131 675)

　贷：主营业务收入——自营出口销售收入　　1 131 675

若含暗佣 2%，预提佣金 USD 3 000 时：

　贷：主营业务收入——自营出口销售收入　　[22 633.5]

(USD 3 000×7.544 5＝￥22 633.5)

　贷：应付账款——应付外汇账款——某公司　　22 633.5

若含明佣 2%，发票上列明的佣金为 USD 3 000，也应反映在销售收入时，另行反映佣金冲减销售收入，账务处理同上。

③结转销售成本：按出口销售发票副本及出口商品出库单结转销售成本。

借：主营业务成本——自营出口销售成本　　950 000

　贷：发出商品——发出出口商品　　950 000

④收到银行返还货款：当银行收到出口企业全套出口单证经审核无误后，即按不同结算方式向境外银行办理结算手续。银行收妥外汇后转入公司账户。假定当日的汇率为 USD 1＝CNY 7.57。

借：银行存款　　1 135 500

(USD 150 000×7.57＝￥1 135 500)

　贷：应收账款——应收外汇账款——某公司　　1 135 500

上述分录如属于结汇，则会产生汇兑损益。汇兑损益是指结汇时由于汇率变动所产生的一个差额，汇兑差额应列入“财务费用——汇兑差额”账户进行处理。银行结汇时发生的手续费，则应列入“财务费用——银行手续费”账户进行处理。

⑤支付佣金：暗佣于货款结汇后另行根据业务部门通知支付，汇付佣金时，需另行到银行购买外汇，汇付给国外中间商。如付佣金时的汇率为 USD 1=CNY 7.544 5。

借：应付账款——应付外汇账款——某公司　　22 633.5

（USD 3 000×7.544 5=￥22 633.5）

贷：银行存款　　22 633.5

⑥支付出口国内、国外费用。

支付国内费用：华杰公司收到有关部门的费用结算单据，共计发生国内费用 3 000 元，付款入账。

借：销售费用　　3 000

贷：银行存款　　3 000

支付国外运费：泰佛公司收到外运公司出口甲商品国外费用结算单据，该商品海运费 USD 2 000，当日美元汇率的卖出价为 1∶7.559 6。

贷：主营业务收入——自营出口销售收入　　15 119.2

（USD 2 000×7.559 6=￥15 119.2）

贷：银行存款　　15 119.2

支付国外保险费 USD 1 320，若当日美元汇率的卖出价为 1∶7.559 6，则：

贷：主营业务收入——自营出口销售收入　　9 978.67

（USD 1 320×7.559 6=￥9 978.67）

贷：银行存款　　9 978.67

⑦年末预估国外运费、保费的账务处理。

年终决算前，若有年内已出口并已确认销售收入、结转销售成本，但年内未付国外运费、保险费的，应对应付而未付的国外运费、保险费进行预估入账，冲减本年度的主营业务收入，以使年内的商品出口销售收入与其国外费用相配比。

【例 3-13】 预估国外运费、保费

华杰公司年终决算前，"主营业务收入"账户显示有若干笔年内应付而未付的国外运费、保险费，预估总计国外运费 USD 2 000，保险费 USD 500，年末美元汇率的卖出价为 1∶7.559 6，做出账务处理。

贷：主营业务收入——自营出口销售收入　　18 899

（USD 2 500×7.559 6=￥18 899）

贷：应付账款——预估出口运保费　　18 899

若下年度实际支付国外运费 USD 2 200，保险费 USD 600，汇率不变，差额冲减当年的销售收入。

借：应付账款——预估出口运保费　　18 899

贷：主营业务收入——自营出口销售收入　　2 267.88

银行存款　　21 166.88

（六）自营出口销售其他业务的核算

国际贸易企业自营出口销售其他业务，是指在出口商品销售过程中所发生的与正常业务相关的其他业务，这些业务的发生会抵减自营出口销售业务的成果。其他业务一般包括退关、销货退回等业务。

1. 退关：是指商品已出库待运并已报关报验，但由于某种原因未能装运出口，而将商品滞留在装运港的情况。发生退关时，国际贸易公司各有关部门应及时办理退关、退保等手续；储运部门应及时将商品运回入库；会计部门收到仓库转来的退关商品入库的红字出库单后，应据以将商品成本转回"库存商品"账户。

【例 3－14】 出口商品退关和销售退回的账务处理

仍接上例，华杰公司的出口商品在出口前有 10 吨在码头甩货，做出口商品退关的账务处理，入库后转账：

借：库存商品——库存出口商品　　95 000

　　贷：发出商品——发出出口商品　　95 000

2. 销售退回：出口商品运达国外后，由于错发、错运、质量与合同规定不符等原因，客户要求退货。商品退回时，会计部门应据有关原始凭证作如下账务处理。

(1)冲减销售收入和应收账款。

若上例中华杰公司出口商品 10 吨被退回，会计部门应根据有关业务部门转来的红字出口销货发票，按原入账的金额冲减出口销售收入。

贷：主营业务收入——自营出口销售收入　　[1 131 675]

贷：应收账款——应收外汇账款——某公司　　1 131 675

(USD 150 000×7.544 5＝￥1 131 675)

(2)冲减出口销售成本。

货物运回入库后，据红字出库单和发票冲减出口销售成本

借：主营业务成本——自营出口销售成本　　[950 000]

　　贷：发出商品——发出出口商品　　[950 000]

(3)退货费用的账务处理。

退货费用包括出口时发生的国外费用及退货时发生的退货费用。账务处理方法为：对出口时发生的费用不作调整；对退货时发生的国外退货费用，发生时冲减退货商品的销售收入，即由该商品的其他出口批次负担。若该商品年内无其他出口批次的，退货费用作"销售费用"处理。

若上述华杰公司出口商品的退货费用计运费 USD 2 000，保险费 USD 130，付款日汇率为 1∶7.544 5，则：

贷：主营业务收入——自营出口销售收入　　[16 069.79]

(USD 2 130×7.544 5＝￥16 069.79)

贷：银行存款　　16 069.79

二、代理出口销售业务的核算

(一)代理出口销售业务概述

1. 代理出口销售业务的含义和种类

代理出口是指外经贸企业接受国内其他单位的委托，代其对外销售出口商品，并代办出口结汇，向委托方收取一定比例手续费的出口销售业务。外经贸企业为其他单位代办出口业务，可分为两种情况：一种是外经贸企业为委托方代办出口成交、商品出运、制单、交单结汇等全套工作，称为代理出口业务。对代理出口业务，会计上作"代理出口销售"核算。另一种是外经贸

企业只为委托单位代办出口成交，或只代办商品的加工、整理、改装等部分工作，而不代办结汇，称为“代办业务”。代理出口与代办业务的区别，就在于是否代理出口结汇。代理出口业务会计处理按出口货款划转给国内委托方的方式不同，可分为直接结算方式和间接结算方式两种。

2. 代理出口业务的经营原则及特点

代理出口业务的经营原则是：出口企业不垫付商品资金，不负担基本费用，不承担出口盈亏。由委托方自备出口货源，负担一切国内外基本费用，承担出口盈亏。与自营出口业务相比，经营代理出口业务有如下特点：

(1)出口企业不负担出口盈亏，不垫付商品资金，资金占用量较少，因而经营风险较小。

(2)经营代理出口业务，出口企业要发生和承担间接费用，间接费用以代理出口手续费补偿。

(3)代理出口业务所发生的基本费用一般不予垫付，委托方可预先拨来资金，以便代为支付。

(4)代理出口商品如发生国外客户索赔事项，一律由委托方承担理赔责任。

(5)代理出口业务的经营收益为手续费收入，手续费按出口收入的一定百分比计收。

(二)代理出口业务的程序

1. 签订代理出口协议

在进行代理出口业务之前，出口企业应与委托单位签订代理出口协议，规定代理出口的商品名称、商品交接发运、费用负担、商品质量责任、手续费率、货款结算方式等内容，作为双方进行代理出口业务的依据。

2. 代办出口成交、装运出口、交单议付等业务

出口企业按代理协议的规定，为委托单位代办出口成交、商品装运出口、交单结汇等全套出口工作。代理出口业务，出口企业同样要维护委托单位的利益，争取对委托方有利的价格条件和结算方式。

3. 支付国内外费用

支付国内外费用涉及一部分资金占用，在资金的划拨方式上，可采用如下两种方式。

(1)预收备用金方式：向委托方预收一定金额的备用金，待费用支付完毕后，再与委托方清算。

(2)垫付方式：对于支付的一切国内外费用，出口企业先行垫付，最后向委托方收回或从出口销货款中扣回。这部分资金的占用成本应作为代理出口手续费的构成因素。

4. 出口结汇

出口货款的结算方式有两种：一种是先将全部出口货款给出口企业结汇，然后由出口企业扣除手续费和各种代垫费用后，将余额划转给委托方的结算方式；另一种是出口企业在向银行办理交单时办理必要的手续，由银行在收到出口货款后，扣除出口手续费和代垫费用后，将余款直接划转给委托方，手续费和代垫费用划转给出口企业的结算方式。采用哪种方式结算，应由出口企业和委托单位在代理协议中确定。

5. 办理出口退税

代理出口业务的出口退税应由委托方办理，但代理方须在货物出口报关之日(以出口报关单注明的出口日期为准)起 60 天内向委托单位提供《代理出口货物证明》和《出口收汇核销单》(远期收汇除外)，以及受托方代理出口的《出口货物报关单》(出口退税联)等，凭此向出口退税

机关办理退税。

(三)代理出口业务的核算内容及核算方法的规定

1. 代理出口商品的核算

代理出口不办理商品收购业务,出口商品不进行账内核算。如有代管商品,应通过表外账户“代管商品物资”账户核算。为了便于与自营出口业务分别核算,对代理商品的进、出库凭证,及外经贸企业内部使用的有关单证上,均应盖“代理出口商品”戳记,以便与外经贸企业自营出口业务的库存商品相区别。

2. 核算销售收入的形成及应收外汇账款的结算情况

出口交单后,应按出口发票所列金额,按当日外汇汇率的买入价折算成人民币,反映销售收入的形成及应收外汇账款的发生。对于应付佣金,应按合同规定的佣金率进行预计,在“应付账款”账户下设“应付佣金”专户反映,同时冲减“主营业务收入——代理出口销售收入”或“其他业务收入——代理出口销售收入”账户。

3. 核算代理出口销售成本及应付委托方的出口货款

代理出口业务,出口企业不自备货源,因此,实际上无销售成本。但为了与“主营业务收入——代理出口销售收入”相配比,计算出口企业的代理出口业务净收益(手续费收入)时,应按代理出口销售收入扣除手续费后的金额,作“主营业务成本——代理出口销售成本”入账。销售成本的金额,恰好就是出口企业应付给委托方的出口货款(扣除直接费用前),因而应于反映代理出口销售成本的同时,反映对国内委托方的应付货款。

4. 代理出口费用的垫付与收回的会计核算

外经贸企业的代理出口业务不计算与负担出口盈亏,对代理出口业务所发生的一切直接费用,均应向委托方收取。无论采用哪种方式收取外经贸企业垫付的出口费用,会计处理上应在费用发生时通过“应付账款——委托方”账户的借方核算。

5. 代理出口业务汇兑损益的核算

外经贸企业代理出口业务的汇兑损益,全部由委托方承担,发生汇兑损益时调整“应付账款——委托方”账户。

(四)代理出口业务会计核算的账户及结构

为了核算外经贸企业代理出口业务的收入、成本及手续费收入,反映外经贸企业与国外购买方及国内委托方的债权、债务结算关系,应设置如下账户进行核算。

1.“主营业务收入——代理出口销售收入”:本账户用来核算外经贸企业代理出口业务的销售收入,外经贸企业于代理出口销售收入确认时,记入本账户的贷方;出口佣金用红字冲减本账户贷方。期末将本账户的余额结转至“本年利润”账户,期末结转后本账户无余额。本账户应按国内委托方的名称及出口合同号设置明细账进行明细核算。代理业务极少、代理业务利润在营业利润中所占的比重不大时,可设置“其他业务收入——代理出口销售收入”账户核算外经贸企业的代理出口销售收入。

2.“主营业务成本——代理出口销售成本”:本账户用来核算外经贸企业的代理出口销售成本,即代理出口销售收入减手续费金额。本期确认的代理出口销售成本记入本账户的借方,期末将本账户的余额结转至“本年利润”账户,期末结转后本账户无余额。本账户应按国内委托方的名称及出口合同号设置明细账进行明细核算。代理业务极少、代理业务利润在营业利润中所占的比重不大时,可设置“其他业务成本——代理出口销售成本”账户核算外经贸企业的代理出口销售成本。

3.“代管商品物资”：本账户为表外核算账户，用来核算外经贸企业为国内委托方代保管的代理出口商品。外经贸企业于收到国内委托方代理出口商品时记入本账户的借方，代理出口商品出口时记入本账户的贷方，本账户应按国内委托方的名称设置明细账进行明细核算。本账户可以只登记商品数量，不登记金额。如委托方自行将出口商品从本单位仓库直发港口时，代理方则不需使用本账户核算。

（五）代理出口销售业务的账务处理

1. 代理出口业务的传统会计处理方法

为了反映每笔代理出口业务的来龙去脉，传统的处理方法是按出口发票所列金额以及当日外汇汇率折算成人民币，记入出口销售收入；同时，按确认的销售收入金额扣除手续费后记入出口销售成本。

【例 3—15】 华杰公司代理 B 公司出口甲商品 200 箱，外销价为 CIF 横滨每箱 HKD150，暗佣 2%，代理出口手续费率 3%。

（1）收到 B 公司发来甲商品，入本公司仓库，A 公司的账务处理：

借：代管商品物资——B 公司——甲商品 200 箱

（2）甲商品装运出口，向银行交单，当日港元兑人民币的汇率为（买入价）1∶1.10，则 A 公司的账务处理：

借：应收账款——应收外汇账款——X 客户　　33 000

（HKD 30 000×1.1＝￥33 000）

贷：主营业务收入——代理出口销售收入　　33 000

公司预提 2%佣金折合 HKD 600 的账务处理：

贷：主营业务收入——代理出口销售收入　　660

贷：应付账款——应付外汇账款——应付佣金　　660

公司结转代理出口销售成本：

借：主营业务成本——代理出口销售成本　　31 350

（33 000－660－33 000×3%）

贷：应付账款——B 公司　　31 350

公司冲减代管商品物资表外账户

贷：代管商品物资——B 公司——甲商品 200 箱

（3）支付国外运费 300 美元、保险费 130 美元，当日美元兑人民币的汇率为 1∶6.6：

借：应付账款——B 公司　　2 838

（USD 430×660＝￥2 838）

贷：银行存款　　2 838

（4）支付国内费用 1 000 元：

借：应付账款——B 公司　　1 000

贷：银行存款　　1 000

（5）代理出口货款收妥结汇，结汇日港元兑人民币的汇率为 1∶1.15，按代理出口协议规定，汇兑损益由委托方承担。

借：银行存款　　34 500

贷：应收账款——应收外汇账款——X 客户　　33 000

应付账款——B 公司　　1 500

(6)支付 HKD 600 佣金，当日港元兑人民币汇率为 1∶1.10：

借：应付账款——出口佣金　　660

　　贷：银行存款　　660

(7)将出口收汇余款付给委托方：

借：应付账款——B 公司　　29 012

　　(34 500－1 000－2 838－660－990)

　　贷：银行存款　　29 012

2. 代理出口业务的简易会计处理方法

简易的代理出口业务处理方法的特点是不通过“代理出口销售收入”和“代理出口销售成本”核算，因为 A 公司的代理责任只是代理出口业务和收取代理手续费，因而只将企业应得的手续费确认为主营业务收入或其他业务收入。这种处理方式，受托方与委托方之间的业务关系清晰，便于理解，逐渐为更多的企业采用。

【例 3－16】 仍以上例，华杰公司采用简易会计处理，无须结转代理出口销售成本。

(1)甲商品装运出口，向银行交单时即可确认代理收入，并确认对委托方的负债：

借：应收账款——×客户　　33 000

　　贷：应付账款——B 公司　　32 010

　　　　其他业务收入　　990

(2)公司预提 2%佣金的账务处理：

借：应付账款——B 公司　　660

　　贷：应付账款——应付佣金　　660

练习题

一、单项选择题

1. 货运委托书由运输公司出具，内容由客户用(　　)填写，如目的港、件数、运费等。

A. 中文　　B. 英文

C. 中文和英文都可以　　D. 其他

2. 出口贸易是以(　　)为中心进行的。

A. 结算凭证　　B. 出口业务合同

C. 信用证　　D. 其他出口单证

3. 外贸企业自营出口销售无论以什么价格成交，均以(　　)扣除佣金后计价。

A. 成本加运费价格　　B. 成本加运费、保险费价格

C. 船上交货价格　　D. 成交价格

4. 外贸企业发生的(　　)应列入销售费用。

A. 国内费用　　B. 国外运费

C. 国外保险费　　D. 明佣

5. 外贸企业代理出口销售业务发生的费用(　　)。

A. 由委托单位负担

B. 由外贸企业负担

C. 国内费用由外贸企业负担，国外费用由委托单位负担

D. 间接费用由外贸企业负担，直接费用由委托单位负担

6. 外贸企业代理出口销售的出口退税手续由(　　)办理，出口退税款归(　　)所有。

A. 外贸企业、外贸企业
B. 委托单位、委托单位
C. 外贸企业、委托单位
D. 委托单位、外贸企业

7. 国外保险费是指出口业务以(　　)贸易术语成交时，由出口企业承担的出口商品在运输途中的保险费。

A. CIF
B. FOB
C. CFR
D. 以上都可以

8. 在出口结算方式上，对一般正常的单边出口业务合同可以在采用固定合同格式的基础上，统一规定使用(　　)。

A. 托收
B. 汇款
C. 远期信用证
D. 即期信用证

9. 对出口商品的应收外汇账款，无论什么原因造成无法收回外汇的都不得任意转销，财务部门应列入(　　)账户。

A. 营业外支出
B. 销售费用
C. 应收账款
D. 待处理财产损溢

10. 出口贸易是以(　　)为中心进行的。

A. 外销商业发票
B. 出口业务合同
C. 出口货物报关单
D. 出口收汇核销单

11. 在外贸出口业务的实践中，单证的交付大多数通过(　　)，称为“交单”。

A. 银行代替卖方收受
B. 银行代替买方收受
C. 外运部门代替卖方收受
D. 外运部门代替买方收受

12. 佣金是支付给中间商的一种报酬，对于累计佣金如无法认定到具体某笔销售额时，则应列入(　　)账户。

A. 管理费用
B. 销售费用
C. 财务费用
D. 以上都不正确

13. 代理出口业务在“视同买断”方式时，则实际的出口价格(　　)。

A. 应由委托方自行决定
B. 应由受托方自行决定
C. 应由受托方按委托方要求决定
D. 应由受托方与委托方协商决定

14. 在代理出口业务中，《代理出口货物证明》是(　　)。

A. 由委托方填写并经主管退税机关签章后交受托方，由受托方转交委托方后办理退税
B. 由受托方填写并经主管退税机关签章后交委托方，由委托方转交受托方后办理退税
C. 由受托方填写并经主管退税机关签章后交受托方，由受托方转交委托方后办理退税
D. 由委托方填写并经主管退税机关签章后交委托方，由委托方转交受托方后办理退税

15. 我国核算自营出口销售收入时，是以(　　)价格条件为基础的。

A. CIF
B. CFR
C. FOB
D. 以上都可以

16. 在进出口贸易实务中，贸易货款的结算，基本上都是通过(　　)进行核算的。

A. 现金
B. 银行
C. 证券
D. 以上都可以

17. 以下结算方式中，属于逆汇的是(　　)。

A. 汇款、托收
B. 托收、信用证
C. 汇款、信用证
D. 托收、汇款

18. 在(　　)结算情况下，出口商在委托银行收款时，指示银行只有在进口商付清货款时，才能向其交出货运单据。

A. 承兑交单
B. 光票托收
C. 付款交单
D. 以上都不正确

19. 若无法认定到具体某笔出口销售额的，则应列作(　　)处理。

A. 管理费用
B. 财务费用
C. 主营业务收入
D. 销售费用

20. 在结算方式中，D/A 是指(　　)。

A. 付款交单
B. 承兑交单
C. 票汇
D. 电汇

二、多项选择题

1. 外贸企业商品销售收入的确认，必须同时符合企业已将商品所有权中的主要风险和报酬转移给买方，以及(　　)等条件。

A. 企业失去了对商品的控制权
B. 与交易相关的经济利益能够流入企业
C. 相关的收入和成本能够可靠地计量
D. 企业失去了对商品的管理权和控制权

2. 按支付方式不同，佣金可分为(　　)。

A. 明佣
B. 暗佣
C. 累计佣金
D. 超额佣金

3. 代理出口业务的经营原则是(　　)。

A. 出口企业不垫付商品资金
B. 不负担基本费用
C. 不承担出口盈亏
D. 自负盈亏

4. 经营代理出口业务的特点有(　　)。

A. 出口企业不负担出口盈亏、不垫付商品资金、资金占用量较少，因而经营风险较小
B. 代理出口业务所发生的基本费用一般不予垫付，委托方可预先拨来资金，以便代为支付
C. 代理出口商品如发生国外客户索赔事项，一律由委托方承担理赔责任
D. 代理出口业务的经营收益为手续费收入，手续费是按出口收入的一定百分比计收

5. 出口业务涉及的主要单证有(　　)。

A. 货运委托书
B. 出口货物报关单
C. 外销商业发票
D. 装箱单
E. 出口收汇核销单

6. 目前我国大多数进出口企业的出口业务都是以(　　)价格条件成交的。

A. FOB
B. CFR
C. CIF
D. CIF 与 FOB
E. CFR 与 FOB

7. 在进出口贸易中，贸易货款的非现金结算包括(　　)。

A. 汇款
B. 托收
C. 信用证
D. 顺汇

8. 目前,我国代理出口业务的基本形式为(　　)。

A. 视同买断方式　　B. 收取手续费方式

C. 清单交货方式　　D. 协议方式

9. 下列单证属于出口单证的是(　　)。

A. 合同　　B. 外销发票

C. 报关单　　D. 出口许可证

10. 下列单证属于报关单证的是(　　)。

A. 装箱单　　B. 外销发票

C. 报关单　　D. 出口商品检验证书

11. 下列单证不属于清关单证的是(　　)。

A. 提货单　　B. 细码单

C. 报关单　　D. 增值税专用发票和专业缴款书

12. 下列单证属于出口退税单证的是(　　)。

A. 合同　　B. 外销发票

C. 报关单　　D. 结汇水单

13. 开具制作的出口单证必须符合(　　)要求。

A. 正确　　B. 完整

C. 整洁　　D. 及时

14. 下列结算方式中属于逆汇的是(　　)。

A. 汇款　　B. 托收

C. 信用证　　D. 信汇

15. 汇款结算方式包括(　　)。

A. 信汇　　B. 电汇

C. 票汇　　D. 承兑交单

16. 托收结算方式包括(　　)。

A. 光票托收　　B. 付款交单

C. 跟单托收　　D. 承兑交单

17. 下列结算方式中属于顺汇的是(　　)。

A. 信汇　　B. 电汇

C. 票汇　　D. 承兑交单

18. 出口企业在银行结汇时发生的手续费或其他费用,应以(　　)处理。

A. 一级科目:财务费用　　B. 一级科目:管理费用

C. 二级科目:汇兑差额　　D. 二级科目:银行手续费

19. 在代理出口过程中发生的(　　)等直接费用由委托企业承担。

A. 佣金　　B. 海外运保费

C. 代理手续费　　D. 以上均正确

20. 代理出口协议的签订,必须明确代理出口货物的(　　)。

A. 数量　　B. 单价

C. 金额　　D. 费用的负担

三、判断题

1. 在自营出口过程中，凡发生的国内费用一律作为外贸企业的“销售费用”。 (　　)

2. 自营进口商品在抵达我国口岸后的港务费、过港费等，由外运公司向进口企业收取，进口企业则将其作为“销售费用”。 (　　)

3. 外贸企业自营出口发生的明佣和暗佣均冲减“自营出口销售收入”账户，而发生的累计佣金则列入“销售费用”账户。 (　　)

4. 外贸企业销货退回商品发生的国内外费用，如属于外贸企业责任，经批准应转入“营业费用”账户。 (　　)

5. 外贸企业取得索赔收入时记入“营业外收入”账户；发生理赔支出时，则记入“营业外支出”账户。 (　　)

6. 代理出口是指外贸企业受托代理其他单位经营的出口业务，其盈亏由受托单位负责，外贸企业只按规定收取代理手续费。 (　　)

7. 自营出口销售收入的确认时间，应以商品装运出口、取得各种运输单证(陆运取得铁路运单或联运提单、海运取得出口已装船提单、空运取得运单)，并向银行交单的时间为准。 (　　)

8. 自营出口销售业务中的国内费用，一律以实际支付时作为本期的“销售费用”处理。年末对已出口、未支付的国内费用，实行预估入账。 (　　)

9. 佣金是指在合同或贸易条件中规定的应付给中间商的推销报酬。 (　　)

10. 我国规定出口商品的入账价为FOB价。 (　　)

11. 外贸企业的代理出口业务不计算与负担出口盈亏，对代理出口业务所发生的一切直接费用，均应向委托方收取。 (　　)

12. 目前商品贸易的非现金结算，使用比例最高的是托收。 (　　)

13. 信用证结算方式属于顺汇。 (　　)

14. 出口外销的收汇，一般情况下为委托方所有。 (　　)

15. 代理出口销售对受托的公司来说是一种中介业务，而不是企业本身的购销方式。 (　　)

16. 托收结算方式属于顺汇。 (　　)

17. 出口业务的单证涉及出口业务的全过程，加强对出口业务单证的管理，是提高会计核算工作质量的重要手段。 (　　)

18. 自营出口销售收入的确定，要求企业已将商品所有权的主要风险和报酬转移给购货方。 (　　)

19. 汇款结算方式属于逆汇。 (　　)

20. 信汇的单证是汇款申请书和信汇通知。 (　　)

四、综合练习

【习题1】

1. 目的：练习出口商品销售的核算。

2. 资料：

某生产型进出口公司为一般纳税企业，以人民币为记账本位币，对外币交易采用交易日即期汇率折算，该公司本期发生以下业务：

(1)根据合同规定对外出口自产甲商品一批计3 000千克，每千克成本计人民币96元(不含增值税)。上列出口甲商品发票金额每千克外销价为 CIF19.20 美元,即日交单出口并结转出口商品销售成本。当日即期汇率为 1 美元=6.85 元人民币。

(2)上列出口甲商品合同规定应付国外中间商 2%佣金,当日即期汇率为 1 美元=6.87 元人民币。

(3)上列出口甲商品应付海运运费计 1 470 美元,当日即期汇率 1 美元=6.85 元人民币。

(4)应付上列出口甲商品保险费 1 900 美元,当日即期汇率 1 美元=6.85 元人民币。

(5)本期外购生产用材料一批,取得增值税发票进价 580 000 元,增值税税率 17%,材料已验收入库,价款未付。

(6)本期内销产品一批,销售价 620 000 元,增值税税率 17%,开出增值税发票,上列价款尚未收到。

(7)本期"应交税费——应交增值税"账户有期初留抵的金额 79 800 元。该公司在规定的申报期内备齐必要的凭证经当地的税务征税机关审核后,向当地的税务退税部门申报出口退税,该公司退税率为 9%。

要求:根据该公司上列各项业务,回答下列问题。

(1)出口交单日,该企业应编制的会计分录有( )。

A. 借:应收账款——应收外汇账款(×客户) 3 945 600

($57 600×6.85=¥3 945 600)

贷:主营业务收入——自营出口销售收入(甲商品) 3 945 600

B. 借:主营业务成本——自营出口销售成本(甲商品) 288 000

贷:库存商品——甲商品 288 000

C. 借:主营业务成本——自营出口销售成本(甲商品) 288 000

贷:待运和发出商品——甲商品 288 000

D. 借:应收账款——应收外汇账款(×客户) 386 668.8

($56 448×6.85=¥386 668.8)

贷:主营业务收入——自营出口销售收入(甲商品) 386 668.8

(2)对于出口佣金的核算,应作如下处理( )。

A. 红字贷记"主营业务收入"　B. 蓝字借记"主营业务收入"

C. 蓝字借记"销售费用"　D. 蓝字借记"管理费用"

(3)支付出口甲商品的海外运保费,应编制的会计分录有( )。

A. 借:销售费用 13 015

($1 900×6.85=¥13 015)

贷:应付账款——应付保险费 13 015

B. 借:销售费用 10 069.50

($1 470×6.85=¥10 069.50)

贷:应付账款——应付运费 10 069.50

C. 借:主营业务收入——自营出口销售收入(甲商品) 13 015

($1 900×6.85=¥13 015)

贷:应付账款——应付保险费 13 015

D. 借:主营业务收入——自营出口销售收入(甲商品) 10 069.50

($1 470×6.85=¥10 069.50)

贷:应付账款——应付运费 10 069.50

(4)该生产型进出口公司本期应退税额为(　　)。

A. 31 564.8　　B. 41 435.2

C. 35 510.4　　D. 38 364.8

(5)该生产型进出口公司增值税涉税业务,应编制的会计分录有(　　)。

A. 借:在途物资 580 000
　　应交税费——应交增值税(进项税额) 98 600
　　贷:应付账款 678 600

B. 借:应收账款 725 400
　　贷:主营业务收入 620 000
　　　　应交税费——应交增值税(销项税额) 105 400

C. 借:主营业务成本——自营出口销售成本(甲商品) 31 564.8
　　贷:应交税费——应交增值税(进项税额转出) 31 564.8

D. 借:其他应收款——应收出口退税 35 510.4
　　贷:应交税费——应交增值税(出口退税) 35 510.40

【习题 2】

1. 目的:练习出口商品销售核算。

2. 资料:

上海大宇公司是一家商业外贸公司,为一般纳税企业,以人民币为记账本位币,对外币交易采用交易日即期汇率折算,该公司本期发生以下业务:

(1)向甲工厂购入外销服装 2 000 件,所取得的增值税专用发票注明金额为 1 400 000 元,进项税额 238 000 元。上述款项以银行存款支付,所购服装已验收入库。

(2)现根据外销合同对上述购入服装开出商品出库凭证,并连同外销发票、装箱单及其他出口凭证,通过储运部门交付对外运输公司办理托运,今财务部门接到出仓凭证。

(3)当上述外销服装已经装船,上海大宇公司取得装船提单后,即按信用证规定将全套出口单证向银行办理交单。上述出口服装外销发票总金额为 CIF 旧金山 250 000 美元,财务部门今确认外销收入并结转出口商品成本。当日即期汇率为 1 美元=6.72 元人民币。

(4)银行在收妥上述外汇后转入上海大宇公司的待核查账户,当日即期汇率为 1 美元=6.71 元人民币。

(5)上述出口甲商品合同规定应付国外中间商 1.56%佣金,当日即期汇率为 1 美元=6.69 元人民币。

(6)应付上述外销服装海运运费计 5 200 美元,当日即期汇率 1 美元=6.67 元人民币。

(7)应付上述出口服装保险费 1 420 美元,当日即期汇率 1 美元=6.66 元人民币。

(8)上述服装外销后,今按规定向公司所在地退税机关申报办理出口退税,上海大宇公司该批服装的退税率为 16%。

(9)今日收到税务机关退还的出口退税款。

(10)上述外销服装在外方接货以后发现其中 120 件服装有质量问题要求退货,今接到退货通知后,根据合同及对方提供的商检证明,同意退货。经查,该批外销服装每件外销价为 125 美元,成本进价为 700 元人民币,当日即期汇率 1 美元=6.72 元人民币。

(11)对于退关的 120 件外销服装,上海大宇公司按原计算的应退增值税额补缴应退税款,并将原计入成本的出口货物征退税差额从成本中转出。

3. 要求：根据该公司上述各项业务，编制必要的会计分录。

【习题 3】

1. 目的：练习出口商品销售的核算。

2. 资料：

本市恒丰商业进出口公司为增值税一般纳税企业，以人民币为记账本位币，对外币交易采用期初即期汇率中间价折算，2010 年 5 月份发生以下业务（当月月初即期汇率中间价为 1 美元＝6.50 元人民币）：

(1)根据一份对美国 TT 公司出口合同，从国内采购 C 型箱包 2 000 只，收到对方企业开来的增值税发票，列明价格为 380 000 元人民币，增值税 64 600 元，上述款项尚未支付，所购箱包已验收入库。

(2)根据上述出口合同规定，将 2 000 只 C 型箱包对美国 TT 公司出口，出口外销发票金额为每只外销价 CIF 48 美元，应付中间商佣金 3%，今日交单出口并结转出口商品销售成本。

(3)上述出口箱包应付海运运费计 734 美元。

(4)应付上述出口箱包保险费 98 美元。

(5)该公司在规定的申报期内备齐必要的凭证向当地的税务退税部门申报该批箱包出口退税，该批箱包退税率为 13%。

3. 要求：根据该公司上述各项业务，编制必要的会计分录。

【习题 4】

1. 目的：练习代理出口商品销售的核算。

2. 资料：

利通进出口公司为一家商业外贸公司，以人民币为记账本位币，对外币交易采用月初即期汇率中间价折算。2012 年 4 月份接受国内光新医疗器械工业公司的委托，为该公司代理出口 H 型医疗器械 2 000 件，该项代理出口发票所列外销总金额为 75 600 美元，价格条件为 CIF。该项业务所签订的外销合同规定给予国内中间商佣金率为 3%，佣金在出口收汇并结汇后以人民币支付。利通公司与光新医疗器械工业公司所签订的代理进口协议规定的代理手续费率为 1%，4 月 1 日美元即期汇率中间价 1 美元＝6.305 0 元人民币。利通进出口公司代理业务情况如下：

(1)收到光新医疗器械工业公司发来 H 型医疗器械 2 000 件，每件价值 150 元人民币，经验收后入库代为保管。

(2)将上述 H 型医疗器械 2 000 件代理出口发运，收到注明代为保管货物的出仓单。

(3)今向银行办理出口交单，代理出口货款尚未收到。

(4)该项代理出口业务中，以银行存款代垫支付上述商品自出仓到离岸后的国内直接费用 710 元人民币。

(5)该项代理出口业务，发生国外运保费计 14 000 美元，先予支付，并通知银行以后给予扣回。

(6)接银行通知，该项代理出口业务 75 600 美元已收汇并划入利通进出口公司“待核查账户”。

(7)今接银行通知，上述划入“待核查账户”的该项代理出口收入 75 600 美元已经结汇，当日美元即期汇率买入价为 1 美元＝6.299 0 元人民币，中间价为 6.305 0 元人民币。结汇后，扣除该项代理业务过程中已支付的国外运输费、保险费、代垫国内费用、发生汇兑损益以及应付佣金和代理手续费后，将结汇余额划付光新医疗器械工业公司，同时将佣金汇付国内中间商。

3. 要求：根据该公司上列各项业务，编制必要的会计分录。

第四章　出口退税核算

第一节　出口退税的原则和作用

一、我国出口货物退(免)税政策的历史沿革

出口退税是为了避免国际双重征税。根据间接税的属地主义原则，一国根据本国税法对进口货物征收间接税，最终由进口国国民负担。出口国应在货物出境前，将已缴纳的间接税给予退还，使出口货物以不含税形式进入国际市场，体现税收的公平原则。

1985 年 3 月，我国国务院正式颁布了《关于批转财政部〈关于对进出口产品征、退产品税或增值税的规定〉的通知》，规定从 1985 年 4 月 1 日起实行出口产品退税政策。当时的流转税以工商统一税为主体，对不同产品实行不同退税率。1994 年，我国对税制进行重大改革，实行以增值税为主体的流转税制，并对出口货物的增值税和消费税进行返还。《增值税暂行条例》规定，“纳税人出口货物，税率为零”，即对已报关出口的货物，分别按 17%和 13%两档法定征税率全额退还(免征)国内各生产环节和流转环节按税法规定缴纳的增值税。

在出口退税货物范围方面，凡属于已征或应征增值税的出口货物，除国家明确规定不予退税的货物和出口企业从小规模纳税人购进并持普通发票的部分货物外，都是出口退税的货物范围，均应退还已征的增值税，或免征增值税。

外贸企业退税一直采用购进货物照章缴税、出口环节免税、出口后退还已缴纳税款的方式。对有进出口经营权的生产企业，从 1994 年起采用出口全额征税、出口后全额退还的先征后退方式，从 1997 年起开始推行“免、抵、退”税办法。对没有进出口经营权的生产企业，可委托外贸企业或有进出口经营权的生产企业出口，出口退税采用先征后退办法。2002 年，为完善出口退税体制，国家规定生产企业自营或委托外贸企业代理出口的自产货物，除另有规定外一律实行增值税“免、抵、退”税办法。

目前，我国对出口商品的增值税退税率调整为 17%、16%、14%、13%、11%、9%、8%、5%(3%)八档，另对部分产品取消出口退税。对出口货物属于应征消费税的货物基本实行全征全退，另对部分属于应征消费税的出口货物也相应取消了出口退(免)税政策。从 2006 年至今，又对部分货物出口退税率作了多次调整。

二、近期出口货物退(免)税政策改革

2011 年国际经济风云变幻，世界经济增长速度减缓、贸易摩擦升级、人民币升值的压力加大等众多因素交织，令出口外贸型企业受到很大冲击。为应对世界经济形势变化，积极发挥出口退税政策经济杠杆作用，适时进行动态和结构性调整，成为了国家实施宏观调控的主要手段之一。近期我国出口货物退(免)税政策主要作出了以下调整：

(一)政策优扶

首先,放宽了边境贸易出口退税政策。《财政部、国家税务总局关于边境地区一般贸易和边境小额贸易出口货物以人民币结算准予退(免)税试点的补充通知》(财税[2011]8 号)明确规定:自 2010 年 3 月 1 日起,出口企业以一般贸易或边境小额贸易方式从海关实施监管的边境进出口口岸出口至接壤毗邻国家的货物,采取银行转账人民币结算方式的,可享受应退税额全额出口退税政策。同时,新政策还规定对确有困难不能提供结算银行转账人民币入账单的边境贸易企业,可凭签注"人民币核销"字样的收汇核销单向主管税务机关办理退税,放宽了企业限定范围。

其次,跨境贸易人民币结算扩大至全国。中国人民银行、财政部等 6 部委联合发布《关于扩大跨境贸易人民币结算地区的通知》(银发[2011]203 号)中明确:增加河北、山西等 11 个省(自治区)试点企业实行进口货物、跨境服务和其他经常性项目的跨境贸易人民币结算。同时,还明确吉林、黑龙江、西藏自治区、新疆维吾尔自治区 4 个省(自治区)的试点企业可开展出口贸易人民币结算业务,并享受出口退(免)税政策。目前,跨境贸易人民币结算地区已扩大至全国范围。

对代理出口货物视同内销的税收管理。《国家税务总局关于代理出口货物相关税收问题的公告》(2011 年第 12 号)中明确:自 2011 年 3 月 1 日起,对受托方企业未在规定期限内申报开具《代理出口货物证明》的,如果主管税务机关通过函调,证实委托方企业已按视同内销的货物计提了增值税销项税额或申报缴纳增值税的,对受托方企业不再进行征税;否则还应比照原政策对受托方企业按视同内销货物进行征税。

此外,软件设计出口业务纳入免抵退税范围。《国家税务总局关于扩大适用免抵退税管理办法企业范围有关问题的公告》(2011 年第 18 号)中明确:自 2011 年 5 月 1 日起,工商登记时间两年以上的集成电路设计、软件设计、动漫设计企业及其他高新技术企业从事部分出口业务,可实行"免、抵、退"税管理办法(不包括小规模纳税人)。主要内容包括:一是自主研发、设计由其他企业生产加工后进行收购或委托国内其他企业生产加工后收回的货物出口。例如,一些没有实际生产能力的科研机构或企业,在技术自主研发、设计的前提下,如果是通过外加工后收购或委托加工收回的出口货物,可比照生产企业视同自产的出口货物执行"免、抵、退"税。二是委托境外企业加工后进口再使用本企业品牌的货物出口。三是自主研发、设计软件,加载到外购的硬件设备中的货物出口。四是国家税务总局规定的其他情形。

(二)系统升级

《国家税务总局关于联网应用中国电子口岸出口退税数据的通告》(2011 年第 1 号)和《国家税务总局办公厅关于出口退税审核系统 V9.20 等版本升级的通知》(国税办发[2011]83 号)两个文件规定,自 2011 年 9 月 1 日起,原出口退税申报和审核系统升级为生产企业 V9.0 版、外贸企业 V11.0 版、小规模纳税人 V3.0 版和审核系统 V9.20 版,并在全国推广应用,实现系统之间定向传递,数据资源共享,使报关单数据零距离应用到出口退税申报中,带给出口企业三大利好:

一是减负。从电子口岸下载报关单电子信息进行采集,并生成出口退税申报明细数据,减少了人工录入报关单数据的工作量。

二是保质。下载的报关单信息能够保证出口退税申报数据的质量,并且数据源比较全,不会出现遗漏报关单未申报的情况。

三是排疑。由于下载的报关单号码为 18 位号码,解决了 9 位报关单编号出现重复的问题，有利于税务机关排除出口企业重复申报退税的嫌疑。

(三)外汇改革

国家外汇管理局、国家税务总局、海关总署联合发布《关于货物贸易外汇管理制度改革试点的公告》(2011年第2号)，决定改革我国货物贸易外汇管理制度，优化升级出口收汇与出口退税信息共享机制，取消出口收汇核销手续，并自2011年12月1日起，在江苏、山东、湖北、浙江(不含宁波)、福建(不含厦门)、大连、青岛等省(市)进行试点。

改革的内容主要包括：在试点地区对企业的贸易外汇管理由现场逐笔核销改变为非现场总量核查；对进出口企业贸易外汇收支实施动态分类管理，由外汇局视情分为A、B、C三类，A类实行便利化管理措施，B类实行电子数据核查管理，C类实行逐笔登记监控管理。试点期间，试点地区企业申报出口退税时，不用提供纸质出口收汇核销单，只向海关提供出口收汇核销单用于办理通关手续。制度改革在全国推广后，海关总署与国家外汇管理局将调整出口报关流程，届时将全部取消出口收汇核销单。

《国家税务总局关于货物贸易外汇管理制度改革试点后有关出口退税问题的通知》(国税函[2011]643号)规定，自2011年12月1日起，试点地区企业报关出口的货物，申报出口退(免)税业务时无须向税务部门提供纸质出口收汇核销单。税务部门不再审核企业的纸质出口收汇核销单及相应的电子核销信息；对试点地区已经试行申报出口退(免)税免予提供纸质核销单的出口企业，税务部门也不再审核其出口收汇核销电子数据。应注意对12月1日前已办理正常核销和逾期核销及逾期未核销的出口业务，按试点前的出口退税相关规定办理(出口收汇已核销信息以试点地区国家外汇管理局分支局于2011年12月31日前传送给税务部门的为准)；对12月1日前其他未办理出口收汇核销手续及12月1日后出口的货物，税务部门不再审核企业的纸质出口收汇核销单及相应的电子核销信息办理出口退(免)税。

(四)防范骗税

1. 将电子和服装列入全国指令性检查项目。《国家税务总局关于开展2011年税收专项检查工作的通知》(国税发[2011]24号)规定，将电子、服装类产品出口退(免)税的企业列入指令性检查项目。主要目的是加大两类出口产品的税收管理力度，控制出口骗税案件的滋生蔓延，防范和打击骗取出口退税行为，维护正常健康的外贸经营秩序，防止国家税款大量流失。

2. 严格执行税款退库办理制度。《国家税务总局关于严格执行税款退库办理制度的通知》(国税函[2011]19号)规定，办理税款退库属于税收会计业务范围，其税务机关收入规划核算部门是办理税款退库的专职业务部门，负责办理出口退税等各项税款的退库业务。同时，要求退税审批部门和退库办理部门必须严格分开，不得由一个部门既进行退税审批，又办理具体退库手续。

3. 加强出口退税审核关注信息管理。《国家税务总局关于印发〈出口退税审核关注信息管理办法〉的通知》(国税发[2011]22号)规定，为保证出口退税审核关注信息采集质量和效率，出口退税审核关注信息由国家税务总局实施一级采集，各地税务机关应根据关注信息生成的审核疑点提示加强审核，并严格按照《出口货物税收函调管理办法》等规定进行管理。

三、出口货物退(免)税宏观调控基本原则及其作用

(一)出口货物退(免)税的概念

所谓出口货物退(免)税，是指对报关出口货物退还其在国内生产和流通环节实际缴纳的增值税、消费税或免征应纳税额。出口货物退税制度是一个国家税收的重要组成部分。出口

退税主要是通过退还出口货物的国内已纳税款来平衡国内产品的税收负担，使本国产品以不含税成本进入国际市场，与国外产品在同等条件下进行竞争，从而增强竞争能力，扩大出口创汇。它是国际贸易中通常采用并为各国普遍接受的一种税收措施，其目的在于鼓励各国出口货物的公平竞争。

根据国际社会通行的惯例和我国现阶段的国情，并参考国际上的通行做法，我国制定并实施了出口货物退(免)税制度以及管理办法。该办法明确规定：有出口经营权的企业出口的货物，除另有规定者外，可在货物报关出口并在财务上作销售处理后，凭有关凭证按月报送税务机关批准退还或免征增值税和消费税。

(二)出口货物退(免)税的特点

我国的出口货物退(免)税制度是参考国际上的通行做法，在多年实践基础上形成的、自成体系的专项税收制度。这项新的税收制度与其他税收制度比较有以下几个主要特点：

1. 它是一种收入退付行为

税收是国家为满足社会公共需要，按照法律规定，参与国民收入中剩余产品分配的一种形式。出口货物退(免)税作为一项具体的税收制度，其目的与其他税收制度不同。它是在货物出口后，国家将出口货物已在国内征收的流转税退还给企业的一种收入退付或减免税收的行为，这与其他税收制度筹集财政资金的目的显然是不同的。

2. 它具有调节职能的单一性

我国对出口货物实行退(免)税，意在使企业的出口货物以不含税的价格参与国际市场竞争，这是提高企业产品竞争力的一项政策性措施。与其他税收制度鼓励与限制并存、收入与减免并存的双向调节职能比较，出口货物退(免)税具有调节职能单一性的特点。

3. 它属于间接税范畴内的一种国际惯例

世界上有很多国家实行间接税制度，虽然其具体的间接税政策各不相同，但就间接税制度中对出口货物实行“零税率”而言，各国都是一致的。为奉行出口货物间接税的“零税率”原则，有的国家实行免税制度，有的国家实行退税制度，有的国家则退、免税制度同时并行，其目的都是对出口货物退还或免征间接税，以使企业的出口产品能以不含间接税的价格参与国际市场的竞争。出口货物退(免)税政策与各国的征税制度是密切相关的，脱离了征税制度，出口货物退(免)税便失去了具体的依据。

(三)出口货物退(免)税的原则

1. 公平税负原则

对出口货物实行退(免)税是保证出口货物公平参与国际贸易竞争的基本要求。由于各国政治、经济、历史和传统的差异，各国税收制度也不尽相同，这使得同一货物在不同国家的税收负担高低不等。这种国际间的税收差异，必然造成国际贸易间出口货物含税量不同，导致各国产品在国际市场上不能做到公平竞争的结果。消除这一影响的办法，就是按照国际惯例，对出口货物退(免)本国已征收的间接税。

2. 属地管理原则

各国的间接税是按属地管理原则来制定政策规定的。各个独立的主权国家，在税收上都享有完全独立的自主权，包括课税权和减、免、退税权。各国为对本国经济进行宏观调控而制定的税收政策，只适用于在国内生产和消费的货物，对出口货物则不适用。因此，按照间接税属地管理原则，我国增值税和消费税暂行条例中的征免退税规定只适用于中国境内，而不适用于境外。对于在中国境内实行消费的货物，包括在国外生产的输入我国境内消费的货物，我国行使课税权；对于出口到国外的货物，在不损害别国利益的前提下，我国将免征或退还其在国内应缴或已缴纳的税款，然后再按输入国的有关税收制度及有关规定办理税收。这样可以保证消费者购买的货物，其间接税的含税量彼此相同，从而体现公平竞争的原则。

3.“零税率”原则

“零税率”是指我国企业生产的出口货物所应缴纳的间接税（增值税、消费税）为零。“零税率”的原则也就是“征多少税、退多少税”。根据“零税率”原则，将出口货物在国内已实际缴纳或负担的税负全部退还给出口企业，使其可以用不含税价格在国际市场上进行公平竞争，有利于促进我国对外贸易的发展。

4. 宏观调控原则

出口货物退（免）税的宏观调控原则是通过税收的职能作用来体现的。国家制定的出口货物退（免）税政策，既符合国际惯例，同时又体现了国家的经济政策。例如，对黄金首饰、珠宝玉石等贵重货物，凡由指定经营企业出口的可办理退税，凡由非指定经营企业出口的不退税，以保证国家经济政策的贯彻；对从增值税小规模纳税人处购入的出口货物，一般也不予退税，但对购入的某些列举的传统货物，考虑到其所占出口比重较大以及生产、采购的特殊因素，特准给予退税，以保护我国传统出口货物的生产和发展；对少数因国际、国内差价大而出口获利较多的货物和国家限制、禁止出口的货物等则不予退税，以调节出口货物的利润和防止资源外流。

总之，国家通过对出口货物实行符合国际惯例的免税、退税和不予退税的政策，充分体现了国家以鼓励、限制、禁止等方式进行宏观调控的经济政策。

（四）出口货物退（免）税的作用

出口货物退（免）税有如下三方面作用：

首先，增强了我国出口货物的竞争能力，进一步优化了出口商品结构。1978～1994 年我国工业制成品占出口总额的比重由 46.5%上升到 83.7%，有力地促进了进口贸易的发展。

其次，加强了对出口企业的退（免）税管理和税务监督，有力地支持了外贸体制的改革，促进了出口企业向自主经营、自负盈亏的经营机制的转变，有利于正确反映出口企业的真实经营成果，促进出口企业改善经营管理、加强经济核算、提高经济效益。

最后，促进了我国对外贸易的发展，增强了我国的出口创汇和外汇储备能力。极大地增强了我国调节国际收支及国际清偿的能力，保证了我国汇率的稳定，维护了国际信誉，为出口贸易的发展打下了坚实的基础，为我国引进国外的先进技术和管理经验、进口国内紧缺的物资和设备提供了资金，为对外贸易全方位、多元化、高速度的发展开辟了广阔的国际销售市场，从而又带动了国内市场的发展和产业结构的优化组合，促进了国民经济的进一步发展。

第二节 我国现行的出口退税政策

一、出口货物退（免）税立法依据

各国出口货物退（免）税制度是基于国际贸易规则体系和本国税收法律法规框架建立的。

（一）我国的法律法规

《中华人民共和国增值税暂行条例》（中华人民共和国国务院令 2008 年第 538 号）第二条第三款规定：“纳税人出口货物，税率为零；但国务院另有规定的除外。”

《中华人民共和国消费税暂行条例》(中华人民共和国国务院令 2008 年第 539 号)第十一条规定:“对纳税人出口的应税消费品,免征消费税;国务院另有规定的除外。出口应税消费品的免税办法,由国务院财政、税务主管部门规定。”

《出口货物退(免)税管理办法(试行)》(国税发[2005]51 号)第二条规定:“出口商自营或委托出口的货物,除另有规定者外,可在货物报关出口并在财务上做销售处理后,凭有关凭证报送所在地国家税务局(以下简称税务机关)批准退还或免征增值税或消费税。本办法所述出口商包括对外贸易经营证、没有出口经营资格委托出口的生产企业、特定退(免)税的企业和人员。”

1994 年,国家税务总局颁布了《出口货物退(免)税管理办法》,这是国家现行出口货物实行退(免)税制度的基本规章,对出口货物退(免)税的认定管理、申报及受理、审核审批、日常管理、违章处理等问题做出了规定。在此基础上,又相继出台了一系列的补充规定和部分单项政策,对退(免)税管理制度不断地进行完善,如《出口货物电子化管理办法》、《出口货物退(免)税清算管理办法》、《生产企业出口货物“免、抵、退”税管理操作规程》等。近期国家税务总局又对《出口货物退(免)税管理办法》进行了修订和完善。这些文件规定的出台,标志着我国出口货物退(免)税制度进入了规范化、法制化的轨道。

(二)国际贸易规则

《关税和贸易总协定》规定:“一缔约国领土的产品输入到另一缔约国领土,不得因其免纳相同产品在原产国或输出国由于消费时所须完纳的税捐或因这种税捐已经退税,即对它征收反倾销税或反补贴税。”也就是说:一个国家可以对本国出口的产品退还或免征国内税,别国不得因此对该国产品施行报复措施。这里所说的用于消费时缴纳的税捐是指货物应纳的间接税,目前在我国主要包括增值税和消费税两个税种。

此外,世界贸易组织《补贴与反补贴协议》也明确规定:“补贴是其成员境内由某一政府或任何公共机构做出财政支持或任何形式的收入支持或价格支持,由此给予的某种利益。”同时还规定:“间接税减免计划允许对出口产品生产中的消费投入所征收的前期累积间接税进行免征、减征或延期支持。同样,退税计划允许对在出口产品生产中消费投入而征收的进口费用进行减征或退还。”因此,出口货物退(免)税额只要不超过已征或应征的间接税,就不是出口补贴,是完全符合世界贸易组织规定的。

二、出口货物退(免)税的主体范围

根据现行退(免)税政策规定,我国出口退(免)税的主体主要包括:

1. 有进出口经营权的外(工)贸企业。

2. 有进出口经营权的内资生产企业,委托外贸企业代理出口自产货物的无进出口经营权的内资生产企业。

3. 外商投资企业。

4. 特准退(免)税企业。这类企业有:(1)将货物运出境外用于对外承包项目的对外承包工程公司;(2)对外承接修理修配业务的企业;(3)将货物销售给外轮、远洋国轮而收取外汇的外轮供应公司、远洋运输供应公司;(4)在国内采购货物并运往境外作为在国外投资的企业;(5)利用外国政府贷款或国际金融组织贷款,通过国际招标机电产品的中标企业;(6)进行境外带料加工装配业务而使用出境设备、原材料和散件的企业;(7)对外进行补偿贸易项目和易货贸易而享受退税的企业。

5. 个人。新《中华人民共和国对外贸易法》(简称《外贸法》)中,"对外贸易经营者"包括从事对外贸易经营活动的法人、其他组织和个人,将对外贸易经营者的主体范围扩大至个人,也就是说,个人按《中华人民共和国对外贸易法》和《对外贸易经营者备案登记办法》的规定办理备案登记后即可从事外贸经营业务。出口退(免)税政策与此相适应,办理出口货物退(免)税的主体范围也由原来的外贸公司,内、外资生产企业和其他特定退税企业扩大至个人。但从事外贸经营的个人须注册登记为个体工商户、个人独资企业或合伙企业,方可申请出口退(免)税。

前四类企业是 2004 年 7 月 1 日新《中华人民共和国对外贸易法》实施之前享受出口退(免)税政策的企业范围。新《外贸法》实施后,出口退(免)税的主体扩大到了个人。

三、出口退(免)税的货物范围

按现行《出口退(免)税管理办法》规定,除国家禁止出口的货物或因限制出口而取消出口退税的货物外,其他出口货物都可以办理退(免)税。但办理退(免)税必须具备四个基本条件。

(一)享受出口退(免)税的基本条件

对出口的增值税和消费税应税货物,除国家明确规定不予退(免)税的货物外,都是出口货物退(免)税的货物范围。可以退(免)税的出口货物一般应具备以下四个条件:

1. 必须是属于增值税、消费税征税范围的货物

这两种税的具体征收范围及其划分,《中华人民共和国增值税暂行条例》和《中华人民共和国消费税暂行条例》对其税目、税率(单位税额)均已明确。我国退税以征税为前提,退税只能是对已征税的出口货物退还其已征的增值税、消费税税额,不征税的出口货物则不能退还上述"两税"。免税也只能是对应税的货物免税,不属于应税的货物,则不存在免税问题。

2. 必须是报关离境的货物

所谓报关离境即出口,就是货物输出海关,这是区别货物是否应退(免)税的主要标准之一。凡是报关不离境的货物,不论出口企业以外汇结算还是以人民币结算,也不论企业在财务上和其他管理上作何处理,均不能视为出口货物予以退(免)税(如通过监管仓出口货物,报关进监管仓后如不离境还不能退税)。即将实行"免、抵、退"税办法的进料深加工结转货物,虽然是在国内报关转厂(转给下一环节企业继续深加工出口),但由于转厂产品最终还是要离境的,所以,海关一直视同出口管理,税务也即视同出口管理。

3. 必须是在财务上作销售处理的货物

目前,我国对出口货物退(免)税的规定只能适用于贸易性质的出口货物,非贸易性质的出口货物,如向国外捐赠,不作对外销售而在国外展出的样品货物,个人在国内购买、国家又允许自带离境的已征增值税、消费税的货物等是不予退(免)税的。

4. 必须是出口收汇并已核销的货物

将出口退税与出口收汇核销挂钩可以有效地防止出口企业高报出口价格骗取退税,有助于提高出口收汇率,强化出口收汇核销制度。

出口货物只有在同时具备上述四个条件的情况下,才能向税务部门申报办理退(免)税,否则不予办理退(免)税。

(二)特准退(免)税的货物范围

在出口货物中,有一些虽然不同时具备上述四个条件,但由于这些货物销售方式、消费环节、结算办法的特殊性以及国际间的特殊情况,国家特准退还或免征其增值税和消费税。这些货物主要有:

1. 对外承包工程公司运出境外用于对外承包项目的货物；

2. 企业在国内采购并运往境外作为在国外投资的货物；

3. 企业开展境外加工贸易业务所使用的出境设备、原材料和散件；

4. 保税区内企业从区外有进出口经营权的企业购进并出口或加工后再出口的货物；

5. 对外承接修理修配业务的企业用于对外修理修配的货物；

6. 外轮供应公司、远洋运输供应公司销售给外轮、远洋国轮的货物；

7. 利用国际金融组织或外国政府贷款，采取国际招标方式由国内企业中标或外国企业中标后分包给国内企业的机电产品；

8. 外国驻华使（领）馆（包括特定国际组织驻华代表机构）及其人员在华购买的物品和劳务。

（三）享受出口免税的货物范围

按现行规定，我国主要对下列出口货物免征增值税、消费税：

1. 来料加工复出口的货物；

2. 有出口卷烟经营权的企业出口国家出口卷烟计划内的卷烟；

3. 小规模纳税人自营或委托出口的货物；

4. 增值税有关征税文件规定的免税货物，如部分农业生产资料、农业生产者销售的自产农业产品等，这类货物不分境内、境外销售一律按规定免税；

5. 生产企业（包括外商投资企业）直接出口或委托代理出口的自产消费税产品一律免征消费税。

出口享受免征增值税的货物，其耗用的原材料、零部件等支付的进项税额，包括准予抵扣的运输费用所计提的进项税额，不能从内销货物的销项税额中抵扣，应计入产品成本处理。

四、出口货物退（免）税的种类及方法

（一）出口货物退（免）增值税

1. 退税

即对出口本环节增值部分免税；进项税额退税。主要适用于外贸企业和执行商品流通企业财务制度的工贸企业、企业集团等。

2. “免、抵、退”

即对出口本环节增值部分免税；进项税额准予抵扣的部分，在内销货物的应纳税额中抵扣，不足抵扣的部分实行退税。主要适用于有进出口经营权的生产企业和经批准设立的外商投资企业。

3. “免、抵”

即对出口本环节增值部分免税；进项税额准予抵扣的部分，在内销货物的应纳税额中抵扣。主要适用于国家列名的钢铁企业销售“以产顶进”钢材。

4. 免税

即对出口货物免征增值税和消费税。主要适用于来料加工等贸易形式和出口有单项特殊规定的指定货物，如卷烟等。

（二）出口货物退（免）消费税

1. 出口免税并退税

适用这项政策的是：有出口经营权的外贸企业购进应税消费品直接出口以及外贸企业委托代理出口应税消费品，这里需要重申的是，外贸企业只有受其他外贸企业委托，代理出口应

税消费品才可以办理退税，受其他企业(主要是非生产性的商贸企业)委托，代理出口应税消费品是不予退(免)税的。这项政策限定与出口货物退(免)增值税的政策规定是一致的。

2. 出口免税但不退税

适用这项政策的是：有出口经营权的生产性企业自营出口或生产企业委托外贸企业代理出口自产的应税消费品，依据其实际出口数量免征消费税，不予办理退还消费税。这里，免征消费税是指对生产性企业按其实际出口数量免征生产环节的消费税。不予办理退还消费税，是指因已免征生产环节的消费税，该应税消费品出口时已不含消费税，所以也无须再办理退还消费税了。这项政策规定与前述生产性企业自营出口或委托代理出口自产货物退(免)增值税的规定是不一样的。其政策区别的原因是，消费税仅在生产企业的生产环节征收，生产环节免税了，出口的应税消费品就不含有消费税了；而增值税却在货物销售的各个环节征收，生产企业出口货物时，已纳的增值税就需要退还。

3. 出口不免税也不退税

适用这项政策的是除生产企业、外贸企业外的其他企业，具体是指一般商贸企业，这类企业委托外贸企业代理出口应税消费品一律不予退(免)税。

五、出口货物退(免)税的税率

退税率是出口货物的实际退税额与计税依据之间的比例。它是出口退税的中心环节，体现国家在一定时期的经济政策，反映出口货物实际征税水平，退税率是根据出口货物的实际整体税负确定的，同时也是零税率原则和宏观调控原则相结合的产物。

(一)增值税退税率

2003年底出口退税机制改革后，出口退税率经过了多次调整。从2009年2月1日起我国对不同出口货物规定了17%、15%、14%、13%、11%、9%、5%七档退税率。同时在此七档基本税率的前提下，还有一例特税税率，即出口企业从小规模纳税人购进货物出口准予退税的一律按3%的退税率执行。

(二)消费税退税率

计算出口货物应退消费税税款的税率或单位税额，依据现行《消费税税目税率(税额)表》执行。企业应将不同税率的货物分开核算和申报，凡划分不清使用税率的，一律从低适用税率计算。取消出口退税政策的货物，也相应取消出口退(免)消费税政策。

六、出口货物退(免)税的计税依据

退(免)税的计税依据是具体计算应退(免)税款的依据和标准。具体包括出口离岸价、货物购进金额、组成计税价、数量等根据实际情况分别确定。正确地确定计税依据，既关系到征退税关联问题，又关系到国家财政收支平衡。

(一)外贸企业出口货物应退增值税税额的计税依据

1. 出口货物单独设立库存账和销售账记载的，应依据购进出口货物增值税专用发票所列明的进项金额为计税依据；对库存出口商品采用加权平均价核算的企业，也可按适用不同退税率的货物分别依下列公式确定：

退税计税依据＝出口货物数量×加权平衡购进单价

2. 从小规模纳税人购进特准退税的出口货物，退税依据按下列公式确定：

退税计税依据＝普通发票所列销售金额/(1＋征收率)

从小规模纳税人购进持有税务机关代开的增值税专用发票的出口货物，退税依据按下列公式确定：

退税计税依据＝增值税专用发票上注明的销售金额

3. 外贸企业委托生产企业加工回收后报关出口的货物，退税计税依据为购买加工货物的原料、支付加工货物的工缴费等专用发票所列明的进项金额。应按原材料的退税率和加工费的退税率分别计算应退税款，加工费的退税率按出口产品退税率确定。

（二）外贸企业出口货物应退消费税税额的依据

凡属从价定率计征消费税的货物，应以外贸企业从工厂购进货物时征收消费税的价格为依据；凡属从量定额计征消费税的货物，应以货物购进和报关出口的数量为依据。

（三）自营生产企业出口货物应退（免）增值税税额的计税依据

自营生产企业出口货物退（免）增值税税额的计税依据为"离岸价格"、"海关已核销的免税进口料件组成计税价格"和"当期进项税额"。

1. 采用"先征后退"办法计算出口退税的，退税计税依据为出口货物的离岸价乘以外汇人民币牌价，即为外销收入。

2. 采用"免、抵、退"办法计算退税的，退（免）税依据当期进项税额或出口货物离岸价乘以外汇人民币牌价。

3. 有进料加工复出口货物的退税计税依据，按出口货物的离岸价格（FOB）扣除出口货物所含的海关保税进口料件的金额后确定。

没有自营出口权的生产企业委托外贸企业代理出口自产货物，退税依据可以比照上述第一条办理。但小规模纳税人自营和委托出口的货物，一律免征增值税。

（四）出口货物应退（免）消费税税额的依据

有出口经营权的生产企业委托外贸企业出口的消费税货物，依据其实际出口数量或出口收入予以免征消费税。

没有进出口经营权的生产企业委托外贸企业代理出口的应税消费的货物，属从定价率计征的，以增值税计税价格为依据；属从量定额计征的，以出口数量为依据。另外，来料加工复出口货物的外销收入属于免税收入，不计算退税额。

七、出口货物退（免）税凭证

出口货物退（免）税证明管理是指由于出口货物税收管理的需要，企业申请出口退（免）税必须提供办理出口退（免）税有关凭证，先报外经贸主管部门稽核签章后，再报送主管出口退税的税务机关申请退税。

1. 购进出口货物的增值税专用发票（抵扣联）或普通发票。申请退消费税的出口企业，还应提供由工厂开具并经税务机关和银行（国库）签章的《税收（出口产品专用）缴款书》（以下简称"专用税票"）。提供的增值税专用发票（抵扣联）必须有套印税务总局全国统一发票监制章，并盖有供货单位的发票专用章或财务专用章。增值税专用发票（抵扣联）所填列的应税项目不得超项，金额不得超格，不得涂改，否则视同废票处理。

2. 必须附送专用税票或出口货物完税分割单。

3. 盖有海关验讫章及海关经办人员签字的《出口货物报关单（出口退税联）》。报关单应按报关单上的项目要求填列，不得随意涂改。

4. 必须提供《出口已收汇核销单（出口退税）》专用联。

5. 出口销售发票(外销发票)。必须详细列明合约号或订单号码、货物名称、规格、重量、单价、计量单位、贸易总额、运输工具和起止地点,并有发货人的签名或印章。

6. 提供出口货物销售明细账(备核)。

八、出口货物退(免)税的期限和地点

(一)出口货物退(免)税的期限

退税期限是指货物出口的行为发生后,申报办理出口退税的时间要求。它包括多长时间办理一次退税,以及在什么时间段内申报退税。出口企业应在货物报关出口之日[以出口货物报关单(出口退税专用)上注明的出口日期为准]起 90 日内,向退税部门申报办理出口货物退(免)税手续。逾期不申报的,除另有规定者和确有特殊原因经税务机关批准者外,不再受理该笔出口货物的退(免)税申报。生产企业自营或委托出口货物未按规定期限申报退(免)税单证的,出口企业应视同内销货物申报纳税。

(二)出口货物退(免)税的地点

退税地点是企业按规定申报退(免)税的所在地。分为以下几种情况:

1. 外贸企业自营(委托)出口的货物,由外贸企业向其所在地主管出口退税的国税机关申报办理。

2. 生产企业自营(委托)出口的货物,报经其主管征税的税务机关审核后,再向其主管出口退税的国税机关申报办理。

3. 在所在地主管出口退税的国税机关申报办理。

4. 出口企业在异地设立分公司的,总机构有出口权,分支机构是非独立核算的企业一律汇总到总机构所在地办理退(免)税;经过外贸部批准设立的独立核算的分支机构,有自营出口权的,可以在分支机构所在地办理退(免)税。

5. 其他特准予以退税的出口货物,由企业向所在地主管出口退税的国税机关申报办理退税。

九、出口货物退(免)税的预算级次

出口货物退(免)税的预算级次是指出口退(免)税的负担级次。我国出口退(免)税的财政负担级次多年来随着财税体制改革也经历了多次调整。

2003 年底出口退税机制改革以前,出口退税的预算级次为中央级 100%负担。机制改革以后,出口退税的预算级次改为中央与地方共同负担,以 2003 年出口退税实退指标为基数,对超基数部分的应退税额,由中央和地方按 75%:25%的比例共同负担,基数内中央 100%负担。但在 2005 年又作了变动,即现行退税分担机制,出口退税超基数部分中央和地方分级负担比例调整为 92.5%:7.5%。

第三节　生产企业自营出口的退(免)税核算

一、生产企业出口货物退(免)税政策

(一)基本规定

按照《财政部、国家税务总局关于进一步推进出口货物实行免抵退税办法的通知》(财税[2002]7 号)规定:自 2002 年 1 月 1 日起,生产企业自营或委托外贸企业代理出口自产货物,

除另有规定外，增值税一律实行免、抵、退税管理办法。

通知所述生产企业是指独立核算、经主管国税机关认定为一般增值税纳税人、并且具有实际生产能力的企业和企业集团。增值税小规模纳税人出口自产货物继续实行免征增值税办法。生产企业出口自产的属于应征消费税的产品，实行免征消费税办法。

实行免、抵、退税管理办法的“免”税，是指对生产企业出口的自产货物，在出口时免征本企业生产销售环节增值税；“抵”税，是指生产企业出口自产货物所耗用的原材料、零部件、燃料、动力等所含应予退还的进项税额，抵顶内销货物的应纳税额；“退”税，是指生产企业出口的自产货物在当月内应抵顶的进项税额大于应纳税额时，对未抵顶完的部分予以退税。由于出口货物增值税实行零税率，除了出口环节免征增值税，即没有销项税额外，还需要将为生产出口产品所购进的项目已经缴纳的税款，即进项税额，退还给出口企业等纳税人。因此，出口退税并不是退还“销项税额”，而是退还进项税额。如果一个企业完全是出口企业，商品没有内销，则完全采用“免”和“退”的方式，就不存在“抵”税的问题。采用“抵”税的方式其实是为了简化征管手续，即用本来要退还给纳税人的退税额抵顶内销货物应该按规定缴纳的增值税税款。

实行“免、抵、退”税办法的出口货物是指自产货物和视同自产货物。自产货物是指生产企业购进原、辅材料，经过本企业加工生产的货物。视同自产货物则主要包括以下四种：一是外购的与本企业所生产的产品名称、性能相同，且使用本企业注册商标的产品；二是外购的与本企业所生产的产品配套出口的产品；三是收购经主管出口退税的税务机关认可的集团公司（或总厂）成员企业（或分厂）的产品；四是委托加工收回的产品。

（二）出口退（免）税申报期限

1. 每月申报期限

企业的“免、抵、退”税申报与增值税纳税申报（包括出口货物的预免、预抵申报）既分开进行又互相衔接。从程序上，增值税纳税申报在前，“免、抵、退”税申报在后。生产企业按月在货物出口并按会计制度的规定在财务上做销售处理后，在每月的纳税期内（1～15 日内）向主管征税机关征税部门办理增值税纳税申报，征税部门按月审核；在每月 1～15 日内向主管退税部门办理“免、抵、退”税申报。

2. 单证申报期限的规定

《国家税务局关于出口货物退（免）税管理有关问题的通知》（国税发[2004]64 号）规定，出口企业应在货物报关出口之日[以出口货物报关单（出口退税专用）上注明的出口日期为准，下同]起 90 日内，向退税部门申报办理出口货物退（免）税手续。逾期不申报的，除另有规定者和确有特殊原因经地市级以上税务机关批准者外，不再受理该笔出口货物的退（免）税申报。出口企业需在货物报关出口之日起 210 天内，向所在地主管退税部门提供出口收汇核销单（远期收汇除外）。经退税部门审核，对审核有误和出口企业到期仍未提供出口收汇核销单的，出口货物已退（免）税款一律追回；未办理退（免）税的，不再办理退（免）税。

3. 对视同自产货物的界定

对四类视同自产货物的界定，现行规定主要包括以下几个方面：

（1）生产企业出口外购的产品，凡同时符合以下条件的，可视同自产货物办理退税：①与本企业所生产的产品名称、性能相同；②使用本企业注册商标或外商提供给本企业使用的商标；③出口给进口本企业自产货物的外商。

（2）生产企业外购的与本企业生产的产品配套出口的产品，若出口给进口本企业自产货物的外商，符合下列条件之一的，可视同自产货物办理退税：①用于维修本企业出口的自产货物的工具、零部件、配件；②不经过本企业加工或组装，出口后能直接与本企业自产货物组合成成套产品的。

(3)凡同时符合下列条件的，主管出口退税的税务机关可认定为集团成员，集团公司(或总厂)收购成员企业(或分厂)生产的货物，可视同自产货物办理退(免)税：①经县级以上政府主管部门批准为集团公司成员的企业，或由集团公司控股的生产企业；②集团公司及其成员企业均实行生产企业财务会计制度；③集团公司必须将有关成员企业的证明材料报送给主管出口退税的税务机关。

(4)生产企业委托加工收回的货物，同时符合下列条件的，可视同自产货物办理退(免)税：①必须与本企业所生产的产品名称、性能相同，或者是用本企业生产的货物再委托深加工收回的货物；②出口给进口本企业自产货物的外商；③委托方执行的是生产企业财务会计制度；④委托方与受托方必须签订委托加工协议，主要原材料必须由委托方提供，受托方不垫付资金，只收取加工费，开具加工费(含代垫的辅助材料)的增值税专用发票。生产企业正式投产前委托加工的产品与正式投产后自产产品属于同类产品，收回后出口，并且是首次出口的，不受"出口给进口本企业自产产品的外商"条件的限制。

出口的上述产品，若同时满足其他条件，主管税务机关在严格审核的前提下，准予视同自产产品办理出口退(免)税。

4. 新办小型企业与新发生出口业务退(免)税

新发生出口业务的生产企业自发生首笔出口业务之日起12个月内的出口业务，在审核期期间出口的货物应按统一的按月计算免、抵、退税的办法分别计算免抵税额和应退税额。税务机关对审核无误的免抵税额可按现行规定办理调库手续，对审核无误的应退税额暂不办理退库，可在退税审核期期满后的当月将上述各月的审核无误的应退税额一次性退给企业。

需要注意的是，对新发生出口业务的生产企业有两项例外规定：一是注册开业时间在1年以上的新发生出口业务的生产企业(小型出口企业除外)，经地市税务机关核实确有生产能力并无偷税行为及走私、逃套汇等违法行为的，可实行统一的按月计算办理免、抵、退税的办法；二是新成立的内外销销售额之和超过500万元(含)人民币，且外销销售额占其全部销售额的比例超过50%(含)的生产企业，如自成立之日起12个月内不办理退税确有困难的，在从严掌握的基础上，经省、自治区、直辖市国家税务局批准，可实行统一的按月计算办理免、抵、退税的办法。

退税审核期为12个月的小型出口企业，在审核期期间出口的货物，应按统一的按月计算免、抵、退税的办法分别计算免抵税额和应退税额，税务机关对审核无误的免抵税额可按现行规定办理调库手续，对审核无误的应退税额暂不办理退库，各月累计的应退税款可在次年1月一次性办理退税。小型出口企业的标准由各省、自治区、直辖市和计划单列市国家税务局根据企业上一纳税年度的内外销销售额之和在200万元(含)以上、500万元(含)以下的幅度内，按照本地的实际情况确定统一的标准。

(三)生产企业从事加工贸易的税收政策

加工贸易是我国对外贸易的一个重要组成部分，加工贸易分为进料加工和来料加工，进料加工和来料加工分别按财务核算方式、海关监督程序和税收征管办法的不同确定。

进料加工是指有进出口经营权的企业，为了加工出口货物而用外汇从国外进口原料、材料、辅料、元器件、配套件、零部件和包装材料，经加工生产成货物收回后复出口的一种出口贸易方式。来料加工(来件装配)一般由外商提供一定的原材料、半成品、零部件、元器件(必要时也提供些技术设备)，由我方加工企业根据外商的要求进行加工装配，成品交外商销售，由我方收取加工费(对开信用证,两个信用证之差为加工费)的一种出口贸易方式。进料加工、来料加工业务的确定,一般以海关核签的加工货物报关单和加工登记手册为准。

1. 加工贸易税收政策

对进料加工复出口业务,分别采用了不同的税收政策:

(1)对特准设立的保税工厂,其进料时予以保税,加工后对实际出口部分予以免税,内销(不出口)部分予以征税;

(2)对签有进口料件和出口成品对口合同(包括不同客户的对口联号合同)的进料加工,经批准可对其进口料件予以保税,加工后按实际出口部分予以免税;

(3)对不具备上述条件的经营进料加工的企业,其进口料件可根据《进料加工进口料件征免税比例表》的规定,分别按85%或95%作为出口部分免税,15%或5%作为不能出口部分照章征税,可按实际出口情况向海关申请补税或退税。

来料加工的税收政策规定:

(1)对出口企业进口的原材料、零部件、元器件、设备,海关予以免征进口环节的增值税或消费税。

(2)从事来料加工、来件装配业务的企业,凭《来料加工贸易免税证明》可以享受以下税收优惠政策:①来料加工、来件装配后的出口货物免征增值税、消费税;②加工企业取得的工缴费收入免征增值税消费税;③出口货物所耗用的国内货物所支付的进项税额不得抵扣,转入生产成本,其国内配套的原材料的已征税款也不予退税。

2. 加工贸易出口退(免)税规定

(1)进料加工出口退税的规定。

出口企业以"进料加工"贸易方式进口料件加工复出口的,对其进口料件应先根据海关核准的《进料加工登记手册》填具《进料加工贸易免税申请表》和《进料加工贸易免税证明》,报经主管其出口退税的税务机关同意盖章后,再将此申请表送主管其征税的税务机关,并准许其在计征加工成品的增值税时将这部分进口料件按规定的征税率计算税款予以抵扣。货物出口后,比照一般出口货物实行退(免)税,主管退税的税务机关在计算其退税或抵免税额时,应对这部分进口料件按规定的退税税率计算税额并予以扣减。

(2)来料加工办理免税证明的规定。

出口企业以来料加工、来件装配贸易方式免税进口的原材料、零部件、元器件,凭海关核签的来料加工进口料件报关单和来料加工登记手册向主管出口退税税务机关办理《来料加工贸易免税证明》,持此证明向主管征税税务机关申报办理免征其加工或委托加工货物工缴费的增值税、消费税。

出口企业在来料加工、来件装配的货物全部复出口后,必须及时凭来料加工出口货物报关单和海关已核销的来料加工登记手册、收汇凭证向主管出口退税税务机关办理核销手续,逾期未核销的,主管退税税务机关将会同海关和主管征税税务机关对其进行补税和处罚。

关于加工补偿贸易的退(免)税操作,将在本书第六章中进行详解。

二、一般贸易出口货物"免、抵、退"税操作指南

(一)主要操作程序

一般贸易出口货物"免、抵、退"税是指生产企业以当期单证收齐部分的出口额为依据,用出口货物现行退税率计算出应当"免、抵、退"税的税额。目前,全国部分地区已实现下放"免、

抵、退”税审核及审批权限至县级国家税务局，具体操作流程如下：

生产企业在货物出口并按会计制度的规定在财务上做销售处理后，先向主管征税机关的征税门或岗位(以下简称征税部门)办理增值税纳税和免、抵税申报，并向主管退税机关的退税部门或岗位(以下简称退税部门)办理退税申报。退税申报期为每月1～15日(逢节假日顺延)。

生产企业免、抵、退税申报期为每月1～15日(逢节假日顺延)。生产企业应在货物报关出口之日[以出口货物报关单(出口退税专用)上注明的出口日期为准]起90日内，向主管税务机关申报办理出口退(免)税手续，如果其到期之日超过当月的免、抵、退税申报期，企业应在次月的免、抵、退税申报期内申报免、抵、退税，逾期不申报的，除另有规定和确有特殊原因经地市级以上(含地市级)税务机关批准延期申报外，该批出口货物需视同内销货物征税。

实行免、抵、退税办法的“免”税，是指对生产企业出口的自产货物，免征本企业生产销售环节增值税；“抵”税，是指生产企业出口自产货物所耗用的原材料、零部件、燃料、动力等所含应予退还的进项税额，抵顶内销货物的应纳税额；“退”税，是指生产企业出口的自产货物在当月内应抵顶的进项税额大于应纳税额时，对未抵顶完的部分予以退税。

(二)办理免、抵、退税申报所需资料

1.《生产企业出口货物免、抵、退税申报汇总表》、《生产企业出口货物免、抵、退税申报汇总表附表》及电子数据。

2.《生产企业出口货物免、抵、退税申报明细表》、《生产企业出口货物当期单证齐全并且信息齐全明细表》、《生产企业出口货物前期单证齐全并且信息齐全明细表》及电子数据，并附以下凭证：

(1)出口货物报关单(出口退税专用)；

(2)出口收汇核销单(出口退税专用)；

(3)出口商品专用发票；

(4)出口货物销售明细账；

(5)代理出口货物证明。

3.《生产企业增值税纳税情况汇总表》及电子数据。

4. 主管退税税务机关要求报送的其他退(免)税申报资料。

上述各种申报表及电子数据，可以通过“生产企业出口货物退(免)税申报系统”产生。具体申报流程如图4－1所示，申报表格式及说明详见表4－1至表4－5。

(三)免、抵、退税的计算方法

1. 计算方法

(1)当期应纳税额的计算。

$$当期应纳税额＝当期内销货物的销项税额－(当期进项税额－当期免、抵、退税不得免征和抵扣税额)－上期留抵税额$$

其中：

$$当期免、抵、退税不得免征和抵扣税额＝出口货物离岸价×外汇人民币牌价×(出口货物征税率－出口货物退税率)－免、抵、退税不得免征和抵扣税额抵减额$$

出口货物离岸价(FOB)以出口发票计算的离岸价为准。出口发票不能如实反映实际离岸价的，企业必须按照实际离岸价向主管国税机关申报，同时主管税务机关有权依照《中华人民共和国税收征收管理法》、《中华人民共和国增值税暂行条例》等有关规定予以核定。

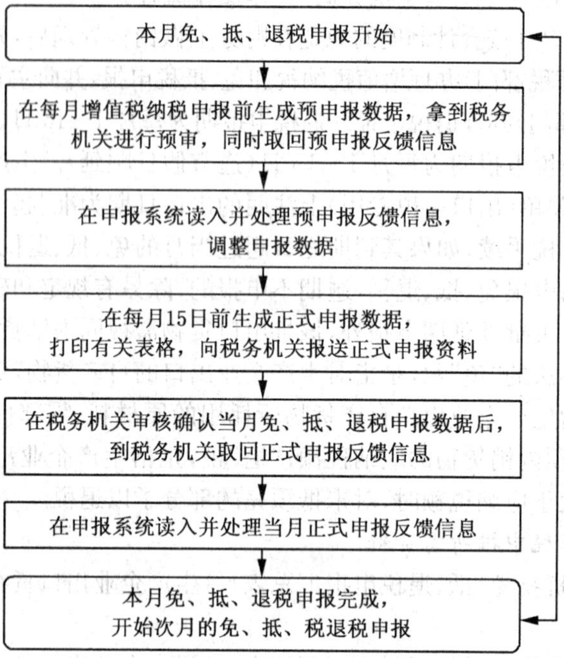

图 4—1　生产企业出口货物退(免)税申报流程

表 4—1　　增值税纳税申报表(适用于增值税一般纳税人)

根据《中华人民共和国增值税暂行条例》第二十二条和第二十三条的规定制定本表，纳税人不论有无销售额，均应按主管税务机关核定的纳税期限按期填报本表，并于次月 1 日起 10 日内，向当地税务机关申报。

税款所属时间：自　　年　　月　　日至　　年　　月　　日

纳税人识别号						所属行业	
纳税人名称	(公章)	法定代表人姓名		注册地址		营业地址	
开户银行及账号			企业登记注册类型			电话号码	

项目		栏次	一般货物及劳务		即征即退货物及劳务	
			本月数	本年累计	本月数	本年累计
销售额	(一)按适用税率征税货物及劳务销售额	1				
	其中:应税货物销售额	2				
	应税劳务销售额	3				
	纳税检查调整的销售额	4				
	(二)按简易征收办法征税货物销售额	5				
	其中:纳税检查调整的销售额	6				
	(三)免、抵、退办法出口货物销售额	7			—	—
	(四)免税货物及劳务销售额	8			—	—
	其中:免税货物销售额	9			—	—
	免税劳务销售额	10			—	—

续表

项目		栏次	一般货物及劳务		即征即退货物及劳务	
			本月数	本年累计	本月数	本年累计
税款计算	销项税额	11				
	进项税额	12				
	上期留抵税额	13		—		—
	进项税额转出	14				
	免、抵、退货物应退税额	15			—	—
	按适用税率计算的纳税检查应补缴税额	16			—	—
	应抵扣税额合计	17=12+13−14−15+16		—		—
	实际抵扣税额	18(如17<11,则为17,否则为11)				
	应纳税额	19=11−18				
	期末留抵税额	20=17−18		—		—
	简易征收办法计算的应纳税额	21				
	按简易征收办法计算的纳税检查应补缴税额	22			—	—
	应纳税额减征额	23				
	应纳税额合计	24=19+21−23				
税款缴纳	期初未缴税额(多缴为负数)	25				
	实收出口开具专用缴款书退税额	26			—	—
	本期已缴税额	27=28+29+30+31				
	(1)分次预缴税额	28		—		—
	(2)出口开具专用缴款书预缴税额	29		—	—	—
	(3)本期缴纳上期应纳税额	30				
	(4)本期缴纳欠缴税额	31				
	期末未缴税额(多缴为负数)	32=24+25+26−27				
	其中:欠缴税额(≥0)	33=25+26−27		—		—
	本期应补(退)税额	34=24−28−29		—		—
	即征即退实际退税额	35	—	—		
	期初未缴查补税额	36			—	—
	本期入库查补税额	37			—	—
	期末未缴查补税额	38=16+22+36−37			—	—

续表

<table>
<tr><td colspan="2" rowspan="2">项　目</td><td rowspan="2">栏　次</td><td colspan="2">一般货物及劳务</td><td colspan="2">即征即退货物及劳务</td></tr>
<tr><td>本月数</td><td>本年累计</td><td>本月数</td><td>本年累计</td></tr>
<tr><td>授权声明</td><td colspan="2">如果你已委托代理人申报，请填写以下资料：
为代理一切税务事宜，现授权
（地址）　　　　　　　为本纳税人的代理申报人，任何与本申报表有关的往来文件，都可寄予此人。
授权人签字：</td><td>申报人声明</td><td colspan="3">此纳税申报表是根据《中华人民共和国增值税暂行条例》的规定填报的，我相信它是真实的、可靠的、完整的。
声明人签字：</td></tr>
</table>

以下由税务机关填写：

收到日期：　　　　　接收人　　　　　　主管税务机关盖章：

填表日期：　　年　　月　　日　　　　　　　　　　金额单位：元至角分

填表说明：

1. 本申报表适用于增值税一般纳税人填报。增值税一般纳税人销售按简易办法缴纳增值税的货物，也使用本表。

2. 本表“税款所属时间”是指纳税人申报的增值税应纳税额的所属时间，应填写具体的起止年、月、日。

3. 本表“填表日期”指纳税人填写本表的具体日期。

4. 本表“纳税人识别号”栏，填写税务机关为纳税人确定的识别号，即：税务登记证号码。

5. 本表“所属行业”栏，按照国民经济行业分类与代码中的最细项（小类）进行填写（国民经济行业分类与代码附后）。

6. 本表“纳税人名称”栏，填写纳税人单位名称全称，不得填写简称。

7. 本表“法定代表人姓名”栏，填写纳税人法定代表人的姓名。

8. 本表“注册地址”栏，填写纳税人税务登记证所注明的详细地址。

9. 本表“营业地址”栏，填写纳税人营业地的详细地址。

10. 本表“开户银行及账号”栏，填写纳税人开户银行的名称和纳税人在该银行的结算账户号码。

11. 本表“企业登记注册类型”栏，按税务登记证填写。

12. 本表“电话号码”栏，填写纳税人注册地和经营地的电话号码。

13. 表中“一般货物及劳务”是指享受即征即退的货物及劳务以外的其他货物及劳务。

14. 表中“即征即退货物及劳务”是指纳税人按照税法规定享受即征即退税收优惠政策的货物及劳务。

15. 本表第1项“（一）按适用税率征税货物及劳务销售额”栏数据，填写纳税人本期按适用税率缴纳增值税的应税货物和应税劳务的销售额（销货退回的销售额用负数表示）。包括在财务上不作销售但按税法规定应缴纳增值税的视同销售货物和价外费用销售额，外贸企业作价销售进料加工复出口的货物，税务、财政、审计部门检查按适用税率计算调整的销售额。“一般货物及劳务”的“本月数”栏数据与“即征即退货物及劳务”的“本月数”栏数据之和，应等于《附表一》（见表4－2，下同）第7栏的“小计”中的“销售额”数。“本年累计”栏数据，应为年度内各月数之和。

16. 本表第2项“应税货物销售额”栏数据，填写纳税人本期按适用税率缴纳增值税的应税货物的销售额（销货退回的销售额用负数表示）。包括在财务上不作销售但按税法规定应缴纳增值税的视同销售货物和价外费用销售额，以及外贸企业作价销售进料加工复出口的货物。“一般货物及劳务”的“本月数”栏数据与“即征即退货物及劳务”的“本月数”栏数据之和，应等于《附表一》第5栏的“应税货物”中17％税率“销售额”与13％税率“销售额”的合计数。“本年累计”栏数据，应为年度内各月数之和。

17. 本表第3项“应税劳务销售额”栏数据，填写纳税人本期按适用税率缴纳增值税的应税劳务的销售额。“一般货物及劳务”的“本月数”栏数据与“即征即退货物及劳务”的“本月数”栏数据之和，应等于《附表一》第5栏的“应税劳务”中的“销售额”数。“本年累计”栏数据，应为年度内各月数之和。

18. 本表第4项“纳税检查调整的销售额”栏数据，填写纳税人本期因税务、财政、审计部门检查、并按适用税率计算调整的应税货物和应税劳务的销售额。但享受即征即退税收优惠政策的货物及劳务经税务稽查发现偷税的，不得填入“即征即退货物及劳务”部分，而应将本部分销售额在“一般货物及劳务”栏中反映。“一般货物及劳务”的“本月数”栏数据与“即征即退货物及劳务”的“本月数”栏数据之和，应等于《附表一》第6栏的“小计”中的“销售额”数。“本年累计”栏数据，应为年度内各月数之和。

19. 本表第5项“按简易征收办法征税货物的销售额”栏数据，填写纳税人本期按简易征收办法征收增值税货物的销售额（销货退回的销售额用负数表示）。包括税务、财政、审计部门检查，并按简易征收办法计算调整的销售额。“一般货物及劳务”的“本月数”栏数据与“即征即退货物及劳务”的“本月数”栏数据之和，应等于《附表一》第14栏的“小计”中的“销售额”数。“本年累计”栏数据，应为年度内各月数之和。

20. 本表第6项“其中：纳税检查调整的销售额”栏数据，填写纳税人本期因税务、财政、审计部门检查，并按简易征收办法计算调整的销售额，但享受即征即退税收优惠政策的货物及劳务经税务稽查发现偷税的，不得填入“即征即退货物及劳务”部分，而应将本部分销售额在“一般货物及劳务”栏中反映。“一般货物及劳务”的“本月数”栏数据与“即征即退货物及劳务”的“本月数”栏数据之和，应等于《附表一》第13栏的“小计”中的“销售额”数。“本年累计”栏数据，应为年度内各月数之和。

21. 本表第7项“免、抵、退办法出口货物销售额”栏数据，填写纳税人本期执行免、抵、退办法出口货物的销售额（销货退回的销售额用负数表示）。“本年累计”栏数据，应为年度内各月数之和。

22. 本表第8项“免税货物及劳务销售额”栏数据，填写纳税人本期按照税法规定直接免征增值税的货物及劳务的销售额及适用零税率的货物及劳务的销售额（销货退回的销售额用负数表示），但不包括适用免、抵、退办法出口货物的销售额。“一般货物及劳务”的“本月数”栏数据，应等于《附表一》第18栏的“小计”中的“销售额”数。“本年累计”栏数据，应为年度内各月数之和。

23. 本表第9项“免税货物销售额”栏数据，填写纳税人本期按照税法规定直接免征增值税货物的销售额及适用零税率货物的销售额（销货退回的销售额用负数表示），但不包括适用免、抵、退办法出口货物的销售额。“一般货物及劳务”的“本月数”栏数据，应等于《附表一》第18栏的“免税货物”中的“销售额”数。“本年累计”栏数据，应为年度内各月数之和。

24. 本表第10项“免税劳务销售额”栏数据，填写纳税人本期按照税法规定直接免征增值税劳务的销售额及适用零税率劳务的销售额（销货退回的销售额用负数表示）。“一般货物及劳务”的“本月数”栏数据，应等于《附表一》第18栏的“免税劳务”中的“销售额”数。“本年累计”栏数据，应为年度内各月数之和。

25. 本表第11项“销项税额”栏数据，填写纳税人本期按适用税率计征的销项税额。该数据应与“应交税费——应交增值税”明细科目贷方“销项税额”专栏本期发生数一致。“一般货物及劳务”的“本月数”栏数据与“即征即退货物及劳务”的“本月数”栏数据之和，应等于《附表一》第7栏的“小计”中的“销项税额”数。“本年累计”栏数据，应为年度内各月数之和。

26. 本表第12项“进项税额”栏数据，填写纳税人本期申报抵扣的进项税额。该数据应与“应交税费——应交增值税”明细科目借方“进项税额”专栏本期发生数一致。“一般货物及劳务”的“本月数”栏数据与“即征即退货物及劳务”的“本月数”栏数据之和，应等于《附表二》第12栏中的“税额”数。“本年累计”栏数据，应为年度内各月数之和。

27. 本表第13项“上期留抵税额”栏数据，为纳税人前一申报期的“期末留抵税额”数，该数据应与“应交税费——应交增值税”明细科目借方月初余额一致。

28. 本表第14项“进项税额转出”栏数据，填写纳税人已经抵扣但按税法规定应作进项税转出的进项税额总数，但不包括销售折扣、折让，销货退回等应负数冲减当期进项税额的数额。该数据应与“应交税费——应交增值税”明细科目贷方“进项税额转出”专栏本期发生数一致。“一般货物及劳务”的“本月数”栏数据与“即征即退货物及劳务”的“本月数”栏数据之和，应等于《附表二》第13栏中的“税额”数。“本年累计”栏数据，应为年度内各月数之和。

29. 本表第 15 项“免、抵、退货物应退税额”栏数据，填写退税机关按照出口货物免、抵、退办法审批的应退税额。“本年累计”栏数据，应为年度内各月数之和。

30. 本表第 16 项“按适用税率计算的纳税检查应补缴税额”栏数据，填写税务、财政、审计部门检查按适用税率计算的纳税检查应补缴税额。“本年累计”栏数据，应为年度内各月数之和。

31. 本表第 17 项“应抵扣税额合计”栏数据，填写纳税人本期应抵扣进项税额的合计数。

32. 本表第 18 项“实际抵扣税额”栏数据，填写纳税人本期实际抵扣的进项税额。“本年累计”栏数据，应为年度内各月数之和。

33. 本表第 19 项“按适用税率计算的应纳税额”栏数据，填写纳税人本期按适用税率计算并应缴纳的增值税额。“本年累计”栏数据，应为年度内各月数之和。

34. 本表第 20 项“期末留抵税额”栏数据，为纳税人在本期销项税额中尚未抵扣完，留待下期继续抵扣的进项税额。该数据应与“应交税费——应交增值税”明细科目借方月末余额一致。

35. 本表第 21 项“按简易征收办法计算的应纳税额”栏数据，填写纳税人本期按简易征收办法计算并应缴纳的增值税额，但不包括按简易征收办法计算的纳税检查应补缴税额。“一般货物及劳务”的“本月数” 栏数据与“即征即退货物及劳务”的“本月数” 栏数据之和，应等于《附表一》第 12 栏的“小计”中的“应纳税额”数。“本年累计”栏数据，应为年度内各月数之和。

36. 本表第 22 项“按简易征收办法计算的纳税检查应补缴税额”栏数据，填写纳税人本期因税务、财政、审计部门检查并按简易征收办法计算的纳税检查应补缴税额。“一般货物及劳务”的“本月数”栏数据与“即征即退货物及劳务”的“本月数” 栏数据之和，应等于《附表一》第 13 栏的“小计”中的“应纳税额”数。“本年累计”栏数据，应为年度内各月数之和。

37. 本表第 23 项“应纳税额减征额”栏数据，填写纳税人本期按照税法规定减征的增值税应纳税额。“本年累计”栏数据，应为年度内各月数之和。

38. 本表第 24 项“应纳税额合计”栏数据，填写纳税人本期应缴增值税的合计数。“本年累计”栏数据，应为年度内各月数之和。

39. 本表第 25 项“期初未缴税额(多缴为负数)”栏数据，为纳税人前一申报期的“期末未缴税额(多缴为负数)”。

40. 本表第 26 项“实收出口开具专用缴款书退税额”栏数据，填写纳税人本期实际收到税务机关退回的，因开具《出口货物税收专用缴款书》而多缴的增值税款。该数据应根据“应交税费——未交增值税”明细科目贷方本期发生额中“收到税务机关退回的多缴增值税款”数据填列。“本年累计”栏数据，为年度内各月数之和。

41. 本表第 27 项“本期已缴税额”栏数据，是指纳税人本期实际缴纳的增值税额，但不包括本期入库的查补税款。“本年累计”栏数据，为年度内各月数之和。

42. 本表第 28 项“(1)分次预缴税额”栏数据，填写纳税人本期分次预缴的增值税额。

43. 本表第 29 项“(2)出口开具专用缴款书预缴税额”栏数据，填写纳税人本期销售出口货物而开具专用缴款书向主管税务机关预缴的增值税额。

44. 本表第 30 项“(3)本期缴纳上期应纳税额”栏数据，填写纳税人本期上缴上期应缴未缴的增值税款，包括缴纳上期按简易征收办法计提的应缴未缴的增值税额。“本年累计”栏数据，为年度内各月数之和。

45. 本表第 31 项“(4)本期缴纳欠缴税额”栏数据，填写纳税人本期实际缴纳的增值税欠税额，但不包括缴纳入库的查补增值税额。“本年累计”栏数据，为年度内各月数之和。

46. 本表第 32 项“期末未缴税额(多缴为负数)”栏数据，为纳税人本期期末应缴未缴的增值税额，但不包括纳税检查应缴未缴的税额。“本年累计”栏与“本月数”栏数据相同。

47. 本表第 33 项“其中：欠缴税额(≥0)”栏数据，为纳税人按照税法规定已形成欠税的数额。

48. 本表第 34 项“本期应补(退)税额”栏数据，为纳税人本期应纳税额中应补缴或应退回的数额。

49. 本表第 35 项“即征即退实际退税额”栏数据，填写纳税人本期因符合增值税即征即退优惠政策规定，而实际收到的税务机关返还的增值税额。“本年累计”栏数据，为年度内各月数之和。

50. 本表第 36 项“期初未缴查补税额”栏数据，为纳税人前一申报期的“期末未缴查补税额”。该数据与本表第 25 项“期初未缴税额(多缴为负数)”栏数据之和，应与“应交税费——未交增值税”明细科目期初余额一致。“本年累计”栏数据应填写纳税人上年度末的“期末未缴查补税额”数。

51. 本表第 37 项“本期入库查补税额”栏数据，填写纳税人本期因税务、财政、审计部门检查而实际入库的增值税款，包括：(1)按适用税率计算并实际缴纳的查补增值税款；(2)按简易征收办法计算并实际缴纳的查补增值税款。“本年累计”栏数据，为年度内各月数之和。

52. 本表第 38 项“期末未缴查补税额”栏数据，为纳税人纳税检查本期期末应缴未缴的增值税额。该数据与本表第 32 项“期末未缴税额(多缴为负数)”栏数据之和，应与“应交税费——未交增值税”明细科目期初余额一致。“本年累计”栏与“本月数”栏数据相同。

表 4-2　　增值税纳税申报表附列资料一(本期销售情况明细)

税款所属时间：　　年　　月

纳税人名称：(公章)　　　　填表日期：　　年　　月　　日　　　　金额单位：元至角分

一、按适用税率征收增值税货物及劳务的销售额和销项税额明细

项目	栏次	应税货物						应税劳务			小计		
		17%税率			13%税率								
		份数	销售额	销项税额	份数	销售额	销项税额	份数	销售额	销项税额	份数	销售额	销项税额
防伪税控系统开具的增值税专用发票	1												
非防伪税控系统开具的增值税专用发票	2												
开具普通发票	3												
未开具发票	4												
小　计	5=1+2+3+4												
纳税检查调整	6												
合　计	7=5+6												

二、简易征收办法征收增值税货物的销售额和应纳税额明细

项目	栏次	6%征收率			4%征收率			小计		
		份数	销售额	应纳税额	份数	销售额	应纳税额	份数	销售额	应纳税额
防伪税控系统开具的增值税专用发票	8									
非防伪税控系统开具的增值税专用发票	9									
开具普通发票	10									
未开具发票	11									
小　计	12=8+9+10+11									
纳税检查调整	13									
合　计	14=12+13									

续表

三、免征增值税货物及劳务销售额明细

项　目	栏次	免税货物			免税劳务			小　计		
		份数	销售额	税额	份数	销售额	税额	份数	销售额	税额
防伪税控系统开具的增值税专用发票	15									
开具普通发票	16									
未开具发票	17									
合　计	18=15+16+17									

填表说明：

1. 本表"税款所属时间"是指纳税人申报的增值税应纳税额的所属时间，应填写具体的起止年、月。

2. 本表"填表日期"指纳税人填写本表的具体日期。

3. 本表"纳税人名称"栏，应加盖纳税人单位公章。

4. 本表"一、按适用税率征收增值税货物及劳务的销售额和销项税额明细"和"二、简易征收办法征收增值税货物的销售额和应纳税额明细"部分中"防伪税控系统开具的增值税专用发票"、"非防伪税控系统开具的增值税专用发票"、"开具普通发票"、"未开具发票"各栏数据均应包括销货退回或折让、视同销售货物、价外费用的销售额和销项税额，但不包括免税货物及劳务的销售额，适用零税率货物及劳务的销售额和出口执行免、抵、退办法的销售额以及税务、财政、审计部门检查并调整的销售额、销项税额或应纳税额。

5. 本表"一、按适用税率征收增值税货物及劳务的销售额和销项税额明细"和"二、简易征收办法征收增值税货物的销售额和应纳税额明细"部分中"纳税检查调整"栏数据应填写纳税人本期因税务、财政、审计部门检查计算调整的应税货物、应税劳务的销售额、销项税额或应纳税额。

6. 本表"三、免征增值税货物及劳务销售额明细"部分中"防伪税控系统开具的增值税专用发票"栏数据，填写本期因销售免税货物而使用防伪税控系统开具的增值税专用发票的份数、销售额和税额，包括国有粮食收储企业销售的免税粮食，政府储备食用植物油等。

表 4—3　　　　增值税纳税申报表附列资料二(本期进项税额明细)

税款所属时间：　　年　　月

纳税人名称：(公章)　　　　填表日期：　　年　　月　　日　　　　金额单位：元至角分

一、申报抵扣的进项税额

项　目	栏次	份数	金额	税额
(一)认证相符的防伪税控增值税专用发票	1			
其中：本期认证相符且本期申报抵扣	2			
前期认证相符且本期申报抵扣	3			
(二)非防伪税控增值税专用发票及其他扣税凭证	4			
其中：海关完税凭证	5			
农产品收购凭证及普通发票	6			
废旧物资发票	7			
运输发票	8			
6%征收率	9			
4%征收率	10			

续表

项　目	栏次	份数	金额	税额
(三)期初已征税款	11	—	—	
当期申报抵扣进项税额合计	12			

二、进项税额转出额

项　目	栏次	税额
本期进项税转出额	13	
其中:免税货物用	14	
非应税项目用	15	
非正常损失	16	
按简易征收办法征税货物用	17	
免抵退税办法出口货物不得抵扣进项税额	18	
纳税检查调减进项税额	19	
未经认证已抵扣的进项税额	20	
红字专用发票通知单注明的进项税额	21	

三、待抵扣进项税额

项　目	栏次	份数	金额	税额
(一)认证相符的防伪税控增值税专用发票	22	—	—	—
期初已认证相符但未申报抵扣	23			
本期认证相符且本期未申报抵扣	24			
期末已认证相符但未申报抵扣	25			
其中:按照税法规定不允许抵扣	26			
(二)非防伪税控增值税专用发票及其他扣税凭证	27			
其中:海关完税凭证	28			
农产品收购凭证及普通发票	29			
废旧物资发票	30			
运输发票	31			
6%征收率	32			
4%征收率	33			
	34			

四、其他

项　目	栏次	份数	金额	税额
本期认证相符的全部防伪税控增值税专用发票	35			
期初已征税款挂账额	36	—	—	
期初已征税款余额	37	—	—	
代扣代缴税额	38	—	—	

填表说明:

1. 本表“税款所属时间”是指纳税人申报的增值税应纳税额的所属时间,应填写具体的起止年、月。
2. 本表“填表日期”指纳税人填写本表的具体日期。

3. 本表“纳税人名称”栏，应加盖纳税人单位公章。

4. 本表“一、申报抵扣的进项税额”部分各栏数据，分别填写纳税人按税法规定符合抵扣条件，在本期申报抵扣的进项税额情况。

5. 第1栏“(一)认证相符的防伪税控增值税专用发票”，填写本期申报抵扣的认证相符的防伪税控增值税专用发票情况，包括认证相符的红字防伪税控增值税专用发票，应等于第2栏“本期认证相符且本期申报抵扣”与第3栏“前期认证相符且本期申报抵扣”数据之和。

6. 第2栏“本期认证相符且本期申报抵扣”，填写本期认证相符本期申报抵扣的防伪税控增值税专用发票情况，应与第35栏“本期认证相符的全部防伪税控增值税专用发票”减第24栏“本期已认证相符且本期未申报抵扣”后的数据相等。

7. 第3栏“前期认证相符且本期申报抵扣”，填写以前期认证相符本期申报抵扣的防伪税控增值税专用发票情况，应与第23栏“期初已认证相符但未申报抵扣”加第24栏“本期已认证相符且本期未申报抵扣”减第25栏“期末已认证相符但未申报抵扣”后数据相等。

8. 第4栏“非防伪税控增值税专用发票及其他扣税凭证”，填写本期申报抵扣的非防伪税控增值税专用发票及其他扣税凭证情况，应等于第5栏至第10栏之和。

9. 第11栏“期初已征税款”，填写按照规定比例在本期申报抵扣的期初存货挂账税额。

10. 第12栏“当期申报抵扣进项税额合计”应等于第1栏、第4栏、第11栏之和。

11. 本表“二、进项税额转出额”部分填写纳税人已经抵扣但按税法规定应作进项税额转出的明细情况，但不包括销售折扣、折让，销货退回等应负数冲减当期进项税额的情况。

12. 第13栏“本期进项税转出额”应等于第14栏至第21栏之和。

13. 本表“三、待抵扣进项税额”部分各栏数据，分别填写纳税人已经取得，但按税法规定不符合抵扣条件，暂不予在本期申报抵扣的进项税额情况及按照税法规定不允许抵扣的进项税额情况。

14. 第23栏“期初已认证相符但未申报抵扣”，填写以前期认证相符，但按照税法规定，暂不予抵扣，结存至本期的防伪税控增值税专用发票，应与上期“期末已认证相符但未申报抵扣”栏数据相等。

15. 第24栏“本期已认证相符且本期未申报抵扣”，填写本期认证相符，但因按照税法规定暂不予抵扣及按照税法规定不允许抵扣，而未申报抵扣的防伪税控增值税专用发票。包括商业企业购进货物未付款；工业企业购进货物未入库；购进固定资产；外贸企业购进供出口的货物；因退货将抵扣联退还销货方等。

16. 第25栏“期末已认证相符但未申报抵扣”，填写截至本期期末，按照税法规定仍暂不予抵扣及按照税法规定不允许抵扣且已认证相符的防伪税控增值税专用发票情况。

17. 第26栏“其中：按照税法规定不允许抵扣”，填写期末已认证相符但未申报抵扣的防伪税控增值税专用发票中，按照税法规定不允许抵扣，而只能作为出口退税凭证或应列入成本、资产等项目的防伪税控增值税专用发票。包括外贸出口企业用于出口而采购货物的防伪税控增值税专用发票；纳税人购买固定资产的防伪税控增值税专用发票；因退货将抵扣联退还销货方的防伪税控增值税专用发票等。

18. 本表“四、其他”栏中“本期认证相符的全部防伪税控增值税专用发票”项指标，应与防伪税控认证子系统中的本期全部认证相符的防伪税控增值税专用发票数据相同。“代扣代缴税额”项指标，填写纳税人根据《中华人民共和国增值税暂行条例实施细则》第三十四条的规定扣缴的增值税额。

表 4-4　　生产企业出口货物免抵退税申报汇总表　　单位:元至角分

企业代码:		企业名称:		
纳税人识别号:		所属期：　年　月		
项　目	栏　次	当期	本年累计	与增值税纳税申报表差额
		(a)	(b)	(c)
免抵退出口货物销售额(美元)	1			—
免抵退出口货物销售额	2=3+4			
其中:单证不齐销售额	3			—
单证齐全销售额	4			—
前期出口货物当期收齐单证销售额	5		—	—
单证齐全出口货物销售额	6=4+5			—
免税出口货物销售额(美元)	7			—
免税出口货物销售额	8			—
全部出口货物销售额(美元)	9=1+7			—
全部出口货物销售额	10			—
不予免抵退出口货物销售额	11			—
出口销售额乘征退税率之差	12			—
上期结转免抵退税不得免征和抵扣税额抵减额	13		—	—
免抵退税不得免征和抵扣税额抵减额	14			—
免抵退税不得免征和抵扣税额	15(如 12>13+14,则为 12－13－14,否则为 0)			
结转下期免抵退税不得免征和抵扣税额抵减额	16(如 13+14>12,则为 13+14－12,否则为 0)		—	—
出口销售额乘退税率	17			—
上期结转免抵退税额抵减额	18		—	—
免抵退税额抵减额	19			—
免抵退税额	20(如 17>18+19,则为 17－18－19,否则为 0)			—
结转下期免抵退税额抵减额	21(如 17<18+19,则为 18+19－17,否则为 0)		—	—
增值税纳税申报表期末留抵税额	22		—	—
计算退税的期末留抵税额	23=22－15c		—	—
当期应退税额	24(如 20>23 则为 23,否则为 20)			—
当期免抵税额	25=20－24			—
前期单证收齐	26		—	—

续表

项　目	栏　次	当期	本年累计	与增值税纳税申报表差额
		(a)	(b)	(c)
前期信息齐全	27			

出口企业	退税部门	退税机关审批意见
此表各栏目填报内容是真实、合法的，与实际出口货物情况相符。此次申报的出口业务不属于“四自三不见”等违背正常出口经营程序的出口业务。否则，本企业愿承担由此产生的相关责任。 经办人： 财务负责人：　（公章） 企业负责人：　年　月　日	经办人： 科（所）长： 负责人：　（章） 年　月　日	经办人： 科（所）长： 负责人：　（章） 年　月　日

注：1. 本表一式四联，退税机关审核签章后返还企业二联，其中一联作为下期《增值税纳税申报表》附表；征税机关和退税机关各留存一联。

2. 第(c)列“与增值税纳税申报表差额”为退税机关审核确认的第(b)列“累计”申报数减《增值税纳税申报表》对应项目的累计数的差额。企业应做相应账务调整并在下期增值税纳税申报时对《增值税纳税申报表》进行调整。

填表说明：

1. 第 1 栏“免抵退出口货物销售额(美元)”按企业当期全部免抵退税出口货物美元销售额，包括当期出口的单证齐全部分和单证不齐部分美元销售额，与《生产企业出口货物免抵退税申报明细表》(以下简称《明细表》)第 11 栏中当期全部免抵退税出口货物美元销售额合计数相等。

2. 第 2 栏“免抵退出口货物销售额”为企业当期全部免抵退出口货物人民币销售额，等于“单证不齐销售额”(第 3 栏)和“单证齐全销售额”(第 4 栏)人民币销售额之和，即第 1 栏“当期免抵退出口货物销售额(美元)”按在税务机关备案的汇率折算的人民币销售额；与《明细表》第 12 栏合计相等。

3. 第 3 栏“单证不齐销售额”为企业当期出口的单证不齐部分免抵退税出口货物人民币销售额，应与《明细表》第 12 栏中当期出口单证不齐部分的人民币销售额合计数相等。

4. 第 4 栏“单证齐全销售额”为企业当期出口当期收齐单证的免抵退税出口货物人民币销售额，应与《明细表》第 12 栏中当期出口单证齐全部分的人民币销售额合计数相等。

5. 第 5 栏“前期出口货物当期收齐单证销售额”为企业前期出口当期收齐单证的免抵退税出口货物人民币销售额，应与《明细表》第 12 栏中前期出口当期收齐单证的人民币出口销售额合计数相等。

6. 第 6 栏“单证齐全出口货物销售额”为企业当期出口当期收齐单证及前期出口当期收齐单证的免抵退税出口货物人民币销售额，即本表第 4 栏与第 5 栏的合计。本栏包含修理修配、中标机电产品等视同出口货物，实行免抵退税管理的人民币出口销售额。

7. 第 7 栏“免税出口货物销售额(美元)”为当期享受免税的出口货物销售额，如来料加工复出口，免税出口货物等，应与《生产企业免税出口货物明细表》对应栏次合计数相等。

8. 第 8 栏“免税出口货物销售额”为第 7 栏“免税出口货物销售额(美元)”按在税务机关备案的汇率折算的人民币销售额。

9. 第 9 栏“全部出口货物销售额(美元)”为企业当期出口货物销售额，等于本表第 1 栏与第 7 栏合计数。

10. 第 10 栏“全部出口货物销售额”为第 9 栏“全部出口货物销售额(美元)”按在税务机关备案的汇率折算的人民币销售额。

11. 第 11 栏“不予免抵退出口货物销售额”为企业自报关出口之日起超过 90 日未收齐有关出口退税凭

证或未向主管税务机关办理“免、抵、退”税申报手续而应视同内销货物征税的免抵退税出口货物人民币销售额，以及国家规定不予退(免)税的出口货物人民币销售额等。根据出口货物电子信息及企业申报情况统计填报。

12. 第12栏“出口销售额乘征退税率之差”为企业当期全部免抵退税出口货物人民币销售额与征退税率之差的乘积，应与《明细表》第15栏中企业当期全部免抵退税出口货物人民币销售额与征退税率之差乘积的合计数相等。

13. 第13栏“上期结转免抵退税不得免征和抵扣税额抵减额”应与上期《汇总表》第12栏“结转下期免抵退税不得免征和抵扣税额抵减额”相等。

14. 第14栏“免抵退税不得免征和抵扣税额抵减额”应与当期开具的《生产企业进料加工免税证明》第12栏合计数相等。

15. 第15栏“免抵退税不得免征和抵扣税额”按“第12栏(第13栏＋第14栏)”计算填报，当计算结果小于或等于0时按0填报。

16. 第16栏“结转下期免抵退税不得免征和抵扣税额抵减额”当“第13栏＋第14栏＞第12栏”时本栏等于“第13栏＋第14栏－第12栏”，否则按0填报。

17. 第17栏“出口销售额乘退税率”为当期出口当期收齐单证及前期出口当期收齐单证的免抵退税出口货物人民币销售额与退税率的乘积，应与《明细表》第16栏中当期出口当期收齐单证及前期出口当期收齐单证的免抵退税出口货物人民币销售额乘退税率的合计数相等。

18. 第18栏“上期结转免抵退税额抵减额”为上期《汇总表》第17栏“结转下期免抵退税额抵减额”。

19. 第19栏“免抵退税额抵减额”应与当期开具的《生产企业进料加工免税证明》第11栏合计数相等。

20. 第20栏“免抵退税额”按“第17栏－(第18栏＋第19栏)”计算填报，当计算结果小于或等于0时按0填报。

21. 第21栏“结转下期免抵退税额抵减额”当“第18栏＋第19栏－第17栏”大于0时，本栏等于“第18栏＋第19栏－第17栏”，否则按0填报。

22. 第22栏“增值税纳税申报表期末留抵税额”应与本期《增值税纳税申报表》第20栏“期末留抵税额”相等。

23. 第23栏“计算退税的期末留抵税额”按(第22栏－15c)计算填报。

24. 第24栏“当期应退税额”为按规定计算公式计算的应退税额；当第20栏＞第23栏时，第24栏＝第23栏，否则第24栏＝第20栏；累计数反映本年度年初到当期应退税额的累计；新发生出口业务的生产企业，12个月内当期应退税额按0填报。

25. 第25栏“当期免抵税额”为第20栏“免抵退税额”与第24栏“当期应退税额”之差；累计数反映本年度年初到当期应免抵税额的累计。

26. 第26栏“前期单证收齐”为当期收齐前期出口单证的出口销售额合计数。

27. 第27栏“前期信息齐全”为当期收齐前期出口单证信息齐全部分的出口销售额合计数。

28. 第(c)列“与增值税纳税申报表差额”为税务机关审核确认的第(b)列“累计”申报数减增值税纳税申报表对应项目的累计数的差额，企业应做相应账务调整并在下期增值税纳税申报时对《增值税纳税申报表》有关项目进行调整。

表 4—5　　**生产企业出口货物免抵退税申报明细表**

企业代码：

企业名称：

纳税人识别号：　　　　所属期：　年　月　　　　单位：　元至角分

序号	出口发票号码	出口报关单号	出口日期	代理证明号	核销单号	出口商品代码	出口商品名称	计量单位	出口数量	出口销售额		征税率%	退税率%	出口销售额乘征退税率之差	出口销售额乘退税率	海关加工手册号	单证不齐（齐全）标志	备注
										美元	人民币							
1	2	3	4	5	6	7	8	9	10	11	12	13	14	15＝12×(13－14)	16＝12×14	17	18	19
合　计																		

单证齐全且信息齐全销售额　　元；
单证不齐或信息不齐销售额　　元

出口企业	退税部门
兹声明以上申报无讹并愿意承担一切法律责任。 经办人： 财务负责人：　　（公章） 企业负责人：　年　月　日	经办人： 科(所)长： 负责人： （章） 年　月　日

注：此表一式四联，出口企业留存一联；资料中装订一联；征税机关和退税机关各留存一联。

当期免抵退税不得免征和抵扣税额的减项，即：

免抵退税不得免征和抵扣税额抵减额＝免税购进原材料价格×（出口货物征税率－出口货物退税率）

如果当期没有免税购进原材料价格，前述公式中的免抵退税不得免征和抵扣税额抵减额以及后面公式中的免抵退税额抵减额就不用计算。

从计算公式看，出口退税在“销项税额”方面并非执行真正的零税率而是一种“超低税率”，是征税率(17%、13%)与退税率(各货物不同)之差，即税法规定的出口退税“不得免征和抵扣税额”的计算比率。

(2)免抵退税额的计算。

免抵退税额＝出口货物离岸价×外汇人民币牌价×出口货物退税率－免抵退税额抵减额

其中：

免抵退税额抵减额＝免税购进原材料价格×出口货物退税率

公式中计算的“免抵退税额”就是名义应退税额或者免抵退制度下的可抵顶进项税额。公式最后一个减项“免抵退税额抵减额”的实质含义是，免税购进的原材料本身是不含进项税额的，所以在计算免抵退税额时就不应该退还这部分原本不存在的税额，因此要计算剔除。

(3)当期应退税额和免抵税额的计算。

①如当期期末留抵税额≤当期免抵退税额，则：

当期应退税额＝当期期末留抵税额

当期免抵税额＝当期免抵退税额－当期应退税额

②如当期期末留抵税额＞当期免抵退税额，则：

当期应退税额＝当期免抵退税额

当期免抵税额＝0

当期期末留抵税额根据当期《增值税纳税申报表》中“期末留抵税额”确定。

这里的“当期期末留抵税额”实际上是名义留抵额。因为，最终的实际期末留抵额＝名义留抵额－当期实际退税额，而此处的“名义留抵额＝当期应纳税额”，当然这要满足当期应纳税额小于零这个大前提。也只有明确了这点才能明白以免抵退税额与当期末留抵额进行比较的作用，其实是在判断当期的名义退税额到底应该实际退税多少以及已经实际抵顶多少。因为经过引申，这里的对比实际上是在对比“当期名义退税额”与“当期应纳税额的绝对值”，名义留抵额在数额上等于当期应纳税额的绝对值，或者负数(因为当期应纳税额小于零)。

2. 计算实例

【例 4－1】 某自营出口的生产企业为增值税一般纳税人，出口货物的征税税率为17％，退税税率为9％。2010 年 4 月的有关经营业务为：购进原材料一批，取得的增值税专用发票注明的价款 300 万元，外购货物准予抵扣的进项税额 51 万元通过认证。上月末留抵税款 5 万元，本月内销货物不含税销售额 100 万元，收款 117 万元存入银行，本月出口货物的销售额折合人民币 200 万元。试计算该企业当期的“免、抵、退”税额。

(1)当期免抵退税不得免征和抵扣税额＝200×(17％－9％)＝16(万元)。

(2)当期应纳税额＝100×17％－(51－16)－5＝17－35－5＝－23(万元)。

(3)出口货物“免、抵、退”税额＝200×9％＝18(万元)。

(4)按规定，如当期期末留抵税额＞当期免抵退税额时，当期应退税额＝当期免抵退税额，即该企业当期应退税额＝18(万元)。

(5)当期免抵税额＝当期免抵退税额－当期应退税额，即该企业当期免抵税额＝18－18＝0(万元)。

(6)4 月期末留抵结转下期继续抵扣税额为 5(23－18)万元。

【例 4－2】 承上例，该生产企业 2010 年 5 月有关经营业务为：购原材料一批，取得的增值税专用发票注明的价款 200 万元，外购货物准予抵扣的进项税额 34 万元通过认证。本月内销货物不含税销售额 100 万元，收款 117 万元存入银行。本月出口货物的销售额折合人民币 200 万元。试计算该企业当期的“免、抵、退”税额。

(1)当期免抵退税不得免征和抵扣税额＝200×(17％－9％)＝16(万元)。

(2)当期应纳税额＝100×17％－(34－16)－5＝17－18－5＝－6(万元)。

(3)出口货物“免、抵、退”税额＝200×9％＝18(万元)。

(4)按规定，如当期期末留抵税额≤当期免抵退税额时，当期应退税额＝当期期末留抵税额，即该企业当期应退税额＝6(万元)。

(5)当期免抵税额＝当期免抵退税额－当期应退税额，当期免抵税额＝18－6＝12(万元)。

(四)免、抵、退税的会计处理

1. 账户设置与会计处理

根据《企业会计制度》的规定，对于实行“免、抵、退”方法的生产企业，在会计上应当增设如下增值税专栏：“出口抵减内销产品应纳税额”借方专栏及“出口退税”贷方专栏。

另外，以"进项税额转出"贷方专栏核算"当期免抵退税不得免征和抵扣税额"，以"其他应收款——应收补贴款"科目核算"当期应退税额"。

基本会计处理包括以下几个方面：

(1)在购进国内货物及接受应税劳务时：

借：原材料

　　应交税费——应交增值税(进项税额)

　　贷：银行存款、应付账款等

(2)根据内销收入：

借：银行存款、应收账款等

　　贷：主营业务收入

　　　　应交税费——应交增值税(销项税额)

(3)根据"当期免抵退税不得免征和抵扣税额"：

借：主营业务成本

　　贷：应交税费——应交增值税(进项税额转出)

(4)根据"当期免抵税额"：

借：应交税费——应交增值税(出口抵减内销产品应纳税额)

　　贷：应交税费——应交增值税(出口退税)

(5)根据"当期应退税额"：

借：其他应收款——应收补贴款

　　贷：应交税费——应交增值税(出口退税)

2. 账务处理实例

【例 4—3】 承【例 4—1】，2010 年 4 月相关会计处理如下：

(1)实现的出口销售收入：

借：应收账款——应收外汇账款(国外客户)	200	
贷：主营业务收入——自营出口销售收入		200

(2)实现的内销销售收入：

借：银行存款、应收账款等	117	
贷：主营业务收入——内销收入		100
应交税费——应交增值税(销项税额)		17

(3)国内采购的原材料：

借：原材料	300	
应交税费——应交增值税(进项税额)	51	
贷：银行存款、应付账款等		351

(4)计算的免抵退税不得免征和抵扣税额：

借：主营业务成本	16	
贷：应交税费——应交增值税(进项税额转出)		16

(5)当期应退税额：

借：其他应收款——应收补贴款	18	
贷：应交税费——应交增值税(出口退税)		18

上述"应交税费——应交增值税"账户可以表示为表 4—6：

表 4—6 应交税费——应交增值税

①上期留抵税额	5		
		②销项税额	17
③进项税额	51		
		④进项税额转出	16
		⑤出口退税	18
借方发生额合计	51	贷方发生额合计	51
期末留抵税额	5		

【例 4—4】 承【例 4—2】,2010 年 5 月相关会计处理如下:

(1)实现的出口销售收入:

借:应收账款——应收外汇账款(国外客户) 200

　　贷:主营业务收入——自营出口销售收入 200

(2)实现的内销销售收入:

借:银行存款、应收账款等 117

　　贷:主营业务收入——内销收入 100

　　　　应交税费——应交增值税(销项税额) 17

(3)国内采购的原材料:

借:原材料 200

　　应交税费——应交增值税(进项税额) 34

　　贷:银行存款、应付账款等 234

(4)计算的免抵退税不得免征和抵扣税额:

借:主营业务成本 16

　　贷:应交税费——应交增值税(进项税额转出) 16

(5)当期免抵税额:

借:应交税费——应交增值税(出口抵减内销产品应纳税额) 12

　　贷:应交税费——应交增值税(出口退税) 12

(6)当期应退税额:

借:其他应收款——应收补贴款 6

　　贷:应交税费——应交增值税(出口退税) 6

上述“应交税费——应交增值税”账户可以表示为表 4—7:

表 4—7 应交税费——应交增值税

①上期留抵税额	5		
		②销项税额	17
③进项税额	34		
		④进项税额转出	16
⑤出口抵减内销产品应纳税额	12	⑤出口退税	12
		⑥出口退税	6
借方发生额合计	51	贷方发生额合计	51
期末留抵税额	0		

第四节　外贸企业的退(免)税核算

一、外贸企业出口货物退(免)税政策

(一)规范外贸经营秩序的有关规定

出口企业要规范出口经营行为,建立和完善内部管理制度,加强对业务人员的素质教育,严格按照正常的贸易程序开展出口业务。出口企业要实质参与出口交易活动,确保出口业务的真实性,严格遵守国家有关出口退税法律法规。根据规定,凡自营或委托出口业务具有以下情况之一者,出口企业不得将该业务向税务机关申报办理出口货物退(免)税:

1. 出口企业将空白的出口货物报关单、出口收汇核销单等出口退(免)税单证交由除签有委托合同的货代公司、报关行,或由国外进口方指定的货代公司(提供合同约定或者其他相关证明)以外的其他单位或个人使用的;

2. 出口企业以自营名义出口,其出口业务实质上是由本企业及其投资的企业以外的其他经营者(或企业、个体经营者及其他个人)假借该出口企业名义操作完成的;

3. 出口企业以自营名义出口,其出口的同一批货物既签订购货合同,又签订代理出口合同(或协议)的;

4. 出口货物在海关验放后,出口企业自己或委托货代承运人对该笔货物的海运提单(其他运输方式的,以承运人交给发货人的运输单据为准,下同)上的品名、规格等进行修改,造成出口货物报关单与海运提单有关内容不符的;

5. 出口企业以自营名义出口,但不承担出口货物的质量、结汇或退税风险的,即出口货物发生质量问题不承担外方的索赔责任(合同中有约定质量责任承担者除外);不承担未按期结汇导致不能核销的责任(合同中有约定结汇责任承担者除外);不承担因申报出口退税的资料、单证等出现问题造成不退税责任的;

6. 出口企业未实质参与出口经营活动、接受并从事由中间人介绍的其他出口业务,但仍以自营名义出口的;

7. 其他违反国家有关出口退税法律法规的行为。

出口企业凡从事上述业务之一并申报退(免)税的,一经发现,该业务已退(免)税款予以追回,未退(免)税款不再办理。骗取出口退税款的,由税务机关追缴其骗取的退税款,并处骗取退税款一倍以上五倍以下罚款;并由省级以上(含省级)税务机关批准,停止其半年以上出口退税权。在停止出口退税权期间,对该企业自营、委托或代理出口的货物,一律不予办理出口退(免)税。涉嫌构成犯罪的,移送司法机关依法追究刑事责任。

(二)出口货物视同内销征税的有关规定

根据《国家税务总局关于出口货物退(免)税若干问题的通知》(国税发[2006]102 号),出口企业出口的下列货物,除另有规定者外,视同内销货物计提销项税额或征收增值税:

1. 国家明确规定不予退(免)增值税的货物;

2. 出口企业未在规定期限内申报退(免)税的货物;

3. 出口企业虽已申报退(免)税但未在规定期限内向税务机关补齐有关凭证的货物;

4. 出口企业未在规定期限内申报开具《代理出口货物证明》的货物;

5. 生产企业出口的除四类视同自产产品以外的其他外购货物。

一般纳税人以一般贸易方式出口上述货物计算销项税额公式：

销项税额＝出口货物离岸价格×外汇人民币牌价÷(1＋增值税率)×增值税率

一般纳税人以进料加工复出口贸易方式出口上述货物以及小规模纳税人出口上述货物计算应纳税额公式：

应纳税额＝(出口货物离岸价格×外汇人民币牌价)÷(1＋征收率)×征收率

对上述应计提销项税额的出口货物，外贸企业如已按规定计算征税率与退税率之差并已转入成本科目的，可将征税率与退税率之差及转入应收出口退税的金额转入进项税额科目。对外贸企业按上述规定计算缴纳增值税的出口货物，不再办理退税。对已办理出口退税的，外贸企业应在申报纳税当月向税务机关补缴已退税款。

(三)出口货物退(免)税单证备案制度

根据《国家税务总局关于出口货物退(免)税实行有关单证备案管理制度(暂行)的通知》(国税发[2005]199号)和《国家税务总局关于出口货物退(免)税实行有关单证备案管理制度的补充通知》(国税发[2006]904号)，出口企业出口货物退(免)税有关单证实行备案管理制度有关规定如下：

1. 备案资料

出口企业自营或委托出口属于退(免)增值税或消费税的货物，最迟应在申报出口货物退(免)税后15天内，将下列出口货物单证在企业财务部门备案，以备税务机关核查。

(1)外贸企业购货合同、生产企业收购非自产货物出口的购货合同，包括一笔购销合同下签订的补充合同等；

(2)出口货物明细单；

(3)出口货物装货单；

(4)出口货物运输单据(包括海运提单、航空运单、铁路运单、货物承运收据、邮政收据等承运人出具的货物收据)。

以上所列应当备案的单证主要是按《合同法》要求或出口贸易行业主管部门规定的单证。对于出口企业如确实无法提供与国税发[2005]199号文规定一致备案单证的，可以提供具有相似内容或作用的单证作为备案单证，但出口企业在进行首次单证备案前，应向主管税务机关提出书面理由并提供有关单证的样式。

2. 备案要求

(1)根据《国家税务总局关于简化出口货物退(免)税单证备案管理制度的通知》(国税函[2009]104号)的规定，自2009年4月1日起，出口企业申报出口货物退(免)税后，一律按照(国税发[2005]199号)第二条规定的第二种方式进行单证备案。即由出口企业按出口货物退(免)税申报顺序填写《出口货物备案单证目录》，不必将备案单证对应装订成册，但必须在《出口货物备案单证目录》"备案单证存放处"栏内注明备案单证存放地点，如企业内部单证管理部门、财务部门等。不得将备案单证交给企业业务员(或其他人员)个人保存，必须存放在企业。

(2)备案单证应是原件，如无法备案原件，可备案有经办人签字声明与原件相符，并加盖企业公章的复印件。对于第一条所述购销合同，属于一笔购销合同项下多次出口的货物，可在第一次出口货物时予以备案，其余出口的可在《出口货物备案单证目录》"备案单证存放处"中注明第一次购销合同备案的地点。

(3)除另有规定外，备案单证由出口企业存放和保管，不得擅自损毁。保存期为5年。

3. 违章处理

(1)出口企业未按本通知第二条要求进行装订、存放和保管备案单证的,税务机关应依照《中华人民共和国税收征收管理法》第60条的规定处罚。

(2)出口企业提供虚假备案单证、不如实反映情况或者不能提供备案单证的,税务机关除按照《中华人民共和国税收征收管理法》第64条、第70条的规定处罚外,应及时追回已退(免)税款,未办理退(免)税的,不再办理退(免)税,并视同内销货物征税。

(四)出口退税违章处罚的有关规定

1.《出口货物退(免)税管理办法(试行)》(国税发[2005]51号)的规定

(1)出口商有下列行为之一的,税务机关应按照《中华人民共和国税收征收管理法》第60条规定予以处罚:①未按规定办理出口货物退(免)税认定、变更或注销认定手续的;②未按规定设置、使用和保管有关出口货物退(免)税账簿、凭证、资料的。

(2)出口商拒绝税务机关检查或拒绝提供有关出口货物退(免)税账簿、凭证、资料的,税务机关应按照《中华人民共和国税收征收管理法》第70条规定予以处罚。

(3)出口商以假报出口或其他欺骗手段骗取国家出口退税款的,税务机关应当按照《中华人民共和国税收征收管理法》第66条规定处理。对骗取国家出口退税款的出口商,经省级以上(含本级)国家税务局批准,可以停止其6个月以上的出口退税权。在出口退税权停止期间自营、委托和代理出口的货物,一律不予办理退(免)税。

2.《国家税务总局关于停止为骗取出口退税企业办理出口退税有关问题的通知》(国税发[2008]32号)的规定

(1)出口企业骗取国家出口退税款的,税务机关按以下规定处理:①骗取国家出口退税款不满5万元的,可以停止为其办理出口退税半年以上一年以下;②骗取国家出口退税款5万元以上不满50万元的,可以停止为其办理出口退税一年以上一年半以下;③骗取国家出口退税款50万元以上不满250万元,或因骗取出口退税行为受过行政处罚、两年内又骗取国家出口退税款数额在30万元以上不满150万元的,停止为其办理出口退税一年半以上两年以下;④骗取国家出口退税款250万元以上,或因骗取出口退税行为受过行政处罚、两年内又骗取国家出口退税款数额在150万元以上的,停止为其办理出口退税两年以上三年以下。

(2)出口企业在税务机关停止为其办理出口退税期间发生的自营或委托出口货物以及代理出口货物等,一律不得申报办理出口退税。在税务机关停止为其办理出口退税期间,出口企业代理其他单位出口的货物,不得向税务机关申请开具《代理出口货物证明》。

(3)出口企业自税务机关停止为其办理出口退税期限届满之日起,可以按现行规定到税务机关办理出口退税业务。

(4)出口企业违反国家有关进出口经营的规定,以自营名义出口货物,但实质是靠非法出售或购买权益牟利,情节严重的,税务机关可以比照上述规定在一定期限内停止为其办理出口退税。

二、外贸企业出口退税计算及申报要求

(一)外贸企业出口退税的计算

1. 外贸企业出口货物应退增值税的计算

(1)从增值税一般纳税人购进的出口货物。

外贸企业从增值税一般纳税人购进的出口货物,应依据购进出口货物取得的增值税专用发票所列明的计税金额(不含税)和出口货物适用退税率计算其应退税额。计算公式如下:

应退税额＝外贸企业购进出口货物的计税金额×出口退税率

(2)从小规模纳税人购进的出口货物。

从小规模纳税人购进的出口货物,应依据取得由税务机关代开的增值税专用发票所列明的计税金额(不含税)和征收率计算其应退税额。

(3)委托生产企业加工的出口货物。

外贸企业委托生产企业加工收回后报关出口的货物,按购进国内原、辅材料的增值税专用发票上注明的进项金额,依原、辅材料的退税率计算原、辅材料的应退税额。支付的加工费,按出口货物适用退税率计算加工费的应退税额。

2. 外贸企业出口货物应退消费税的计算

外贸企业收购应税消费品出口,除退还其已纳的增值税外,还应退还其已纳的消费税。计算公式分别为:

(1)实行从价定率征收办法。

应退税款＝购进出口货物的计税金额×消费税比例税率

(2)实行从量定额征收办法。

应退税款＝出口数量×消费税定额税率

(3)实行从价定率和从量定额复合征税办法。

应退税款＝购进出口货物的计税金额×比例税率＋出口数量×定额税率

(二)外贸企业出口退税申报资料要求

外贸企业一般纳税人自营或委托出口的货物,除另有规定外,收齐有关出口退税单证后,录入外贸企业出口退税申报系统并生成申报数据,填写《出口货物退(免)税申请表》,持下列有关资料到市局进出口税收管理科申报出口退税:

1. 出口货物报关单(出口退税联)

出口货物报关单必须是盖有海关验讫章,注明“出口退税专用”字样的原件,出口报关单的海关编号、出口商海关代码、出口日期、商品编号、出口数量及离岸价等主要内容应与申报退(免)税的报表一致。

2. 增值税专用发票(抵扣联)

增值税专用发票(抵扣联)必须印章齐全,没有涂改。增值税专用发票(抵扣联)的开票日期、数量、金额、税率等主要内容应与申报退(免)税的报表相匹配。

3. 委托代理出口业务还需提供《代理出口货物证明》

代理出口货物证明上的受托方企业名称、出口商品代码、出口数量、离岸价等应与出口货物报关单(出口退税专用)上内容相匹配并与申报退(免)税的报表一致。

4. 出口应征消费税货物还需提供《消费税税收(出口货物专用)缴款书》

《消费税税收(出口货物专用)缴款书》各栏目的填写内容应与对应的发票一致;征税机关、国库(银行)印章必须齐全并符合要求。

5.《出口货物进货凭证申报明细表》

6.《出口货物退税申报明细表》

7.《出口货物退税汇总申报表》

8.《出口货物退(免)税申请表》

9. 主管税务机关要求附送的其他退税凭证、资料

(三)外贸企业出口退税申报凭证的装订要求

1. 一般贸易申报凭证的装订要求

申报凭证的装订顺序如下：

(1)封面；

(2)《出口货物退(免)税申请表》(一份)；

(3)一张注明关联号的便笺；

(4)同一关联号下的增值税专用发票；

(5)同一关联号下的税收(出口货物专用)缴款书(出口应征消费税货物时提供)；

(6)同一关联号下的出口收汇核销单(出口退税专用联)；

(7)同一关联号下的出口报关单(出口退税专用联)。

申报退税时还需要附送《出口货物退税进货凭证申报明细表》一份、《出口货物退税出口申报明细表》一份、《退税汇总申报表》一份、《出口货物退(免)税申请表》三份以及退税申报软盘。

委托加工出口业务还需在相关的关联号后面装订委托加工合同(原件)、《外贸企业委托加工出口货物申报表》。

若属于申报出口货物退(免)税免予提供纸质出口收汇核销单的试点地区，出口企业申报出口货物退(免)税时免予提供纸质出口收汇核销单，税务机关以出口收汇核销单电子数据审核出口货物退(免)税。

2. 进料加工申报凭证的装订要求

外贸企业开展进料加工复出口业务可采用进料作价加工和进料委托加工两种方式。

进料作价加工是指从事进料加工业务的外贸企业将进口料件作价转售给国内的生产企业，经该生产企业加工为成品后，由外贸企业全额收购并返销出口的一种加工方式。

进料委托加工是指从事进料加工业务的外贸企业将进口料件不作价提供给生产企业并加工为成品，由外贸企业支付加工费收回货物后返销出口的一种加工方式。

(1)进料作价加工贸易方式的装订要求。

除了一般贸易申报凭证的装订要求外，还需在相关的关联号后面装订以下资料：

①与该关联号应扣除进料税金相关的各期《外贸企业进料加工贸易免税证明》(复印件)；

②进料加工合同备案表(复印件)。

(2)进料委托加工贸易方式的装订要求。

除了一般贸易申报凭证的装订要求外，还需在相关的关联号后面装订以下资料：

①委托加工合同(原件)；

②《外贸企业委托加工出口货物申报表》；

③进料加工合同备案表(复印件)。

(四)外贸企业出口退税业务办理期限

1. 出口退税申报期限

根据国税函[2007]1150 号文的规定，外贸企业申报出口退税的截止期限为货物报关出口之日(以出口报关单(出口退税专用)上注明的出口日期为准)起 90 日后第一个增值税纳税申报期截止之日。

外贸企业确有特殊原因无法在上述规定期限内申报出口退税的，可在申报截止期限内向市局进出口税收管理科提出书面合理理由，填写《外贸企业延期申报出口退税申请表》(一式三份)，申请办理延期申报。经核准后，可延期 3 个月办理出口退税申报手续。

2. 办理代理出口证明的期限

根据国税函[2006]102 号文的规定，外贸企业代理其他企业出口后，除另有规定外，需在自货物报关出口之日起 60 日内向市局进出口税收管理科申请开具《代理出口货物证明》。

如因资料不齐等特殊原因，代理出口企业无法在 60 日内申请开具代理出口证明的，代理出口企业应在 60 日内向市局进出口税收管理科提出书面合理理由，填写《外贸企业延期办理代理出口证明申请表》(一式三份)，申请延期办理代理出口证明。经核准后，可延期 30 日申请开具代理出口证明。

3. 出口收汇核销期限

根据国税发[2008]47 号文的规定，外贸企业必须在货物报关出口之日起 210 日内办理出口收汇核销手续。属于远期收汇的，应按照现行出口退税规定提供远期结汇证明。

三、外贸企业增值税纳税申报的有关要求

外贸企业出口货物实行“免、退”税办法，即免征出口环节增值税并按取得的进项发票计算退还应退税款(国家取消出口退税的货物除外)，因此外贸企业增值税纳税申报中在销售收入和进项税额填报等方面与其他企业有较大的区别。本部分主要讲述外贸企业出口货物在增值税纳税申报中的填报要求和注意事项。

(一)外贸企业出口货物的增值税纳税申报

1. 出口销售额的填报

外贸企业出口货物销售额(按规定视同内销货物征税的除外)应填列在《增值税纳税申报表》主表的第 8 栏“免税货物及劳务销售额”和第 9 栏“其中：免税货物销售额”，同时还要在附表一“免税货物”第 16 栏“开具普通发票”填列。

需要注意的是，《增值税纳税申报表》主表的第 7 栏“免、抵、退办法出口货物销售额”是实行“免、抵、退”税办法的生产企业填报其当期免抵退税出口销售额，外贸企业出口销售额不能在此栏填报。

2. 进项税额的填报

外贸企业购进用于出口的货物而取得的增值税专用发票，经认证相符后，应填列在附表二第 24 栏“本期认证相符且本期未申报抵扣”和第 35 栏“本期认证相符的全部防伪税控增值税专用发票”。累计数填列在附表二第 25 栏“期末已认证相符但未申报抵扣”和第 26 栏“其中：按照税法规定不允许抵扣”。

《增值税纳税申报表》主表第 12 栏“进项税额”只是填报应税货物所对应的进项税额，外贸企业申报出口退税的进项税额，由于已申报退税，绝对不能在主表第 12 栏中申报税款抵扣，否则会造成进项的重复抵扣。外贸企业关键要按照增值税纳税申报的有关规定，做好进项发票的分类，将用于申报出口退税的抵扣联的发票属性设为暂(或永远)不抵扣。

(二)外贸企业出口货物视同内销征税的增值税纳税申报

1. 计提销项税额的出口货物申报

外贸企业(一般纳税人)以一般贸易方式出口货物应视同内销货物计算销项税额，处理方法如下：

在《增值税纳税申报表》主表第 1 栏“按适用税率征税货物及劳务销售额”以及第 2 栏“应税货物销售额”的本月数作增加。如企业前期已在增值税纳税申报中作免税销售收入申报的，还应在第 8 栏“免税货物及劳务销售额”和第 9 栏“其中：免税货物销售额”的本月数作相应冲减。

在附表一第4栏"未开具发票"增加销售额和销项税额，计算公式：

"未开具发票"的销售额＝出口货物离岸价格×外汇人民币牌价÷(1＋法定增值税税率)

销项税额＝出口货物离岸价格×外汇人民币牌价÷(1＋法定增值税税率)×法定增值税税率

并在附表一第16栏"开具普通发票"减少相应份数和免税销售额，计算公式：

"开具普通发票"的销售额＝出口货物离岸价格×外汇人民币牌价

2. 计算应纳税额的出口货物申报

外贸企业(一般纳税人)以进料加工复出口贸易方式出口货物应视同内销货物计算应纳税额，处理方法如下：

在《增值税纳税申报表》(适用于增值税一般纳税人)主表第5栏"按简易征收办法征税货物销售额"的本月数作增加。如企业前期已在增值税纳税申报中做免税销售收入申报的，还应在第8栏"免税货物及劳务销售额"和第9栏"其中：免税货物销售额"的本月数作相应冲减。在附表一第11栏"未开具发票"增加销售额和应纳税额，计算公式：

"未开具发票"的销售额＝(出口货物离岸价格×外汇人民币牌价)÷(1＋征收率)

应纳税额＝(出口货物离岸价格×外汇人民币牌价)÷(1＋征收率)×征收率

并在附表一第16栏"开具普通发票"减少相应份数和免税销售额，计算公式：

"开具普通发票"的销售额(负数填写)＝出口货物离岸价格×外汇人民币牌价

3. 视同内销出口货物相应的进项税额的处理

根据《国家税务总局关于外贸企业出口视同内销货物进项税额抵扣有关问题的通知》(国税函[2008]265号)规定，外贸企业出口货物，凡未在规定期限内申报退(免)税或虽已申报退(免)税但未在规定期限内向税务机关补齐有关凭证，以及未在规定期限内申报开具《代理出口货物证明》的，自规定期限截止之日的次日起30日内，由外贸企业根据应征税货物相应的未办理过退税或抵扣的进项增值税专用发票情况，填具进项发票明细表(包括进项增值税专用发票代码、号码、开具日期、金额、税额等)，向主管退税的税务机关申请开具《外贸企业出口视同内销征税货物进项税额抵扣证明》。

外贸企业取得《外贸企业出口视同内销征税货物进项税额抵扣证明》后，应将《外贸企业出口视同内销征税货物进项税额抵扣证明》允许抵扣的进项税额填写在《增值税纳税申报表》附表二第11栏"期初已征税款"中，并在取得《外贸企业出口视同内销征税货物进项税额抵扣证明》的下一个征收期申报纳税时，向主管征税的税务机关申请抵扣相应的进项税额。超过申报时限的，不予抵扣。

四、外贸企业出口退税的有关会计核算

(一)外贸企业出口退税核算的关键环节

1. 购进货物时

借：库存商品——库存出口商品

　　应交税费——应交增值税(进项税额)——出口商品

　　贷：银行存款或应付账款等

2. 出口报关销售时

确认出口销售收入：

借：应收外汇账款

　　贷：主营业务收入——出口销售收入

同时,结转出口商品成本:

借:主营业务成本

贷:库存商品——库存出口商品

3. 申报退税时

借:其他应收款——出口退税款——国库

贷:应交税费——应交增值税(出口退税)

主营业务成本(核算应退消费税)

借:主营业务成本

贷:应交税费——应交增值税(进项税额转出)

4. 收到退税时

借:银行存款

贷:其他应收款——出口退税款——国库

(二)外贸企业出口货物退税核算应用举例

(1)一般贸易出口货物的会计核算。

【例 4—5】 某外贸企业(一般纳税人)向 A 公司购进商品一批,数量 1 000 只,单价 100 元,已验收入库,货款未支付,取得增值税专用发票,注明的金额 10 万元,税额 1.7 万元。该企业出口上述商品给美国的 M 公司,以 FOB 方式成交,出口单价 20 美元,离岸价 20 000 美元,假设当日美元兑人民币汇率为 1∶7,未收到外汇货款,该商品的出口退税率为 11%。

购进商品:

借:库存商品——某商品　　100 000

应交税费——应交增值税(进项税额)　　17 000

贷:应付账款——A 公司　　117 000

出口商品并结转销售成本。

借:应收账款——应收外汇账款——M 公司　　140 000(20 000×7)

贷:主营业务收入　　140 000

借:主营业务成本　　100 000

贷:库存商品　　100 000

(2)计提该出口商品的应退税额及征退税率差额,并向税务机关申报出口退税。

借:其他应收款——应收出口退税　　11 000

贷:应交税费——应交增值税(出口退税)　　11 000

应收出口退税=购物的不含税金额×退税率=100 000×11%=11 000(元)

借:主营业务成本　　6 000

贷:应交税费——应交增值税(进项税额转出)　　6 000

进项税额转出=购货不含税金额×(征税率—退税率)

=100 000×(17%—11%)=6 000

(3)由于质量问题,该批出口商品发生出口退运,经双方协商,上述出口商品同意退回 500 只。

借:应收外汇账款——M 公司　　70 000(500×20×7)

贷:主营业务收入——出口收入　　70 000

借:主营业务成本　　53 000

贷:库存商品　　50 000(500×100)

应交税费——应交增值税(进项税额转出)　　3 000

[50 000×(17%−11%)]

①如未办理退税:

借:其他应收款——应收出口退税　　5 500(50 000×11%)

贷:应交税费——应交增值税(出口退税)　　5 500

②已退税,需返纳时:

借:应交税费——应交增值税(出口退税)　　5 500

贷:银行存款　　5 500

(三)进料加工出口货物的会计核算

进料加工贸易的加工环节主要有委托加工、作价加工两种加工方式。作价加工是指外贸企业将进料加工贸易方式下从国外进口的料件作价给加工企业进行生产加工,货物收回后付款,复出口后凭货物的增值税专用发票、报关单等规定的资料申报退税。举例说明如下:

【例 4−6】 某外贸企业(一般纳税人)执行进料加工复出口业务,实际进口料件 18 000 美元,出口成品 30 000 美元。该外贸企业采用作价加工方式,收回成品不含税货价 195 000 元。假设当期美元兑人民币汇率为 1∶7,该出口货物征税率 17%,退税率 13%。

(1)报关进口料件 18 000 美元。

①如全额结汇:

借:原材料——某进口料件　　126 000

贷:应付账款——应付外汇账款——某外商(USD 18 000,1∶7)　　126 000

借:应付账款——应付外汇账款——某外商(USD 18 000,1∶7)　　126 000

贷:银行存款(USD 18 000,1∶7)　　126 000

②如差额结汇:

借:原材料——某进口料件　　126 000

贷:应付账款——应付外汇账款——某外商(USD 18 000,1∶7)　　126 000

(2)上述进口料件采用作价加工方式进行加工,免税进口料件采用原价转售方式,外贸企业开出增值税专用发票,假设该材料增值税征收率为 17%。

借:应付账款——某加工厂　　147 420

贷:其他业务收入　　126 000

应交税费——应交增值税(销项税额)　　21 420(126 000×17%)

结转作价加工进口料件成本:

借:其他业务成本　　126 000

贷:原材料——某进口料件　　126 000

(3)收回加工成品,并支付货款。

借:库存商品——某商品　　195 000

应交税费——应交增值税(进项税额)　　33 150

贷:应付账款——某加工厂　　228 150

借:应付账款——某加工厂　　80 730(228 150−147 420)

贷:银行存款　　80 730

(4)外贸企业报关出口成品 30 000 美元,并收到外汇。

①如全额结汇：

借：应收外汇账款——某外商（USD 30 000，1∶7） 210 000

贷：主营业务收入 210 000

借：银行存款（USD 30 000，1∶7） 210 000

贷：应收外汇存款——某外商（USD 30 000，1∶7） 210 000

②如差额结汇：

借：应收外汇账款——某外商（USD 30 000，1∶7） 210 000

贷：主营业务收入 210 000

借：银行存款 84 000

贷：应收外汇存款——某外商（USD 30 000，1∶7） 84 000

（210 000－126 000）

同时结转销售成本：

借：主营业务成本 195 000

贷：库存商品——某商品 195 000

（5）计提应收出口退税和结转征退税率差额。

借：其他应收款——应收出口退税 25 350（195 000×13%）

贷：应交税费——应交增值税（出口退税） 25 350

借：主营业务成本 7 800[195 000×（17%－13%）]

贷：应交税费——应交增值税（进项税额转出） 7 800

（6）该企业申请开具进料加工贸易免税证明，税务机关审批后，作如下会计分录：

借：其他应收款——应收出口退税 16 380（126 000×13%）

主营业务成本 5 040[126 000×（17%－13%）]

贷：应交税费——应交增值税（销项税额） 21 420（126 000×17%）

根据现行出口退税政策规定，外贸企业以作价加工方式销售免税进口料件，在办理《进料加工贸易免税证明》后，对销售进口料件的应交税额不计征入库，而由退税机关在办理出口退税时在退税额中扣减。

（7）实际收到退税款。

借：银行存款 8 970（25 350 －16 380）

贷：其他应收款——应收出口退税 8 970

委托加工是指外贸企业以进料加工贸易方式将国外进口的料件无偿调拨给加工企业进行加工，加工收回后只付加工费，货物复出口后，凭加工费的增值税专用发票、报关单等规定的资料办理退税。举例说明如下：

【例4－7】 某外贸企业（一般纳税人）执行进料加工复出口业务，实际耗用进口料件18 000美元，出口成品30 000美元。该外贸企业采用委托加工方式，支付国内加工费（不含税）69 000元，税款11 730元。假设当期美元兑人民币汇率为1∶7，该出口货物征税率17%，退税率13%。

（1）报关进口料件18 000美元。

①如全额结汇：

借：原材料——某进口料件 126 000

贷:应付外汇账款——某外商(USD 18 000,1∶7) 126 000

借:应付外汇账款——某外商(USD 18 000,1∶7) 126 000

贷:银行存款(USD 18 000,1∶7) 126 000

②如差额结汇:

借:原材料——某进口料件 126 000

贷:应收外汇账款——某外商(USD 18 000,1∶7) 126 000

(2)不作价提供上述进口料件,发出料件时作如下会计分录:

借:委托加工物资 126 000

贷:原材料——某进口料件 126 000

(3)收回加工成品,并支付加工费。

借:委托加工物资 69 000

应交税费——应交增值税(进项税额) 11 730

贷:应付账款——某加工厂 80 730

借:应付账款——某加工厂 80 730

贷:银行存款 80 730

借:库存商品——某商品 195 000

贷:委托加工物资 195 000

(4)外贸企业报关出口成品 30 000 美元,并收到外汇。

①如全额结汇:

借:应收外汇账款——某外商(USD 30 000,1∶7) 210 000

贷:主营业务收入 210 000

借:银行存款(USD 30 000,1∶7) 210 000

贷:应收外汇账款——某外商(USD 30 000,1∶7) 210 000

②如差额结汇:

借:应收外汇账款——某外商(USD 30 000,1∶7) 210 000

贷:主营业务收入 210 000

借:银行存款(USD 30 000,1∶7) 84 000

贷:应收外汇存款——某外商 84 000(210 000−126 000)

同时结转销售成本:

借:主营业务成本 195 000

贷:库存商品——某商品 195 000

(5)计提应收出口退税和结转征退税率差额。

借:其他应收款——应收出口退税 8 970(69 000×13%)

贷:应交税费——应交增值税(出口退税) 8 970

借:主营业务成本 2 760[69 000×(17%−13%)]

贷:应交税费——应交增值税(进项税额转出) 2 760

(6)实际收到退税款。

借:银行存款 8 970

贷:其他应收款——应收出口退税 8 970

五、出口货物视同内销征税的会计核算

(一)以一般贸易方式出口

【例 4-8】 沿用【例 4-5】,假定该外贸企业退运后剩余的500件出口商品,出口离岸价合计10 000美元,事后由于超期办理收汇核销手续,按政策规定须视同内销征税,该批货物尚未办理退税,作如下会计分录:

(1)冲销已计提的应退税额和征退税率差额。

借:主营业务成本　　3 000（红字）

　　贷:应交税费——应交增值税(进项税额转出)　　3 000（红字）

借:其他应收款——应收出口退税　　5 500（红字）

　　贷:应交税费——应交增值税(出口退税)　　5 500（红字）

(2)计提销项税额。

借:主营业务成本　　10 170.94

　　贷:应交税费——应交增值税(销项税额)　　10 170.94

销项税额=出口货物离岸价×外汇人民币牌价÷(1+增值税税率)×增值税税率

=10 000×7÷(1+17%)×17%=10 170.94(元)

(二)以进料加工贸易方式出口

【例 4-9】 沿用【例 4-7】,假定该外贸企业该批进料加工复出口货物在办理退税后由于超期办理收汇核销手续,按政策规定须视同内销征税,作如下会计分录:

(1)返纳已退税款。

借:主营业务成本　　8 970

　　贷:银行存款　　8 970

(2)计算视同内销应纳税额。

借:主营业务成本　　8 076.92

　　贷:应交税费——未交增值税　　8 076.92

应纳税额=出口货物离岸价×外汇人民币牌价÷(1+征收率)×征收率

=30 000 ×7÷(1+4%)×4%=8 076.92(元)

(3)缴纳视同内销征税税款。

借:应交税费——未交增值税　　8 076.92

　　贷:银行存款　　8 076.92

六、外贸企业有关出口货物退(免)税证明的办理要求

(一)《出口货物退运已办结税务证明》

外贸企业出口货物报关离境后,因故发生退运,海关已签发出口报关单(出口退税专用)的,应将该批出口货物及退运的情况录入外贸企业出口退税申报系统(小规模纳税人使用小规模纳税人出口免税申报系统)并生成申报数据,持下列资料向主管税务机关退税部门申请办理《出口货物退运已办结税务证明》:

1. 出口货物报关单(出口退税专用)原件;
2. 出口发票原件;

3. 申报系统打印的《退运补税证明申请表》1 份；

4. 载有《退运补税证明申请表》有关信息的电子数据；

5. 税收通用缴款书(如外贸企业办理退运的出口报关单已办理出口退税的，需先返纳相应已退税款)。

(二)《进料加工贸易免税证明》

外贸企业将免税进口料件作价转售给生产企业后，应在转售料件所属期次月纳税申报前，将当月进料作价情况录入外贸企业出口退税申报系统并生成申报数据，持下列资料向市局进出口税收管理科申请办理外贸企业《进料加工贸易免税证明》：

1. 申报系统打印的《外贸企业进料加工免税证明申请表》1 份；

2. 海关报关管理系统打印的通关手册；

3. 进口料件的进口报关单或退料的出口报关单；

4. 转售料件的增值税专用发票原件及复印件；

5. 如海关已对进口料件实征增值税的，还需提供海关实征增值税的缴税凭证原件及复印件；

6. 如有红字专用发票的还需提供《开具红字增值税专用发票通知单》原件及复印件；

7.《外贸企业进料加工业务采用加工方式备案书》原件及复印件；

8. 载有《外贸企业进料加工免税证明申请表》有关信息的电子数据。

(三)《代理出口货物证明》

外贸企业接受其他企业委托代理出口货物，须在自货物报关出口之日起 60 日内，将该批代理出口货物情况录入外贸企业出口退税申报系统(小规模纳税人使用小规模纳税人出口免税申报系统)并生成申报数据，持下列资料向市局进出口税收管理科申请办理《代理出口货物证明》，交委托企业办理出口货物退(免)税手续：

1. 外贸企业出口退税申报系统打印的《代理出口货物申请表》1 份；

2. 载有《代理出口货物申请表》有关信息的电子数据；

3. 委托代理出口合同(原件)；

4. 代理出口货物报关单(出口退税专用)原件；

5. 委托方主管海关核发的《自理报关单位登记证明书》或主管税务机关核发的临时出口退(免)税认定表(复印件)。

(四)《外贸企业出口视同内销征税货物进项税额抵扣证明》

外贸企业出口视同内销征税货物，增值税专用发票已认证且未办理退税(含办理退税后已返纳)或抵扣税款，其进项税额可在规定期限内持下列资料向税务机关申请办理《外贸企业出口视同内销征税货物进项税额抵扣证明》：

1. 增值税专用发票原件及复印件；

2. 出口货物报关单(出口退税专用)原件及复印件；

3. 税收通用缴款书复印件(属于返纳税款提供)；

4.《外贸企业出口视同内销征税进项发票明细表》1 份。

(五)补办出口货物报关单证明

外贸企业遗失出口货物报关单出口退税专用联时，应在出口之日起 6 个月内，持下列有关资料向进出口税收管理科申请补办报关单证明：

1.《关于申请出具(补办报关单)证明的报告》3 份；

2. 出口报关单(出口退税专用)复印件或出口报关单其他未丢失的联次,如无法提供的,可提供通过电子口岸打印出的丢失的出口报关单信息;

3. 出口发票。

练习题

一、单项选择题

1. 国家规定不予退税的出口货物,应按照出口货物取得的销售收入征收(　　)。

A. 增值税　　B. 消费税

C. 营业税　　D. 城建税

2. 出口货物销售明细账一般采用多栏式账,外销收入应以(　　)为入账依据。

A. FOB　　B. CIF

C. CFR　　D. 其他

3.《代理出口货物证明》由(　　)填写并经主管退税机关签章后交受托方。

A. 委托方　　B. 中间人

C. 海关　　D. 受托方

4. 出口货物退(免)税的税种是指(　　)。

A. 增值税和营业税　　B. 增值税和消费税

C. 营业税和消费税　　D. 增值税和企业所得税

5. 出口货物退税主要适用于(　　)企业。

A. 外贸　　B. 钢铁

C. 来料加工　　D. 生产

6. 对两个以上企业联营出口的货物,根据我国现行退税政策规定,应由(　　)。

A. 发票上列明的经营单位向其所在地主管出口货物退(免)税的税务机关申报办理

B. 核销单上列明的经营单位向其所在地主管出口货物退(免)税的税务机关申报办理

C. 报关单上列明的经营单位向其所在地主管出口货物退(免)税的税务机关申报办理

D. 外销合同上列明的经营单位向其所在地主管出口货物退(免)税的税务机关申报办理

7. 在出口加工区的退(免)税规定中,对出口加工区运往区外的货物,(　　)。

A. 海关按照对进口货物的有关规定办理进口报关手续并按照制成品进行征税

B. 海关按照对出口货物的有关规定办理出口报关手续并按照制成品进行征税

C. 海关按照对进口货物的有关规定办理进口报关手续并按照制成品所耗用的原材料进行征税

D. 海关按照对出口货物的有关规定办理出口报关手续并按照制成品所耗用的原材料进行征税

8. 进出口企业自营或委托出口的货物,其出口货物的退税地点应为(　　)。

A. 由进出口企业向其所在地出口征税机关申报处理

B. 由进出口企业向其所在地出口退税机关申报处理

C. 由代理出口企业向其所在地出口征税机关申报处理

D. 由代理出口企业向其所在地出口退税机关申报处理

9.“免、抵、退”是对有进出口经营权的生产企业和经批准设立的外商投资企业的进项税额准予抵扣的部分,在内销货物的应纳税额中抵扣,不足抵扣的部分实行退税,这主要适用于

(　　)。

A. 进口料件部分免征增值税　　B. 部分出口商品本环节增值部分免税

C. 出口收购环节增值部分免税　　D. 全部出口商品本环节增值部分免税

10. 企业遗失《出口货物报关单》，必须在报告出口后(　　)内向海关提出补办申请。

A. 1 个月　　B. 6 个月

C. 1 年　　D. 60 日

11. 出口收汇核销单为(　　)联式。

A. 1　　B. 3

C. 4　　D. 以上均不正确

12. 受托方在报关出口货物后，必须在(　　)内办理《代理出口货物证明》，过期税务机关不予受理。

A. 3 个月　　B. 6 个月

C. 1 年　　D. 60 日

13. 生产企业委托外贸企业代理出口退(免)税时，受托方申请办理《代理出口货物证明》时，无须附送的单证是(　　)。

A. 代理出口合同　　B. 出口货物报关单

C. 出口收汇核销单　　D. 代理出口协议

14. 生产企业委托外贸企业代理出口退(免)税时，委托方在申请办理退免税时，无须附送的凭证是(　　)。

A. 受托方税务机关开具的《代理出口货物证明》

B. 受托方转交来的《出口货物报关单》

C. 代理出口协议

D. 出口收汇核销单

15. 外贸企业将货物报关离境并按规定在财务上作出销售处理后，应按(　　)填报出口货物退(免)税申报表。

A. 季　　B. 月

C. 年　　D. 半年

16. 出口企业一般应在货物报关出口之日起(　　)内，向退税部门申报办理出口货物退(免)税手续。

A. 60 日　　B. 90 日

C. 180 日　　D. 1 年

17. 办理来料加工免税核销时，无须提供的资料是(　　)。

A. 收汇凭证　　B.《来料加工登记手册》

C.《来料加工贸易免税证明》　　D.《出口货物报关单》

18. 运往境外作为国外投资的货物申报退税时，无须提供的资料是(　　)。

A.《出口货物报关单》　　B.《税收(出口货物专用)缴款书》

C. 出口货物的购进增值税专用发票　　D.《进口货物报关单》

19. 出口企业报关出口的样品、展品，最终在境外销售的，办理退税时无须提供的凭证是(　　)。

A. 增值税专用发票　　B.《进口货物报关单》

C.《出口收汇核销单》　　D.《税收缴款书》

20. 外贸企业将货物报关离境并按规定在财务上作出销售处理后，一般在次月的(　　)前申报。

A. 5 日　　B. 10 日

C. 15 日　　D. 20 日

二、多项选择题

1. 出口退税条件，必须是(　　)征收范围内的货物。

A. 增值税　　B. 消费税

C. 营业税　　D. 城建税

2. 我国现行享受出口货物退(免)税的企业种类包括(　　)。

A. 外商投资企业

B. 委托外贸企业代理出口的企业

C. 特定企业

D. 高税率货物和贵重货物出口指定退税的企业

3. 出口货物退(免)税所遵循的原则是(　　)。

A. 公平税负原则　　B. 属地原则

C. 宏观调控　　D. 以上均正确

4. 一般退免税货物应具备的条件有(　　)。

A. 必须是属于增值税、消费税征税范围的货物

B. 必须报关离境

C. 必须在财务上作销售处理

D. 必须是出口和代理出口的货物

5. 我国现行根据不同类型的企业出口货物退(免)税的办法有(　　)。

A. 退税　　B.“免、抵、退”税

C.“抵、退”税　　D. 免税

E.“免、抵”税

6. 出口退税的日常管理包括(　　)。

A. 出口企业退税登记管理　　B. 办税员管理

C. 出口退税的申报期限　　D. 出口退税的地点

7. 出口退税凭证主要包括(　　)。

A. 增值税专用发票　　B. 出口货物销售明细账

C. 出口货物报关单　　D. 出口收汇核销单

8. 在《出口货物报关单》中，以下(　　)项目要填列齐全。

A. 海关编号　　B. 出口口岸

C. 出口日期　　D. 商品编号

9. 出口收汇核销单包括(　　)。

A. 企业存根联　　B. 外管局存根联

C. 出口退税专用联　　D. 以上均正确

10. 生产企业委托外贸企业代理出口退(免)税时，受托方申请办理《代理出口货物证明》

时，须附送的单证有(　　)。

A. 代理出口合同　　B. 出口货物报关单

C. 出口收汇核销单　　D. 代理出口协议

11. 生产企业委托外贸企业代理出口退(免)税时，委托方在申请办理退免税时，须附送的凭证有(　　)。

A. 受托方税务机关开具的《代理出口货物证明》

B. 受托方转交来的《出口货物报关单》

C. 代理出口协议

D. 出口收汇核销单

12. 办理《来料加工贸易免税证明》时，应提供的资料包括(　　)。

A.《来料加工贸易免税证明》　　B.《来料加工进口料件报关单》

C.《来料加工登记手册》　　D.《出口货物报关单》

13. 来料加工、来件装配一般是外商在交付(　　)时，我方开具远期信用证或采用 D/A 远期结算方式，加工成品交外商。

A. 原材料　　B. 半成品

C. 零部件　　D. 元器件

14. 办理来料加工免税核销时，应提供的资料包括(　　)。

A. 收汇凭证　　B.《来料加工登记手册》

C.《进口货物报关单》　　D.《出口货物报关单》

15. 运往境外作为国外投资的货物申报退税时应提供的资料包括(　　)。

A.《出口货物报关单》　　B.《征收(出口货物专用)缴款书》

C. 出口货物的购进增值税专用发票　　D.《进口货物报关单》

16. 小规模纳税人自营和委托出口的货物，出口销售的本道环节一律免征(　　)，不予办理抵扣或退税。

A. 增值税　　B. 消费税

C. 营业税　　D. 企业所得税

17. 出口企业报关出口的样品、展品，最终在境外销售的，准予凭出口样品、展品的(　　)等凭证办理退税。

A. 增值税专用发票　　B.《出口货物报关单》

C.《出口收汇核销单》　　D.《税收缴款书》

18. 应对出口退税率调整的措施包括(　　)。

A. 实施品牌战略，改变出口结构　　B. 完善内部管理，确保降低运作成本

C. 实施“外延扩展”战略　　D. 积极发展国内代理出口业务

19. 采取应对出口退税率调整措施，应分别从(　　)方面来对业务的全过程实施监督和控制。

A. 收汇　　B. 付款

C. 退税信息管理　　D. 成本控制

20. 做好出口退税的基础工作，要明确每一环节所需凭证，对(　　)要单单相符。

A. 增值税发票抵扣联　　B. 报关单

C. 外销发票　　D. 出口收汇核销单

三、判断题

1. 出口退税属地原则是指企业出口退税在所在地出口退税机关办理申请手续。（　　）

2. 我国出口退(免)税的税种为增值税和消费税。（　　）

3. 退税即对出口本环节增值部分免税,进项税额退税。（　　）

4. 免税主要适用于外贸企业。（　　）

5. 出口货物销售明细账一般采用多栏式账,外销收入应以 CIF 为入账依据。（　　）

6.《出口货物报关单》是指经海关审查,对出口货物放行离境的一种书面证明。（　　）

7. 企业遗失《出口货物报关单》,必须在报告出口后 6 个月内向海关提出补办申请。（　　）

8. 生产企业委托外贸企业代理出口退(免)税时,受托方申请办理《代理出口货物证明》时,须附送代理出口协议。（　　）

9. 出口收汇核销单包括三联,分别是企业存根联、外管局存根联和出口退税专用联。（　　）

10. 受托方在报关出口货物后,必须在 3 个月内办理《代理出口货物证明》,过期税务机关不予受理。（　　）

11. 委托方在申请办理退免税时,须附送委托方营业执照和税务登记证复印件。（　　）

12. 外贸企业将货物报关离境并按规定在财务上作出销售处理后,应按月填报出口货物退(免)税申报表。（　　）

13. 出口企业一般应在货物报关出口之日起 90 日内,向退税部门申报办理出口货物退(免)税手续。（　　）

14. 办理《来料加工贸易免税证明》时,应提供海关核签的《来料加工进口料件报关单》。（　　）

15.“境内”是指中华人民共和国海关关境内。（　　）

16. 办理来料加工免税核销时,应提供《进口货物报关单》和《出口货物报关单》。（　　）

17. 生产企业委托外贸企业代理出口退(免)税时,委托方在申请办理退免税时,须附送出口收汇核销单。（　　）

18. 运往境外作为国外投资的货物申报退税时,应提供的资料包括《进口货物报关单》和《出口货运往境外作为国外投资的货物物报关单》。（　　）

19. 运往境外作为国外投资的货物的应退税额,依出口货物购进时的增值税专用发票所列进项金额和税额计算。（　　）

20. 凡是报关不离境的货物,无论出口企业以外汇结算还是以人民币结算,也无论企业在财务上和其他管理上作何处理,均不能视为出口货物予以退(免)税。（　　）

四、综合练习

【习题 1】

1. 目的:练习出口退税额的计算。

2. 资料:

杭州佳佳服装厂是一家有进出口经营权的生产企业,该企业为一般纳税人企业。2011 年 5 月份有关业务情况如下:当月内销服装销售额为 780 000 元人民币;报关离境出口外销服装 FOB 价 500 000 美元,美元折合人民币汇率为 1 美元=6.320 0 元人民币;该月购进生产用面料取得增值税专用发票注明货款为人民币 610 000 元，面料已验收入库；此外，该企业期初未抵扣的进项税额为 38 000 元。该企业增值税税率为 17%，外销服装的出口退税率为 16%。

3. 要求：根据以上资料计算该企业出口货物应退（或应纳）增值税税额。

【习题 2】

1. 目的：练习出口退税额的计算。

2. 资料：

某自营出口生产企业是增值税一般纳税人，出口货物的征税税率为 17%，退税率为 13%。2010 年 3 月外购货物准予抵扣进项税额 60 万元。上期期末留抵税额 3 万元。当月内销货物销售额 100 万元，销项税额 17 万元。本月出口货物销售折合人民币 200 万元，其中来料加工贸易复出口货物 90 万元。

3. 要求：计算该企业本期免抵退税额。

【习题 3】

1. 目的：练习出口退税业务的会计处理。

2. 资料：

某具有进出口经营权的生产企业，对自产货物经营出口销售及国内销售。该企业 2013 年 1 月份购进所需原材料等货物 500 万元，允许抵扣的进项税额 85 万元，内销产品取得销售额 300 万元，出口货物离岸价折合人民币 2 400 万元。假设上期留抵税款 5 万元，增值税税率 17%，退税率 15%，假设各项信息齐全。

3. 要求：按照上述业务计算应退税额并作出相应会计分录。

【习题 4】

1. 目的：练习出口退税的计算及核算。

2. 资料：

某进出口公司是具有进出口经营权的生产企业，出口产品实行“免、抵、退”方法，记账本位币为人民币，对外币交易采用交易日即期汇率折算。销售和外购货物的增值税税率为 17%，退税率 13%，该厂 20×3 年有关业务如下：

一月份：

(1)报关离境出口商品，FOB：USD 30 万元，汇率 1∶7.3；

(2)内销商品销售额：550 万元；

(3)外购货物取得的增值税专用发票上注明的价款为 600 万元，货物已验收入库；

(4)本厂福利部门领用商品折合销售额 10 万元；

(5)期初“应交税费——应交增值税”无待抵扣进项税金。

二月份：

(1)报关离境出口商品，FOB：USD 20 万元，汇率 1∶7.35；

(2)内销商品销售额：500 万元；

(3)外购货物取得的增值税专用发票上注明的价款为 650 万元，货物已验收入库；

(4)本厂在建工程领用库存外购货物成本 20 万元。

现假设若二月份存在进项税额，则转结下期继续抵扣。

三月份：

(1)报关离境出口商品，FOB：USD 40 万元，汇率 1∶7.40；

(2)内销商品销售额：420 万元；

(3)外购货物取得的增值税专用发票上注明的价款为480万元,货物已验收入库;
(4)外购生产商品用设备取得的增值税普通发票上的价款为25万元。
四月份:
(1)报关离境出口商品,FOB:USD 35万元,汇率1∶7.35;
(2)内销商品销售额:180万元;
(3)外购货物取得的增值税专用发票上注明的价款为850万元,货物已验收入库;
(4)库存外购货物遭受火灾,报损成本50万元。
3. 要求:根据该公司上列各项业务,回答下列问题。
(1)一月份应纳或应退增值税为(　　)万元。
A. 6.80　　B. −1.96
C. 8.76　　D. 1.96
(2)二月份应纳或应退增值税为(　　)万元。
A. 16.22　　B. −19.62
C. −16.22　　D. −22.10
(3)三月份应纳或应退增值税为(　　)万元。
A. −14.58　　B. 1.64
C. 14.58　　D. 38.48
(4)四月份应纳或应退增值税为(　　)万元。
A. −33.44　　B. 61.67
C. 95.11　　D. −95.11
(5)一月份应编制的会计分录为(　　)。
A. 借:应交税费——应交增值税　　19 600
　　贷:银行存款　　19 600
B. 借:应交税费——应交增值税　　68 000
　　贷:银行存款　　68 000
C. 借:应交税费——应交增值税　　87 600
　　贷:银行存款　　87 600
D. 借:其他应收款　　19 600
　　贷:应交税费——应交增值税　　19 600
(6)三月份应编制的会计分录为(　　)。
A. 借:应交税费——应交增值税　　145 800
　　贷:银行存款　　145 800
B. 借:应交税费——应交增值税　　384 800
　　贷:银行存款　　384 800
C. 借:其他应收款　　145 800
　　贷:应交税费——应交增值税　　145 800
D. 借:其他应收款　　384 800
　　贷:应交税费——应交增值税　　384 800
(7)四月份应编制的会计分录为(　　)。
A. 借:其他应收款　　951 100

贷:应交税费——应交增值税		951 100
B. 借:其他应收款	334 400	
贷:应交税费——应交增值税		334 400
C. 借:应交税费——应交增值税	334 400	
贷:银行存款		334 400
D. 借:其他应收款	616 700	
贷:应交税费——应交增值税		616 700

第五章　进口贸易业务

第一节　进口业务的种类和基本程序

一、进口贸易业务的含义

进口贸易业务是指外贸企业以外汇在国际市场上采购商品，满足国内生产和人民生活需要的业务。

进口贸易业务也是外贸企业的一项重要业务。进口贸易与出口贸易两者是相辅相成、相互制约的。一个国家所生产的商品，不可能完全满足本国的全部需求，因此只有通过进口贸易业务进行商品交换，才能满足国内生产和人民生活需要。同时，通过引进先进技术，进口先进的生产设备和国内紧缺的原材料和燃料，可以提升我国的科技水平、生产能力和国际竞争力，促进我国出口贸易业务的增长，扩大我国与世界各国的经济交往，以达到互通有无、共同发展的目的。

二、进口贸易业务的种类和程序

（一）进口贸易业务的种类

进口贸易业务按其经营性质不同，可分为自营进口、代理进口和易货贸易三种。

1. 自营进口业务。它是指外贸企业自己经营进口贸易并自负进口盈亏的业务。

2. 代理进口业务。它是指外贸企业代理国内委托单位与外商签订进口贸易合同，并负责对外履行合同的业务。对该项业务，外贸企业仅收取一定比例的手续费。

3. 易货贸易业务。它是指贸易双方将进口与出口结合起来进行商品交换并自负盈亏的业务。

（二）进口贸易业务的程序

进口贸易的业务程序主要有进口贸易前的准备工作、签订进口贸易合同、履行进口贸易合同三个业务程序。

1. 进口贸易前的准备工作。在决定进口之前，必须对国内市场的价格进行调查，弄清对方供应情况及其价格趋势。

（1）原材料市场：生产周期短、市场变化快。

（2）农产品市场：这类商品的价格直接受到主要生产国播种面积和气候变化的影响。一般从报纸杂志和有关外贸公司都可以了解到。

（3）技术和机械设备市场：价格比较稳定，一般来说，可通过以下渠道调查：①与外国厂商进行技术交流和直接洽谈，进行技术比较和价格比较；②通过有关外贸行业查询我国已进口同品种的合同价格；③向咨询公司进行技术和价格咨询；④通过我国驻外商务机构调查了解；

⑤查阅国内外商务报纸杂志。

(4)日用商品市场:价格比原材料价格稍加稳定,一般可通过如下渠道调查:①通过有关外贸公司了解;②与经营该商品的外商接触进行询价;③通过我国驻外机构调查了解。

2. 签订进口贸易合同。外贸企业在与国内客户协商签订供货合同的同时,应与国外出口商通过询盘、发盘、还盘与反还盘以及接受四个环节进行磋商,在磋商成功的基础上与国外出口商签订进口贸易合同。

3. 履行进口贸易合同。外贸企业履行进口贸易合同可分为以下几个环节:

(1)信用证的开立和修改

进口合同签订后,开证申请人应按合同规定填写开证申请书并向中国银行办理开证手续。信用证的内容应与合同条款一致。开证申请书的内容必须完整明确,为了防止混淆和误解,开证申请书中不应罗列过多的细节。信用证的开证时间,应按合同规定办理。

开证申请人在填写开证申请书时,应注意下列问题:

①信用证的种类:应按合同规定。

②信用证金额:大小写金额要一致。

③汇票的付款人和付款期限:汇票的付款人应为开证行或信用证指定的其他银行,汇票为即期还是远期应严格按照合同规定。

④运输单据:如采用海洋运输,一般应要求提供全套凭开证行或申请人指示并经发货人空白背书的已装船清洁提单。

⑤其他单据:产地证、品质、重量检验证书、化验证明书等的签发机构,形式、内容及证明事项等应作明确规定。

⑥分批装运和转运:进口合同如规定不允许分批装运和转运的,应在信用证中明确注明不准分批装运、不准转运;如信用证对此不作规定的,将被视为允许分批装运和转运。

⑦有效期限和到期地点:信用证必须规定一个到期日和一个交单地点,否则,该信用证就不能使用。

⑧进口许可证号码:我国是外汇管理的国家,信用证中应要求出口人在商业发票上记载进口许可证号码,以备进口通关时海关验货。

对方收到信用证后,如提出修改信用证的请求,经我方同意后,即可向银行办理改证手续。

【例5-1】 某外贸公司向美国达力公司出口冷冻牛肉60吨,每吨CIF价3 000美元。合同规定数量可以增减10%。达力公司按时开来信用证,信用证规定:数量约60吨,总金额180 000美元。该外贸公司发货时,按合同和信用证规定,实际装运62吨,缮制货物发票表明:数量62吨,总金额186 000美元。当我外贸公司持单到银行办理议付时,却遭到了银行拒付。试问银行是否有权拒付?说明理由。

分析:银行有权拒付。此案例涉及信用证与合同关系问题和数量条款以及审证责任问题。从信用证特点上看,信用证虽然是依据货物买卖合同而开立的,但信用证一旦开出,它就成为独立于合同之外的另一种契约,不再受合同约束。银行审核的是信用证而不是合同。只要卖方所交单证符合信用证要求,议付行就不得拒付货款。而且数量条款属于合同和信用证上的主要条款,卖方所交货物数量必须符合信用证规定。因此银行拒绝付款是应该的。卖方在审核买方开来的信用证时,发现信用证上的数量条款与合同不符时应该要求对方修改信用证,何况买方开来的信用证上只是使用一个"约"字,总金额明确为180 000美元,其实就是规定为60吨。因此,由于卖方审证疏忽或不严,责任应该由卖方承担。

(2)安排运输和保险

①租船、订舱和催装

目前,我国进口货物的租船订舱工作统一委托外运公司办理。租船订舱的时间应严格按照合同规定,并应在运输机构规定的时间内提交订舱单,以保证及时配船。进口企业在办妥租船订舱手续,接到运输机构的配船通知后,应按规定期限将船名及预计到港日期通知卖方,以便卖方准备装货。同时,还应随时了解和掌握卖方备货和装货前的准备工作情况,注意催促对方按时装运。对数量大的物资进口,如有必要也可请我驻外机构就近了解,督促对方按时、按质、按量履行交货义务,或派人员前往出口地点监督装运。

②保险

FOB、FCA、CFR 和 CPT 价格条件下的进口合同,由进口企业负责向保险公司办理货物的运输保险。我国大部分外贸企业都与保险公司签订海运、空运和陆运货物的预约保险合同。这种保险方式手续简便,对外贸企业进口货物的投保险别、保险费率、适用的保险条款、保险费及赔偿的支付方法等都作了明确规定。因此,每批进口货物,在收到国外装船通知后,将船名、提单号、开船日期、商品名称、数量、装运港、目的港等内容通知保险公司,即作为已办妥保险手续。

(3)审单和付款

中国的银行接到国外寄来的汇票及单据后,对照信用证的规定,核对单据的份数和内容。如内容无误,则中国的银行对国外付款。同时进口公司用人民币按照国家规定的有关折算的牌价向中国的银行买汇赎单。进出口公司凭中国的银行出具的"付款通知书"向用货部门进行结算。如审核国外单据时发现单、证不符,要立即处理,要求国外改单,或停止对外付款。

开证行、保兑行(如有的话)或代表他们的指定银行应各有一段合理时间审核单据,即不超过收到单据次日起的 7 个银行工作日,审核和决定接受或拒绝接受单据,并相应地通知交单方。

(4)报关和接货

进口货物到货后,由进出口公司或委托外运公司根据进口单据填写"进口货物报关单"向海关申报,并随附发票、提单及保险单。如属法定检验的进口商品,还须随附商品检验证书。货、证经海关查验无误,才能放行。

进口货物运达港口卸货时,港务局要进行核对。如发现短缺,应及时填制"短卸报告"交由船方签认,并根据短缺情况向船方提出索赔权的书面声明。卸货时如发现残损,货物应存放于海关指定仓库,待保险公司会同商检局检验后做出处理。

(5)商品检验

进口货物须经商检局进行检验。如有残损短缺,凭商检局出具的证书对外索赔。

(6)进口索赔

进口商品常因品质、数量、包装等不符合合同的规定,而需向有关方面提出索赔。具体有以下三种情况:

①向卖方索赔

凡属下列情况者,均可向卖方索赔。例如:原装数量不足;货物的品质、规格与合同规定不符;包装不良致使货物受损;未按期交货或拒不交货;等等。

②向承运人索赔

凡属下列情况者,均可向承运人索赔。例如:原装数量少于提单所载数量;提单是清洁提单，而货物有残缺情况，且属于船方过失所致；货物所受的损失，根据租船合约有关规定应由船方负责；等等。

③向保险公司索赔

凡属下列情况者，均可向保险公司索赔。例如：由于自然灾害、意外事故或运输中其他事故的发生致使货物受损，并且属于承保险别范围以内的；凡轮船公司赔偿金额不足抵补损失的部分，并且属于承保范围内的损失。

在进口业务中，办理对外索赔时一般应注意以下几个方面：

关于索赔证据，首先，应备妥索赔清单，随附商检局签发的检验证书、发票、装箱单副本。其次，对不同的索赔对象还要另附有关证件。向卖方索赔时，应在索赔证件中提出确切依据和理由，如属于 FOB 或 CFR 合同，尚需随附保险单一份；向轮船公司索赔时，须另附由船长及港务局理货员签字的理货报告和船长签字的短卸或残损证明；向保险公司索赔时，须另附保险公司与买方的联合检验报告等。

进口业务程序如图 5－1 所示。

三、进口贸易对进口单据应严格审核

在国际贸易中，主要是采取信用证结算方式。外贸企业进口商品往往是凭单付款的，即外贸企业收到银行转来的出口商的全套结算单据后，就要付款赎单，这形成了一种单据买卖。因此，外贸企业收到银行转来的全套结算单据时，首先要根据进口贸易合同和信用证的有关条款检查单据的种类、份数是否完整；其次审核单据的内容，审核的单据主要有发票和提单。

（一）发票

发票是指出口商开给进口商的商品价值的清单。发票是交易双方收付款的依据，也是交易双方记账的原始凭证，还是出口商在出口地和进口商在进口地报关缴税的计算依据，因此必须严格地进行审核。

首先，发票的内容必须与进口贸易合同及信用证的条款内容相一致；其次，发票中有关项目的内容必须与其他有关的单据核对相符；再次，发票上的总金额不得超过信用证规定的最大限额。

（二）提单

提单是指承运单位签发的承运商品收据。它是出口商发货的证明，也是进口商提货的依据。

提单必须是已装船提单，也就是商品装入船舱后签发的提单。如果是收讫备运提单，就应进一步审核是否有承运单位加注的“已装船”字样，否则不能轻易接受；然后进一步核对提单上所列商品的毛重、净重与发票及重量单上所列的内容是否相符，有关唛头、装运港、目的港、运费支付情况与进口贸易合同及信用证的规定是否相符等。

外贸企业收到全套结算单据后，应进行严格的审核。只有在单证相符、单单相符的基础上，才能办理付汇手续。

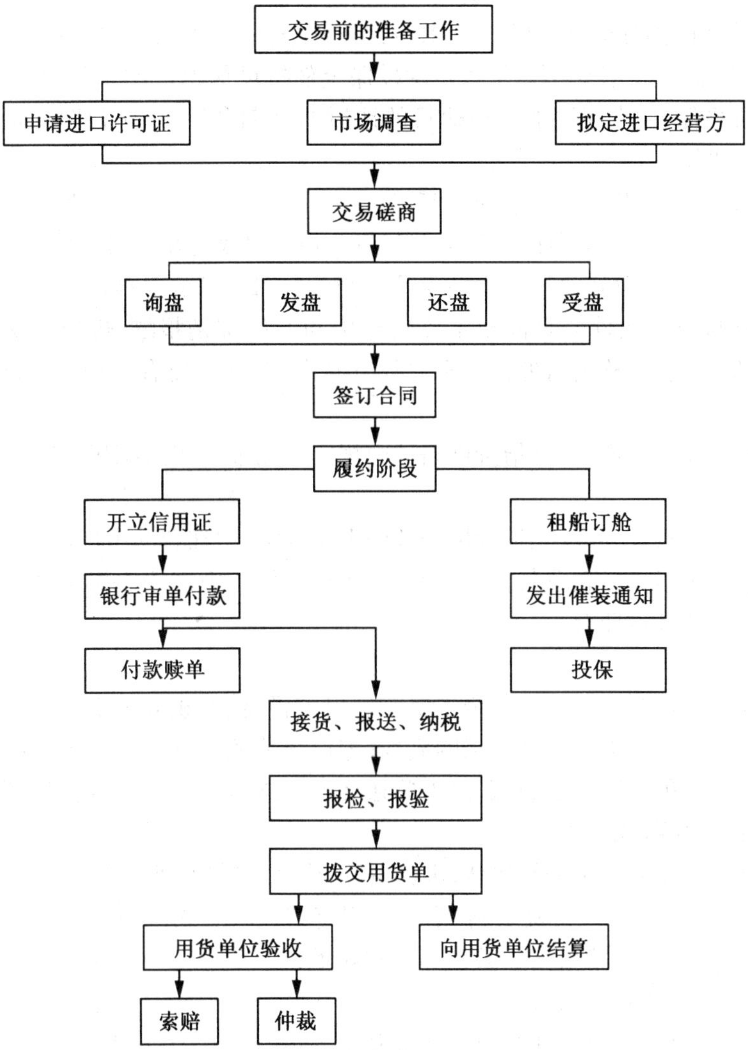

图 5—1　进口业务程序

第二节　进口业务采购与销售的核算

一、进口商品的采购成本构成

(一)国外进价

按现行《商品流通企业会计制度》的规定,进口商品的国外进价,一律以 CIF 价格(到岸价)为基础。如果外贸企业以 FOB 价格(离岸价)成交,则在商品离开对方口岸后,应由我方负担的国外运费和保险费一律计入商品进价成本;外贸企业收到的进口佣金,凡是能够认定到进口商品的,应冲减国外进价成本;不能直接按商品认定的,比如累计佣金,应冲减"经营费用"。

1. 运费分为国外运费和国内运费。在 CIF 及 CFR 条件下,国外运费应该由出口方支付;在 FOB 条件下,国外运费应该由进口方支付。对于国内运费,与国内工业企业计入商品成本不同，外贸企业的国内运费计入“销售费用”。

2. 国外保险费同国外运费一样，在 CIF 及 CFR 条件下，由出口方承担；在 FOB 条件下，由进口方承担。国际上一般对出口货物险的投保金额按可保财产的实际价值全额投保，即按启运地的 CIF 价投保，通常还要加上到达目的地后的预期利润，国际保险市场上通常为加成 10%。其计算公式如下：

保险费＝CIF×保险费率×110%

＝(CFR×保险费率×110%)/(1－保险费率×110%)

＝(FOB＋F)×保险费率×110%/(1－保险费率×110%)

3. 佣金是指按价格条件或合同规定支付给中间商的推销报酬，进出口交易均由卖方支付，通常都计入货价之内，称为含佣价。在对外贸易中，佣金主要有三种方式，即明佣、暗佣和累计佣金。

(1)明佣，又称发票内佣金，是指价格条件中规定的佣金。例如：CIF C5 表示到岸价含 5% 佣金。

(2)暗佣，又称发票外佣金，是指价格条件中未作规定，但在合同中规定有佣金。

(3)累计佣金，是指出口企业与国外包销商、代理商订立协议，按一定时期内累计销售金额及相应的佣金率定期计付佣金。

(二)进口税金

进口商品在进口环节应缴纳的税金主要有进口关税、消费税和增值税。其中由海关征收的进口关税和消费税计入进口商品的采购成本；进口环节的增值税不计入采购成本，而在“应交税费——应交增值税(进项税额)”账户中单独反映。进口商品在国内销售环节缴纳的各种税金，不在进口商品采购成本中核算。

进口商品到达口岸时发生的卸船费、港务费等，应列入“销售费用”。

1. 进口关税。按《进出口关税条例》第十条规定：“进口货物以海关审定的成交价格为基础的到岸价格(CIF)作为完税价格。”其计算公式如下：

进口关税＝CIF×关税税率

＝[(FOB＋F)/(1－保险费率×110%)]×关税税率

＝(CFR×关税税率)/(1－保险费率×110%)

2. 进口增值税及消费税。由组成计税价格计算，其计算公式如下：

组成计税价格＝关税完税价格＋进口关税＋消费税

增值税＝组成计税价格×增值税率

消费税＝(关税完税价格＋进口关税)÷(1－消费税率)×消费税率

二、账户设置

在进口商品采购业务核算中要设置“商品采购”和“库存商品——进口商品”账户。为了准确反映进口商品的采购成本，在“商品采购”的总账下设“进口商品采购”二级明细账。其基本结构如下页表格所示：

商品采购——进口商品采购

(1)商品的国外进价(CIF 价格) (2)可直接认定的进口商品佣金(红字) (3)进口税金(价内税)	(1)结转入库或销售的进口采购成本 (2)进口商品在运输途中的缺损
余额:在途进口商品的采购	

库存商品——进口商品

从"商品采购——进口商品采购"账户转入的 进口商品成本	进口商品销售后成本的结转数
余额:尚未销售的进口商品总成本	

三、自营进口商品购进的核算

外贸企业采购国外商品主要采用信用证结算方式。当收到银行转来的国外全套结算单据时,应将其与信用证或合同条款核对相符,并通过银行向国外出口商承付款项时,借记"商品采购"账户,贷记"银行存款"账户。当支付国外运费和保险费时,应借记"商品采购"账户,贷记"银行存款"账户。进口商品运抵我国口岸,向海关申报进口关税、消费税和增值税时,根据进口关税和消费税的合计数(增值税是价外税,暂不作账务处理),借记"商品采购"账户,贷记"应交税金"账户。外贸企业收到出口商付来佣金时,借记"银行存款"账户,贷记"商品采购"账户。当进口商品采购完毕,验收入库,结转其采购成本时,借记"库存商品"账户,贷记"商品采购"账户。外贸企业支付进口商品的关税、消费税和增值税时,应借记"应交税费"账户,贷记"银行存款"账户。

【例 5-2】 东方食品进出口公司根据进口贸易合同从美国奥尔良公司进口卷烟一批,采用信用证结算。

(1)6 月 1 日,接到银行转来国外全套结算单据,开列卷烟 500 箱,每箱 96 美元 FOB 价格,其中货款 48 000 美元,审核无误后,购汇予以支付,当日美元汇率卖出价为 8.30 元。作会计分录如下:

借:商品采购——美国卷烟	398 400	
贷:银行存款		398 400

(2)6 月 2 日,购汇支付进口卷烟国外运费 1 891 美元,保险费 109 美元,当日美元汇率卖出价为 8.30 元。作会计分录如下:

借:商品采购——美国卷烟	16 600	
贷:银行存款		16 600

(3)6 月 19 日,卷烟运达我国口岸,向海关申报卷烟应纳进口关税额 144 900 元,应纳消费税额 372 600 元,应纳增值税额 158 355 元。作会计分录如下:

借:商品采购——美国卷烟	517 500	
贷:应交税费——应交进口关税		144 900
——应交消费税		372 600

(4)6月20日,美国奥尔良公司付来佣金1 500美元,当日美元汇率买入价为8.26元,收到银行转来结汇水单。作会计分录如下:

借:银行存款	12 390	
贷:商品采购——美国卷烟		12 390

(5)6月21日,500箱进口卷烟验收入库,结转其采购成本。作会计分录如下:

借:库存商品——库存进口商品	920 110	
贷:商品采购——美国卷烟		920 110

(6)6月26日,以银行存款支付进口卷烟的进口关税额、消费税额和增值税额。作会计分录如下:

借:应交税费——应交进口关税	144 900	
——应交消费税	372 600	
——应交增值税——进项税额	158 355	
贷:银行存款		675 855

四、进口商品销售收入的结算

进口商品的国内销售,是进口业务的第二个环节。外贸企业用外汇购进的各种商品物资,根据企业自身经营的需要,作价销售给国内用货单位。自营进口商品,以开出进口结算单向国内用户办理货款结算的时间为进口商品销售收入的确认并予以入账的时间。进口商品货款的结算时间主要有货到结算、单到结算和出库结算三种。

1. 货到结算。货到结算是指在外贸企业取得外运公司的船舶到港通知并向国内用户开出结算凭证时,确认销售收入实现并予以入账。

2. 单到结算。单到结算是指不论进口商品是否已经到达我国港口,外贸企业只要收到国外客户的全套单据,经审核符合合同规定,即可向国内用户办理货款结算。

3. 出库结算。出库结算是指外贸企业进口的商品到货后先验收入库,销售时凭出库凭证、提货凭证和运输凭证等向国内办理货款结算。

三种方式的会计处理是不同的,外贸企业具体采用哪种方式结算,由外贸企业同国内用户协商确定。

(一)设置账户

1.“自营进口销售收入”是损益类账户,用以核算企业自营进口商品的销售收入。企业取得自营进口商品销售收入时,记入贷方;发生自营进口销售商品的销货退回时,记入借方,期末转入本年利润账户贷方。

2.“自营进口销售成本”是损益类账户,用以核算企业自营进口商品的销售成本。企业结转自营进口商品销售成本时,记入借方;发生自营进口商品销货退回时,记入贷方,期末转入本年利润账户借方。

3.“应交税费——应交增值税(销项税额)”账户。贷方用于核算企业销售货物或提供劳务应收取的增值税额;贷方红字登记退回销货应冲销的销项税。

(二)核算程序和账务处理

根据进口商品在国内结算的三种不同方式,其核算和账务处理也有三种:

1. 货到结算

由于外贸企业在进口商品时,采购成本已核算完毕,因此可以在反映进口商品销售的同时结转进口商品成本。其核算程序如下：

(1)收到国外进口单据及外运公司到港通知。

借：商品采购——进口商品采购(CIF价即价内税扣除佣金后的全部成本)

贷：银行存款

(2)在收到外运公司到港通知时，向国内用户结算货款。

借：应收账款

贷：自营进口销售收入

应交税费——应交增值税(销项税额)

(3)结转进口商品销售成本。

借：自营进口销售成本

贷：商品采购——进口商品采购

【例5—3】 辽润进出口有限公司进口商品一批，FOB纽约价USD 20 000。

①存入信用证存款，当日美元市场汇率为8.5。

借：其他货币资金——信用证存款 170 000

贷：银行存款 170 000

②支付国外运保费USD 1 500，当日美元市场汇率为8.6。

借：商品采购——进口商品采购 12 900

贷：银行存款 12 900

③货物到港，支付进口税金，其中进口关税90 000元，增值税48 000元。

借：应交税费——应交增值税(进项税额) 48 000

——应交进口关税 90 000

贷：银行存款 138 000

借：商品采购——进口商品采购 90 000

贷：应交税费——应交关税 90 000

借：商品采购——进口商品采购 170 000

贷：其他货币资金——信用证存款 170 000

④收到国外佣金USD 400，当日美元市场汇率为8.6。

借：银行存款 3 440

贷：商品采购——进口商品采购 3 440

⑤商品到港，同国内购货单位结算，价格300 000元，增值税率17%。

借：应收账款 351 000

贷：自营进口销售收入 300 000

应交税费——应交增值税(销项税额) 51 000

借：自营进口销售成本 269 460

贷：商品采购——进口商品采购 269 460

(12 900+90 000+170 000−3 440)

2. 单到结算

外贸企业在取得国外进口单据的同时就可以向国内用户办理货款结算，即进口商品的采购和国内销售同时进行。由于这时进口商品采购成本尚未计算完毕，所以不能同时在销售时结转成本。只有在货物到港后，计算完相应成本后才能结转销售成本。其账务处理如下：

(1)接到国外进口单据,对外付款确认采购成立

借:商品采购——进口商品

　　贷:银行存款

(2)同时,向国内办理结算,确认销售成立

借:应收账款

　　贷:自营进口销售收入

　　　　应交税费——应交增值税(销项税额)

(3)支付国外运保费

借:商品采购——进口商品

　　贷:银行存款

(4)货物到港,计算进口税金

借:应交税费——进口关税

　　　　　——应交消费税

　　　　　——应交增值税(进项税额)

　　贷:银行存款

借:商品采购——进口商品

　　贷:应交税费——进口关税

　　　　　　　——应交消费税

(5)结转进口商品国内销售成本

借:自营进口销售成本

　　贷:商品采购——进口商品

【例 5—4】 辽润进出口公司于 2004 年 9 月进口商品 210 件,采用信用证结算单的结算方式销售给国内公司。

①9 月 5 日,接到银行转来国外全套结算单据,商品单价 CIF 大连 100 美元,共计货款 21 000美元,佣金 1 000 美元,经审核无误,扣除佣金后,购汇支付货款,当日美元市场汇率为 8.30。

借:商品采购——进口商品	166 000	
贷:银行存款		166 000

②9 月 6 日,开出增值税专用发票,商品国内单价 1 000 元,货款 210 000 元,增值税额 35 700元。收到国内公司为支付款项签发并承兑的商业汇票。

借:应收票据	245 700	
贷:自营进口销售收入		210 000
应交税费——应交增值税(销项税额)		35 700

③9 月 15 日,商品到我国口岸,向海关申报应纳进口关税额 33 200 元,应纳增值税额 28 220元。

借:商品采购——进口商品	33 200	
贷:应交税费——应交进口关税		33 200

④9 月 20 日,结转其销售成本。

借:自营进口销售成本	199 200	
贷:商品采购——进口商品		199 200

⑤9 月 25 日，支付进口商品的进口关税和增值税。

借：应交税费——应交进口关税　　33 200

——应交增值税(进项税额)　　28 220

贷：银行存款　　61 420

3. 出库结算

这种方式下，进口商品已经验收入库，其采购成本也已计算完毕，在国内销售进口商品的同时可以直接结转成本，其账务处理如下：

(1)收到国外进口单据及外运公司到港通知

借：商品采购——进口商品(CIF 价即价内税扣除佣金后的全部成本)

贷：银行存款

(2)商品验收入库

借：库存商品——进口商品

贷：商品采购——进口商品

(3)接到商品出库单，确认国内销售成立

借：应收账款

贷：自营进口销售收入

应交税费——应交增值税(销项税额)

(4)同时结转进口商品国内销售成本

借：自营进口销售成本

贷：库存商品——进口商品

【例 5—5】 承【例 5—3】，其中前四笔账务处理相同，第五笔业务，若商品先到港入库，再与国内购货商结算销售，其账务处理如下：

借：库存商品——进口商品　　269 460

贷：商品采购——进口商品采购　　269 460

借：应收账款　　351 000

贷：自营进口销售收入　　300 000

应交税费——应交增值税(销项税额)　　51 000

借：自营进口销售成本　　269 460

贷：库存商品——进口商品　　269 460

【例 5—6】 苏×外贸公司从日本进口服装机械一台，国外进价为(FOB)25 000 美元。支付该机械国外运费 3 000 美元，保险费 1 000 美元，关税税率 10%，增值税税率 17%。该服装机械将销售给×通制衣公司，合同售价(价税合计)300 000 元。另附有关会计资料：到货后国内费用 1 500 元，应摊国内费用 1 250 元。美元按当日汇率折合人民币记账。

1. 单到结算情况下，进口商品销售的核算

在这种情况下，进口商品采购的核算和销售核算几乎是同时进行的。然而，进口商品的采购成本归集有一个过程，只有在商品的采购成本归集完毕后才能结转商品的销售成本。其核算程序和账务处理如下：

(1)接到银行转来的国外单据，经审核无误支付国外货款时，假定当日美元汇率 USD 1=￥6.85，则作会计分录如下：

借：商品采购——进口商品采购——自营进口　　171 250

贷:银行存款　171 250

(2)同时,向国内用户结算开具增值税专用发票,做销售处理:

借:应收账款——×通制衣公司　300 000

贷:主营业务收入——自营进口销售收入　256 410.26

应交税费——应交增值税(销项税额)　43 589.74

(3)支付国外运保费共计 4 000 美元,汇率未变:

借:商品采购——进口商品采购——自营进口　27 400

贷:银行存款　27 400

(4)货到口岸后计算应纳进口关税:

借:商品采购——进口商品采购——自营进口　19 865

贷:应交税费——应交进口关税　19 865

(5)货到口岸后计算缴纳增值税和关税:

借:应交税费——应交进口关税　19 865

——应交增值税(进项税额)　37 147.55

贷:银行存款　57 012.55

(6)支付进口货物到货后的运杂费 1 500 元。

借:销售费用　1 500

贷:银行存款　1 500

(7)进口商品的采购成本归集完毕,则可以结转进口成本(包括国外进价、运保费、进口关税等)

借:主营业务成本——自营进口销售成本　218 515

贷:商品采购——进口商品采购——自营进口　218 515

2. 货到结算情况下,进口商品销售的核算

在这种情况下,进口商品的采购成本已经核算完毕,因此与国内客户办理贷款结算时,在反映自营进口销售收入的同时,也可以同时结转其成本。其核算程序和账户处理如下:

(1)接到外运公司通知货到口岸后,即向用户结算,开具增值税发票。

借:应收账款——×通制衣公司　300 000

贷:主营业务收入——自营进口销售收入　256 410.26

应交税费——应交增值税(销项税额)　43 589.74

(2)同时,结转进口成本(包括国外进价、运保费、进口税金)。此时,进口商品的采购成本已在“商品采购——进口商品采购——自营进口”科目归结完毕,可以直接转入成本。

借:主营业务成本——自营进口销售成本　218 515

贷:商品采购——进口商品采购——自营进口　218 515

3. 出库结算情况下,进口商品销售的核算

在这种情况下,进口商品的采购成本早已核算完毕,并已记入“库存商品”账户,商品销售时,可以同时结转销售成本,其核算程序和账户处理如下:

(1)接到进口商品销售的出库通知单,按合同或协议规定的销售价格向用户结算,开具增值税发票:

借:应收账款——×通制衣公司　300 000

贷:主营业务收入——自营进口销售收入　256 410.26

应交税费——应交增值税(销项税额)　　43 589.74

(2)出库结算情况下,进口商品运抵企业仓库,成本核算完毕,应根据入库单,作会计分录如下:

借:库存商品——库存进口商品　　218 515

贷:商品采购——进口商品采购——自营进口　　218 515

(3)同时,结转成本:

借:主营业务成本——自营进口销售成本　　218 515

贷:库存商品——库存进口商品　　218 515

五、自营进口销售业务的明细分类核算

为了完整地反映进口商品的销售收入和销售成本,涉外企业应根据商品的类别设置明细账,并采用专栏格式进行明细核算,为了简化手续,也可以将进口销售成本和收入明细账合并为一个账户进行核算。

(一)进口主要商品成本分析表

进口主要商品成本分析表也称为进口商品销售利润(亏损)表,是反映涉外企业本年度内自营进口商品销售收入、销售成本、盈亏总额、进口每美元盈亏额等情况的会计报表,是涉外企业的主要内部管理报表之一。这个报表是反映涉外企业经营进口商品盈亏的动态报表,通过分析主要进口商品的美元盈亏额,以辅助分析企业盈亏结构、市场价格走势,是企业经营决策的主要依据。

(二)进口主要商品成本分析表的设计原理

进口主要商品成本分析表是以单项进口商品盈亏分析为核心的多栏式报表。在表格的设计上,以进口每美元盈亏额这一指标为核心,以主要进口商品为基础列示,对不同商品的销售收入和销售成本分别进行了解。以便直观地了解各种商品的明细情况,同时,对进口每美元盈亏这一指标,设立了“本年”和“上年同期”两个栏目,以便于比较。销售总成本=商品进价+期间费用+销售税金(商品进价=国外进价+进口关税及消费税)。

从以上计算公式可以看出,编制本表的资料主要来源于销售税金及附加、销售费用、管理费用、财务费用、期间费用等资料。其中,期间费用分为直接费用和间接费用,间接费用需按具体分摊方法分摊计入。

通过编制本表,涉外企业可以及时分析、总结本企业经营的重点进口商品的销售价格、成本总额及其构成。企业可以根据本单位经营规模和进口商品结构按每月度、季度、年度编制。

六、代理进口业务的核算

(一)代理进口业务的核算原则

涉外企业经营代理进口业务,实质上是用委托单位的资金进口商品,原价转给委托单位,外方付来的佣金,索赔款全部退给委托单位,不负担盈亏,只收取代理手续费。所以,在代理进口过程中应遵循不垫付进口商品资金,不负担进口商品的国内外费用,也不承担进口业务盈亏的原则。只根据进口商品金额的CIF价格,按规定的代理手续费率向委托单位收取代理手续费。

根据这一原则,涉外企业接受委托单位的委托以后,应事先签订代理协议,明确规定代理进口商品的名称、技术条件、规格尺寸、数量、包装条款、交货期、目的港、手续费等双方职责,以

明确双方的权利和责任。

代理进口结算应由委托单位预先支付人民币资金。代理的全过程完成后开列“代理进口商品结算单”找补了结。代理进口商品结算单格式如表 5—1 所示：

表 5—1　　代理进口商品结算单

结算项目	金　额		备　注
外商售价(FOB)	(A:　　)		
海运费(F)	(B:　　)		
保险费(I)	(C:　　)		
进口 CIF 金额	(D:　　)		
进口关税(12%)		(E:　　)	
进口消费税(30%)		(F:　　)	
进口增值税(17%)		(G:　　)	
进口佣金(C)×%			
银行手续费(5‰)		(H:　　)	
垫付利息			
代理手续费(1.5%)		(I:　　)	
结算金额合计		(J:　　)	

注:外贸代理手续费一般按 CIF 价的 1.5%向订货单位收取。

1. 代理进口业务销售收入的实现

涉外企业代理进口业务,应以开出进口结算单,向国内委托单位办理货款结算的时间确定销售收入的实现。

由于涉外企业经营代理进口业务前,与委托单位已经签订了代理进口协议,就代理进口商品的名称、价格条件、运输方式、费用负担、风险责任、手续费率等有关内容作出详细的规定。因此当银行转来国外全套结转单据,经审核与合同无误,在支付进口商品的贷款的同时,可以向国内委托单位办理货款结算,这时代理进口业务销售收入已经实现。

2. 代理进口业务核算开设的账户

代理进口的商品,由于受托方不需要垫付商品资金,进口商品购进即交付给国内委托单位,因此在会计核算上不需要设置“在途物资”账户。涉外企业作为受托方在代理进口业务中主要反映的是同国外客户和国内委托方的货款结算业务,因此,有关代理进口业务的账款的结算,可分别在“应收账款”及“应付账款”按客户核算。订货预收的保证金、应收货款及应付运保费、手续费以及与有关委托单位往来账款也通过“应收账款”及“应付账款”进行,分客户设账,并应分别在国内外货款、费用全部清算完毕后,及时与委托单位进行结算。涉外企业代委托单位垫付进口税金时,直接作为往来款项向委托单位托收。

根据会计准则规定,涉外企业代理进口业务的代理手续费收入及其相关业务通过“其他业务收入”、“其他业务成本”账户核算。

(1)其他业务收入

该账户贷方反映代理进口手续费收入,借方结转“本年利润”。

(2)其他业务成本

该账户借方反映代理手续费收入应缴纳的营业税、城市建设维护税及教育费附加等,贷方结转“本年利润”。

(二)代理进口业务的核算程序和账户处理

【例5—7】 苏×外贸公司接受太×洋百货公司委托,从美国进口一批化妆品100箱,每箱FOB纽约500美元,总计50 000美元,其账户处理如下:

1. 收到太×洋百货公司预付代理进口化妆品款700 000元,作会计分录如下:

借:银行存款　　700 000
　　贷:应收账款——太×洋百货公司　　700 000

2. 收到银行转来国外全套结算单据,开列化妆品100箱,每箱FOB纽约500美元,总计50 000美元,佣金15 000美元。经审核无误,扣除佣金后支付货款,当日美元汇率USD 1=￥6.85,作会计分录如下:

借:应收账款——太×洋百货公司　　332 225
　　贷:银行存款　　332 225

3. 购汇支付美国化妆品的国外运费2 500美元、保险费192美元,汇率未变。作会计分录如下:

借:应收账款——太×洋百货公司　　18 440.20
　　贷:银行存款　　18 440.20

4. 计算应纳进口关税35 066.20元,消费税165 313.59元、增值税93 677.70元,作会计分录如下:

(1)进口关税

借:应收账款——太×洋百货公司　　35 066.20
　　贷:应交税费——应交进口关税　　35 066.20

(2)消费税

借:应收账款——太×洋百货公司　　165 313.59
　　贷:应交税费——应交消费税　　165 313.59

(3)增值税

借:应收账款——太×洋百货公司　　93 677.70
　　贷:应交税费——应交增值税　　93 677.70

5. 支付代理进口商品的银行手续费1 753.33元,作会计分录如下:

借:应收账款——太×洋百货公司　　1 753.33
　　贷:银行存款　　1 753.33

6. 向委托方结算代理手续费9 023.51元,作会计分录如下:

借:应收账款——太×洋百货公司　　9 023.51
　　贷:其他业务收入——代理进口收入　　9 023.51

7. 代委托方缴纳关税、消费税、增值税,作会计分录如下:

借:应交税费——应交进口关税　　35 066.20
　　贷:银行存款　　35 066.20

借:应交税费——应交消费税　　165 313.59
　　贷:银行存款　　165 313.59

借：应交税费——应交增值税　　93 677.70

　贷：银行存款　　93 677.70

8. 计算涉外企业代理手续费收入应缴纳的营业税 594.10 元、城建税 37.81 元及教育附加费 16.20 元，作会计分录如下

借：营业税金及附加　　648.11

　贷：应交税费——应交营业税　　594.10

　　　——应交城建税　　37.81

　　　——教育附加费　　16.20

9. 向委托方办理货款结算。开出进口商品结算单，如表 5－1 所示与委托方进行价款结算，退回委托方货款 44 500.47 元。并作会计分录如下：

借：应收账款——太×洋百货公司　　44 500.47

　贷：银行存款　　44 500.47

涉外代理手续费一般按 CIF 价的 1.5%～3%向订货单位收取。

(1)货款(CIF)＝(USD 50 000＋USD 2 500＋USD 192)×6.85＝ USD 52 692×6.85＝360 940.20(元)

(2)关税完税价格＝(USD 52 692－ USD 1 500)×6.85＝USD 51 192×6.85＝350 665.20(元)

关税＝350 665.20×10%＝35 066.52(元)

(3)消费税组成计税价格＝(350 665.20＋35 066.52)÷(1－30%)＝551 045.31(元)

消费税＝551 045.31×30%＝165 313.59(元)

(4)增值税组成计税价格＝350 665.20＋35 066.52＋165 313.59＝551 045.31(元)；增值税＝551 045.31×17%＝93 677.70(元)

(5)银行手续费＝(CIF－佣金)×手续费率＝(360 940.20－10 275)×5‰＝1 753.33(元)

(6)涉外代理手续费＝CIF×2.5%＝360 940.20×2.5% ＝9 023.51(元)

代理进口业务如果发生对外索赔问题，其处理权利和取得的索赔收入均归委托单位，涉外企业只负责办理具体业务。

第三节　进口业务销货退回的核算

一、销货退回的核算

(一)销货退回的概念

销货退回是指因错发商品或商品质量不合格而被购买方退回的商品或在价格上给予的折扣。销货退回与折让是一个总账账户，在损益表中作为销售收入的减项。

(二)销货退回的检查

商业企业为了便利群众、维护商业信誉，对于顾客的退货要求，在商品保持完好的前提下，应尽量满足顾客要求，尽量解决顾客的困难予以退货。如因售出商品本身质量存在问题，更应主动为顾客退换，不能给消费者造成损失。销货退回在商品流通中属于“逆流转”，应按一定的手续进行，并应加强复核，防止因手续不健全造成混乱，防止乘机贪污、诈骗。检查销货退回的基本内容是财产、资金的完整性与真实性。

针对不同类型企业要实施不同的检查方法。

1. 检查商品收回情况

销货退回首先是要把商品收回，然后才能退付货款。不同企业检查的内容不同：

(1)零售企业实行“一手钱一手货”售货方式的，在收回商品时，应由售货员两人共同检验收回商品(最好包括本组或本片负责人)，归回货架；然后由当日销货款中退付货款。如实行售货登卡或设有实物账的商品，应用红笔在售货卡或实物账销售栏登记，以备查考。

(2)零售企业实行收款台集中收款方式的，收回商品时，应由经办售货员填具红字售货小票(一式二联或三联)，签字后交由同柜台另一售货员(或本组、本片负责人)验看商品后复核签字(或盖章)，并交由顾客到收款台取退货款，售货人员将商品归回货架，如设有实物账的也应在实物账上登记。如顾客持有原购买商品时的售货小票，售货员应予以收回，与退货小票一并交收款台验核付款。检查时应着重查看退货小票是否确是本店所制，双人签名及品名、规格、单价、金额等是否完整、清楚，顾客所持证明要求退货的售货小票与所退商品是否一致等。

(3)批发企业本市销售发生销货退回时，首先由业务部门根据购货方交来原购物的发货票(正联)开出红字发货票一式多联，注明品名、规格、产地、地址、单价、金额、退货单位、原购买日期、退货原因等，由退货单位持单将所退商品送交保管部门(仓库)检质、检量验收，验收无误后，由保管部门和经办人员在红字收货单上签章，写明验收无误，然后再由退货单位到财会部门领退货款。检查中应注意退货单内容是否清楚，与原发货票对照是否相符，保管部门是否对质量、数量已经验收，验收意见是否明确等。

如果商品尚未提走即发现仓库无货或数量不足而造成退货时，应由购货方将提货单证同时退回，由业务部门在发货票和提货单上均注明退货原因，同时保管部门也应注明“仓库无货”或“货量不足”等字样，随同红字发货票一起经财务部门审核后退付货款。

(4)批发企业外埠销售调拨发生对方拒付时，应先列记“应收账款”科目，经交涉确定同意办理销货退回后，再办理退货手续。业务部门根据对方拒付理由书及交涉过程有关记录、函件等，编制红字发货票，同时要取得对方代管商品的证明，方可办理退款手续，会计部门对该笔商品在库存商品中作为寄存外库处理。业务部门也应有备查记录，以便继续解决，防止商品损失和占压资金，影响商品购销。

2. 检查货款退付情况

(1)检查退付货款的价格。

原则上销货退回是按原售价退付，遇有中间价格调低时，如仍按原售价退付，则顾客再购买原商品可少花一部分钱，获得一些额外收入，企业将退回商品再出售时就要承担一部分降价损失。为能解决顾客退货要求而企业又不受损失，最好用换货方法解决，如顾客坚持要求退货也可按新价退款或协商价格退款。检查中应注意退货价格是否符合规定及类似问题的处理情况，特别要注意是否存在假退货的情况，即将原购买商品以原价退货，却又以新价(降价后的价格)买回，从中捞取差价，使企业遭受损失。因此，对降价后发生的销货退回，应逐笔检查其退货凭证，分析有无上述类似问题发生，特别是应注意有无内外勾结进行诈骗的行为。

(2)检查退付货款的凭证

①零售企业除“一手钱一手货”交易方式的可在售货卡上登记记载外，凡没有收款台或在柜台内另设专人收款的，均应在收回商品后开具复写两联(或三联)的退货单，顾客凭单领款。应注意检查企业对退货单的保管和管理是否完善，即退货单应有专用格式，由专人或业务办公室负责保管，柜台按本领取；在柜内也应妥善保管，不得随处乱放，以防丢失。

②批发企业所开红字退货发货票上，应注明该笔销售原开发货票的号码和日期，并在原发货票上注明退货日期，加盖经手人图章及“销货退回”专用章，还应核对红字发货票与原发货票所列品名、规格、数量、单价，金额等内容是否一致。如原发货票已被购货方钉入凭证，无法退回时，可由购货单位出具正式函件，列明上述内容及购货日期、原发货票号码、提货地点、退货原因及发货票不能退回的原因等。检查退货红字发货票及所附原发货票(或证明函件)是否已通过保管部门签证“货已收回”或“无货未提”等情况，还有保管部签注是否清楚、完整，签章是否齐全。在上述手续完成后，财会部门才能退付货款。

销货退回可能发生在企业确认收入之前，也可能发生在企业确认收入之后。如果是前者，应当冲减发出商品、增加库存商品，即借记“库存商品”账户，贷记“发出商品”账户；如果是后者，一般应在发生时冲减当期商品销售收入，同时冲减当期商品销售成本，如按规定允许扣减当期销项税额的，应同时冲减已确认的销项税额，如该项销货退回已经发生现金折扣的，应同时调整相关财务费用。

【例 5-8】 胜利公司 2007 年 5 月 20 日销售 A 商品一批，增值税专用发票上注明售价为 300 000 元，增值税税额为 51 000 元；该批商品成本为 220 000 元。胜利公司于 2007 年 5 月 20 日发出，购货方于 5 月 27 日付款。胜利公司对该项销售确认了销售收入。2007 年 10 月 15 日，该批商品质量出现严重问题，购货方将该批商品全部退回给胜利公司，胜利公司同意退货，于退货当日支付了退货款，并按规定向购货方开具了增值税专用发票(红字)。胜利公司作会计处理如下：

(1)销售实现时：

借：应收账款	351 000	
贷：主营业务收入		300 000
应交税费——应交增值税(销项税额)		51 000
借：主营业务成本	220 000	
贷：库存商品		220 000

(2)收到货款时：

借：银行存款	351 000	
贷：应收账款		351 000

(3)销售退回时：

借：主营业务收入	300 000	
应交税费——应交增值税(销项税额)	51 000	
贷：银行存款		351 000
借：库存商品	220 000	
贷：主营业务成本		220 000

【例 5-9】 甲公司在 2007 年 5 月 18 日向乙公司销售一批商品，开出的增值税专用发票上注明的售价为 50 000 元，增值税税额为 8 500 元。该批商品成本为 30 000 元。为及早收回货款，甲公司和乙公司约定的现金折扣条件为：1/10，n/30。乙公司在 2007 年 5 月 27 日支付货款。2007 年 10 月 5 日，该批商品因质量问题被乙公司退回，甲公司当日支付有关退货款。假定计算现金折扣时不考虑增值税。甲公司的会计处理如下：

(1)2007 年 5 月 18 日销售实现时：

借：应收账款	58 500	

贷:主营业务收入　　50 000

应交税费——应交增值税(销项税额)　　8 500

借:主营业务成本　　30 000

贷:库存商品　　30 000

(2)2007 年 5 月 27 日收到货款时,发生现金折扣 500(50 000×1%)元,实际收款 58 000(58 500−500)元:

借:银行存款　　58 000

财务费用　　500

贷:应收账款　　58 500

(3)2007 年 10 月 5 日发生销售退回时:

借:主营业务收入　　50 000

应交税费——应交增值税(销项税额)　　8 500

贷:银行存款　　58 000

财务费用　　500

借:库存商品　　30 000

贷:主营业务成本　　30 000

二、资产负债表日后销货退回事项的核算

(一)报告年度所得税汇算清缴前的销货退回账务处理

资产负债表日后至财务报告批准报出日之间发生的资产负债表所属期间或以前期间所售商品的退回,发生于报告年度所得税汇算清缴之前,要按照资产负债表日后有关调整事项的会计处理方法调整报告年度会计报表相关的收入、成本等,并相应调整报告年度的应纳税所得额以及报告年度应交所得税等。

在进行销货退回会计处理时,对于涉及的损益类账户,一律通过“以前年度损益调整”账户核算。涉及利润分配调整的事项,直接在“利润分配——未分配利润”账户中核算。通过上述账务处理后,还应同时调整会计报表相关项目的数字。为便于说明问题,现举例如下:

【例 5—10】 甲公司为上市公司,按资产负债表债务法核算所得税。2007 年度的财务会计报告于 2008 年 5 月 20 日经董事会批准对外报出,2007 年度的所得税汇算清缴于 2008 年 2 月 18 日完成。2008 年 2 月 8 日发生销售退货事项:甲公司 2007 年 11 月 5 日出售给丙公司一批商品,价格为 100 万元,增值税为 17 万元,销售成本为 90 万元,2007 年 12 月 31 日仍未收到货款。2007 年 11 月 10 日,丙公司在验货时发现产品质量存在问题,需要退货。丙公司希望通过协商解决问题,并与甲公司协商解决办法。但由于甲公司技术人员未能够到位并解决商品质量问题,致使丙公司在 2007 年 12 月 20 日提出退货要求,并于 2008 年 2 月 8 日将商品退回给甲公司。假设甲公司按规定已经计提坏账准备 1 万元。甲公司 2007 年度无其他纳税调整事项。甲公司按 10%分别计提法定盈余公积。试作出有关会计处理。

根据资产负债表日后事项的判断标准,判断该事项为资产负债表日后调整事项。根据调整事项会计处理原则进行会计处理如下:

(1)调整销售收入

借:以前年度损益调整　　100

应交税费——应交增值税(销项税额)　　17

贷:应收账款 117

(2)调整坏账准备余额

借:坏账准备 1

贷:以前年度损益调整 1

(3)调整销售成本

借:库存商品 90

贷:以前年度损益调整 90

(4)调整应交所得税

借:应交税费——应交所得税(9×33%) 2.97

贷:以前年度损益调整 2.97

(5)调整递延所得税资产(税法允许按5‰计提坏账准备)

借:以前年度损益调整 0.136 95

贷:递延所得税资产[(1－117×5‰)×33%] 0.136 95

(6)将"以前年度损益调整"账户余额转入利润分配

借:利润分配——未分配利润 3.106 95

贷:以前年度损益调整 3.106 95

(7)调整利润分配有关数字

借:盈余公积 0.310 695

贷:利润分配——未分配利润 0.310 695

(8)调整报告年度会计报表相关项目数字

①资产负债表项目的调整:调减应收账款117万元;调增库存商品90万元;调减应交所得税2.97万元;调减递延所得税资产0.136 95万元;调减应交增值税17万元;调减盈余公积0.310 695万元;调减未分配利润2.796 255万元。

②利润表及所有者权益变动表项目的调整:调减主营业务收入100万元;调减主营业务成本90万元;调减所得税费用2.97万元;调减提取盈余公积0.310 695万元(按10%计提的法定盈余公积);调减未分配利润2.796 255万元。

(9)甲公司2008年1月份资产负债表的年初数应按上述调整后的数字填列。

(二)报告年度所得税汇算清缴后的销货退回账务处理

资产负债表日后至财务报告批准报出日之间发生的资产负债表所属期间或以前期间所售商品的退回,发生于报告年度所得税汇算清缴之后,要按照资产负债表日后有关调整事项的会计处理方法调整报告年度会计报表相关的收入、成本等,但不调整报告年度的应纳税所得额以及报告年度应交所得税等。对于是否调整报告年度的所得税费用,要视企业所得税核算方法而定。这主要是因为按照税法规定,在此期间的销售退回所涉及的应交所得税的调整作为本年度的纳税调整事项处理所致。

企业采用资产负债表债务法核算所得税的,对于报告年度所得税汇算清缴后至报告年度财务会计报告批准报出日之间发生的属于报告年度销售退回的所得税影响,不调整报告年度的所得税费用和应交所得税。只在计算本年度所得税费用和应交所得税时,将发生的因销售退回影响数额调减为应纳税所得额计算所得税费用和应交所得税即可。现举例说明如下。

【例5－11】 仍以【例5－10】甲公司2007年度资料为例。假设2008年2月28日发生销售退货事项,甲公司所得税采用资产负债表债务法核算。其他条件不变,试作出有关会计处理。

根据资产负债表日后事项的判断标准，判断该事项为资产负债表日后调整事项。根据调整事项会计处理原则进行会计处理如下：

(1)调整销售收入

借：以前年度损益调整 100

应交税费——应交增值税(销项税额) 17

贷：应收账款 117

(2)调整坏账准备余额

借：坏账准备 1

贷：以前年度损益调整 1

(3)调整销售成本

借：库存商品 90

贷：以前年度损益调整 90

(4)调整应交所得税

借：应交税费——应交所得税(9×33%) 2.97

贷：所得税费用 2.97

(5)调整递延所得税资产(税法允许按5‰计提坏账准备)

借：以前年度损益调整 0.136 95

贷：递延所得税资产[(1－117×5‰)×33%] 0.136 95

(6)将“以前年度损益调整”账户余额转入利润分配

借：利润分配——未分配利润 6.076 95

贷：以前年度损益调整 6.076 95

(7)调整利润分配有关数字

借：盈余公积 0.607 695

贷：利润分配——未分配利润 0.607 695

(8)调整报告年度会计报表相关项目数字

①资产负债表项目的调整：调减应收账款117万元；调增库存商品90万元；调减应交所得税2.97万元；调减应交增值税17万元；调减盈余公积0.607 695万元；调减未分配利润5.469 255万元。

②利润表及所有者权益变动表项目的调整：调减主营业务收入100万元；调减主营业务成本90万元；调减提取盈余公积0.607 695万元(按10%计提的法定盈余公积)；调减未分配利润5.469 255万元。

(9)甲公司2008年1月份资产负债表的年初数应按上述调整后的数字填列。

企业在销售过程中，由于购货方对商品质量、规格等问题有异议，发生销货退回(全部或部分退回商品)或要求折让(不退回商品，但要求在货款金额上作出让步)。不论是当月销货退回与折让，还是以前月份销货退回与折让，均应冲减发生退回或折让当月的销售收入，并在收到购货单位退回的增值税专用发票或寄回的“证明单”后作相应的账务处理。

1. 全部退回

(1)销货全部退回并收到购货方退回的增值税专用发票的发票联和抵扣联，因采用托收承付结算方式，对方尚未付款。

【例 5－12】 甲企业上月销售给某商店 A 产品，因与合同不符全部被退回。已收到商店转来的发票联和抵扣联，上列货款 80 000 元，增值税 13 600 元，同时转来原代垫运费 500 元(应计进项税额 35 元)和退货运费 600 元(应计进项税额 42 元)的单据。上月的销货款尚未收到，甲企业开具红字专用发票并转交购货方。作会计处理如下：

借：应收账款——某商店　　94 100(红字)
　　营业费用　　500
　贷：主营业务收入　　80 000(红字)
　　　应交税费——应交增值税(销项税额)　　13 600(红字)

同时：

借：营业费用　　558
　　应交税费——应交增值税(进项税额)　　42
　贷：其他应付款——某商店　　600

同时：

借：产成品
　贷：主营业务成本

(2)销货全部退回并收到购货方转来的证明单，应根据证明单上所列退货数量、价款和增值税额开具红字增值税专用发票，并作为冲销当月产品销售收入和当月销项税额的凭证，作会计处理如下：

借：产品销售收入
　　应交税费——应交增值税(销项税额)
　　营业费用
　贷：应收账款(购货方未付款)
　　　应付账款(购货方已付款)
　　　银行存款(购货方已付款，支付退货款)

注意，实际工作时，应以红字记入“主营业务收入”和“应交税费——应交增值税(销项税额)”的借方。

2. 部分退回

销货部分退回并收到购货方退回的增值税专用发票的发票联和抵扣联，一般情况是对方尚未付款。

(1)如果销售方尚未登账，应将退回的该“发票联”、“抵扣联”、“存根联”和“记账联”以及所填的记账凭证予以作废，然后再按购货方实收数量、价款和增值税额重新开具增值税专用发票，并进行相应的账务处理。

(2)如果属于以前月份销售，应将退回的发票联和抵扣联注明“作废”字样，然后根据购货方实收数量、价款和增值税额重新开具增值税专用发票，根据作废的“发票联”、“抵扣联”与新开的专用发票的“记账联”作为冲销当月产品销售收入和当月销项税额的凭据，按原发票和新开发票所列价款的差额和增值税额的差额，作会计处理如下：

借：产品销售收入
　　应交税费——应交增值税(销项税额)
　贷：银行存款(或应收账款等科目)

【例 5－13】 甲工厂上月销售给乙公司的 A 产品 50 000 元，退货 10 000 元，已收到原开具的增值税专用发票的“发票联”和“抵扣联”以及退货运杂费 480 元的单据，其中运费金额 400 元。

应在退回的“发票联”和“抵扣联”上注明“作废”字样，按购货方实收金额和税额开具增值税专用发票，应冲销的产品销售收入为 10 000 元，冲销的销项税额为 1 700 元(8 500－6 800)，增加产品销售费用 452 元，应计进项税额 28 元。作会计处理如下：

借：应收账款——乙公司　　12 180(红字)
　　应交税费——应交增值税(进项税额)　　28
　　营业费用　　452
　贷：产品销售收入——A 产品　　10 000(红字)
　　　应交税费——应交增值税(销项税额)　　1 700(红字)

自营进口商品销售采取单到结算方式。在银行转来国外全套结算单据时，在进行商品购进核算的同时，又进行了商品销售的核算。然而，在商品运达我国港口后，如发现商品的质量与合同规定严重不符，外贸企业可根据商检部门出具的商品检验证明书，按照合同规定与国外出口商联系，将商品退回给出口商，收回货款及进口费用和退货费用，然后向国内客户办理退货手续。

【例 5－14】 浦江照相器材进出口公司购进的 250 只照相机运到时，商检局出具了商品检验证明书，证明该批照相机为不合格产品，经与出口商日本大阪公司联系后，同意作退货处理。

(1)8 月 10 日，将购汇垫付退还日本大阪公司，250 只照相机国外运费 590 美元，保险费 110 美元，当日美元卖出价为 8.30 元。作会计分录如下：

借：应收外汇账款(US＄700×8.30)　　5 810
　贷：银行存款　　5 810

(2)8 月 10 日，将 250 只照相机作进货退回处理，并向税务部门申请退还已支付的进口关税。作会计分录如下：

借：应收外汇账款(US＄49 000×8.30)　　406 700
　　应交税费——应交进口关税　　103 500
　贷：自营进口销售成本　　510 200

(3)8 月 10 日，同时作销货退回处理，开出红字专用发票，应退静安公司货款 600 000 元，增值税额 102 000 元。作会计分录如下：

借：自营进口销售收入　　600 000
　　应交税费——应交增值税——销项税额　　102 000
　贷：应付账款　　702 000

(4)8 月 24 日，收到日本大阪公司退回的货款及代垫费用 49 700 美元，当日美元汇率买入价为 8.26 元，收到银行转来结汇水单。作会计分录如下：

借：银行存款　　410 522
　　汇兑损益　　1 988
　贷：应收外汇账款(US＄49 700×8.30)　　412 510

(5)8 月 25 日，签发转账支票支付静安公司退货款 702 000 元，作会计分录如下：

借：应付账款　　702 000
　贷：银行存款　　702 000

(6)8 月 31 日,收到税务机关退还进口关税 103 500 元和增值税 86 734 元,作会计分录如下:

借:银行存款　　190 234

　　贷:应交税费——应交进口关税　　103 500

　　　　　　——应交增值税——进项税额　　86 734

自营进口商品销售采取入库结算方式,在进口商品入库以后再销售给国内客户。如果国内客户购进商品以后,因发现商品的品种、规格、质量等与合同不符等原因提出退货,经外贸企业业务部门同意后,由其填制红字专用发票送各有关部门办理退货手续。财会部门收到业务部门转来的红字专用发票,根据发票所列的销售金额,借记“自营进口销售收入”账户;根据发票所列的增值税额借记“应交税费”账户;根据价税合计额贷记“应付账款”账户。如果退回的商品已结转了销售成本,那么同时还应予以转回,届时根据其采购的成本借记“库存商品”账户,贷记“自营进口销售成本”账户。

第四节　进口业务索赔和理赔的核算

对外贸易索赔从法律上讲,是指国际贸易双方以及各方在执行有关合同过程中发生的损害赔偿。从国际贸易实务讲,索赔一般是指货物从卖方到买方的过程中,由于人为、天灾或其他原因而使买方收到的货物不符合合同规定,而由买方依其责任归属向违约卖方或有关方面提出赔偿要求。进口商品的索赔就是这种情况。

一、索赔与索赔条款

在国际贸易中,受到损害的一方向有关责任方提出赔偿的要求,称为“索赔”;如果对方同意赔偿(退还货款或同意退货、换货及支付修理费用等),称为“理赔”;如果对方认为索赔不合理,不同意赔偿,称为“拒赔”。

涉及进口商品索赔的条款主要有两种:一种是罚金条款;另一种是异议索赔条款。

1. 罚金条款,是指双方预先约定,违约的一方向对方支付规定的金额,赔偿对方的损失。例如,“如卖方延期交货,每延期一周,须支付货价 0.6%的罚金;但罚金最高额不得超过全部货价的 5%”等。

2. 异议索赔条款,是指在合同中约定赔偿的依据、办法及时间,但不约定赔偿金额,而是在签订合同时,约定在货物的质量、数量方面发生损害时,买方在进行具体核查或申请公证检验鉴定部门进行鉴定并出具证书,证明货物遭到损害时,由违约的一方向买方进行赔偿。

二、索赔的对象和内容

进口商品的索赔对象主要有发货人、承运人、保险人、受货人和其他人五类。他们根据各自的责任范围,相应承担经济责任。

(一)发货人(卖方)责任

1. 疏忽或故意少装,致使交付的货物数量或重量短少。

2. 无法按照合同约定交货,卖方实际交货的质量低于合同约定。

3. 以次充好,交付劣质品或不合格品,造成交付的货物质量大大低于合同约定。

4. 对凭样成交的商品,卖方在谈判交易时,故意使成交小样的质量高于实际交货的质量,致使买方收到货物时，发现货物的质量不如样品的质量。

5. 包装不良造成的货物短失或损坏。

6. 延迟交货，造成受货人经济损失。

7. 因合同签订后市场价格上涨或资金困难等因素，故意违约，不按期装运货物，造成经济损失。

8. 错发货物，给收货人造成丧失市场机会、经济损失、增加仓储运输费用或其他损害。

(二)承运人责任

1. 短卸。在卸船交货时，由于船方工作失误造成其数量或重量少于提单所列。

2. 误卸。误将应卸乙港之货卸在甲港。

3. 短失。指发货人确实已经将货物按照发票、装箱单所列交付给运输部门，但由于运输途中货物被盗等造成短失。

4. 破损。运输环节由于人为因素造成的货物破损，例如：因包装不良而发生的渗漏、破碎、损毁；因野蛮装卸而致货物破损；或由于意外原因，如大风浪冲击而使货物受损。

(三)保险人责任

1. 由于不可抗力的原因，造成货物损毁，被保险人可以向投保的保险公司索赔，保险公司按“承保责任条款”赔付。

2. 受货人遭受意外损失，无适当责任者(包括发货人或承运人)可以交涉，或责任人拒赔或赔付不足时，保险公司根据“承保责任条款”赔付。

(四)受货人责任

1. 契约签订之后，由于货物市场价格下跌等因素，买方认为不合算，故意不开或迟开信用证，或在信用证中提出过高的要求，使卖方难以履约造成经济损失，卖方有权向买方索赔。

2. 在执行 FOB 价格条件时，买方因故延迟租船，致使卖方不能按时发货而造成经济损失，卖方有权向买方索赔。

(五)其他人责任

1. 货物自船上(或车上、飞机上)卸下后，因搬运工人疏忽或野蛮装卸造成的货物损坏，应追究装卸公司责任。

2. 货物自港口运往内地途中发生的短损，由内陆运输部门承担责任。

3. 因银行工作人员未按信用证条件议付货款，或因误寄、错开、遗失单证等原因，而导致合同某一方利益受到损害，由银行承担责任。

三、索赔的证明文件和有效期限

(一)索赔的证明文件

1. 买方向卖方索赔所需的证明文件

包括：公证检验机构签发的证明货物的实际状态的检验鉴定证书；索赔账单或索赔要求函件；提单；正式商业发票；装箱单或磅码单；理货报告等其他有关的证明文件。

2. 买方向承运人索赔所需的证明文件

包括：公证检验机构签发的证明货物实际状态的检验鉴定证书；事故证明文件；索赔账单；提单；商业发票；其他有关的证明文件。

3. 投保方向保险公司索赔所需的证明文件

包括：公证检验机构签发的证明货物实际状态的检验鉴定证书；索赔账单；陆、海、空难证明书；承运人签发的事故证明书；保险单；提单；商业发票；其他有关的证明文件。

(二)索赔有效期限

1. 索赔的有效期限

主要是指进口方通过初步检验就可以发现的货物外观质量缺陷，或规格、数量、重量不符合合同约定，可向卖方提出索赔。索赔时限的长短，应根据商品的性质、数量及金额大小、运输条件、港口情况等多方面的因素，由买卖双方在合同中约定。合同中的"索赔有效期"，除具体约定提出索赔的有效时限(天数)外，还应注意约订好索赔的起始时间。一般采用自"进口日期"或"卸毕日期"或"到场(厂)日期"或"提单日期"起计算。

2. 品质保证期

国际货物买卖合同中的"品质保证期"，主要是指卖方对买方作出质量承诺的有效时限。买方在质量保证期内发现货物的内在质量问题，可根据合同约定，收集和提供有效证件，在一定的期限内向卖方提出索赔要求。

质量保证期的长短，有的是卖方单方面承诺的；有的是经买卖双方协商确定的；也有的是国家强制规定或国际贸易惯例规定的。国际贸易中的货物品质保证期限一般为两年，合同中另有约定的除外。

质量保证期的计算方法，也有起始时间的规定问题。通常多采用自"验收合格"之日起计算。如遇设备修理或因卖方责任要更换零部件的情形，则从修理或更换日期起重新计算品质保证期。

四、处理索赔的方式

在国际贸易中，对索赔纠纷的处理方式通常有四种：

(一)友好协商解决

友好协商解决是指当事人之间通过友好方式自行协商，达成赔偿的协议，自行消除纠纷。这种处理索赔方式的好处是气氛友好、不伤感情，有利于进一步合作。

(二)调解解决

调解解决是指仲裁员在作出裁决、法官在作出判决前，都要在贸易双方纠纷当事人之间进行充分调解的程序，劝说他们采用友好协商的方式来解决索赔争议。这是一种十分有效的形式，大部分贸易纠纷案件通过仲裁员或法官调解后，都能撤销仲裁申请或撤销司法诉讼申请，较好地处理了索赔问题。

(三)仲裁解决

仲裁解决是指根据有关规定和当事人之间的协议，由一定机构以第三者的身份，对有关的争议在事实上作出判断，在权利、义务上作出裁决。国际贸易仲裁是解决国际贸易争议普遍采用的方式。

(四)司法诉讼，以法院的判决解决

以法院的判决解决是指买卖双方由于争议激烈，采用向法院提起诉讼的方式来解决索赔问题。采用这种方式耗时长、费用高，还影响当事人之间的关系和日后的贸易交往，故应慎用。

自营进口商品销售采取单到结算方式，当进口商品到达时，所有权已属于国内客户，由其检验商品。如果发生商品短缺、质量与合同规定不符，应区别情况进行处理。如果属于运输单位责任或属于保险公司负责赔偿的范围，由国内客户向运输单位或保险公司索赔；如果属于国外出口商的责任，应由外贸企业根据商检部门出具的商品检验证明书在合同规定的对外索赔期限内向出口商提出索赔，并向国内客户理赔。

五、进口索赔应注意的问题

（一）索赔证据

在办理索赔时要注意证据确凿，还必须制备索赔清单和证明文件，并且应随附检验证明书、发票、装箱单、提单副本等。同时，对不同的索赔对象还要另附有关文件，如保险单，联合检验报告，理货报告，残损、短缺证明等。在问题未解决前，索赔的商品应当保持原状，有的还要拍照存查，以便必要时作举证之用。

（二）索赔金额

根据国际贸易惯例，买方向卖方索赔的金额应与因卖方违约所造成的实际损失相等，除受损商品的价值外，有关的费用也可提出，如商品检验费、装卸费、仓租费、合理的预期利润等也应计入索赔金额。

（三）索赔期限

索赔应在合同规定的索赔有效期内提出，过期无效。如果商检工作可能需要更长的时间，可向对方要求延长索赔期限。《国际贸易公约》规定，买方行使索赔权的最长期限是自其实际收到货物起不超过 2 年。我国则规定为 4 年。向轮船公司索赔期限为货物到达目的港交货后 1 年之内。但索赔一旦提出，就不再受索赔期限的限制。

【例 5－15】 东方油粮进出口公司 7 月份从美国达拉斯公司购进黄豆 250 吨，每吨 400 美元 CIF 价格，计货款 100 000 美元，佣金 2 000 美元，当日美元汇率卖出价为 8.30 元，缴纳进口关税额 24 000 元，缴纳增值税额 144 330 元。这批黄豆采取单到结算方式，已售给泰康食油厂，每吨 4 000 元，计货款 1 000 000 元，增值税额 170 000 元，货款已收妥入账。8 月 5 日，黄豆到达港口，泰康食油厂检验黄豆时发现其中 25 吨已霉烂变质。

（1）8 月 7 日，收到泰康食油厂转来商检部门出具的商品检验证明书，25 吨黄豆霉烂变质系美国达拉斯公司的责任。泰康食油厂向外商提出索赔，经协商后，外商同意赔偿 9 800 美元，予以冲减商品销售成本。作会计分录如下：

借：应收外汇账款（US＄9 800×8.30）	81 340	
贷：自营进口销售成本		81 340

（2）8 月 7 日，同时作销货退回处理，开出红字专用发票，应退货款 100 000 元，增值税额 17 000 元。作会计分录如下：

借：自营进口销售收入	100 000	
应交税费——应交增值税——销项税额	17 000	
贷：应付账款		117 000

（3）8 月 8 日，向税务机关申请退还 25 吨霉烂变质黄豆已缴的进口关税额 2 400 元。作会计分录如下：

借：应交税费——应交进口关税	2 400	
贷：自营进口销售成本		2 400

（4）8 月 20 日，收到美国达拉斯公司付来赔偿款 9 800 美元，当日美元汇率的买入价为 8.26 元，予以结汇。作会计分录如下：

借：银行存款	80 948	
汇兑损益	392	

贷:应收外汇账款(US＄9 800×8.30)　　81 340

(5)8 月 31 日,收到税务机关退还 25 吨变质黄豆的进口关税 2 400 元,增值税额 14 169.16元,存入银行。作会计分录如下:

借:银行存款　　16 569.16

贷:应交税费——应交进口关税　　2 400.00

——应交增值税——进项税额转出　　14 169.16

"自营进口销售收入"是损益类账户,用以核算企业自营进口商品的销售收入。企业取得自营进口商品销售收入时,记入贷方;发生自营进口销售商品国外运费、保险费、销货退回、理赔以及期末转入本年利润账户时,记入借方。

"自营进口销售成本"是损益类账户,用以核算企业自营进口商品的销售成本。企业结转自营进口商品销售成本时,记入借方;冲减销货退回商品成本以及期末转入本年利润账户时,记入贷方。

练习题

一、单项选择题

1. 下列选项中,不是进口贸易业务程序的是(　　)。

A. 进口贸易前的准备工作　　B. 法律合同谈判

C. 签订进口贸易合同　　D. 履行进口贸易合同

2. 进口物资采购成本是由(　　)。

A. 外商售价、进口税金、进口运费、保险费及入库前的国内费用所组成

B. 外商售价、进口运费、保险费、佣金及入库前的国内费用所组成

C. 外商售价、进口税金、进口运费、保险费、佣金、入库前的国内费用等组成

D. 外商售价、进口税金、进口运费、保险费所组成

3. 以下不是进口贸易业务种类的是(　　)。

A. 自营进口业务　　B. 代理进口

C. 自营贸易　　D. 易货贸易

4. 在 CIF 及 CFR 条件下,国外运费应该由(　　)支付。

A. 进口方　　B. 出口方

C. 保险公司　　D. 运输公司

5. 以下选项中,不是进口商品在进口环节应缴纳的税金的是(　　)。

A. 进口关税　　B. 消费税

C. 增值税　　D. 所得税

6. 在自营进口业务中,向出口商索赔一般发生在付款之后,但在 FOB、CIF、CFR 价格条件下,货物在越过接货船的船舷后发生的运输损失(　　)。

A. 属于出口商的责任　　B. 属于运输部门的责任

C. 属于进口商的责任　　D. 属于中间商的责任

7. 目前商品贸易的非现金结算方式中,(　　)的使用比例最高。

A. 信汇　　B. 电汇

C. 托收　　D. 信用证

8. 进口主要商品成本分析表是反映(　　)。

A. 外贸企业经营进口商品盈亏的生产报表　B. 外贸企业经营进口商品盈亏的对外报表
C. 外贸企业经营进口商品盈亏的静态报表　D. 外贸企业经营进口商品盈亏的动态报表

9. 当进口商品所签订合同成交价格为 FOB 价,则由我国进口公司所承担支付的境外运输费和保险费应计入(　　)。

A. 进口商品成本　B. 销售费用
C. 管理费用　D. 冲减主营业务收入

10. 进口商品因品质、规格、性能、包装、数量、交货方式、交货时间及装船通知等瑕疵,或运输、意外事故给进口商造成损失的,根据情况可向(　　)提出索赔。

A. 保险公司　B. 出口商
C. 承运人　D. 生产商

11. 自营进口商品的国外进价一律以(　　)为基础。

A. 成本加运费、保险费的价格　B. 成本加运费的价格
C. 船上交货价格　D. 成交价格

12. 外贸企业经营代理业务负担(　　)。

A. 国内直接费用　B. 国外运费
C. 国外保险费　D. 国外间接费用

13. FOB 术语的运费支付方式一般是(　　)。

A. 预付运费　B. 到付运费
C. 第三地支付　D. 比例运费

14. 暗佣是不在(　　)上注明的佣金。

A. 出口合同　B. 出口发票
C. 出口报关单　D. 出口提单

15. 在自营进口业务中,当采用 FOB、CFR、CIF 价格条件下,运输责任险的投保人无论是谁,在运输过程中因人力不可抗力等的损失(　　)。

A. 可由出口商向运输公司索赔　B. 可由进口商向运输公司索赔
C. 可由出口商向保险公司索赔　D. 可由进口商向保险公司索赔

16. 进口货物的确认时间应是(　　)。

A. 出口方发出商品时　B. 进口方收到商品时
C. 进口方审单通过时　D. 以上都不是

17. 进口货物时商品的成本应以(　　)作为基础进行计量。

A. "FOB"价格　B. "CIF"价格
C. "CFR"价格　D. "EXW"价格

18. 以下不是进口商品货款主要的结算时间的是(　　)。

A. 理赔结算　B. 货到结算
C. 单到结算　D. 出库结算

19. 由于目前一般进口商品运输大多采用海运方式,在 FOB 或 CFR 价格条款下(　　)。

A. 应由进口商决定是否向保险公司投保,出口商无投保义务
B. 应由进口商决定是否向保险公司投保,但应征得出口商同意
C. 应由出口商决定是否向保险公司投保,进口商无投保义务
D. 应由出口商决定是否向保险公司投保,但应征得进口商同意

20. 在进口业务中，商业部门在进口后内销中的"单到结算"是指（　　）。
A. 当进口企业收到银行转来的国外提货单等单据对外付款时，即作为对国内用户的销售实现
B. 当进口企业收到运输部门转来的国外提货单等单据时，即作为对国内用户的销售实现
C. 当进口企业收到保险公司转来的国外提货单等单据时，即作为对国内用户的销售实现
D. 当进口企业收到内销货物的出仓单据及开出销售发票时，即作为对国内用户的销售实现

二、多项选择题

1. 自营进口向海关缴税，涉及的主要税种有（　　）。
A. 增值税　　B. 营业税
C. 关税　　D. 消费税
E. 城建税
2. 代理进口业务所发生的费用中，由受托方承担的间接费用有（　　）。
A. 海外运输费　　B. 开证费
C. 银行手续费　　D. 保险费
E. 电信费
3. 在成本加运费这个价格条件中，卖方负责的事情包括（　　）。
A. 租船订舱　　B. 保险费
C. 负担装材船的费用和风险　　D. 运费
4. 现汇结算主要采用（　　）结算方式。
A. 信用证　　B. 托收
C. 委托收款　　D. 汇付
5. 以 CFR 价格成交的商品的采购成本包括（　　）。
A. 国外运费　　B. 国外保险费
C. 进口关税　　D. 消费税
6. 企业在核算自营进口销售业务时，登记在"主营业务收入"借方的内容有（　　）。
A. 数量短缺，品质、规格不符合合同规定的理赔款
B. 出现退货时，付给购货单位的退货款
C. 对国内客户已理赔但对外又无索赔权的理赔款
D. 结转至"本年利润"的金额
7. 属于到岸价格的国际贸易价格条件的有（　　）。
A. FOB　　B. CIF
C. FCA　　D. CFR
8. 进口的经营方式有（　　）。
A. 自营进口　　B. 代理进口
C. 来料加工进口　　D. 进料加工进口
9. 下列项目应计入进口货物成本的有（　　）。
A. 进口货物的 FOB 价　　B. 支付进口货物的国外佣金
C. 进口货物的国外运费　　D. 进口货物的保险费

10. 进口货物时,商品的成本应包括(　　)等项。

A. 进口货物的 CIF 价　　B. 进口关税

C. 进口增值税　　D. 进口消费税

11. 下列项目应计入进口货物的成本的有(　　)。

A. 进口货物的 FOB 价　　B. 进口货物的国际运费

C. 进口货物的增值税　　D. 进口货物的保险费

12. 应计入进口商品采购成本的进口税金包括(　　)。

A. 营业税　　B. 消费税

C. 进口关税　　D. 增值税

E. 印花税

13. 对代理方(受托方)来说,代理进口业务核算的主要特点有(　　)。

A. 不垫付资金

B. 只承担间接费用,境内外直接费用由委托方负担

C. 以所收取的手续费作为代理开支及盈利

D. 不承担盈亏

E. 代理进口所需外汇原则上由委托方解决

14. 三种贸易术语的换算公式为(　　)。

A. FOB＝CFR－F＝CIF－F＋I

B. FOB＝CFR－F＝CIF－F－I

C. CFR＝FOB＋F＝CIF＋I＝CIF 价×[1＋(1＋投保加成)×保险费率]

D. CFR＝FOB＋F＝CIF－I＝CIF 价×[1－(1＋投保加成)×保险费率]

E. CIF＝FOB＋F＋I＝CFR＋I＝CIF＝CFR÷[1－(1＋投保加成)×保险费率]

15. 在代理进口业务中,对受托方而言有以下特点(　　)。

A. 不垫付资金,只是用委托方资金进口商品物资,以原价转让给委托方

B. 代理进口所发生费用,一般由委托方负担境内外直接费用,包括海外运输费、保险费、银行手续费、代理手续费

C. 以所收取的手续费作为代理开支及盈利

D. 不承担盈亏,外方付来的佣金、索赔款全部退给委托方

E. 代理进口所需外汇原则上由委托方解决,如需受托方代为购汇的,则手续费由委托方负担

16. 加工贸易与一般贸易相比,有以下特点与区别(　　)。

A. 加工贸易货物主要来自国外,只是在我国进行加工或装配,是"两头在外,中间在内"的贸易模式,获得的收益来源实质上只是加工费部分

B. 一般贸易的企业从生产成本或收购成本与国际市场之间的差价中获得收益

C. 国家对加工贸易进口料件免征关税,免征(对来料加工)或"退"和"缓征"(对进料加工)进口增值税

D. 一般贸易的进口要缴纳进口环节税

E. 加工贸易的发展主要受国际市场的影响,在引进资金、人才、先进的设备、技术和管理经验,扩大出口、增收外汇等方面发挥着重要作用;加工贸易在技术与管理方面有溢出效应,有利于促进一般贸易的出口

17. 在自营进口业务中，进口企业主要核算指标有(　　)。

A. 进口商品国内销售盈亏额　　B. 进口销售成本

C. 期间费用　　D. 制造费用

E. 进口每美元盈亏

18. 进口业务以 CFR 价格成交的，商品的采购成本还应当包括(　　)。

A. 国外运费　　B. 国外保险费

C. 进口关税　　D. 消费税

19. 作为进口业务核算中的重要单据，发票的作用是(　　)。

A. 交易双方记账的原始凭证　　B. 交易双方发提货证明

C. 交易双方收付款依据　　D. 报关缴税的计算依据

三、判断题

1. 进口贸易业务是指外贸企业以外汇在国际市场上采购商品，满足国内生产和人民生活需要的业务。(　　)

2. 自营进口业务是指外贸企业自己经营进口贸易并自负进口盈亏的业务。(　　)

3. 进口贸易的业务程序主要有签订进口贸易合同和履行进口贸易合同两个业务程序。(　　)

4. 进口商品因品质、数量、包装等不符合合同的规定只能向卖方索赔。(　　)

5. 发票的内容无需与进口贸易合同及信用证的条款内容相一致。(　　)

6. 发票上的总金额不得超过信用证规定的最大限额。(　　)

7. 提单是指承运单位签发的承运商品收据。它是出口商发货的证明，也是进口商提货的依据。(　　)

8. 在 CIF 及 CFR 条件下，国外运费应该由出口方支付。(　　)

9. 在 FOB 条件下，国外运费应该由出口方支付。(　　)

10. 在对外贸易中，佣金主要有三种方式，即明佣、暗佣和累计佣金。(　　)

11. 进口商品货款的结算时间主要有货到结算、单到结算和出库结算三种。(　　)

12. 进口主要商品成本分析表是以单项进口商品成本分析为核心的多栏式报表。(　　)

13. 在进行销货退回会计处理时，对于涉及的损益类账户，一律通过“下年度损益调整”账户核算。(　　)

14. 自营进口商品销售采取单到结算方式。(　　)

15. 自营进口商品销售采取入库结算方式，在进口商品入库以后再销售给国内客户。(　　)

16. 在国际贸易中，有关责任方向受到损害的一方提出赔偿的要求，称为“索赔”。(　　)

17. 进口商品的索赔对象主要有发货人、承运人、保险人、受货人和其他人五类。(　　)

18. 在执行 FOB 价格条件时，买方因故延迟租船，致使卖方不能按时发货而造成经济损失，卖方有权向买方索赔。(　　)

19. 索赔无需在合同规定的索赔有效期内提出，过期仍然有效。(　　)

20. 销货退回可能发生在企业确认收入之前，也可能发生在企业确认收入之后。(　　)

四、综合练习

【习题 1】

某外贸公司为增值税一般纳税人，以人民币为记账本位币，税率为 17%。2010 年发生下列经济业务：

1. 4 月 3 日，向国内某工厂购入甲产品一批，接到银行转来托收结算凭证和附件，专用发票上列明货款 30 000 元，另附运杂费单据 450 元，款项已付，商品尚未到达。

2. 4 月 10 日，商品运到并验收入库，仓库报来收货通知单。

3. 4 月 15 日，甲商品全部对美国出口，价格条款为 CIF 伦敦，收汇方式信用证，发票金额 5 000美元，当日银行每美元买入价为 6.82。并根据外销出货报告单结转销售成本。

4. 4 月 20 日，甲商品出运后，外运公司开来账单共应付海运运费 620 美元，保险公司开来账单商品海运保险金额 360 美元，当日银行每美元卖出价为 6.83。

5. 4 月 30 日，编制甲商品出口退税申请单，连同出口报关单等凭证向税务部门申请退税。

6. 4 月 30 日，收到银行通知，上列甲商品出口应收货款已收妥结汇，凭银行结汇水单作收款分录，当日银行每美元买入价为 6.85。

7. 5 月 3 日，收到税务部门退来税款 5 100 元，存入银行。

要求：根据以上业务，编制必要的会计分录。

【习题 2】

双惠进出口公司为一家外商投资企业，该公司为一般纳税人，以人民币为记账本位币，对外币交易采用月初即期汇率中间价进行折算。2012 年 2 月 1 日美元即期汇率的中间价为 1 美元＝6.32 人民币，该公司有美元银行存款现汇账户，本月从澳大利亚进口油料一批，价格条件为 FOB 悉尼 120 000 美元，进口油料对国内客户永新公司销售价为 1 560 000 元人民币，内销合同规定采用单到结算。该公司本月该项进口业务如下：

1. 接到银行转来的进口发票等全套结算单证，经审核无误后从美元银行存款户中对外支付 120 000 美元货款。

2. 从美元银行存款户中支付境外海运费 7 200 美元，今收到船公司开来的海运费发票和相应的银行付汇水单。

3. 从美元银行存款户中支付境外保险费 360 美元，今收到保险公司开来的保险费发票和相应的银行付汇水单。

4. 进口报关时，凭海关开列的税单以人民币银行存款缴纳进口关税和增值税，该批油料的进口关税税率为 12%、增值税税率为 17%。

5. 结转该批进口油料内销销售成本。

要求：根据该公司上列各项进口业务，编制必要的会计分录。

【习题 3】

美雅服装进出口公司向日本大阪公司出口服装一批，以人民币为记账本位币，售价为 CIF50 000 美元，佣金率为 2%，该批服装的进价成本为 375 000 元，已经支付国内运杂费1 200 元，装卸费 450 元，国外运费 1 200 美元，保险费 110 美元。以上业务办理交单付款时的美元汇率为 1∶6.82，当外商验货后，发现服装规格不符，要求退货，相继发生的经济业务如下：

1. 6 月 5 日，收到出口退回商品提单，原发票复印件，当日美元汇率 1∶6.82，冲转商品销售收入、出口销售成本及商品出口时发生的国内外费用。

2. 6 月 7 日，汇付退回服装的国外运费 1 200 美元，保险费 110 美元，当日美元汇率

1∶6.83。

3.6月8日，签发转账支票支付退回商品的国内运费及装卸费1 600元。

4.6月10日，收到储运部门转来的收货单，退回商品已验收入库。

5.6月12日，经查明退货原因是本公司造成的，经批准作营业外支出处理。

要求：根据该公司上列各项业务，编制必要的会计分录。

【习题4】

某外贸公司为增值税一般纳税人，选择确定的记账本位币为人民币，其外币交易采用交易日即期汇率折算。现因生产需要向美国公司进口一批产品，采用信用证结算。进口业务的具体流程如下：

1.4月3日，银行转来全套结算单据，开列原料价格为120 000美元FOB价，经审核无误，购汇予以支付，当日美元汇率为1∶6.82；

2.4月5日，购汇支付进口原料国外运保费2 700美元，当日美元汇率为1∶6.83；

3.4月10日，原料运到我国口岸，向海关申报应纳进口关税额167 368.2元，增值税额170 715.6元；

4.4月22日，美国公司汇来佣金1 500美元，当日美元汇率1∶6.82，予以结汇；

5.4月23日，美国公司运来的原料已验收入库，结转其采购成本；

6.4月25日，以银行存款支付进口化工原料的进口关税和增值税。

要求：根据以上业务，编制必要的会计分录。

第六章　易货及加工补偿贸易

第一节　易货贸易概述及核算

一、易货贸易概述

（一）易货贸易的定义

易货贸易是指在国际贸易中，一个国家（地区）与另一个国家（地区）之间进行商品与商品交换的一种原始的贸易方式。易货贸易是在换货的基础上，把等值的出口货物和进口货物直接结合起来。这种贸易方式的特点是：进出结合，等值交换，不需货币结算，发挥比较优势，增加经济效益。

传统的易货贸易，一般是买卖双方各以等值的货物进行交换，不涉及货币的支付，也没有第三者介入，易货双方签订一份包括相互交换抵偿货物的合同，把有关事项加以确定。在国际贸易中，使用较多的是通过对开信用证的方式进行易货，即由交易双方先订易货合同，规定各自的出口商品均按约定价格以信用证方式付款。先开立的信用证以收到、认可对方开出的等值或基本等值的信用证为生效条件。另外，国家间签订的换货清算协定实际上也是扩大了的易贷方式。根据协定规定，任何一方的进口或出口，由双方政府指定的银行将货值记账，在一定时期内互相抵冲结算，其差额一般规定结转下一年度，有的规定以现汇支付超过约定摆动额部分的差额。

（二）易货贸易的特征

1. 电子商务平台。易货贸易凭借国际互联网特有技术与平台优势，解决了信息不对称的问题，突破了传统易货的地域和时间限制，实现贸易渠道全球日夜畅通。

2. 创造了新的交易媒介——易货币（易货额度）。发挥其等同于货币的交易功能，以易货币代替现金作为交易媒介进入流通领域。易货币是易货交易中虚拟的易货支付单位，是用来记录从事易货交易的会员之间进行交易往来的记账凭证和支付手段，一般都与本国货币等值。易货币的使用，打破了“点对点”简单交易模式，可实现“点对多”、“多对多”的多边贸易。

3. 交易对象多样化。通过现代易货，不仅实物产品可以交换，旅店客房、机位船位、广告版面等服务，商标、专利权等无形资产也可交换，并可在全球范围寻找交换的伙伴。

作为区别于现金交易的另外一个市场，企业可以在易货市场上易出其现金市场所卖不出去的商品，同时又能易入原本需要花现金才能买回的商品，从而解决了现金交易中所解决不了的问题。作为现金交易方式的一种补充，现代易货贸易的未来到底如何呢？可以这样说，现代易货贸易不会取代货币经济，但随着现代经济以及技术的发展，世界经济将进入货币经济和易货经济并行的时代，它将与货币经济一起共同铸造世界经济的繁荣。

（三）易货贸易的两种形式

易货在国际贸易实践中主要表现为直接易货和综合易货两种形式。

1. 直接易货。直接易货又称为一般易货。从严格的法律意义上来讲，易货就是指以货换货。这种直接易货形式，往往要求进口和出口同时成交，一笔交易一般只签订一个包括双方交付相互抵偿货物的合同，而且不涉及第三方。它是最普遍也是目前应用最广泛的易货形式。对于需要通过运输来运送货物的交易方来说，由于这种易货形式一般要求进出口同时进行，因此，应用中存在困难。于是在实际业务中，就产生了一些变通的做法，最常见的即为通过对开信用证的方式进行易货贸易。在采用对开信用证进行易货时，交易双方先签订换货合同，双方商定彼此承诺在一定时间购买对方一定数量的货物，各自出口的商品按约定的货币计价，总金额一致或基本一致，货款通过开立对开信用证的方式进行结算，即双方都以对方为受益人，开立金额相等或基本相等的信用证。由于交货时间的差异，双方开立信用证的时间也就有先有后，先进口开证的一方为了使对方也履行开证义务，一般都在信用证内规定该证以对方按规定开出信用证为生效条件；或规定该证的金额只能用来作为对方开立回头证之用，以此控制对方。

2. 综合易货。综合易货多用于两国之间根据记账或支付（清算）协定而进行的交易。由两国政府根据签订的支付协定，在双方银行互设账户，双方政府各自提出在一定时期（通常为一年）提供给对方的商品种类、进出口金额基本相等，经双方协商同意后签订易货协定书，然后根据协定书的有关规定，由各自的对外贸易专业公司签订具体的进出口合同，分别交货。商品出口后，由双方银行凭装运单证进行结汇并在对方国家在本行开立的账户进行记账，然后由银行按约定的期限结算。应注意的是，一定时期终了时，双方账户如果出现余额，只要不超过约定的幅度，即通常所说的"摆动额"，原则上顺差方不得要求对方用自己外汇支付，而只能以货物抵冲，即通过调整交货速度，或由逆差方增交货物予以平衡。

（四）易货贸易的交易模式

根据交易的难易程度和参与主体的多少，易货贸易表现为两种基本模式，即偶然的易货贸易模式和扩大型易货贸易模式

1. 偶然的易货贸易模式

在交易过程中，双方商定，A在向B提供物品或服务后，由B提供相应的货物作为支付手段（B本企业的货物或其向任何第三方取得的货物）；A直接进口易货品后，作为本企业或关联企业的原材料，或由本企业或关联企业在国内市场销售后实现其价值。

交易过程可描述为：A→B→A

如一家中国企业A向埃及企业B提供炼钢设备，B以其产品钢材支付货款。A是一家综合型集团企业，其子公司——房地产公司正好需要钢材建房。

这种交易模式属于偶然的跨国界的物—物交换。交易发生的前提是双方都需要对方的商品或服务，交易过程在使用价值形态下由双方直接完成，不涉及第三方。

2. 扩大型易货贸易模式

在实践中，更多的情况下则是由多方参与的交易模式。在交易过程中双方商定，A在向B提供物品或服务后，由B向C以本国货币支付相应的货款，由C向D提供货物，最终由D向A支付货款。

交易过程可描述为：A→B→C→D→A

如一家中国企业A向埃及企业B提供200节铁路车厢，双方商定以美元支付50%的货

款;另 50%货款以埃及 C 企业生产 250 辆小轿车进行易货。A 委托一家专门从事经营汽车业务的中国企业 D 从 C 进口小轿车并负责销售,以人民币向 A 支付货款。

这种交易模式属于扩大形式的跨国界的物—物交换。易货品的选择和价值实现需要借助第三方、第四方甚至需要第五方的参与才能完成。其特点是:交易环节多、交易费用大,交货时间、收回货款的间隔期以及货物的品质等方面的风险难以控制。在实践中这种交易方式可能演变成以下几种模式:

(1)M1 模式:A→B→D→A。在交易过程中,双方商定,A 在向 B 提供物品或服务后,由 B 提供相应的货物进行支付,A 寻找 D 帮其实现货物的价值形态,再由 D 将货款支付给 A。

(2)M2 模式:A→B→C→A。在交易过程中,双方商定,A 在向 B 提供物品或服务后,由 B 按照 A 的要求寻找 C,由其提供 A 所需要的货物。

(3)M3 模式:A→B→A→C→A 或 A→B→Z→C→A。在交易过程中,双方商定,A 在向 B 提供物品或服务后,由 B 向 A(或 Z)支付相应的本国货币,再由 A(或通过 Z)向 C 购买其需要的货物,进口到国内后,供 A 自身或关联企业作为原材料或在国内市场实现其价值。即由 B 提供等价物,由 A(或 Z)寻找 C,以便能更好地提供满足 A 需要的易货品。

(4)M4 模式:A→B→A→C→D→A 或 A→B→Z→C→D→A。交易的前几个环节与 M3 模式类似,交易后期需要 A 寻找 D 将易货品转换成价值形态,最终由 D 向 A 支付货款。

(五)易货贸易业务的结算方式

易货贸易业务由贸易双方事先在合同中规定进行计价和结算的货币币种,货款可采取逐笔平衡或分别结算,一般是以对开信用证或记账的方式进行结算。

1. 对开信用证结算方式,是指贸易双方各自开立以对方为受益人,金额相等或基本上相等的信用证,并在信用证内规定,应在收到对方开立的金额相等或基本上相等的信用证时才能生效的结算方式。

2. 记账结算方式,是指由贸易双方银行互设清算账户记账,双方出口商品在发运后将全套结算单据送交本国银行,由双方银行记账。同时,贸易双方也应相应设立外汇结算专户记账,相互冲抵,并在规定的期限内进行平衡的结算方式。采用这种结算方式如出现差额,由逆差方以现汇或商品补差。

(六)易货贸易与期货交易的区别

易货贸易是以易货额度为交易和支付媒介的非货币性交易,其显著特点是会员群体中流通的每一元易货额度背后都有相同价值的实物或服务支撑;换言之,会员手中的每一元额度,在同一群体中的其他会员手上一定存在等值的可用于易货的商品或服务。从这个角度来看,易货在本质上是使用易货额度为支付媒介的现货交易。在交易方式上,现代易货与普通现货交易一样,一般通过一对一谈判进行,根据合同商定的付款方式易进、易出商品或服务。而期货交易只需支付保证金,通过商品交易所买进或卖出期货合同,所以,期货交易具有以小搏大和投机性质,而易货则没有。另外,易货交易规则中也明确限定易货额度与人民币货币保持固定的比率关系,所以会员单位主要是将易货作为有效利用富余产能或存货的渠道,而不是像期货交易那样用作套期保值或套期图利。

从国际易货业的经验来看,易货公司就如同其他服务提供商(如交易市场)一样,受相关部门的监管,并需按章纳税。

易货贸易出口销售在核算上基本等同于自营出口销售。只是在外汇结算上,易货贸易一般是相互记账,收不到外汇。对易货贸易的出口退税,主要是比照自营出口退税的方法办理。

二、易货贸易的核算

（一）易货贸易账务处理的原则

1. 易货贸易的进口和出口是一个统一的整体，是在进出平衡的前提下，企业组织的商品进口和出口业务。易货贸易销售价值的实现，必须是在易货贸易商品的进口与出口同时具备的情况下才能实现。因此，易货贸易的核算应把进口和出口结合起来，不能把一项易货贸易分割成进口销售和出口销售两部分单独核算。

2. 易货贸易的出口视同自营出口业务，其出口销售的确立及申请退还增值税的核算与自营出口业务相同。申请退还消费税的出口退税，直接冲减易货贸易出口成本。

3. 易货贸易的进口销售，以开出进口货款结算单、增值税发票向国内用户办理贷款结算，作为商品销售成立的确认条件。对国内用户的结算，分单到结算和货到结算两种。

4. 易货贸易进口商品向国内用户销售的作价原则是：属于国家定价的商品，按照国家定价；属于国家指导价格的商品，按国家指导价作价；属于市场议价的商品，按市场供求关系，由企业与用户协商作价。

5. 为真实反映易货业务的盈亏，会计期末应根据易货贸易合同执行的结果，确认顺差和逆差程度，并按顺差占出口的比例或逆差占进口的比例计算相应的挂账损益，并作为递延收益，其余部分计入当期损益。

（二）易货贸易账务处理的账户

企业的易货贸易涉及出口和进口两部分，为完全反映易货贸易的盈亏，企业应设置“待处理财产损溢”科目，用以核算应计入当年损益或挂账的易货贸易损益。易货贸易的收入、成本就分别在“其他销售收入”、“其他销售成本”下分别设置“易货进口”、“易货出口”进行账务处理。易货贸易的商品采购成本的核算科目与“自营出口销售”、“自营进口销售”核算科目基本相同。

（三）易货贸易进口销售的作价原则

易货贸易进口是外贸企业经过政府有关部门批准的易货协议和进口货单，在进出平衡的前提下组织的商品进口。易货贸易进口的商品，以开出进口货款结算单向国内用户办理货款结算。由于商品销售成立的确认条件是以易货贸易进口商品，是企业事先找好用户单位并报经批准的，因此，易货贸易进口的商品一般情况下没有库存。凡是以海运进口的易货贸易商品，在货船到达我国港口并取得外运公司的船舶到港通知时，即可向国内用户按合同规定的价格办理货款结算：凡是以陆运、空运进口的易货贸易商品，凭国外的支付货款通知账单，即可向国内用户按合同规定的价格办理货款结算。易货贸易进口结算单的格式可以参见自营进口结算单的格式。

外贸企业向国内用户销售的作价原则是：属于国家定价的商品，按照国家定价；属于国家指导价格的商品，按国家指导价作价；属于市场议价的商品，按市场供求关系，由企业与用户协商作价。

（四）易货贸易账务处理的方法

1. 易货贸易出口业务的核算

外贸企业经营易货贸易出口业务应根据易货贸易合同或协议的规定采购出口商品，将商品验收入库、出口商品出库发运，向银行办理交单收汇、支付国内外直接费用、向税务部门申请退税和取得收汇通知或结汇水单等业务的核算方法与自营出口销售业务基本相同，但其销售收入和销售成本是通过“自营其他销售收入”账户和“自营其他销售成本”账户核算的。

【例 6－1】 东方五金进出口公司与韩国釜山公司签订易货贸易合同，合同规定我方出口 2 500 辆凤凰牌自行车，每辆 24 美元 CIF 价格，货款 60 000 美元；我方进口钢材 200 吨，每吨 300 美元 CIF 价格，货款 60 000 美元。采取对开信用证结算方式。

(1)7 月 1 日，向上海自行车厂购进凤凰牌自行车 2 500 辆，每辆 180 元，计货款 450 000 元，增值税额 76 500 元，款项签发转账支票付讫。

借：商品采购　　450 000
　　应交税费——应交增值税（进项税额）　　76 500
　　贷：银行存款　　526 500

(2)7 月 2 日，上一项自行车已验收入库。账务处理为：

借：库存商品——库存出口商品　　450 000
　　贷：商品采购　　450 000

(3)7 月 3 日，上一项自行车已出库装船。账务处理为：

借：待运和发出商品　　450 000
　　贷：库存商品——库存出口商品　　450 000

(4)7 月 4 日，收到业务部门转来易货贸易销售自行车的发票副本和银行回单，开列凤凰牌自行车 2 500 辆，每辆 24 美元 CIF 价格，当日美元汇率买入价为 8.25 元。账务处理为：

借：应收外汇账款（US＄2 500×24×8.25）　　495 000
　　贷：自营其他销售收入——易货贸易　　495 000

(5)7 月 4 日，同时结转易货贸易销售自行车的成本。账务处理为：

借：自营其他销售成本——易货贸易　　450 000
　　贷：待运和发出商品　　450 000

(6)7 月 5 日，支付易货贸易国外运费 1 068 美元，保险费 132 美元，当日美元汇率卖出价为 8.30 元。账务处理为：

借：自营其他销售收入——易货贸易　　9 960
　　贷：银行存款　　9 960

(7)7 月 10 日，向税务机关申报退税，增值税退税率为 17％。账务处理为：

借：应收出口退税　　72 250
　　贷：应交税费——应交增值税——出口退税　　72 250

(8)7 月 20 日，收到银行转来结汇水单，60 000 美元收妥结汇，银行扣除 80 美元收汇手续费，其余部分已按当日买入价 8.25 元结汇。账务处理为：

借：银行存款　　494 340
　　财务费用　　660
　　贷：应收外汇账款（US＄60 000×8.25）　　495 000

2. 易货贸易进口业务的核算

外贸企业收到银行转来外商全套结算单据时，与易货贸易合同或协议核对无误后，据以支付货款，商品运达我国口岸后，申报进口关税、消费税和增值税，并按事先签订的合同将进口商品销售给国内客户，其核算方法与自营进口业务基本相同。其销售收入和销售成本也是通过“自营其他销售收入”账户和“自营其他销售成本”账户核算的。

【例 6－2】 承前例，收到易货贸易韩国釜山公司发来钢材的业务如下：

(1)7月21日，接到银行转来韩国釜山公司全套结算单据，开列钢材200吨，每吨300美元CIF价格，共计货款60 000美元，审核无误，购汇予以支付。当日美元汇率卖出价为8.30元，账务处理为：

借：商品采购——釜山钢材　　498 000

　　贷：银行存款　　498 000

(2)7月30日，钢材运达我国口岸，申报应纳进口关税额24 800元，应纳增值税额88 468元。账务处理为：

借：商品采购——釜山钢材　　24 800

　　贷：应交税费——应交进口关税　　24 800

(3)7月31日，钢材已全部售给武泰公司，收到业务部门转来增值税专用发票，列明钢材200吨，每吨2 850元，共计货款570 000元，增值税额96 900元，款项已收到转账支票，存入银行。账务处理为：

借：银行存款　　666 900

　　贷：自营其他销售收入——易货贸易　　570 000

　　　　应交税费——应交增值税(销项税额)　　96 900

(4)7月31日，同时结转钢材销售成本。账务处理为：

借：自营其他销售成本——易货贸易　　522 800

　　贷：商品采购——釜山钢材　　522 800

(5)8月2日，以银行存款支付进口钢材关税和增值税。账务处理为：

借：应交税费——应交进口关税　　24 800

　　　　　　——应交增值税(进项税额)　　88 468

　　贷：银行存款　　113 268

"自营其他销售收入"是损益类账户，用以核算企业自营加工补偿出口商品的销售收入和易货贸易进出口商品的销售收入。企业取得自营加工补偿出口商品销售收入和易货贸易进出口商品销售收入时，记入借方；发生销货退回以及期末转入本年利润账户时，记入借方。

"自营其他销售成本"是损益类账户，用以核算企业自营加工补偿出口商品的销售成本和易货贸易进出口商品的销售成本。企业结转自营加工补偿出口商品销售成本和易货贸易进出口商品销售成本时，记入借方；发生销货退回转销销售成本以及期末转入本年利润账户时，记入贷方。

【例6—3】 20×3年2月，深圳同泰进出口贸易公司用铝锭同美国安东尼奥有限公司以对开信用证方式易货福特牌汽车。铝锭共1 000吨，国内收购价不含税每吨为18 000元人民币，货款已付并取得国内厂家的增值税专用发票。铝锭外销价为每吨1 750美元(CIF)，支付国外运保费2 000美元。进口汽车40辆，每辆43 750美元，假设汽车进口关税为10%，增值税率为17%，消费税率为8%。汽车国内售价每辆600 000元(不含税)。2月1日银行的美元汇价为：卖出价8.4元人民币/美元，买入价8.3元人民币/美元。

1. 易货贸易出口业务的核算

(1)支付国内铝锭收购货款时，账务处理为：

借：库存商品——库存出口商品——铝锭　　18 000 000

　　应交税费——应交增值税(进项税额)　　3 060 000

　　贷：银行存款　　21 060 000

(2)铝锭出运后，向开户银行交单委托结汇，账务处理为：

借：应收外汇账款——L/C——美国安东尼奥公司　　14 525 000

　　贷：其他销售收入——易货出口——铝锭　　14 525 000

(1 000×US＄1 750×8.3)

同时结转成本为：

借：其他销售成本——易货出口——铝锭　　18 000 000

　　贷：库存商品——库存出口商品——铝锭　　18 000 000

(3)支付国外运保费时，账务处理为：

借：其他销售收入——易货出口——铝锭　　16 800

　　贷：银行存款(US＄2 000×8.4)　　16 800

(4)银行转来结汇单时(假设汇率没有变)，账务处理为：

借：银行存款　　14 525 000

　　贷：应收外汇账款——L/C——美国安东尼奥公司　　14 525 000

(5)出口退税的全套资料齐备后，申请退税时(假定退税率不变)，账务处理为：

借：应收出口退税　　3 060 000

　　贷：应交税费——应交增值税(进项税额)　　3 060 000

如果退税率发生变化，退税差额计入易货出口销售成本。

(6)收到退税款时，账务处理为：

借：银行存款　　3 060 000

　　贷：应收出口退税　　3 060 000

2. 易货贸易进口业务的核算

(1)支付美国安东尼奥公司汽车货款时，账务处理为：

借：商品采购——进口商品采购——易货进口　　14 700 000

　　贷：银行存款　　14 700 000

(40×US＄43 750×8.4)

(2)汽车到达我国口岸报关进境时，计算缴纳关税、增值税和消费税。根据国家相关优惠政策，通过易货贸易进口的商品减半征收进口关税和增值税。账务处理为：

借：商品采购——进口商品采购——易货进口　　2 077 173.90

　　贷：应交税费——应交消费税　　1 342 173.90

　　　　　　　　——应交进口关税　　735 000

关税＝43 750×40×8.4×10%×1/2＝735 000(元)

消费税＝(43 750×40×8.4＋735 000)÷(1－8%)×8%＝1 342 173.90(元)

增值税＝(43 750×40×8.4＋735 000＋1 342 173.9)×17%×1/2

　　＝1 426 059.80(元)

(3)缴纳税款时，账务处理为：

借：应交税费——应交进口关税　　735 000

　　　　　　——应交消费税　　1 342 173.90

　　　　　　——应交增值税(进项税额)　　1 426 059.80

　　贷：银行存款　　3 503 233.70

(4)汽车全部销售给深圳易初车行时，同泰公司开具增值税专用发票向深圳易初车行收取货款，其账务处理为：

借：应收账款——深圳易初车行　　28 080 000

　贷：其他销售收入——易货进口——汽车　　24 000 000

　　应交税费——应交增值税(销项税额)　　4 080 000

同时结转销售成本：

借：其他销售成本——易货进口——汽车　　16 777 173.90

　贷：商品采购——进口商品采购——易货进口　　16 777 173.90

(5)计算缴纳增值税，原减半征收的增值税进项税额视同100%计算，“应交税费——应交增值税”的贷方余额应按有关政策规定计入当期损益。其账务处理为：

借：应交税费——应交增值税——已交税金　　1 227 880.40

　贷：银行存款(4 080 000－1 426 059.80×2)　　1 227 880.40

3. 年末易货贸易的盈亏账务处理方法

(1)在易货贸易进出口平衡情况下，应将易货贸易出口、进口的销售收入和成本全部结转到“本年利润”账户，其账务处理方法为：

①借：本年利润　　34 777 173.90

　贷：其他销售成本——易货出口——铝锭　　18 000 000

　　——易货进口——汽车　　16 777 173.90

②借：其他销售收入——易货出口——铝锭　　14 508 200

　　——易货进口——汽车　　24 000 000

　贷：本年利润　　38 508 200

(2)在易货贸易进出口尚未平衡的情况下，会出现贸易顺差或逆差，账务处理中应将顺差、逆差部分转作“待处理财产损溢——递延损溢”，作为企业的一项未确定的资产来反映。同时企业应自行增设“转出(入)易货贸易盈亏”账户，以便反映递延损溢对本年度利润的调整。

假若进口汽车只有30辆，出现顺差437 500美元，占出口额25%，那么年末结账时，应将易货贸易出口销售利润的25%转出，计872 950元[(14 508 200－18 000 000)×25%]，转入“待处理财产损溢——递延损溢”，同时通过“转出(入)易货贸易盈亏”账户来调整本年利润。其账务处理为：

①结转顺差

借：待处理财产损溢——递延损溢　　872 950

　贷：转出(入)易货贸易盈亏　　872 950

②调整本年利润

借：转出(入)易货贸易盈亏　　872 950

　贷：本年利润　　872 950

(3)仍以前述基本资料为条件，假若出口铝锭只有900吨，会出现逆差175 000美元，占进口额10%，那么年末结账时应将易货贸易进口销售利润转出10%，计722 282.61元[(24 000 000－16 777 173.90)×10%]。其账务处理如下：

①借：转出(入)易货贸易盈亏　　722 282.61

　贷：待处理财产损溢——递延损溢　　722 282.61

②借：本年利润　　722 282.61

　贷：转出(入)易货贸易盈亏　　722 282.61

第二节 加工贸易流程

一、加工贸易概念

(一)加工贸易的定义

加工贸易专指国内企业自境外取得原材料,对其加工为成品后出口的业务。中国的出口中有一半左右是采取加工贸易形式的加工贸易,主要指对外加工装配贸易、中小型补偿贸易和进料加工贸易。从20世纪80年代起传统的形式被称作"三来一补",指来料加工、来件(组件与散件)装配、来样定制和中小型补偿贸易。不仅如此,中国的国内工厂也用自己的外汇资金进口高质量的材料,加工后将成品复出口,这被称为进料加工,所有这一切统称为加工贸易。

(二)加工贸易的种类

1. 进料加工。又称以进养出,指用外汇购入国外的原材料、辅料,利用本国的技术、设备和劳力,加工成成品后,销往国外市场。这类业务中,经营的企业以买主的身份与国外签订购买原材料的合同,又以卖主的身份签订成品的出口合同。两个合同体现为两笔交易,它们都是以所有权转移为特征的货物买卖。进料加工贸易要注意所加工的成品在国际市场上要有销路。否则,进口原料外汇很难平衡,从这一点看,进料加工要承担价格风险和成品的销售风险。

2. 来料加工。它通常是指加工一方由国外另一方提供原料、辅料和包装材料,按照双方商定的质量、规格、款式加工为成品,交给对方,自己收取加工费。有的是全部由对方来料,有的是一部分由对方来料,一部分由加工方采用本国原料的辅料。此外,有时对方只提出式样、规格等要求,而由加工方使用当地的原、辅料进行加工生产。这种做法常被称为"来样加工"。

3. 装配业务。指由一方提供装配所需设备、技术和有关元件、零件,由另一方装配为成品后交货。来料加工和来料装配业务包括两个贸易进程:一是进口原料,二是产品出口。但这两个过程是同一笔贸易的两个方面,而不是两笔交易。原材料的提供者和产品的接受者是同一家企业,交易双方不存在买卖关系,而是委托加工关系,加工一方赚取的是劳务费,因而这类贸易属于劳务贸易范畴。它的好处是:加工一方可以发挥本国劳动力资源丰裕的优势,提供更多的就业机会;可以补充国内原料不足,充分发挥本国的生产潜力;可以通过引进国外的先进生产工艺,借鉴国外的先进管理经验,提高本国技术水平和产品质量,提高本国产品在国际市场的适销能力和竞争能力。当然,来料加工与装配业务只是一种初级阶段的劳务贸易,加工方只能赚取加工费,产品从原料转化为成品过程中的附加价值基本被对方占有。由于这种贸易方式比进料加工风险小,目前在我国开展得比较广泛,获得了较好的经济效益。

4. 协作生产。它是指一方提供部分配件或主要部件,而由另一方利用本国生产的其他配件组装成一件产品出口。商标可由双方协商确定,既可用加工方的,也可用对方的。所供配件的价款可在货款中扣除。协作生产的产品一般规定由对方销售全部或一部分,也可规定由第三方销售。

(三)加工贸易的合同

加工贸易合同是规定委托方、承接方的权利和义务的法律性文件。其主要内容包括:

(1)合同的标的。加工装配业务的合同标的与买卖合同的标的不同,它体现为原材料或零部件加工成指定成品而付出的劳动以及一定的技术或工艺。因此,合同的标的应规定与劳动或一定技术有关的产品种类及标准,以及委托加工的具体事项。

(2)原材料供应。在合同中应具体规定委托方送交料件的时间、地点,并应列明对料件品质、数量的具体要求以及委托方来料、来件不符合合同要求的处理方法。

(3)成品交付。在合同条款中,要对成品的品质、规格以及交货期作出明确规定;通常还要规定违约的处理办法。

(4)耗料和残次品率。委托方规定生产企业产品消耗原材料或零部件的具体数额,以及残次品的比例。

(5)工缴费。承接方为委托方加工装配所收取的劳务报酬,它的支付方法通常有以下两种:①对来料、来件和产品均不作价,加工装配业务完成后,由承接方按约定向委托方收取。②对来料、来件和产品分别作价,承接方对委托方的来料、来件先不付款,从成品出口的货款中扣除,成品的价格与来料、来件价格之间的差额就是工缴费。

(6)对外运输。对外加工装配业务涉及原材料、零部件的运进及成品的运出问题。按照对外加工装配业务的性质,这两段运输责任及费用应由委托方承担。但在实际业务中,由委托方办理两段运输业务有困难,承接方应协助代办。

(7)保险。中国人民保险公司为开展对外加工装配业务的需要已设立了来料加工一揽子综合险;投保这种险别,保险公司即承担两段运输及存仓财产险。

(8)支付。在加工装配业务中,可采用国际贸易中各种惯常的支付方式。

二、保税

(一)保税的定义

我国政府鼓励一切加工贸易,特别是在税收方面进行优惠。对加工贸易免征关税,至于进口增值税和消费税或是"免"(对来料加工)或是"退"和"缓"(对进料加工),只要以这些材料加工的产品最终能出口即可。从而,海关必须采取某种措施来监管这些材料和所产产品,以保证税收不致流失,这种措施就是保税。

"保税"的意义是在征税或免税条件未确定前,对纳税人,即加工人,给予保留(延迟确定)缴纳关税的特权,同时海关要对货物进行监管。这样货物就不能自由买卖,或用作抵押,或在破产时被出售后抵债。如果材料专卖给其他国内工厂,或是进多出少,以及产生边角余料,则这些工厂就有纳税义务。

(二)保税的形式

保税具体形式包括:保税仓库、保税工厂、保税集团和保税区。

1. 保税仓库。保税仓库是经海关批准的,用以存储保税货物的专设仓库,可以涉及来料或进料以及复出口的产品或转出口的货物。存储于保税仓库中的保税货物可暂时不缴关税,最长的存储期通常是一年,但是在特殊情况下经过海关批准可以延长。

2. 保税工厂。保税工厂是在海关监管下,用保税进口料件以加工生产复出口货物的专门工厂或车间。进口原材料、备件和组件,在保税工厂中用以生产出口货物是免征进口关税的(严格说应是全额保税)。出口货物的生产必须在一个讲明的期限内完成。如果不能如期完成加工或是生产的货物不能出口,继而卖给了国内市场,那就要恢复征税。

保税工厂应该保持独立的账册为材料和产品记账。工厂对每一批来料或进料都应向海关申领一本专用的"加工手册"作为这些账册的原始凭证(目前已电子化)。海关人员将不定期地审查这些记录并作实地盘点。从 1996 年起海关总署又推出了海关派员驻厂监管的形式,称为"驻员保税工厂"。驻员保税工厂一般是从事进料加工复出口的特大型企业、从事特种行业(如飞机、船舶）加工的大型企业和经批准从事国家鼓励投资项目的大型出口型外商投资企业。

3. 保税集团。进料加工保税集团是指经海关批准，由一个有进出口经营权的企业牵头，由同行业若干加工企业联合对进口料件进行多层次、多工序连续加工，直至最终产品出口的企业联合体。集团的组织形式可以是紧密型或半紧密型，也可以是松散型，但其成员企业应在同一城市内。对料件和半成品在不同企业、不同工序结转加工时，均实行滚动保税监管，例如制作长毛绒玩具时，从进口腈纶原料、纺纱、染色、织布、制作长毛绒面料，到剪裁、缝制、生产长毛绒玩具出口，海关应严格按照所进口的原材料，各道加工工序，核定每一工序单耗定额和加工成品，按照结转层次，分段核销。

设立保税集团必须具备保税工厂和保税仓库的管理条件，因此其进出口通关手续比保税工厂和保税仓库更加便利，具有一次报关、双重功能（指加工和储存均可以）、全额保税（指对备料加工也可全额保税）的优点，即一次报关后，在集团内部的深层次加工结转，不再需要层层报关。

4. 保税区。保税仓库和保税工厂是在"国内"场所对海关申请设立的，而一个保税区却是在国境和关境之间建立起来的。在全世界有几百个甚至几千个保税区或自由贸易区（自由港）。关境是在国境以内由海关当局控制关税的一片领域，并且是国外进口货物进入保税区或自由贸易区就授权免征关税的一个领域。转口用的货物或临时性加工并从保税区复出口的货物不征关税，但要置于海关的监管之下。

在 1997 年海关总署颁布了《海关监管保税区办法》（以下简称《办法》），其中明确了保税区应该如何运作和在其中许可进行活动的种类。在 2003 年 9 月国务院修改的《海关对出口加工区监管的暂行办法》也有大致相似的内容。

（1）保税区《办法》第 12 条规定，当货物从国外进入保税区时，进口阶段要收的关税和其他税种应处理如下：①生产性的基础建设项目所需机器、设备和其他基本的建筑材料予以免税；②生产和行政管理用设备、合理数量的办公用物品及修理用部件，生产中所用燃料，为保税区中的企业所用的为建设生产性工厂厂房和仓库的材料和设备，予以免税；③保税区的管理机构所有合理数量的行政管理用设备和办公用物品及修理用部件，予以免税；④保税区中各企业为加工生产出口品所需原材料、零部件、元器件和包装材料予以保税。

（2）转口和储存货物。保税区《办法》第 12 条还规定，转口货物及存储在保税区的货物，将被作为保税货物处理。除此以外，所有从国外进口入保税区的一切货物都要纳税。

（3）凡从非保税区进入保税区或从保税区移出至非保税区的货物，都要视同进口或出口。

三、监管手续费

海关对进口减税、免税和保税的货物要征收监管手续费。

保税货物的监管手续费计算公式是：

$$监管手续费=基数\times 费率$$

公式中，基数是指保税货物进口关税的完税价格；其费率则分别按情况适用从 0 直至 1.5%的五个档次，例如，外商投资企业的保税货物及保税储存不足 90 天未经加工即复运出口的货物，其费率为 0，而最高费率 1.5%则用于保税储存作免税品销售的货物。

四、加工贸易流程

（一）首次开展加工贸易业务的企业备案

首次开展加工贸易业务的企业，应向海关办理企业备案手续。办理企业备案手续应提交的单证及流程如下：

1. 应提交单证

(1)加工企业：①工商营业执照复印件；②税务登记证复印件；③加工企业的《对外加工企业登记表》复印件；④海关签发的《对外加工生产企业海关登记通知书》复印件；⑤外经贸主管部门签发的《加工贸易加工企业生产能力证明》正本；⑥《企业印章印鉴备案表》。

(2)经营单位：①国家主管部门准予经营进出口业务的批准文件复印件；②工商营业执照复印件；③海关签发的《报关注册证明书》复印件；④《企业印章印鉴备案表》。

(3)外商投资企业：①国家主管部门核发的《外商投资企业批准证书》复印件；②工商行政主管部门签发的营业执照复印件；③海关签发的《自理报关企业报关注册证明书》复印件；④《企业印章印鉴备案表》；⑤企业合同、章程复印件各一份；⑥外商投资企业的《外商投资企业登记表》复印件；⑦税务登记证复印件；⑧外经贸主管部门签发的《加工贸易加工企业生产能力证明》正本。

2. 作业流程

作业流程为：企业提交备案资料→海关验核→建立企业档案。

企业备案后，在符合海关监管要求的情况下，可向加工生产企业所在地主管海关申请办理加工贸易合同登记备案手续。如企业备案情况发生变更，企业应向原外经贸审批部门办理变更手续，并在7天内将变更内容书面报告主管海关。

(二)加工贸易合同登记备案

企业办理合同备案海关手续应提交的单证及流程如下：

1. 应提交单证

(1)经营企业对外签订的进出口合同一式两份；(2)外经贸部门签发的《加工贸易业务批准证》一式两份；(3)本年度《加工贸易加工企业生产能力证明》复印件一份；(4)《合同执行情况表》；(5)《登记手册》；(6)《合同预录入呈报表》一份；(7)新产品生产工艺流程图及成品所需料件单耗情况；(8)外贸、工贸公司进料加工还需提供主管出口退税的税务机关签章；(9)按规定需提交的其他单证。

2. 作业流程

作业流程为：合同预录入→向海关申报→海关审核→海关签发《银行保证金台账开设联系单》→企业到指定银行办理台账登记手续→海关登记《银行保证金台账登记通知单》→核发《登记手册》。

(三)异地加工

企业办理异地加工贸易海关手续应提交的单证及流程如下：

1. 应提交单证

(1)向经营单位主管海关办理异地加工贸易申请，应提交如下单证：①经营单位所在地外经贸主管部门核发的《加工贸易业务批准证》一式两份；②加工企业注册地县级以上外经贸主管部门出具的本年度《加工贸易生产能力证明》复印件一式两份；③《中华人民共和国海关异地加工贸易申请表》(以下简称《异地加工贸易申请表》)；④经营企业对外签订的进出口合同一式两份；⑤双方企业签订的符合《中华人民共和国合同法》规定的委托加工合同一份；⑥按规定需提交的其他单证。

(2)向加工企业主管海关办理异地加工合同备案手续，应提交如下单证：①经营单位主管海关加封的内有《异地加工贸易申请表》、《加工贸易业务批准证》、《加工贸易生产能力证明》、

《进出口合同》的关封;②双方签订的符合《中华人民共和国合同法》规定的委托加工合同一式两份;③合同预录入呈批表一份;④按规定需提交的其他单证。

2. 作业流程

作业流程为:向经营单位主管海关申办异地加工→经营单位主管海关审核并制作关封交经营单位→向加工企业主管海关申请异地加工合同备案→海关审核并按规定备案合同、核发《登记手册》。

(四)合同变更

企业办理合同变更海关手续应提交的单证及流程如下:

1. 应提交单证

(1)变更合同一式两份;(2)外经贸部门签发的《加工贸易业务批准证》一式两份;(3)海关核发的《登记手册》;(4)《变更预录入呈报表》;(5)按规定需提交的其他单证。

2. 作业流程

作业流程为:企业报原加工贸易审批机关批准→企业向海关申请→海关审核→海关签发《银行保证金台账变更联系单》→企业到指定银行办理台账变更手续→登记《银行保证金台账变更通知单》→核发已变更《登记手册》。

(五)加工贸易分册

企业申办加工贸易分册及分册变更手续应提交的单证及流程如下:

1. 应提交单证

(1)《加工贸易分册申请表》;(2)海关核发的加工贸易《登记手册》(总册);(3)《登记手册》(分册);(4)按规定需提交的其他单证。

2. 分册变更

(1)分册进口及出口商品的序号、品名、规格型号、计量单位不得变更;

(2)总册发生变更,涉及下列情况的,分册内容应作相应变更:①删除总册某一异地口岸;②删除总册进口或出口商品项;③减少总册某一进口料件或出口成品数量。

3. 作业流程

作业流程为:企业向海关申请→海关审核→核发分册。

(六)发外加工

企业办理发外加工手续应提交的单证及有关规定如下:

1. 企业申请外发加工,应同时符合下列四个条件:

(1)对在生产加工过程中的某个加工工序,企业无生产条件,确需委托其他企业加工,且产权不转移的;

(2)委托企业须事先向主管海关提出外发加工的书面申请,说明申请理由、受委托的加工企业情况、损耗情况及加工后返还日期等;

(3)委托企业与加工企业须签订符合《中华人民共和国合同法》规定的委托加工合同;

(4)外发加工料件必须从委托企业发出,加工完毕后,产品、余料、边角料等必须全部返回委托企业。

2. 应提交单证

(1)《中华人民共和国海关保税货物委托加工申请表》(以下简称《委托加工申请表》)一式三份;

(2)委托加工合同两份;

(3)委托企业及承接加工企业《营业执照》、法定代表人身份证明复印件；

(4)《登记手册》；

(5)按规定需提交的其他单证。

3. 外发加工成品必须在海关规定的期限内运回委托企业。合同核销时，委托企业须向海关提交《委托加工申请表》和有关送货单。

(七)深加工结转

1. 向转出地海关备案开展深加工结转，应提交单证：(1)出口方的《登记手册》(复印件)，复印内容应包括手册封面、加工合同备案情况表；(2)《申请表》(一式四联)。

2. 向转入地海关申请开展深加工结转，应提交单证：(1)《申请表》(第二、三、四联)；(2)结转双方企业的《登记手册》(复印件)，复印内容应包括手册封面、加工合同备案情况表。

3. 作业流程

作业流程为：企业向转出地海关备案→企业向转入地海关申报→经转入地海关批准后，转入、转出企业在结转计划有效期内送货完毕→转入、转出企业各自向其主管海关如实办理报关手续。

(八)合同余料结转

应提交单证：(1)转入、转出企业的《登记手册》；(2)进口和出口货物报关单(手写单)；(3)申请企业的书面报告；(4)余料结转申请表。

(九)保税货物内销

1. 应提交单证

(1)《登记手册》；(2)进口货物报关单(手写单)；(3)申请企业的书面报告；(4)外经贸主管部门的批件；(5)按规定需交验的各种许可证件。

2. 作业流程

作业流程为：企业向海关加工贸易监管部门申请→海关审核并制作关封交企业→企业到通关现场办理征税手续。

(十)加工贸易料件退运或退换的处理

1. 受理范围

(1)加工贸易进口料件在进境结关后因发错货、料件质量及规格型号不符，需退运或退换的。

(2)合同中止或变更，有关原材料需退运出境的。

(3)合同执行完毕，办理核销手续时，剩余料件需退运出境的。

(4)退运的类别：来料料件复出、来料料件退换、来料边角料复出、进料料件复出、进料料件退换、进料边角料复出。对直接退运货物，按直接退运货物的管理办法办理。

2. 应提交单证

(1)书面申请报告(说明退换或退运的原因、复进口的时间，由合同双方签章)；

(2)《登记手册》；

(3)原进口货物报关单复印件以及手写出口报关单(原材料退运才提供)；

(4)《加工贸易料件退运申请表》一式两份；

(5)按规定需提交的其他单证(如外商要求退运的有关文件，质量检验证明等)。

3. 作业流程

作业流程为：企业向海关加工贸易监管部门申请→海关审核并制作关封交企业→企业到

通关现场办理手续。

（十一）因自然灾害造成保税货物受损的处理

1. 因自然灾害造成保税货物受损，企业应在灾后7日内向主管海关书面报告；

2. 应提交单证：

（1）《登记手册》；

（2）进口和出口报关单；

（3）经外经贸主管部门加注认可意见的申请企业的书面报告；

（4）公安消防部门出具的火灾鉴定证明（限火灾受损的情况）；

（5）商品检验检疫部门出具的灾后残次品检验证明或保险公司出具的保险赔款通知书；

（6）海关认可的其他有效证明文件。

（十二）手册续本

1. 加工贸易手册进出口栏目填满后仍有进出口业务的，企业可向主管海关申请核发手册续本。

2. 应提交单证

（1）书面申请报告；

（2）原《登记手册》。

3. 作业流程

作业流程为：企业申请→海关审核→核发续本。

（十三）合同核销结案

1. 企业应在《登记手册》到期或最后一批加工成品出口后的1个月内向海关办理合同核销结案手续。

2. 应提交单证

（1）《登记手册》（含续册及分册）；

（2）《对外加工装配合同核销申请表》或《进料加工合同核销申请表》（以下简称《核销申请表》一式两份；

（3）进出口货物报关单；

（4）《合同核销预录入呈报表》；

（5）海关认为必要的其他单证：①内销补税报关单及税单；②申请放弃进口保税货物提交书面申请报告；③涉及料件补税提供《内销批准证》及必要的许可证件；④边角料、残次品等内销补税申请报告；⑤其他单证。

3. 作业流程

作业流程为：企业提出核销申请→海关审核→海关开具《银行保证金台账核销联系单》→企业到中行核销台账→海关登记《银行保证金台账核销登记单》→海关签发《核销申请（结案）表》。

（十四）遗失《登记手册》

企业遗失《登记手册》应及时报主管海关，同时提交如下单证：

（1）申请企业的书面报告（需有企业法人代表签章）；

（2）公安机关出具的证明；

（3）刊登遗失手册声明的县级以上机关报；

（4）进出口货物清表一式两联（表内应注明“内容属实，如有不实，由海关按有关规定处罚”)；

(5)进出口货物报关单(如企业无法提交进出口货物报关单，需提交原进出口口岸海关的查单情况证明)；

(6)原缴纳海关监管手续费票据，如该《登记手册》仍有进口料件未加工或加工成品未出口的，经海关审核同意，可办理余料结转、退运或成品出口等手续。

(十五)放弃《登记手册》

合同在有效期内无货物进出口，企业放弃执行《登记手册》的，应提交以下单证：(1)经外经贸主管部门加注认可意见的申请企业的书面报告；(2)企业声明没有使用该《登记手册》进出口货物的书面保证(需有企业法定代表人签章)；(3)《登记手册》。

(十六)下厂核查

1. 海关下厂核查时，企业必须准备以下单证：

(1)财会账：自营出口销售账(来料加工无此账)；固定资产账；应收、应付账；委托加工账；库存出口产品账；内销账；银行存款账；成本账；现金日记账等各类账册以及有关记账凭证；年度审计报告等。

(2)仓库账：原材料进出仓账；成品进出仓账；进出仓单；送货单；仓库盘点记录表；成品装箱单等。

(3)车间领料单、备料单；生产记录单；料件组合、配方表等生产资料。

(4)所有在执行的《登记手册》原件或复印件。

(5)海关需要的其他单证。

2. 海关下厂核查时，企业负责人、财务人员、报关人员、仓管人员等有关人员必须到场，配合海关开展工作。

3. 企业应签收下厂关员送达的《外勤工作通知书》，并按要求据实反馈有关情况。

加工贸易流程如图 6－1 所示。

第三节　加工贸易银行保证金台账制度

一、加工贸易银行保证金台账的概念

加工贸易银行保证金台账，是指境内经营加工贸易单位或企业(包括有进出口经营权的贸易公司、工贸公司、国有企业、外商投资企业和经批准可从事来料加工业务的企业)凭海关核准的手续，按合同备案料、件金额向指定银行申请设立加工贸易进口料件保证金台账，加工成品在规定期限内全部出口，经海关核销后，由银行核销保证金台账。这里指定银行是指加工生产企业主管海关所在地中国银行分(支)行。

加工贸易银行保证金台账制度是我国加工贸易税收保障机制的重要组成部分，其旨在通过外经贸主管部门，海关、银行等部门的合作，更好地发挥监督作用。为打击走私违法活动，保证国家税收，维护合法经营者正常秩序和正当权益，促进加工贸易的健康发展起到了重要的作用。

二、加工贸易银行保证金台账制度内容

(一)台账制度的核心内容

1. 加强纳税控制——从违规时的事后强制划款，改为事先存款、事后退款。自 1996 年 7

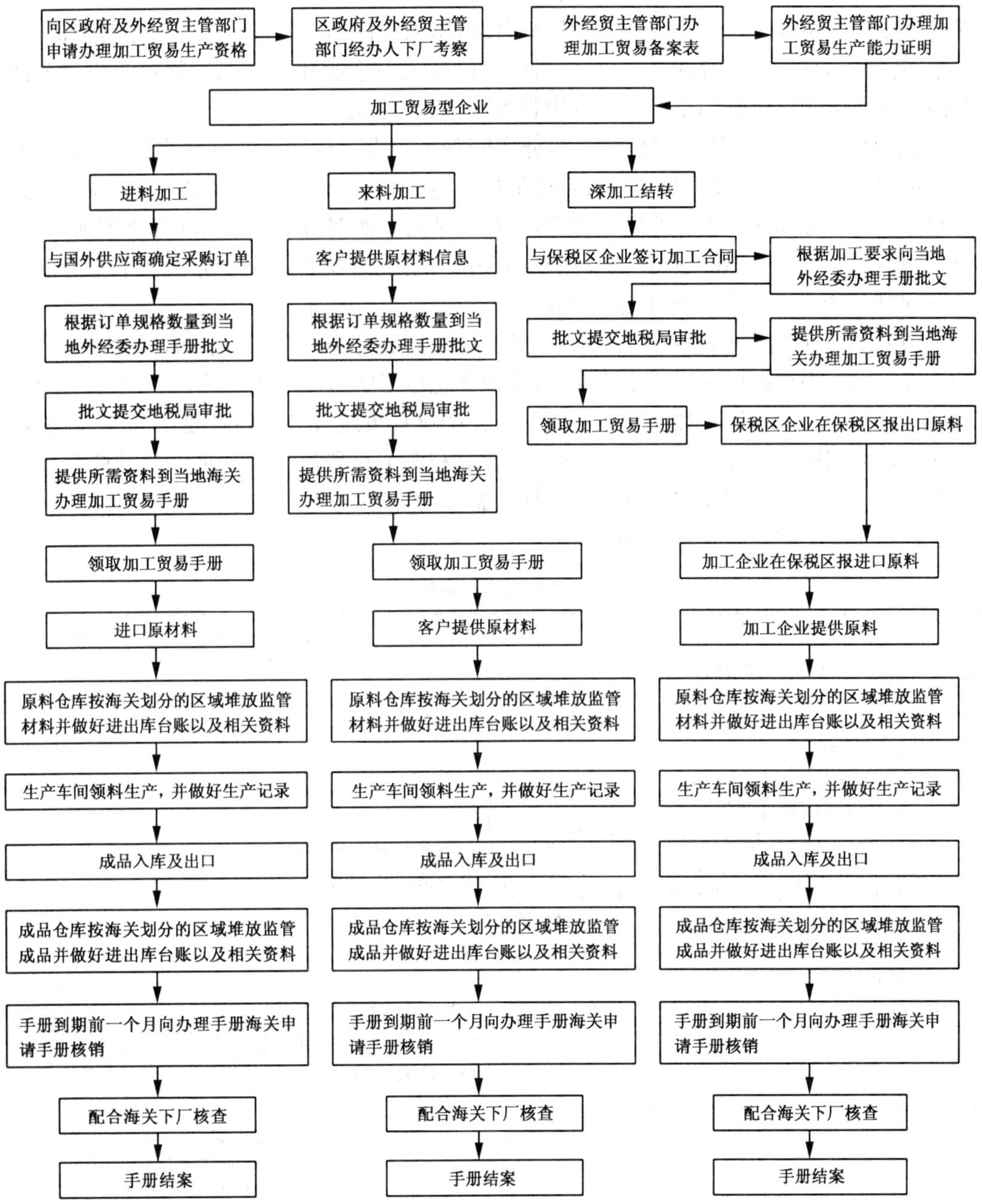

图 6—1　加工贸易流程

月 1 日开始，国家在全国范围内对加工贸易实行银行保证金管理制度，即加工贸易企业在海关办理合同登记备案手续需同时到所在地中国银行办理银行保证金台账登记手续，银行按规定收取手续费 100 元，这在银行保证金台账管理制度上被称之为“空转”。自 1999 年 10 月 1 日起，这一政策发生变化，即只对限制类加工贸易商品实行银行保证金台账“实转”制度，即从事限制商品加工贸易的企业在办理银行保证金台账登记手续时，必须同时缴纳相当于进口料件税款金额的保证金，企业在规定期限内加工出口并办理核销后再将保证金及利息予以退还。

对在合同规定期限内未能出口或经批准转内销的，海关则及时通知中国银行将保证金及其利息转为税款和缓税利息。自2000年4月10日起，国家允许加工贸易企业实行银行担保制度，即由中国银行出具保函代替现金支付。另外，对保税区内企业和海关派员监管及与海关计算机联网视同海关驻厂监管的企业不实行银行保证金台账制度。

2. 鼓励守法户，实行加工贸易的企业分类管理——为了鼓励企业守法自律，方便大多数企业的正常进出口经营活动，打击少数企业的违法走私行为，国家规定对加工贸易企业实施分类管理。分类管理办法根据企业资信情况，对加工贸易企业实行A、B、C、D四个类别的管理。A类、C类和D类管理企业名单由海关听取有关部门意见后确定。企业分类名单实行动态管理，适时调整。B类企业不具体列名单。

3. 在完善台账制度的同时还实行了加工贸易的商品分类管理，并将它结合进了实转、空转的管理之内。为根据国家产业政策要求，逐步优化加工贸易产品结构，引导加工贸易向高技术、高附加值方向发展，解决加工贸易发展与国家产业政策脱节和盲目审批的问题，国家规定由产业主管部门即国家经贸委牵头，会同外经贸部和海关总署研究制定加工贸易商品分类目录，实行禁止类、限制类和允许类三个类别的商品分类管理。

台账制实施类型如表6—1所示。

表6—1　　台账制实施类型

企业类别	不实行银行保证金台账制度	实行银行保证金台账制度收取保证金标准	
		空转（收手续费100元）	实　转
A	符合下列条件之一的： 1. 实行海关派员驻厂监管或主管海关实行计算机联网管理的保税工厂； 2. 从事飞机、船舶等特殊行业加工贸易的； 3. 企业年进口总额在3 000万美元(含3 000万美元)以上、自营生产型企业年出口额在1 000万美元(含1 000万美元)以上，或者年加工贸易出口额在1 000万美元(含1 000万美元)以上。	不具备左列条件中任何一条的A类企业	
B		加工贸易业务中进口的允许类商品	加工贸易业务中进口的限制类商品，按进口料件税款的50%收取保证金。
C			无论属于允许类或限制类商品，一律收取应征进口关税和进口环节增值税税款等值的保证金。
D	由外经贸主管部门停止其加工贸易的经营权，海关不予办理其新的加工贸易合同备案(即不得经营加工贸易)。		

(二)不实行台账制的情况

1. 我国海关总署自2003年5月1日起对部分加工贸易企业实施计算机联网监管。凡A类企业中以出口为主的生产型企业，已对采购、生产、库存、销售等实行全程计算机管理的，可向主管直属海关申请实行联网管理，不实行银行保证金台账制，海关建立电子账册，取代加工贸易《登记手册》。

但是这类规定是有变动的，2003 年将“两高一资”（指高耗能、高污染、资源性商品）列为禁止类，先后三次，共达 1 816 个品目；对劳动密集型的商品列为限制类，共达 1 853 种。美国金融危机爆发后，对两者开始放松。在 2008 年 12 月 31 日，国务院为保持外贸稳定增长，其后两次减少禁止、限制品目：禁止类保留 1 770 种，限制类保留 500 个品目。

2. 对 A、B 类企业备案金额在 1 万美元以下的合同，不开设台账。

3. 外商提供进口辅料品种在规定的 78 种辅料范围内（例如：拉链、纽扣、缝纫线、装饰用标牌、纸箱、五金配件等），且每批价值在 5 000 美元以下的，由主管海关根据产品合同核定辅料耗用量，免办加工登记手册，不纳入台账管理范围。诸如此类小额辅料均不纳入台账管理。

在 2007 年限制类商品中有 95％要实行实转；为减轻金融风暴的不利影响，至 2008 年 11 月，已通知暂停。95％以外的，A 类企业改空转，B 类实行 50％金额实转；C 类则 100％实转。为配合实业区域发展战略，中西部地区 A、B 类企业仍实行空转。

三、加工贸易银行保证金台账的运作程序

（一）外经贸主管部门审批合同

经营加工贸易的单位在对外签订加工贸易合同后，应上报外经贸主管部门审批。外经贸主管部门按规定审批加工合同，核查加工贸易单位的有效注册证件，审查其经营状况和生产能力，防止“三无”企业利用加工贸易进行走私违法活动。

（二）海关进行合同备案

合同审批后，企业持经当地外经贸主管部门审批的合同批件到所在地主管海关办理合同登记备案手续、海关进行审核。海关审核后签发《开设银行保证金台账联系单》，企业凭此联系单到当地中国银行或中国工商银行申请设立保证金台账。

（三）银行开设保证金台账

企业持《开设银行保证金台账联系单》，向主管海关所在地指定的中国银行或中国工商银行办理保证金台账设立手续。银行审核后建账，并向海关签发该企业建立台账的通知书，即《银行保证金台账登记通知单》。

（四）海关核发登记手册

主管海关根据中国银行或中国工商银行签发的《银行保证金台账登记通知单》或保证金收存凭证及其他有关单证，正式办理合同登记备案；向经营单位核发加工贸易登记手册。

（五）海关核销合同

企业进口料件进行加工生产，若在规定的期限内产品出口，合同执行完毕，经海关审核确认后，进行手册核销，签发《银行保证金台账核销联系单》以及退还保证金通知单。

（六）银行核销保证金台账

海关核销加工贸易手册后，企业持《银行保证金台账核销联系单》到银行办理保证金台账销账手续，领取应该退还的保证金，并按活期存款利率计收利息。

三、加工贸易税收银行保证金台账制度构成因素

（一）商品管制分类因素

国家为了优化加工贸易产品结构，引导加工贸易的发展方向，鼓励加工贸易向高技术、高附加值的方向发展，将加工贸易的商品分类为禁止类、限制类、允许类三类商品。

1. 禁止类是指《中华人民共和国对外贸易法》规定禁止进口的商品，以及海关无法实行保

税监管的商品，如文物、国家出于环境保护的目的禁止进口的商品以及国际公约中严禁销售的武器装备等。

2. 限制类是指进口料件属国内外价差大且海关不易监管的敏感商品，如一些稀有矿产资源。

3. 允许类是指除禁止类和限制类以外的其他商品。

目前，海关对不同管制分类的商品实施的银行保证金台账制度，还要结合后述的企业分类因素和区域划分因素来阐述。

（二）企业分类因素

2008 年 1 月中华人民共和国海关总署令 170 号的《中华人民共和国海关企业分类管理办法》新增了一些规定：增加了企业类别，在原有 A、B、C、D 四个管理类别的基础上新增 AA 类管理类别。也就是说，海关根据企业的具体情况设置 AA 类企业（十分守信企业）、A 类企业（守信企业）、B 类企业（基本守信企业）、C 类企业（失信企业）、D 类企业（严重失信企业）五个管理类别，并且对不同类别企业实施差别管理：其中 AA 类和 A 类企业适用相应的通关便利措施，B 类企业适用常规管理措施，C 类和 D 类企业适用严密监管措施。

目前正在实施的是 2010 年海关总署令第 197 号（关于公布《中华人民共和国海关企业分类管理办法》），该令对 2008 年的 170 号令进行了一些微调：如对 AA 类和 A 类企业规定新增了上一年度进出口报关差错率的要求等。

具体来说，目前海关对不同分类级别的企业实施保证金台账的规定是不同的，但是需要说明的是，如果出现加工贸易经营企业与承接委托加工的生产企业管理类别不一致的，海关对该加工贸易业务按照较低的管理类别实施相应级别的管理措施。例如：经营企业是 A 类企业，但是加工企业是 B 类企业，则海关按照 B 类企业的保证金台账的要求来管理。

此外，海关对不同分类级别企业实施分类管理的具体规定，目前在实际中还要结合不同的商品管制分类因素和区域划分因素实施不同的管理措施。

（三）区域划分因素

目前，加工贸易税收银行保证金台账制度由全国的区域统一管理模式变为区域差别管理模式。为体现区域政策落差、为推进加工贸易向中西部地区的梯度转移，国家目前主要对经营限制类商品生产实行东部地区和中西部地区不同的管理政策。结合上述两个因素来解析加工贸易税收银行保证金台账制度，具体来说，东部地区 A 类和 B 类企业一律按应征进口关税和进口环节增值税税款的 50%来缴纳税款保证金，即实行台账“半实转”制度；而对中西部地区将采取有别于东部地区的管理政策，对经营限制类商品生产的 A 类和 B 类企业实行银行保证金台账“空转”制度，即开设加工贸易税收银行保证金台账，但不需缴存保证金。此外，不管是东部还是西部地区的 A 类和 B 类企业如果经营允许类商品均实行银行保证金台账“空转”制度。

对于全国范围内的 C 类企业而言，不论是经营允许类和限制类的商品都是按照应征进口关税和进口环节增值税税款等值征收保证金，即“100%实转”。对于另外两类企业，海关的规定是：对于 AA 类企业，国家在全国范围内统一实行所有类型商品“不转”制度，也就是说，其不受银行保证金台账制度管理；而 D 类企业因为是严重失信企业，除由海关依法处理外，外经贸主管部门取消其加工贸易资格，停止其加工贸易经营权。

规定中所指的东部地区包括北京市、天津市、上海市、辽宁省、河北省、山东省、江苏省、浙江省、福建省、广东省。中西部地区是指除东部地区以外的其他地区。

需要说明的是，只有加工贸易经营企业与加工生产企业同在中西部地区，海关对其加工贸易业务才会按照中西部政策来实施相应的管理。这一政策的实施从长远看，将促进产业梯度向我国的中西部地区转移，进一步优化我国的进出口结构。

四、台账制度下相关账务处理

支付和收回银行保证金的账务处理：

（一）“空转”支付手续费时

借：财务费用

贷：库存现金或银行存款

（二）“实转”支付保证金时

借：其他货币资金——保证金台账

贷：银行存款

注：存出保证金应注明贸易合同编号，以备今后查考。

（三）收回保证金及利息时

借：银行存款

贷：加工贸易银行保证金台账制度

财务费用——冲减利息支出

（四）如加工产品因故不能付出而转内销补税时

1. 主动补税：

借：应交税费——应交关税

——应交增值税

贷：银行存款

2. 海关从企业保证金账户中直接划扣：

借：应交税费——应交关税

——应交增值税

贷：其他货币资金——保证金台账

五、对台账制度的实地调研案例

（一）某公司的基本运营情况

该贸易有限公司是成立于1983年的一家国有企业，经过二十多年的艰苦奋斗，现在成为一家大型贸易公司，是集开发设计、生产和销售为一体的综合性集团公司。主要产品有各类木制家居用品、小家具、服装、鞋等，是天津重合同、守信用单位，AA级信用企业。该公司坚持“创新、创优、信誉、高效”的方针，产品质量得到客户好评，被省标准化协会授予“高标准、高质量”称号。同时，该公司一贯以“诚实守信、依法经营”为公司经营理念，重视企业的信誉。几年来多次被地方政府授予“重合同、守信用”单位。正因为其优良的信誉，被主管海关纳入AA类企业级别来管理。

（二）加工贸易税收银行保证金台账制度在该公司的实施情况

该贸易有限公司为AA类企业，其主要的经营为一般进出口贸易，加工贸易业务只占一部分，因此其经营加工贸易业务的加工一般是委托给其他生产加工企业来承接，主要的加工企业为宁波某电器有限公司，该加工企业为B类企业。按照规定，加工贸易经营企业与承接委托加工的生产企业管理类别不一致的，海关对该加工贸易业务按照较低的管理类别实施相应的管理措施。所以对于该贸易有限公司所从事的加工贸易业务，海关还是按照B类企业来管理，而且福建省和浙江省都为东部地区，按照现有的规定，对经营限制类商品生产的东部地区的B类企业一律按应征税款的50%来缴纳台账保证金，实行台账“半实转”。

（三）该公司的台账基本运行步骤

1. 公司必须携带好进出口合同、委托加工合同、申请书、预估材料和损耗以及企业资质证明到外经贸厅进行申请。先是网络传输，登陆外经贸厅网站填写资料；将电子资料发到外经贸厅审核；随后将纸质资料送往外经贸厅（包括合同、发票等）审核，资料齐全大概一天便可批下；批准时外经贸厅会下发《加工贸易批准证》。

2. 企业持加工贸易批准证到海关进行申报，主管海关办理合同登记备案手续，企业需填报《进口料件申请备案清单》，海关会对委托加工的工厂进行下工厂验厂，当验厂合格后，海关开出《开设银行保证金台账联系单》，要求将保证金存到海关指定的账户。

3. 企业会根据海关给定的账户，将指定的保证金打入账户中，之后海关就会下批手册。

4. 企业可以进口材料，直到物品加工完后，将制成品出口。

5. 当海关核实进出口货品都没有问题时，进行手册核销，签发《银行保证金台账核销联系单》以及退还保证金的通知单。

6. 企业的银行保证金会解冻，之前存入的保证金会退回到本企业的账户中，海关所指定的账户也随之解除。

如果在海关核实过程中，发现进口材料使用之后有余料，会以真实的情况对多余的进口材料进行补征税，税款就直接从账户的保证金中扣除。

此外需要说明的是，在缴纳保证金的环节中，企业可自主选择开税款保付保函还是交保证金。保函可由企业用部分资产作为抵押，由中国银行或者光大银行开设税款保付保函。该贸易公司多年来采用的是两种形式并存的方式，即在资金充裕时采用直接用银行存款缴纳保证金，资金紧张时则可以到中国银行或者光大银行申请开具税款保付保函。

（四）该公司对保证金的会计处理

该公司将存入海关所指定的账户的保证金记入“其他应收款——保证金”科目进行处理，将相关税款保付保函的手续费计入财务费用。

（五）该公司对台账制度的看法

1. 该公司的台账业务负责人是很理解国家采取这项制度的，并且认为与这个制度改进之前相比，如今的制度已经是十分简化、方便了。如今很多数据传输都是用互联网进行的，原来都是用纸质材料，要用人工来进行。不仅浪费了时间，更容易发生一些人工误差。然而现在，通过互联网操作，节约了时间，效率还提高了很多。

2. 该公司认为该制度不仅防止了我国税款的流失，同时也保护了我国的资源和环境，可谓是一个国民双赢的制度。

第四节　来料加工、进料加工及补偿贸易的账务处理

一、来料加工贸易的账务处理

来料加工是指合作外方提供设备、原料、辅料和包装物等，由国内企业加工装配成品，由国

外厂商负责销售，我方按合同规定收取工缴费的一种贸易方式。

来料加工的特点包括：

第一，来料加工进口的设备、材料等不动用外汇，国内企业不需付款；

第二，来料加工进口的设备、材料属保税货物，由海关监管；

第三，来料加工进口的设备、材料等所有权属外方，国内企业对货物除进行加工生产外，无处置权；

第四，进口与出口有密切的内在联系，外方是料件的供应人又是成品的接收人，是连在一起的交易，其合同不是买卖合同而是加工合同；

第五，中外方是委托加工关系，其交易是经济效果由外方承担盈亏责任，中方不负责盈亏。

(一)来料加工企业设立程序

1. 中方同外方签订协议(即合作协议书)；

2. 协议书经外经办批准，发给引进项目批准书；

3. 由外方负责签订厂房、宿舍等租赁合同；

4. 由工商局核发特准加工许可证；

5. 海关登记核发设备进口登记手册；

6. 根据协议书，外方进口设备后由会计师事务所进行查验；

7. 海关进行验厂；

8. 根据中外方签订加工合同，报海关核准备案并发给进口料件登记手册。

(二)来料加工企业的海关监管

1. 来料加工项下的进口料件属保税货物，这些货物应是为某一特定的目的进口，并在规定的时间内以进口时的原状或经过特定的制造、加工后复运出口。

2. 进口的料件应专门用于加工合同规定的加工出口成品，经营单位和加工企业应做到专料专用、专料专放、专料转账，不能与其他料件混放混用、调换顶替；经营单位和加工企业对进口料件与加工成品的储存、使用、出口情况应设立专门账册，并定期将来料加工项下的料件进口加工成品以及库存情况列表报海关。

3. 每年的会计年报均要报海关进行年检。

4. 海关定期或不定期对加工企业进行稽查，检查核对料件进口、成品出口以及库存情况。

5. 加工企业如生产中发现进口料件不合用或发生废次品以及产生边角废料，均须按规定退回外方，不得自行处理。

6. 加工企业如用进口料件生产的产品在国内销售以及销售边角废料，均应申请海关补征进口关税和代征进口环节增值税。

(三)来料加工企业会计核算的会计政策

按照《企业会计制度》的规定，企业对外进行来料加工装配业务而收到的原材料、零件等，应单独设置“受托加工来料”备查科目和有关的材料明细账，核算其收发结存数额，不在“原材料”科目核算。

1. 存货的计价

(1)进口的原材料、辅料、包装物、工具、低值易耗品等的收入、领用均按进口报关单原币单价计价；

(2)国内采购材料的收、发以实际成本计价；

(3)产成品按实际成本计价；

(4)低值易耗品领用一次性进入成本,不采用摊销方法。

2. 工缴费的收入(含水电、房租)

按中外双方签订的协议规定每月通过银行进行结汇,以结汇单计算。

3. 来料加工企业开办费

由外方负担,不存在列账或摊销。

4. 固定资产

(1)固定资产以进口报关单价格计算;

(2)固定资产不计算折旧。

5. 成本计算

(1)加工产品只计入材料成本;

(2)工资、费用作为工缴费单独计算,不分配到产品成本。

6. 外币核算

由于来料加工企业的进口设备、材料均由海关监管,海关监管设备、材料的进口数量、生产使用数量以及库存数量的情况,因此来料加工企业不存在汇兑损益,每年采用年初的汇率折算本位币。汇率变动不大时,可不进行调整。

7. 工缴费的结余

工缴费结余的贷方余额为盈利,借方余额为亏损。根据规定,来料加工企业的盈亏均由外方承担。

(四)来料加工企业会计核算内容

1. 经营方式

外贸企业对来料加工业务,根据其盈亏责任的不同有两种经营方式。

(1)代理形式

代理形式即由外贸企业组织安排,对外与工厂共同签约,但由工厂直接承担生产、交货与盈亏责任,通过外贸企业办理出口结汇。

(2)自营形式

自营形式即由外贸企业单独对外签约,然后对内组织工厂生产,外贸企业承担盈亏责任(包括交货违约赔偿责任等),工厂只收取工缴费。

在自营形式下,对国内工厂还可有单作价和双作价两种方式。

2. 核算内容

(1)来料加工企业的会计核算内容主要是两大部分:一大部分是工缴费的收入与支出的核算;另一大部分是海关监管的进口设备、进口材料和出口产品三部分。

(2)核算的重点是进口材料的收入、领用、结存以及产品生产数与出口数、结存数,会计核算的结果大致要与海关三本账(设备、材料、产品)一致。

(3)由于外方提供的是不作价设备、材料、包装物、工具、低值易耗品等,因此,在会计科目的使用上,必须分清"监管物"与"非监管物"(内采购部分):"存货——监管物"必须与"应付账款——监管"相对应,"存货——非监管物"必须与"应付账款——非监管"相对应;同样,进口的设备列"固定资产——监管物"必须与"长期应付款——监管"相对应,国内采购的设备列"固定资产——非监管物"必须与"长期应付款——非监管"相对应。

(4)如来料加工企业没发生对内协作加工业务,没有生产内销的产品,一般就不存在应收、应付、预收、预付款等事项,这些会计科目无会计事项发生。

(5)来料加工企业原则上是采用收付实现制,来料加工企业不存在有收入而未发生支出,或者有支出而未发生收入等收入与支出不配比的情况,一般就不存在预提、待摊或应付工资等科目的发生。

(6)来料加工企业的收入有结汇收入与非结汇收入(部分企业有内销产品收入和对内加工收入以及废料收入等),非结汇收入主要是由外方汇款或自带现金在国内采购材料、设备和弥补工缴费收不敷支的费用支付,因此来料加工企业的会计报表主要是报送海关、税务和外管局。

(7)其他应收款、其他应付款仅限于反映与合作方和存出保证金等会计事项,不涉及其他的往来事项。

3. 工缴费的核算

(1)工缴费收入的核算

①工缴费收入有通过银行结汇的收入,包括加工费结汇收入,厂租结汇收入和水电费结汇收入。

②工缴费收入不通过银行结汇的收入,是指外方汇款和自带现金,通称非结汇收入,非结汇收入通常有:a. 由外方负责的弥补工缴费收不敷支的资金;b. 由外方负责的国内采购材料所需要的资金;c. 由外方负责在国内采购设备所需要的资金。

(2)工缴费支出的核算

工缴费支出共分为工资及福利费、公司管理费、财务费用、上缴区镇费用、办公费用、租赁费用、水电费、交际应酬费、商检费用、报关费用、审计费用、运输费、税金、财产保险费、其他共15个项目。

根据协议规定,租赁费用、水电费、商检费用、报关费用、运输费、财产保险费6个项目的费用开支均由外方负担,其中:租赁费用、水电费在每月银行结汇中向外方收回外,其他由外方负担的费用实际是加工企业代外方垫付的费用。其他9个项目的费用开支才是包含在工缴费支出中的内容。由于上述工缴费发生时都由加工企业的经办人员办理,在加工企业报销,因此,不论是包含在工缴费内的费用开支项目,还是代外方垫付的费用项目,均列在工缴费支出总额内,从而形成的工缴费超支均由外方负担,中方不负担亏损。

(五)来料加工的账务处理

1. 从外贸企业来看,典型的会计分录如下:

(1)收到来料时,不编制会计分录,只对"受托加工来料"备查科目中对应的材料明细账进行数额登记。

(2)领取"来料"及其他材料用于制造加工产品时,对"来料"领取的处理同上,对领取其他材料则借记"生产成本"科目,贷记"原材料"等科目。

(3)完工时,借记"库存商品"科目,贷记"生产成本"、"银行存款"、"应付账款"等科目。

(4)出口销售收取加工费等,借记"应收账款"科目,贷记"主营业务收入——来料加工"科目。结转销售成本时,借记"主营业务成本——来料加工"科目,贷记"库存商品"科目。

【例6—4】 香港W纱厂向上海市纺织品进出口公司洽谈一笔将涤纶短纤维加工为缝纫线的来料加工业务。上海市纺织品进出口公司以代理方式将业务转交给宝山纺织厂,与外方约定以单作价方式结算。W纱厂提供:(1)涤纶短纤维21.2吨;(2)包装辅料20 400套。宝山纺织厂应于一个月内交付加工成品20吨,加工单价FOB 1 100美元,总值22 000美元。汇率为6.827 0,代理费率为3%。

此例有两个特点：一是材料对外单作价，全按"表外"处理；二是外贸企业不是主体，原则上按代理方式在出口阶段入账。

1. 收料时，凭盖有"来料加工"戳记的入库单借记表外科目"外商来料"，只记数量。

2. 发厂家加工时，凭"来料加工"出库单在表外做账。

借：拨出来料

　　贷：外商来料

3. 加工完毕交货时，按消耗定额验收，根据"来料加工"入库单在表外做账。

借：代管物资——加工成品

　　贷：拨发来料

4. 出口发运，凭出库单做账。

(表外)贷：代管物资——加工成品

5. 交单时正式入账，因是代理收付，一边记应收，一边记应付。

借：应收账款——加工工缴费	150 194	
贷：应付账款——加工厂		145 688.18
主营业务收入(代理手续费)		4 505.82
借：营业税金及附加(或其他业务支出)	225.29	
贷：应交税费——应交营业税		222.29

【例 6—5】 承上例，进出口公司将业务改作自营，交宝山纺织厂代加工，约定加工费为每吨成品 6 596 元人民币。

分录 1、2、3、4 同上例。

5. 交货时：

借：库存商品——加工品(工缴费部分)	131 920	
贷：应付账款——加工厂		131 920

6. 发运时：

借：待运和发出商品	131 920	
贷：库存商品——加工品		131 920

7. 交单时：

借：应收账款——外商	150 194	
贷：主营业务收入——加工补偿		150 194
借：主营业务成本——加工补偿	131 920	
贷：待运和发出商品		131 920

(六)来料加工企业的税金核算

1. 来料加工企业税金包括企业所得税、废料的代征进口环节增值税(凭海关征收凭证)、废料的代征进口关税(凭海关征收凭证)、个人所得税(按个人所得税规定计算征收)

(1)企业所得税，按工缴费收入的 1.5%征收[或工缴费收入×10%(利润率)×15%(税率)]。

(2)废料销售增值税按 6%计征。

(3)内销产品销售增值税按 6%计征。

(4)个人所得税(略)。

上述税金发生时以交税凭证作会计分录如下：

借:工缴费支出——税金

其他业务支出——废料的税金

贷:银行存款

注:个人所得税由各企业确定处理方法,若由加工企业负担的列为工缴费支出,如由员工个人负担的则转列其他应收款科目在工资内扣回。

2. 来料加工企业的税收优惠

根据《出口货物退(免)税管理办法》的规定,出口企业以"来料加工"贸易方式免税进口原材料、零部件后,凭海关核签的来料加工进口货物报关单和来料加工登记手册向主管其出口退税的税务机关办理"来料加工免税证明",持此证明向主管其征税的税务机关申报办理免征其加工或委托加工货物及其工缴费的增值税、消费税。货物出口后,出口企业应凭来料加工出口报关单和海关已核销的来料加工登记手册、收汇凭证向主管出口退税的税务机关办理核销手续,对逾期未核销的,主管出口退税的税务机关将会同海关和主管征税的税务机关及时予以补税和处罚。

从以上规定可知,承接来料加工业务的出口企业在料件进口后,可凭海关核签的来料加工进口报关单和来料加工登记手册向主管其出口退税的税务机关办理"来料加工免税证明",而无需等来料加工手册核销后再办理"来料加工免税证明"。

来料加工企业办理免税证明需报送的资料有加工贸易业务合同批准证、对外加工装配合同、进口料件申请备案清单、出口成品申请备案清单、出口制成品及对应进口料消耗备案清单、合同基本情况(含封面)、税务登记副本复印件、申请免税报告、上一批货物的合同销案申请表。

(七)进口设备的会计核算

根据协议规定,加工生产用的所有机器设备、动力设备、运输工具以及办公设备等均由外方不作价提供,其所有权归外方;协议期满其设备的处理权也归外方,或退回外方。

进口设备依据进口报关单的品名、规格、数量、单价核算。

进口设备不计算折旧,在海关监管期间内,不得变卖、不得挪作他用,会计处理如下:

借:固定资产——监管设备

贷:长期应付款——监管

(八)国内采购设备的会计核算

国内采购设备,根据协议规定,所有生产、办公等使用的设备均由外方提供,除进口设备外,如外方不进口,改在国内购置,其资金也由外方出资。

1. 收到外方购置设备资金时:

借:银行存款或现金

贷:长期应付款——非监管

2. 购置设备时凭发票:

借:固定资产——非监管

贷:银行存款或现金

二、进料加工贸易的账务处理

进料加工是指企业进口或委托其他单位代理进口原辅料件,通过自行加工或以委托、作价加工形式加工成产成品后,再复出口的业务,进口原材料的所有权和收益权属于经营企业。因此进料加工业务可分为进口、加工、出口三个过程,它们共同构成进料加工业务的全部内容。

（一）进料加工的税务特点

1. 特点

（1）专为加工出口成品而进口的料、件，海关按实际加工复出口的数量，免征关税和缓缴增值税，在复出口退税时抵扣。

（2）对签有对口合同及以保税工厂监管方式进口用于加工出口产品，而在生产过程中完全消耗掉数量合理的消耗材料，如触媒剂、催化剂、洗涤剂等化学物品等，进口时予以全额保税。

（3）对用于加工成品必不可少的，但在加工过程中并没有完全消耗掉的仍有使用价值的物品和生产过程中产生的副次品和边角料，海关根据其使用价值，分别估价征税或酌情减免税。

（4）由于改进生产工艺和改善经营管理而结余的料、件或增产的产品转为内销时，海关审核情况属实，其价值在进口料、件总值2%以内，并且总值在人民币5 000元以下的可予免税。

2. 对进料加工料、件的海关监管

（1）保税工厂和备料保税仓库。如经营单位所属企业专门加工出口产品的工厂、车间或经营单位本身，拥有专门储存进口料、件和加工成品的仓库，建有健全的专用账册、专人管理制度，并具备海关严密监管条件的，海关可以批准其建立保税工厂或备料保税仓库。其料、件进口时先予保税，加工后对实际出口部分所耗进口料、件予以免税；不出口部分予以征税。

（2）对口合同。对签有料、件进口和加工成品出口的对口合同（包括不同客户的对口连号合同）的进料加工，经主管海关批准，可对其进口料、件予以全额保税，加工后，对实际出口部分所耗进口料、件予以免税。

（3）定额保税。对不具备上述（1）、（2）项条件的备料加工项下进口的料、件，海关可根据《进料加工进口料、件免税比例表》的规定减征。如实际不能出口部分多于或少于已征比例，经海关审核无误后，分别予以补税或退税。《进料加工进口料、件免税比例表》的内容大意如下：

第一类：15种进口料、件按95%保税，5%作为不能出口部分照章征税，例如毛皮、生皮、象牙、玉石珍珠、钻石及毛坯、装配机电产品的零部件、毛条毛纱、64寸以上宽幅棉布及涤棉布、服装用面料、里料及已制成型的包装用品。

第二类：其他料、件均按85%保税，15%作为不能出口部分照章征税。

（4）全额征税、出口退税。对有违反海关规定行为的经营单位和加工产品企业，海关认为必要时，对其进口料、件在进口时先予征税，待其加工复出口时，按其实际所耗的进口料、件数量予以退税，即先征后退。

3. 进料加工的期限

进料加工项下，进口的料、件应自进口之日起1年内加工为成品返销出口。如有特殊情况，需要延长期限的，应向主管海关申请展期。

4. 进料加工货物内销时，应经审批、许可

进料加工项下，进口的料、件和加工成品，均不得在境内销售。如因故必须转为内销的，应经经贸主管部门批准，并经海关许可。上述转为内销的货物，无论以人民币或外汇结算，经营单位和加工生产企业，应及时向海关缴纳原进口料、件的关税和增值税。属于国家限制进口的，或属于实行进口许可证管理的商品，应按国家有关规定向海关交验进口审批件或进口许可证后，方准内销。

5. 出口企业以“进料加工”贸易方式，减免进口原材料、零部件用于加工或转售给其他企业加工时

（1）先由外贸出口企业填具《进料加工贸易申报表》，经主管出口退税的税务机关同意签

章。

(2)将已签章同意的《进料加工贸易申报表》报送主管征税的税务机关，并根据此申报表在计算征税时予以扣除，或在开具增值税专用发票时，注明应交税额，不计征入库，

(3)主管出口企业征税的税务机关，对这部分准予扣除的税额，或销售发票上所注明的应交税额不计征入库，由主管退税的税务机关在出口企业办理出口退税时，在退税中抵扣。

6. 办理核销手续

合同执行完毕后1个月，经营单位应持凭《登记手册》和经海关签章的进出口专用报关单，以及《进口料、件使用表》、《核销申请表》等有关单证，向海关办理核销手续。经海关审核无误后，准予核销结案。

(二)进料加工业务的账务处理

1. 内容及类型

(1)进料加工的核算内容包括自营进口、委托加工或作价加工、自营出口的业务内容。

(2)外贸企业对国内加工环节可有三种安排方式：委托加工、作价加工和自属非独立工厂加工。

①委托加工。指材料不作价，承接加工单位以表外科目进行记录，外贸企业只对其支付加工工缴费，盈亏由外贸企业承担，又称为单作价方式。

②作价加工。指来料来件和加工成品各作各价进行结算，也称为双作价方式，即双方分别作正常购销关系处理。双作价不仅是结算关系，在材料作价上可能也有盈余。

③自属非独立工厂加工。加工费用在外贸企业自身的账务中记录，附属工厂只保持原始记录，无会计记录。

2. 进料加工账务处理的账户

为了正确反映进料加工业务的销售收入、销售成本和盈亏，企业应该设立“商品采购”、“其他销售收入——作价加工”、“其他销售成本——作价加工”、“加工商品”、“材料物资”、“应交税费”、“自营出口销售收入”和“自营出口销售成本”等账户，分别核算进料加工业务在进口、加工和出口各环节的收入、成本和损益。

3. 进料加工的账务处理

【例6－6】 20×3年8月广东博达五金矿产进出口公司以“进料加工”贸易方式进口氧化铝220吨转售给下属的宏发五金加工厂生产铝锭。进料加工手册规定返还比例为2.2∶1，进价为650美元/吨(CIF)，关税税率为7%，增值税税率为17%，增值税减半征收。8月6日报关进口时美元汇价为8.3元人民币/美元。氧化铝转售给宏发工厂每吨不含税价为7 000元人民币。8月28日宏发工厂生产铝锭100吨，广东博达五金矿产进出口公司以20 000元/吨(不含税价)全部收购用于复出口，当日银行的美元汇价为8.4元人民币/美元。

1. 进口时，凭审核无误的进口全套单据，通过银行支付氧化铝货款时，账务处理如下：

借：商品采购——进口商品采购——氧化铝(220×＄650×8.3)　1 186 900

　　贷：银行存款　　1 186 900

(1)支付关税和增值税时，账务处理如下：

计算应交关税额：1 186 900×7%＝83 083(元人民币)

借：商品采购——进口商品采购——氧化铝　　83 083

　　贷：应交税费——进口关税　　83 083

(2)上缴关税和增值税时，账务处理如下：

计算增值税额：(1 186 900＋83 083)×17％×1/2＝107 948.56(元人民币)

借：应交税费——进口关税　83 083

——应交增值税(进项税额)　107 948.56

贷：银行存款　191 031.56

(3)进口氧化铝入库，凭进口料件入库单等凭证，账务处理如下：

借：材料物资——进料加工——氧化铝(1 186 900＋83 083)　1 269 983

贷：商品采购——进口商品采购——氧化铝　1 269 983

2. 加工时账务处理

(1)进口料件转售给宏发工厂，根据开出的增值税专用发票，账务处理如下：

借：银行存款(220×7 000×1.17)　1 801 800

贷：其他销售收入——作价加工——氧化铝　1 540 000

应交税费——应交增值税(销项税额)　261 800

同时结转销售成本：

借：其他销售成本——作价加工——氧化铝　1 269 983

贷：材料物资——进料加工——氧化铝　1 269 983

(2)收回加工成品时，根据宏发工厂开具的增值税专用发票作如下账务处理：

借：库存商品——库存出口商品——铝锭　2 000 000

应交税费——应交增值税——进项税额　340 000

贷：银行存款(100×20 000×1.17)　2 340 000

3. 如果进口料件不是作价销售给宏发工厂，而是广东博达五金矿产进出口公司以委托加工方式委托宏发工厂进行加工，支付宏发工厂加工费及增值税共计 854 119.89 元人民币，则广东博达五金矿产进出口公司的账务处理如下：

(1)拨料交付给宏发工厂进行委托加工时，

借：加工商品——宏发工厂——氧化铝　1 269 983

贷：材料物资——进料加工——氧化铝　1 269 983

(2)支付给宏发工厂加工费和增值税税款时，账务处理如下：

借：加工商品——宏发工厂——氧化铝　730 017

应交税费——应交增值税——进项税额　124 102.89

贷：银行存款　854 119.89

(3)收回委托宏发工厂加工完毕的产成品时，其账务处理为：

借：库存商品——库存出口商品——铝锭　2 000 000

贷：加工商品——宏发工厂——氧化铝(1 269 983＋730 017)　2 000 000

(三)进料加工出口退税及会计处理

生产企业自营或委托外贸企业代理出口(以下简称“生产企业出口”)自产货物，除另有规定外，增值税一律实行免、抵、退税管理办法。该办法适用能够独立核算，经主管国税机关认定为增值税一般纳税人，并且具有实际生产能力的企业和企业集团。

1. 外贸企业以作价加工方式进行进料加工复出口货物的，按下列公式计算退税：

(1)出口退税税额＝出口货物应退税额－销售进口料件的应抵扣税额

(2)销售进口料件的应抵扣税额＝销售进口料件金额×复出口货物退税率－海关已对进口料件实征的增值税税额

其中(2)式中之所以采用退税率而不用征税率，是相当于按不予退税的“进项税额转出”后作进项税额抵扣。否则进项税额将全额获得抵扣。末项中“实征”是指部分保税后的5%或15%。

2. 交单结汇后的有关退税会计分录如下：

(1)不予退税部分：

借：主营业务成本

　　贷：应交税费——应交增值税(进项税额转出)

(2)当初缓征，现不予退税，即要补缴：

借：应交税费——应交增值税(进项税额)

　　贷：银行存款

(3)申请退税

借：应收出口退税

　　贷：应交税费——应交增值税(出口退税)

【例6-7】 某自营出口生产企业，本月外购原材料、动能费等支付价款600万元，支付进项税额102万元，本月海关核销免税进口料件价格100万元，本月内销货物销售额500万元，自营进料加工复出口货物折合人民币金额600万元(按离岸价计算)，该企业内、外销货物适用增值税税率17%(非应税消费税品)，复出口货物的退税率为15%。假设上期无留抵税款，本月未发生其他进项税额。则该企业本月应纳或应退增值税额及相关账务处理如下：

1. 外购原、辅材料，备件，能耗等，会计分录为：

借：原材料	6 000 000	
应交税费——应交增值税(进项税额)	1 020 000	
贷：银行存款		7 020 000

2. 免税进口料件，会计分录为：

借：原材料	1 000 000	
贷：银行存款		1 000 000

3. 产品外销时，会计分录为：

借：应收外汇账款	6 000 000	
贷：主营业务收入		6 000 000

4. 内销产品，会计分录为：

借：银行存款	5 850 000	
贷：主营业务收入		5 000 000
应交税费——应交增值税(销项税额)		850 000

5. 月末，计算当月出口货物不予抵扣和退税的税额

不得免征和抵扣税额＝当期出口货物离岸价×人民币外汇牌价×(征税率－退税率)－免抵退税不得免征和抵扣税额抵减额＝当期出口货物离岸价×人民币外汇牌价×(征税率－退税率)－免税购进原材料价格×(出口货物征税率－出口货物退税率)＝600×(17%－15%)－100×(17%－15%)＝10(万元)

借：主营业务成本	100 000	
贷：应交税费——应交增值税(进项税额转出)		100 000

6. 计算应纳税额或当期期末留抵税额

应纳税额＝销项税额－进项税额＝85－(102－10)＝－7(万元)

由于应纳税额小于零,说明当期“期末留抵税额”为7万元。

7. 计算应退税额和应免抵税额

免抵退税额抵减额＝免税购进原材料价格×出口货物退税率＝100×15%＝15(万元)

免抵退税额＝出口货物离岸价×外汇人民币牌价×出口货物退税率－免抵退税额抵减额＝600×15%－15＝75(万元)

当期期末留抵税额7万元≤当期免抵退税额75万元时:

当期应退税额＝当期期末留抵税额＝7(万元)

当期免抵税额＝当期免抵退税额－当期应退税额＝75－7＝68(万元)

借:应收出口退税	70 000	
应交税费——应交增值税(出口抵减内销产品应纳税额)	680 000	
贷:应交税费——应交增值税(出口退税)		750 000

8. 收到退税款时,会计分录为:

借:银行存款	70 000	
贷:应收出口退税		70 000

(四)进料加工与来料加工的区别

1. 性质上的区别

(1)来料加工是由外商提供一定的原材料、辅助材料、零部件、包装物等料件(必要时,会提供机器设备),进口原材料的所有权和收益权属于外商,委托国内企业按照国外厂商要求进行加工、装配。制成品由国外厂商负责销售,国内企业按照合同规定收取加工费。

经营企业在签订来料加工合同后、货到前,应提前向海关申报合同备案。备案后,根据来料加工出口报关单录入免税申报的数据。

(2)进料加工是指进口料件由经营企业付汇进口,制成品由经营企业外销出口的加工贸易。进口原材料和加工的成品的所有权和收益权属于经营企业。

2. 在税务处理上的区别

(1)来料加工进口材料是全额免税(不付汇),进料加工进口时要付料件费用,但无须缴纳增值税和消费税,关税的缴纳要看具体哪种材料。

(2)来料加工的加工费免征增值税、消费税。进料加工不涉及加工费的问题。

(3)在货物出口时,来料加工免增值税,但不退税;进料加工则免税且退税。

三、补偿贸易的账务处理

补偿贸易又称产品返销,是指在信贷的基础上从国外企业购进机器、设备、技术和各种服务等,约定在一定期限内,待项目投产后,以该项目生产的产品或其他货物或劳务或双方约定的其他办法偿还贷款的做法。由于进口机器设备的企业偿还贷款本息是采用补偿办法,故称补偿贸易。

我国在20世纪80年代,曾广泛采用补偿贸易方式引进国外先进技术设备,但规模不大,多为小型项目。近年来外商以设备技术作为直接投资进入我国,故补偿贸易更趋减少。但是,随着我国市场经济的发展,补偿贸易在利用外资、促进销售方面的优越性不容忽视。

(一)补偿贸易的主要特点

1. 贸易与信贷相结合。一方进口机器设备或技术等,是在对方提供信贷的基础上进行的，这是构成补偿贸易的基本前提。信贷的提供多体现为商品的信贷，但也可以是银行信贷或其他方式获得的信贷。

2. 贸易与生产相联系。补偿贸易的双方都十分关心生产情况，出口方往往关心工程项目的进展和产品的生产情况，而进口方则关心产品在出口国家和其他市场上的销售情况。

3. 机器设备和技术的进口与产品的出口相联系。机器设备和技术的出口方必须承诺回购进口方的产品或服务。进口方多数情况下是利用进口的机器设备和技术所生产的产品来偿还出口方的货款。

4. 贸易双方是买卖关系。补偿贸易中机器设备和技术的进口方不但承担支付货款的义务，而且承担付息的责任，并对机器设备拥有完全的所有权。

(二)补偿贸易的形式

按照偿付标的不同，补偿贸易可分为三类：

1. 直接产品补偿。即双方在协议中约定，由设备供应方向设备进口方承诺购买一定数量或金额的由该设备直接生产出来的产品。这种做法的局限性在于，它要求生产出来的直接产品及其质量必须是对方所需要的，或者在国际市场上是可销的，否则不易为对方所接受。

2. 其他产品补偿。当所交易的设备本身并不生产物质产品，或设备所生产的直接产品非对方所需或在国际市场上不好销时，可由双方根据需要和可能进行协商，用回购其他产品来代替。

3. 劳务补偿。这种做法常见于同来料加工或来件装配相结合的中小型补偿贸易中。具体做法是：双方根据协议，往往由对方代为购进所需的技术、设备，货款由对方垫付。我方按对方要求加工生产后，从应收的工缴费中分期扣还所欠款项。

上述三种做法还可结合使用，即进行综合补偿。有时，根据实际情况的需要，还可以部分用直接产品或其他产品或劳务补偿，部分用现汇支付，等等。

(三)补偿贸易的账务处理

补偿贸易的账务处理主要涉及“长期应付款”的核算，在一级科目下设“应付引进设备款”明细科目。应付引进设备款，是指企业采用补偿贸易方式引进国外设备而发生的应付设备、工具、零配件等价款以及国外运杂费。应付引进设备款应按合同规定的还款方式，在设备投入使用后，用应向外商收取的出口产品销售收入进行偿还。

应付引进设备款的会计核算，应注意区分应付引进设备款本身的计价和对所引进设备的计价二者之间的区别。应付引进设备款应按引进设备的价款以及随同设备一并引进的工具、零配件等的价款和国外运杂费进行计价；而所引进的设备则应按引进设备的价款、国外运杂费以及用人民币支付的进口关税、国内运杂费和安装费等计价。此外，引进设备所涉及的外币金额，应按外币业务的核算要求，折算为人民币进行核算。

【例6—8】 甲企业采用补偿贸易方式引进国外设备一套，设备价款及国外运杂费共计25 000美元。甲企业用人民币支付进口增值税、关税及国内运杂费共计42 000元，支付安装成本8 000元。

①支付国内税费，设备运抵企业，待安装。当日美元市场汇率为8.30。

②支付设备安装费。

③设备安装完毕，交付生产使用。

④用应收产品款10 000美元抵还部分应付引进设备款。当日美元市场汇率为8.27。

账务处理如下：

1. 支付国内税费，设备运抵企业，待安装。当日美元市场汇率为8.30。

应付引进设备款(人民币)=25 000×8.30=207 500(元)

设备安装前价值(人民币)=207 500+42 000=249 500(元)

借:在建工程　　249 500

　　贷:长期应付款——应付引进设备款(USD 25 000×8.30)　　207 500

　　　　银行存款　　42 000

2. 支付设备安装费

借:在建工程　　8 000

　　贷:银行存款　　8 000

3. 设备安装完毕,交付生产使用。

设备安装后价值=2 495 004+8 000=257 500(元人民币)

借:固定资产　　257 500

　　贷:在建工程　　257 500

4. 用应收产品款 10 000 美元抵还部分应付引进设备款。当日美元市场汇率为 8.27。

借:长期应付款——应付引进设备款(USD 10 000×8.27)　　82 700

　　贷:应收账款(美元户)(USD 10 000×8.27)　　82 700

练习题

一、单项选择题

1. 进料加工的深加工结转是指(　　)。

A. 加工贸易企业将进口料件进一步加工后复出口的经营活动

B. 加工贸易企业将保税进口料件进一步加工后复出口的经营活动

C. 加工贸易企业将进口料件加工的产品转至另一加工贸易企业进一步加工后复出口的经营活动

D. 加工贸易企业将保税进口料件加工的产品转至另一加工贸易企业进一步加工后复出口的经营活动

2. 在来料加工业务中,当由外贸企业自属加工厂加工,在产品出口通过外贸公司办理交单结汇,银行收妥结汇时,则其表外科目账务处理为(　　)。

A. 借记"外商来料"表外科目　　B. 借记"拨出来料"表外科目

C. 贷记"外商来料"表外科目　　D. 贷记"拨出来料"表外科目

3. 来料加工和进料加工(　　)。

A. 均是一笔交易　　B. 均是两笔交易

C. 后者是一笔交易,前者是两笔交易　　D. 后者是两笔交易,前者是一笔交易

4. 进口单位取得对外贸易经营权后,应按规定到外汇局办理"进口单位付汇名录"(以下简称"名录")登记手续,并签署《货物贸易进口付汇业务办理确认书》(以下简称《确认书》)。凡 2010 年 1 月 1 日前已在外汇局办理名录登记手续的进口单位,应在(　　)签署《确认书》。

A. 3 个月内　　B. 6 个月内

C. 9 个月内　　D. 210 天内

5. 保税制度中应用最广泛的一种形式是(　　)。

A. 保税仓库　　B. 保税区

C. 保税工厂　　D. 保税车间

6. 进口商品在进口后进行内销，当采用单到结算情况下，(　　)。

A. 进口商品采购和销售核算是不同时进行的。这时进口商品采购成本已经归集完毕，因此能够同时结转成本

B. 进口商品采购和销售核算是不同时进行的。这时进口商品采购成本尚未归集完毕，因此不能同时结转成本

C. 进口商品采购和销售核算是同时进行的。这时进口商品采购成本已经归集完毕，因此能够同时结转成本

D. 进口商品采购和销售核算是同时进行的。这时进口商品采购成本尚未归集完毕，因此不能同时结转成本

7. 按照对外签订合同和应承担的任务，我国来料加工有两种经营形式，分别为(　　)。

A. 委托形式和服务形式　　B. 生产形式和销售形式

C. 进口形式和出口形式　　D. 代理形式和自营形式

8. 加工贸易获得的经济来源实质上是(　　)。

A. 佣金　　B. 折旧

C. 加工费　　D. 收购成本和销售收入的差价

9. 根据我国现行出口退税政策规定，出口企业一般纳税人以进料加工贸易方式出口的货物凡属于不予退(免)税的，则应按以下公式计算应纳税额(　　)。

A. 应纳税额=(出口货物 FOB 价×外汇人民币牌价)×(1－征收率)×征收率

B. 应纳税额=(出口货物 FOB 价×外汇人民币牌价)÷(1－征收率)×征收率

C. 应纳税额=(出口货物 FOB 价×外汇人民币牌价)×(1＋征收率)×征收率

D. 应纳税额=(出口货物 FOB 价×外汇人民币牌价)÷(1＋征收率)×征收率

10. (　　)是指我方与同一外方同时签订进口和出口合同，由外方提供全部或部分原料，我方按外方要求进行加工，我方收取成品的出口值与外方来料进口值之间的差额。

A. 来料加工装配贸易　　B. 各作各价对口合同贸易

C. 进料加工贸易　　D. 来件加工贸易

11. (　　)是指拥有进出口经营权的企业对外签订进口料件合同，在向海关备案时尚未签订出口成品合同，进口料件生产的成品、数量及销售流向均未确定。

A. 进料加工对口合同　　B. 进料加工非对口合同

C. 来料加工对口合同　　D. 来料加工非对口合同

12. 在来料加工和补偿贸易中常使用(　　)。

A. 循环信用证　　B. 对开信用证

C. 对背信用证　　D. 预支信用证

13. 来料加工是(　　)。

A. 原料来自国内，成品销往国内　　B. 原料来自国内，成品销往国外

C. 原料来自国外，成品销往国内　　D. 原料来自国外，成品销往国外

14. 进料加工合同必须按权限经过商务主管部门的审批，取得(　　)。

A. 加工贸易手册　　B. 加工贸易业务批准证

C. 加工贸易电子账册　　D. 不作价设备批准证

15. (　　)是指以物易物，即货物出口的一方在进口某一价值货物的同时，向对方提供等值的出口货物，通常不涉及第三方。

A. 易货贸易　　B. 补偿贸易
C. 抵销贸易　　D. 加工贸易

16. 对签有进口料件和出口成品对口合同的进料加工业务，经批准可对其(　　)。
A. 进口料件予以保税，加工后实际出口部分予以免税
B. 进口料件予以保税，加工后实际出口部分予以保税
C. 进口料件予以征税，加工后实际出口部分予以退税
D. 进口料件予以免税，加工后实际出口部分予以免税

17. 加工贸易的显著特点是(　　)。
A. 从境外进口原、辅材料，零部件　　B. 将生产的产品出口到国外
C. 跨越国界的生产加工和销售　　D. 进口消费税有优惠政策

18. 在加工贸易业务中，如加工产品因故不能复出口而转内销需补税时，其账务处理为(　　)。
A. 借：应交税费——关税
　　贷：银行存款
B. 借：原材料
　　贷：应交税费——关税
C. 借：应交税费——关税
　　　　　　——增值税
　　贷：银行存款
D. 借：原材料
　　贷：应交税费——关税
　　　　　　——增值税

19. 根据我国现行税收政策规定，进料加工复出口货物贸易的加工方式为(　　)。
A. 工业企业应采取自行加工方式；商业企业可采用委托加工方式
B. 工业企业应采取自行加工方式；商业企业可采用作价加工方式
C. 工业企业应采取自行加工方式；商业企业可采用委托加工、作价加工方式
D. 工业企业应采取自行加工、委托加工方式；商业企业可采用委托加工、作价加工方式

20. 在海关税率已定的情况下，进口商品的税负大小除取决于海关估价外，还取决于(　　)。
A. 外汇管制　　B. 国内税
C. 进口押金制　　D. 征税产品的归类

二、多项选择题

1. 从事来料加工、来件装配业务的企业，凭《来料加工贸易免税证明》可以享受(　　)税收优惠政策。
A. 进口料件免税　　B. 出口货物免征增值税
C. 出口货物免征消费税　　D. 工缴费免征增值税
E. 工缴费免征消费税

2. 三种贸易术语的换算公式为(　　)。
A. FOB＝CFR－F＝CIF－F＋I

B. FOB＝CFR－F＝CIF－F－I
C. CFR＝FOB＋F＝CIF＋I＝CIF 价×[1＋(1＋投保加成)×保险费率]
D. CFR＝FOB＋F＝CIF－I＝CIF 价×[1－(1＋投保加成)×保险费率]
E. CIF＝FOB＋F＋I＝CFR＋I＝CIF＝CFR÷[1－(1＋投保加成)×保险费率]

3. 来料加工的主要特点有(　　)。
A. 由外商提供全部或部分料件，加工方无需用外汇购买进口料件
B. 来料加工的料件进口和成品出口系同一协议及同一客户
C. 来料加工出口的成品，加工方不负责销售，由外商自行销售
D. 加工方赚取进出口差价
E. 外商提供的进口料件及加工的成品，加工方只拥有使用保管权而不拥有所有权

4. 进料加工与来料加工的联系有(　　)。
A. 都是利用国内的技术设备和劳动力
B. 原料进口与成品出口往往是一笔买卖，或是两笔相关的买卖，均发生所有权转移
C. 受国家鼓励，享受相似的政策优惠
D. 都属于“两头在外”的加工贸易方式
E. 进口料件由外商提供，企业均不以外汇进口

5. 进料加工与来料加工的联系有(　　)。
A. 都是利用国内的技术设备和劳动力
B. 原料进口与成品出口往往是一笔买卖，或是两笔相关的买卖，均发生所有权转移
C. 受国家鼓励，享受相似的政策优惠
D. 都属于“两头在外”的加工贸易方式
E. 进口料件由外商提供，企业均不以外汇进口

6. 根据我国现行的《企业会计准则》，对销售商品收入的确认，必须同时满足以下条件(　　)。
A. 企业已将商品所有权的主要风险和报酬转移给购货方
B. 企业既没有保留通常与所有权相联系的继续管理权，也没有对已售出商品实施控制
C. 与交易相关的经济利益很可能流入企业
D. 收入的金额能够可靠地计量
E. 相关的已发生或将发生的成本能够可靠地计量

7. 在代理进口业务中，对受托方而言的特点有(　　)。
A. 不垫付资金，只是用委托方资金进口商品物资，以原价转让给委托方
B. 代理进口所发生费用，一般由委托方负担境内外直接费用，包括海外运输费、保险费、银行手续费、代理手续费
C. 以所收取的手续费作为代理开支及盈利
D. 不承担盈亏，外方付来的佣金、索赔款全部退给委托方
E. 代理进口所需外汇原则上由委托方解决，如需受托方代为购汇的，则手续费由委托方负担

8. 加工贸易与一般贸易相比，特点与区别有(　　)。
A. 加工贸易货物主要来自国外，只是在我国进行加工或装配，是“两头在外，中间在内”的贸易模式，获得的收益来源实质上只是加工费部分

B. 一般贸易的企业从生产成本或收购成本与国际市场之间的差价中获得收益

C. 国家对加工贸易进口料件免征关税，免征（对来料加工）或退和缓（对进料加工）进口增值税

D. 一般贸易的进口要缴纳进口环节税

E. 加工贸易的发展主要受国际市场的影响，在引进资金、人才、先进的设备、技术和管理经验，扩大出口、增收外汇等方面发挥着重要作用，加工贸易在技术与管理方面有溢出效应，有利于促进一般贸易的出口

9. 在使用（　　）术语时，当卖方将货物交付给承运人，而不是当货物到达目的地时，即完成交货。

A. CPT　　B. CIF　　C. DAT　　D. CFR　　E. CIP

10. 在自营进口业务中，进口企业主要核算指标有（　　）。

A. 进口商品国内销售盈亏额　　B. 进口销售成本

C. 期间费用　　D. 制造费用

E. 进口每美元盈亏

11. 应计入进口商品采购成本的进口税金包括（　　）。

A. 营业税　　B. 消费税

C. 进口关税　　D. 增值税

E. 印花税

12. 加工贸易银行保证金台账的运作程序包括（　　）。

A. 外经贸主管部门审批合同　　B. 海关进行合同备案

C. 银行开设保证金台账　　D. 海关核发登记手册，海关核销合同

E. 银行核销保证金台账

13. 对特准设立的保税工厂进料加工复出口的货物税收政策主要有（　　）。

A. 进口料件时予以保税

B. 加工后对其实际出口部分予以退税

C. 加工后对其实际出口部分予以“免、抵、退”税

D. 加工后对其实际出口部分予以免税

E. 加工后对其内销部分予以征税

14. 加工贸易税收银行保证金台账制度构成因素包括（　　）。

A. 商品管制分类因素　　B. 企业分类因素

C. 区域划分因素　　D. 法律因素

E. 社会因素

15. 易货贸易的特征有（　　）。

A. 电子商务平台

B. 创造了新的交易媒介——易货币（易货额度）

C. 历史悠久

D. 取代现金贸易

E. 交易对象多样化

16. 易货贸易的两种形式分别是（　　）。

A. 直接易货　　B. 间接易货

C. 综合易货
D. 偶然易货
E. 扩大易货

17. 易货贸易业务的结算方式包括( )。
A. 对开信用证结算方式
B. 记账结算方式
C. 货到结算
D. 单到结算
E. 销售结算

18. 加工贸易的种类包括( )。
A. 进料加工
B. 来料加工
C. 装配业务
D. 协作生产
E. 代工生产

19. 保税具体形式包括( )。
A. 保税仓库
B. 保税工厂
C. 保税集团
D. 保税区
E. 港口码头

20. 补偿贸易的主要特点包括( )。
A. 直接产品补偿
B. 贸易与信贷相结合
C. 贸易与生产相联系
D. 机器设备和技术的进口与产品的出口相联系
E. 贸易双方是买卖关系

三、判断题

1. 来料加工的双方一般是商品买卖关系,而进料加工的双方是委托加工关系。( )

2. 加工贸易保税制度实际上是给予纳税人延迟缴纳关税的特权,同时海关对货物进行监管的制度。( )

3. 进口商品的进口关税应是进口商品采购成本的组成部分。( )

4. 自营进口商品在抵达我国口岸后的港务费、过港费等,由外运公司向进口企业收取,进口企业则将其作为"销售费用"。( )

5. 进口商品的国外进价一律以离岸价(FOB)为基础。( )

6. 易货在国际贸易实践中主要表现为直接易货和综合易货两种形式。( )

7. 根据交易的难易程度和参与主体的多少,易货贸易表现为两种基本模式,即偶然的易货贸易模式和扩大型易货贸易模式。( )

8. 易货贸易业务由贸易双方事先在合同中规定进行计价和结算的货币币种,货款需一次性结算,一般是以对开信用证或记账的方式进行结算。( )

9. 易货贸易出口销售在核算上不同于自营出口销售。( )

10. 易货贸易的进口和出口是独立的,是在进出平衡的前提下,企业组织的商品进口和出口业务。( )

11. 易货贸易进口的商品,以开出进口货款结算单向国内用户办理货款结算。( )

12. 进料加工贸易要注意所加工的成品在国际市场上要有销路。( )

13. 经过多年的快速发展,加工贸易已成为我国第一大对外贸易方式。( )

14. 加工贸易合同是规定委托方、承接方的权利和义务的口头协议。 (　　)

15. 我国对加工贸易进口料件照样征收关税。 (　　)

16. "保税"的意义是在征税或免税条件未确定前，对纳税人，即加工人，给予保留(延迟确定)缴纳关税的特权，同时海关要对货物进行监管。 (　　)

17. 首次开展加工贸易业务的企业，应向海关办理企业备案手续。 (　　)

18. 进料加工业务可分为进口、加工两个过程。 (　　)

19. 进料加工的核算内容包括自营进口、委托加工或作价加工、自营出口的业务内容。 (　　)

20. 外贸企业对国内加工环节可有三种安排方式：委托加工、作价加工和自属非独立工厂加工。 (　　)

四、综合练习

【习题1】

某外贸进出口公司为一般纳税企业，以人民币为记账本位币，对外币交易采用交易日即期汇率折算，该公司2009年5月份发生以下业务：

1. 从飞鸿坯布厂(增值税一般纳税人)购进坯布20 000米，取得增值税专用发票注明价款800万元，税额136万元。上列款项以银行存款支付，货物已验收入库。

2. 以进料加工贸易方式免税进口坯布2 000米，组成计税价格折合人民币164万元，上列款项以银行存款支付，货物已验收入库。

3. 该公司将上列22 000米坯布以委托加工方式委托兴海服装厂加工成服装，公司财务部门接到坯布出仓单据。

4. 取得该厂开来的增值税专用发票：该批委托加工的服装加工费为400万元，税款68万元。以银行存款支付上列款项后将加工完毕的服装验收入库。

5. 该公司于8月份根据出口合同将该批服装全部向美国客户出口，出口销售额折合人民币1 775万元。当商品装船后，由公司业务部门向银行办理交单手续，财务部门确认外销收入并结转出口商品成本。

6. 该公司根据《税法》规定，收齐有关单证并经信息核对无误后，向所在地退税机关申报办理出口退税。坯布的退税率为15%，服装的退税率为17%。

7. 收到税务机关退还的出口退税款。

要求：根据该公司上列各项业务，编制必要的会计分录。

【习题2】

昌盛外贸进出口公司为一般纳税企业，选择确定的记账本位币为人民币，其外币交易采用交易日即期汇率折算。本期有以下进料加工复出口业务：

1. 以进料加工复出口(有进出口对口合同)的贸易方式进口服装面料5万米，CIF价9万美元，款项以银行外汇存款支付，当日即期汇率为1美元＝7.50元人民币。

2. 海关按85%的比例减免进口环节的关税及增值税，关税税率为20%，增值税税率为17%，该批进口面料当日验收入库，以银行存款支付关税及增值税。

3. 昌盛外贸进出口公司以作价加工方式将该批面料作价给A工厂，开出的增值税发票价款700 000元，增值税税款119 000元，合计819 000元，上列款项尚未收到。

4. A工厂将完工的服装作价回销给B外贸进出口公司，开出的增值税发票价款900 000

元，增值税税款 153 000 元，合计 1 053 000 元，上列款项昌盛外贸进出口公司尚未支付。

5. 昌盛外贸进出口公司将该批服装全部报关复出口给外商，外销价为 FOB140 000 美元，出口款项尚未收到，同时结转该批服装的外销成本。当日即期汇率为 1 美元＝7.65 元人民币。

要求：根据以上资料，编制昌盛外贸进出口公司必要的会计分录。

第七章　进出口企业财务会计报表

第一节　财务会计报表概述

一、财务会计报表的概念和作用

会计报表是以货币为计量单位，以表格形式综合反映企业某一特定日期财务状况和一定时期经营成果以及现金流量的书面文件。会计报表是财务会计报告的主要组成部分。财务会计报告由会计报表、会计报表附注和财务情况说明书组成。

编制会计报表是会计核算方法体系的重要组成部分。通过编制会计报表，将分散于会计账簿中的会计信息形成一个有机结合的，概括、系统、全面地反映企业财务状况和经营成果的体系，以满足企业现有和潜在投资者、债权人、政府有关部门、企业管理当局及其他使用者对会计信息的需求，帮助他们对企业财务状况和经营成果进行合理的评价，以便做出正确决策。

企业的投资者，包括现有的和潜在的投资者，出于对自身利益的考虑，需要了解企业的各种财务信息，如企业的盈利情况、利润分配情况、偿债能力，等等，企业通过编报会计报表，为其提供详略适度的会计信息，以便于他们做出对自己有利的投资决策。

债权人利用企业的会计报表，分析企业的获利能力和偿债能力及其资金流转情况，进而评判一家企业的资信状况；检查企业各项借款的使用情况及偿债保证的履行，决定是否对企业提供贷款。

财政、税务、工商行政管理等政府有关部门利用企业的会计报表，可以检查企业各项税费上缴任务的完成情况；检查企业注册资金的到位情况及投资人出资构成情况等。通过以上检查，可以促使企业遵守国家有关财政政策、法令，发挥财政监督的作用。

企业的管理者只有及时掌握准确与完整的会计信息，才能进行有效的经营和管理。通过企业的会计报表了解企业的资源分布、权益结构、偿债能力、盈利能力和财务成果等情况；通过对会计报表的阅读与分析，检查企业各项计划的完成情况，分析企业经营业绩的取得状况，促进企业进一步改善经营管理。

为充分发挥会计报表的作用，企业对外提供的会计报表种类和格式，应严格执行《企业会计制度》的要求，正确及时地编制会计报表。

二、财务会计报表的分类

会计报表可根据实际需要，按不同的标准进行分类。

（一）按照会计报表反映的经济内容分类

1. 财务状况报表

财务状况报表是总括反映企业在某一特定日期或一定时期财务状况的会计报表。一般包括资产负债表和现金流量表。资产负债表通过资产、负债、所有者权益项目，反映企业在某一特定时期的财务状况，是静态报表；现金流量表通过反映企业的现金流入和流出，揭示企业一定会计期间财务状况的变动，反映企业理财的过程和结果，是动态报表。

2. 经营成果报表

经营成果报表是总括反映企业在一定时期利润的形成与分配等情况的会计报表。一般包括利润表和利润分配表。利润表反映企业在一定期间的经营成果情况；利润分配表反映企业利润分配的过程。

（二）按照会计报表编制的时间分类

《企业会计制度》将财务会计报表分为年度、半年度、季度和月度财务会计报表，半年度、季度和月度财务会计报表统称为中期财务会计报告。相应地，会计报表也分为年度会计报表和中期会计报表。

1. 年度会计报表

年度会计报表简称年报，是指企业每年年度终了时编报的会计报表，通常称为决算报表，主要有资产负债表、利润表和现金流量表。年度会计报表应当于年度终了后 4 个月内（节假日顺延，下同）对外提供。

2. 中期会计报表

中期会计报表是指企业于年度中期末、季末和月末编报的会计报表，主要有资产负债表和利润表。半年度中期会计报表应当于年度中期结束后 60 天内（相当于两个连续的月份）对外提供；季度中期会计报表应当于季度终了后 15 天内对外提供；月度中期会计报表应当于月度终了后 6 天内对外提供。

（三）按照会计报表报送的对象分类

1. 外部报表

外部报表是指为满足企业外部投资者、债权人和政府有关部门了解企业财务状况、经营成果和现金流量的需要而定期对外提供和发布的会计报表。按照国家统一的会计制度，企业对外提供的会计报表包括资产负债表、利润表、现金流量表、资产减值准备明细表、利润分配表、股东权益增减变动表、分部报表及其他有关附表。

2. 内部报表

内部报表是指为满足企业内部经营管理的需要而报送企业内部职能部门和决策人的会计报表。这类报表是为内部经营决策提供资料，主要包括成本报表和有关附表，以及企业预算、计划、业绩考评等报表。根据《企业会计制度》规定，内部报表的种类、报告内容、格式等由企业自行规定。

（四）按照会计报表的填报单位分类

1. 基层会计报表

基层会计报表是由独立核算的基层单位编制的反映本单位经济活动情况的报表。

2. 汇总会计报表

汇总会计报表是由上级主管部门根据所属单位编制的基层会计报表，加上本身报表而编制的会计报表。汇总报表一般是按上下级的所属关系，逐级进行汇总。

（五）按照会计报表的编报主体分类

1. 个别财务报表

个别财务报表是由企业在自身会计核算的基础上，对会计账簿记录进行加工整理而编制的财务报表，反映的是企业自身的财务状况、经营成果和现金流量等情况。

2. 合并会计报表

合并会计报表是以母、子公司组成的企业集团为会计主体，根据母公司及所属子公司的个别财务报表，采用一定的方法，由母公司编制的综合反映企业集团财务状况、经营成果和现金流量等情况的报表。根据《企业会计制度》规定，企业对其他单位投资如占该单位资本总额50%以上(不含50%)，或虽然占该单位注册资本总额不足50%但具有实质控制权的，应当编制合并会计报表。

三、财务会计报表的编制要求

为充分发挥会计报表的作用，确保会计报表所提供的信息质量和满足有关各方的需要，国家统一的会计制度规定，企业的会计报表应当根据记录完整、审核无误的账簿记录和其他有关资料编制，做到数字真实、计算准确、内容完整、报送及时。

(一)数字真实

会计报表应根据审核无误的账簿记录和其他有关资料编制，做到数字真实。企业的各项经营活动最终都将在账簿记录中予以反映，编制会计报表必须以核对无误后的账簿记录和其他有关资料为依据，不能使用估计或推算的数据，更不能以任何方式弄虚作假、隐瞒谎报。会计报表中的各项数字必须真实可靠，才能如实反映企业经济活动情况，为各报表使用人提供真实的会计信息。

(二)计算准确

会计报表的所有项目计算应准确无误。会计报表的结构及项目设置都是根据会计信息使用者的需要而建立的，所以必须根据已有的账簿资料，经过计算分析填列。计算中应注意会计报表之间的勾稽关系，当期会计报表与上期会计报表有关项目的数据要衔接一致。

(三)内容完整

会计报表应按照国家统一会计制度规定的报表种类、结构填列，做到内容完整。凡是会计制度要求提供的会计报表，各企业必须全部编制、报送，不得漏编、漏报；对于应当填列的报表指标，不论是表内项目还是表外补充资料，必须全部填列，不得少列、漏列，更不能随意取舍；对于那些对企业构成重大影响的会计信息，首先应在会计报表中说明，如不能说明，应按要求单独说明。

(四)报送及时

会计报表应严格遵守规定的报送期限，做到报送及时。会计报表信息具有极强的时效性，一旦过期，信息的价值、功效就会降低或丧失，为使各报表使用人能充分利用报表所提供的会计信息，在某一个会计期间结束后应及时编制会计报表，并按国家统一的会计制度规定的期限，按时报送给有关部门和单位。

为保证实现上述要求，必须做好编制会计报表的准备工作。首先，按权责发生制原则进行期末账项调整，将属于当期的收入及成本及时入账，为编制会计报表提供准确的核算资料；其次，要做好各项财产物资的清查工作，保证账实相符，编制会计报表前，对发生的盘盈、盘亏等会计事项，应及时调整有关账簿记录，做到账实相符，以提高会计报表的可靠性；再者，对所有会计账簿进行稽核，做到账账相符；最后，核对总分类账户余额与其所属的明细分类账户余额之和是否相符，然后进行试算平衡。在日常会计核算中，必须按要求及时准确地记账、对账和结账，做到账证相符、账账相符、账实相符，这样才能为会计报表的编制打下良好的基础，才能使会计报表所披露的会计信息充分发挥作用。

四、进出口企业财务报表体系

财务会计报表是财务报告的核心，是对企业财务状况、经营成果和现金流量的结构性表述。如前所述，根据会计报表的服务对象，会计报表可以分为外部报表和内部报表。针对进出口企业，其主要的外部报表包括资产负债表、利润表、现金流量表及相关附表；其内部报表则主要包括出口主要商品成本及盈亏表、进口主要商品成本分析表、外贸企业财务指标月报表等。

第二节 进出口企业外部报表的编制

一、资产负债表

(一)资产负债表的结构

资产负债表是反映企业在某一特定日期财务状况的会计报表。它是根据“资产＝负债＋所有者权益”这一会计恒等式，按照一定的分类标准和顺序，把企业一定日期的资产、负债和所有者权益各项目予以适当排列。它表明企业在该特定日期所拥有或控制的经济资源、所承担的现有义务和所有者对净资产的要求权。资产负债表是企业的主要会计报表之一，每个独立核算的企业都必须按期编制资产负债表。

资产负债表在形式上分为表头、表身、表尾三个部分。表头列示资产负债表的名称、编制单位、编制日期、金额单位等；表身包括资产、负债和所有者权益各项目的年初数和期末数，是资产负债表的主要部分；表尾主要包括附注资料，用于进一步说明报表主要项目和编制基础。

资产负债表的格式有账户式和报告式两种。账户式即在报表左方列示资产类项目，右方列示负债和所有者权益项目，报表左方的资产总计与报表右方的负债及所有者权益总计保持平衡关系；报告式即按上下顺序依次排列资产、负债和所有者权益项目。按照我国会计制度规定，我国资产负债表采用账户式反映，同时，资产负债表还提供“年初数”和“期末数”的比较资料。

资产负债表左方列示的资产项目，按项目流动性分类排列，分别为流动资产、长期投资、固定资产、无形资产及其他资产。资产负债表的右方列示的是负债和所有者权益项目：负债项目一般按照流动负债、长期负债进行分类分项排列；所有者权益一般按照实收资本(或股本)、资本公积、盈余公积和未分配利润等项目分别列示。这种分类排列，不仅能清晰地反映项目的对应关系，而且便于提供有关财务状况的重要资料。我国资产负债表的基本结构如表7－1所示。

表7－1 资产负债表

编制单位： 年 月 日 单位：元

资 产	行次	期末余额	年初余额	负债及所有者权益(或股东权益)	行次	期末余额	年初余额
流动资产：	1			流动负债：	34		
货币资金	2			短期借款	35		
交易性金融资产	3			交易性金融负债	36		

续表

资　产	行次	期末余额	年初余额	负债及所有者权益（或股东权益）	行次	期末余额	年初余额
应收票据	4			应付票据	37		
应收账款	5			应付账款	38		
预付款项	6			预收款项	39		
应收利息	7			应付职工薪酬	40		
应收股利	8			应交税费	41		
其他应收款	9			应付利息	42		
存货	10			应付股利	43		
一年内到期的非流动资产	11			其他应付款	44		
其他流动资产	12			一年内到期的非流动负债	45		
流动资产合计	13			其他流动负债	46		
非流动资产：	14			流动负债合计	47		
可供出售金融资产	15			非流动负债：	48		
持有至到期投资	16			长期借款	49		
长期应收款	17			应付债券	50		
长期股权投资	18			长期应付款	51		
投资性房地产	19			专项应付款	52		
固定资产	20			预计负债	53		
在建工程	21			递延所得税负债	54		
工程物资	22			其他非流动负债	55		
固定资产清理	23			非流动负债合计	56		
生产性生物资产	24			负债合计	57		
油气资产	25			所有者权益（或股东权益）：	58		
无形资产	26			实收资本（或股本）	59		
开发支出	27			资本公积	60		
商誉	28			减：库存股	61		
长期待摊费用	29			专项储备	62		
递延所得税资产	30			盈余公积	63		
其他非流动资产	31			未分配利润	64		
非流动资产合计	32			所有者权益（或股东权益）合计	65		
资产总计	33			负债及所有者权益（或股东权益）总计	66		

（二）资产负债表的编制方法

资产负债表是反映企业在某一特定日期财务状况的报表，是一种静态报表，所以在编制时，应根据总分类账户和明细分类账户上资产、负债和所有者权益三类账户的余额分析填列。

1. 准备工作

在正式编制资产负债表以前应该做好准备工作。这些准备工作包括：

（1）编制有关资产、负债和所有者权益项目的期末调整会计分录，做好企业期末的转账工作；

（2）将本月所发生的会计事项和月末的调整事项依据会计分录登记入账；

（3）结算出各资产、负债和所有者权益账户的期末余额。

会计做好这些准备工作以后，即可以根据各账户的期末余额编制企业的资产负债表。

2. 编制方法

根据规定，我国的会计报表应采取前后期对比的方式编制，所以，资产负债表除列示各项目的“期末数”外，通常还列示这些项目的“年初数”，这种格式的资产负债表称为比较资产负债表。资产负债表的“年初数”栏各项目数字，应根据上年末资产负债表“期末数”栏内所列数字填列。若上期的项目分类和内容与本期不一致的，应当将上期数按本期项目和内容，调整有关数字，填入报表中的“年初数”栏内。

资产负债表的“期末数”栏各项目应根据编表时各有关账户的期末余额进行填列。具体填列可分为以下五种情况：

（1）根据总分类账户余额直接填列。资产负债表大部分项目的填列都是根据有关总账账户的余额直接填列，如“应收票据”项目，根据“应收票据”总账科目的期末余额直接填列；“短期借款”项目，根据“短期借款”总账科目的期末余额直接填列。“交易性金融资产”、“工程物资”、“递延所得税资产”、“短期借款”、“交易性金融负债”、“应付票据”、“应付职工薪酬”、“应交税费”、“递延所得税负债”、“预计负债”、“实收资本”、“资本公积”、“盈余公积”等，都在此项之内。

（2）根据总分类账户余额计算填列。资产负债表某些项目需要根据若干个总分类账户的期末余额计算填列，如“货币资金”项目，根据“库存现金”、“银行存款”和“其他货币资金”总分类账户的期末余额的合计数填列；又如“未分配利润”项目，反映企业尚未分配的利润，应根据“本年利润”和“利润分配”账户的期末余额计算填列。年终时，可根据“利润分配”账户的余额直接填列。

（3）根据明细分类账户余额计算填列。资产负债表某些项目不能根据总分类账户期末余额分析填列，而需要根据有关账户所属的明细分类账户的期末余额计算填列。如“应付账款”项目，应根据“应付账款”、“预付账款”账户所属明细分类账户的期末贷方余额计算填列。

（4）根据总分类账户和明细分类账户余额分析计算填列。资产负债表上某些项目需要根据总分类账户和明细分类账户期末余额分析计算填列。如“长期借款”项目，应根据“长期借款”总分类账户的期末余额扣除“长期借款”账户所属的明细分类账户中反映的将于一年内到期的长期借款部分分析计算填列。

（5）根据账户余额减去其备抵项目后的净额填列。如“短期投资”项目，由“短期投资”账户的期末余额减去其“短期投资跌价准备”备抵账户余额后的净额填列。这类项目还包括“存货”、“长期股权投资”、“长期债权投资”、“在建工程”、“无形资产”等。其中，“存货”项目，反映企业期末在库、加工中和在途的各种存货的实际成本，应根据“物资采购”、“原材料”、“低值易耗品”、“包装物”、“库存商品”、“生产成本”等账户的期末余额汇总金额，减去“存货跌价准备”

后的金额填列。

资产负债表的“年初数”栏内各项数字，根据上年末资产负债表“期末数”栏内各项数字填列，“期末数”栏内各项数字根据会计期末各总账账户及所属明细账户的余额填列。如果当年度资产负债表规定的各个项目的名称和内容同上年度不相一致，则按编报当年的口径对上年年末资产负债表各项目的名称和数字进行调整，填入本表“年初数”栏内。

3. 主要项目的填制方法

(1)“货币资金”项目，反映企业库存现金、银行结算户存款、外埠存款、银行汇票存款、银行本票存款、信用卡存款、信用证保证金存款等的合计数。本项目应根据“库存现金”、“银行存款”、“其他货币资金”等科目的期末余额合计填列。

(2)“交易性金融资产”项目，反映企业持有的以公允价值计量且其变动计入当期损益的金融资产，包括为交易目的所持有的债券投资、股票投资、基金投资、权证投资等和直接指定以公允价值计量且其变动计入当期损益的金融资产。本项目应根据“交易性金融资产”科目的期末余额填列。

(3)“应收票据”项目，反映企业收到的未到期收款也未向银行贴现的应收票据，包括商业承兑汇票和银行承兑汇票。本项目应根据“应收票据”科目的期末余额填列。已向银行贴现和已背书转让的应收票据不包括在本项目内，其中已贴现的商业承兑汇票应在会计报表附注中单独披露。

(4)“应收账款”项目，反映企业因销售商品、产品和提供劳务等而应向购买单位收取的各种款项，减去已计提的坏账准备后的净额。本项目应根据“应收账款”科目所属各明细科目的期末借方余额合计，减去“坏账准备”科目中有关应收账款计提的坏账准备期末余额后的金额填列。如“应收账款”科目所属明细科目期末有贷方余额，应在本表“预收账款”项目内填列。企业与同一客户在购销商品结算过程中形成的债权债务关系，应当单独列示，不应当相互抵销，即应收账款不能与预收账款相互抵销，预付账款不能与应付账款相互抵销，应付账款不能与应收账款相互抵销，预收账款不能与预付账款相互抵销。

(5)“预付款项”项目，反映企业预付给供应单位的款项。本项目应根据“预付账款”科目所属各明细科目的期末借方余额合计填列，如“预付账款”科目所属有关明细科目期末有贷方余额的，应在本表“应付账款”项目内填列。若“应付账款”科目所属明细科目有借方余额的，也应包括在本项目内。

(6)“应收股利”项目，反映企业应收取的现金股利和应收其他单位分配的利润。本项目应根据“应收股利”科目的期末余额填列。

(7)“应收利息”项目，反映企业所持有的持有至到期投资、可供出售金融资产等应收取的利息。企业购入到期还本付息的持有至到期投资持有期间确认的利息收入，不包括在本项目内。本项目应根据“应收利息”科目的期末余额填列。

(8)“其他应收款”项目，反映企业对其他单位和个人的应收和暂付的款项，减去已计提的坏账准备后的净额。本项目应根据“其他应收款”科目的期末余额，减去“坏账准备”科目中有关其他应收款计提的坏账准备期末余额后的金额填列。

(9)“存货”项目，反映企业期末在库、在途和在加工中的各项存货的实际成本，包括原材料、周转材料等。本项目应根据“材料采购”、“在途物资”、“原材料”、“库存商品”、“发出商品”、“委托加工物资”、“周转材料”、“消耗性生物资产”、“生产成本”等科目的期末余额合计，减去“存货跌价准备”科目期末余额后的金额填列。

(10)“一年内到期的非流动资产”项目,反映企业将于一年内到期的非流动资产。本项目应根据有关科目的期末余额分析填列。

(11)“其他流动资产”项目,反映企业除以上流动资产项目外的其他流动资产,如企业“衍生工具”、“套期工具”、“被套期工具”的借方余额。本项目应根据有关科目的期末余额填列。如其他流动资产价值较大的,应在会计报表附注中披露其内容和金额。

(12)“可供出售金融资产”项目,反映企业持有的划分为可供出售金融资产的证券。本项目根据“可供出售金融资产”科目的期末余额填列。

(13)“持有至到期投资”项目,反映企业持有的划分为持有至到期投资的证券。本项目根据“持有至到期投资”科目期末余额减去“持有至到期投资减值准备”科目的期末余额后填列。

(14)“长期应收款”项目,反映企业持有的长期应收款的可收回金额。本项目应根据“长期应收款”科目的期末余额,减去“坏账准备”科目所属相关明细科目余额,再减去“未确认融资收益”科目期末余额后的金额填列。

(15)“长期股权投资”项目,反映企业不准备在1年内(含1年)变现的各种股权性质的投资的可收回金额。本项目应根据“长期股权投资”科目的期末余额,减去“长期股权投资减值准备”科目期末余额后的金额填列。

(16)“投资性房地产”项目,反映企业持有的投资性房地产。本项目应根据“投资性房地产”科目的期末余额,减去“累计折旧(或累计摊销)”、“固定资产减值准备”(或“无形资产减值准备”)科目期末余额后的金额分析计算填列。

(17)“固定资产”项目,反映企业的各种固定资产期末的实际价值。本项目应根据“固定资产”科目的期末余额,减去“累计折旧”、“固定资产减值准备”科目期末余额后的金额分析计算填列。

(18)“在建工程”项目,反映企业期末各项未完工程的实际支出,包括:支付安装的设备价款,未完建筑安装工程已经耗用的材料、工资和费用支出,预付出包工程的价款,已经建筑安装完毕但尚未交付使用的工程等的可收回金额。本项目应根据“在建工程”科目的期末余额,减去“在建工程减值准备”科目期末余额后的金额填列。

(19)“工程物资”项目,反映企业各项工程尚未使用的工程物资的实际成本。本项目应根据“工程物资”科目的期末余额填列。

(20)“固定资产清理”项目,反映企业因出售、毁损、报废、对外投资、非货币性资产交换、债务重组等原因转入清理但尚未清理完毕的固定资产的账面价值,以及固定资产清理过程中所发生的清理费用和变价收入等各项金额的差额。本项目应根据“固定资产清理”科目的期末借方余额填列,如“固定资产清理”科目期末为贷方余额,以“-”号填列。

(21)“生产性生物资产”项目,反映企业(农业)持有的生产性生物资产期末的实际价值。本项目应根据“生产性生物资产”科目的期末余额,减去“生产性生物资产累计折旧”、“生产性生物资产减值准备”科目期末余额后的金额分析计算填列。

(22)“油气资产”项目,反映企业(石油天然气开采)持有的矿区权益和油气井及相关设施期末的实际价值。本项目应根据“油气资产”科目的期末余额,减去“累计折耗”科目期末余额后的金额分析计算填列。

(23)“无形资产”项目,反映企业各项无形资产的期末可收回金额。本项目应根据“无形资产”科目的期末余额,减去“累计摊销”、“无形资产减值准备”科目期末余额后的金额填列。

(24)“开发支出”项目,反映企业正在进行研究开发项目中满足资本化条件的支出。根据

“研发支出”科目的期末余额填列。

(25)“商誉”项目，反映企业外购商誉的实际价值。本项目根据“商誉”科目的期末余额填列。

(26)“长期待摊费用”项目，反映企业尚未摊销的摊销期限在1年以上(不含1年)的各种费用，如租入固定资产改良支出、大修理支出以及摊销期限在1年以上(不含1年)的其他待摊费用。本项目应根据“长期待摊费用”科目的期末余额减去1年内(含1年)摊销的数额后的金额填列。

(27)“递延所得税资产”项目，反映企业已确认的递延所得税资产的余额。本项目应根据“递延所得税资产”科目的期末借方余额填列。

(28)“其他非流动资产”项目，反映企业除以上资产以外的其他非流动资产。本项目应根据有关科目的期末余额填列。

(29)“短期借款”项目，反映企业借入尚未归还的1年期以下(含1年)的借款本金。本项目应根据“短期借款”科目的期末余额填列。

(30)“交易性金融负债”项目，反映企业承担的交易性金融负债的公允价值。包括企业持有以公允价值计量且其变动计入当期损益的金融负债和直接指定为以公允价值计量且其变动计入当期损益的金融负债。本项目应根据“交易性金融负债”期末余额填列。

(31)“应付票据”项目，反映企业为了抵付货款等而开出、承兑的尚未到期付款的应付票据，包括银行承兑汇票和商业承兑汇票。本项目应根据“应付票据”科目的期末余额填列。

(32)“应付账款”项目，反映企业购买原材料、商品和接受劳务供应等而应付给供应单位的款项。本项目应根据“应付账款”科目所属各有关明细科目的期末贷方余额合计填列，如“应付账款”科目所属各明细科目期末有借方余额，应在本表“预付账款”项目内填列。建造承包商的“工程施工”期末余额小于“工程结算”期末余额的差额，应在“应付账款”项目中反映。

(33)“预收款项”项目，反映企业预收购买单位的账款。本项目应根据“预收账款”科目所属各有关明细科目的期末贷方余额合计填列，如“预收账款”科目所属有关明细科目期末有借方余额的，应在本表“应收账款”项目内填列；如“应收账款”科目所属明细科目有贷方余额的，也应包括在本项目内。

(34)“应付职工薪酬”项目，反映企业应付职工各种薪酬的结余。本项目应根据“应付职工薪酬”科目期末贷方余额填列。如“应付职工薪酬”科目期末为借方余额，以“－”号填列。

(35)“应交税费”项目，反映企业期末尚未缴纳的各种税费。本项目应根据“应交税费”科目的期末贷方余额填列；如“应交税费”科目期末为借方余额，以“－”号填列。

(36)“应付利息”项目，反映企业按照合同约定应支付但尚未支付的利息。本项目应根据“应付利息”科目的期末余额填列。

(37)“应付股利”项目，反映企业尚未支付的现金股利或利润。本项目应根据“应付股利”科目的期末余额填列。

(38)“其他应付款”项目，反映企业所有应付和暂收其他单位和个人的款项。本项目应根据“其他应付款”科目的期末余额填列。

(39)“一年内到期的非流动负债”项目，反映企业承担的一年内到期的非流动负债。本项目应根据有关非流动负债科目的期末余额分析填列。

(40)“其他流动负债”项目，反映企业除上述流动负债以外的其他流动负债。本项目应根据有关科目的期末余额填列，如“递延收益”科目的期末余额可在本项目内反映。如其他流动负债价值较大的，应在会计报表附注中披露其内容及金额。

(41)“长期借款”项目，反映企业借入尚未归还的1年期以上(不含1年)的借款本息。本项目应根据“长期借款”科目的期末余额填列。

(42)“应付债券”项目，反映企业发行的尚未偿还的各种长期债券的本息。本项目应根据“应付债券”科目的期末余额填列。

(43)“长期应付款”项目，反映企业除长期借款和应付债券以外的其他各种长期应付款。本项目应根据“长期应付款”科目的期末余额，减去“未确认融资费用”科目期末余额后的金额填列。

(44)“专项应付款”项目，反映企业取得国家指定为资本性投入的并有专项或特定用途的款项，如属于工程项目的资本性拨款等。本项目应根据“专项应付款”科目的期末余额填列。

(45)“预计负债”项目，反映企业已预计尚未清偿的债务，包括对外提供担保、未决诉讼、产品质量保证等有可能产生的负债。本项目应根据“预计负债”科目的期末余额填列。

(46)“递延所得税负债”项目，反映企业确认的递延所得税负债。本项目应根据“递延所得税负债”科目的期末余额分析填列。

(47)“其他非流动负债”项目，反映企业除以上的非流动负债以外的其他非流动负债。本项目应根据有关科目的期末余额填列。其他非流动负债价值较大的应在附注中披露其内容和金额。其中将于1年内(含1年)到期的非流动负债，应在流动负债类下“1年内到期的非流动负债”项目内单独反映。

(48)“少数股东权益”项目，反映除母公司以外的其他投资者在子公司中拥有的权益总额。本项目为合并报表项目，个别报表不填列。本项目根据抵销分录的数据分析填列。

(49)“实收资本(或股本)”项目，反映企业投资者实际投入的资本(或股本)的总额。本项目应根据“实收资本(或股本)”科目的期末余额填列。其中，中外合作经营企业“实收资本”按扣除“已归还投资”后的净额填列。

(50)“资本公积”项目，反映企业资本公积的期末余额。本项目应根据“资本公积”科目的期末余额填列。

(51)“库存股”项目，反映企业收购的尚未转让或注销的本公司股份金额。本项目应根据“库存股”科目余额填列。

(52)“盈余公积”项目，反映企业盈余公积的期末余额。本项目应根据“盈余公积”科目的期末余额填列。

(53)“未分配利润”项目，反映企业尚未分配的利润。本项目应根据“本年利润”科目和“利润分配”科目的余额计算填列。未弥补的亏损，在本项目内以“－”号填列。

(54)“外币报表折算差额”项目，反映将外币表示的资产负债表折算为本位币表示的资产负债表时，由于报表项目采用不同的折算汇率所产生的差额。

(三)资产负债表编制举例

【例7－1】 华天有限公司为增值税一般纳税人，以人民币作为记账本位币，2×13年8月31日有关总分类账户的余额情况如表7－2所示。根据账户余额表编制的资产负债表如表7－3所示。

表 7—2　　总分类账户的余额情况表

账　户	借或贷	余　额	权益账户	借或贷	余　额
库存现金	借	1 500	短期借款	贷	250 000
银行存款	借	800 000	应付票据	贷	25 500
其他货币资金	借	90 000	应付账款	贷	71 000
交易性金融资产	借	115 000	——丙企业	贷	91 000
应收票据	借	20 000	——丁企业	借	20 000
应收账款	借	75 000	预收账款	贷	14 700
——甲公司	借	80 000	——C 公司	贷	14 700
——乙公司	贷	5 000	其他应付款	贷	12 000
坏账准备	贷	2 000	应交税费	贷	28 000
预付账款	借	36 100	长期借款	贷	506 000
——A 公司	借	31 000	应付债券	贷	563 700
——B 公司	借	5 100	其中:一年内到期的应付债券	贷	23 000
其他应收款	借	8 500	实收资本	贷	4 040 000
原材料	借	816 600	盈余公积	贷	158 100
生产成本	借	265 400	利润分配	贷	1 900
库存商品	借	193 200	——未分配利润	贷	1 900
材料成本差异	贷	42 200	本年利润	贷	36 700
固定资产	借	2 888 000			
累计折旧	贷	4 900			
在建工程	借	447 400			
资产合计		5 707 600	权益合计		5 707 600

表 7—3　　资产负债表　　企会 01 表

编制单位:华天有限公司　　20×3 年 8 月 31 日　　单位:元

资产	行次	期末余额	年初余额	负债和股东权益	行次	期末余额	年初余额
流动资产:	1		略	流动负债:	34		略
货币资产	2	891 500	略	短期借款	35	250 000	略
交易性金融资产	3	115 000	略	交易性金融负债	36		略
应收票据	4	20 000	略	应付票据	37	25 500	略
应收账款	5	78 000	略	应付账款	38	91 000	略
预付账款	6	56 100	略	预收账款	39	19 700	略
应收利息	7		略	应付职工薪酬	40		略

续表

资产	行次	期末余额	年初余额	负债和股东权益	行次	期末余额	年初余额
应收股利	8		略	应交税费	41	28 000	略
其他应收款	9	8 500	略	应付利息	42		略
存货	10	1 233 000	略	应付股利	43		略
一年内到期的非流动资产	11		略	其他应付款	44	12 000	略
其他流动资产	12		略	一年内到期的非流动负债	45	23 000	略
流动资产合计	13	2 402 100	略	其他流动负债	46		略
非流动资产：	14		略	流动负债合计	47	449 200	略
可供出售金融资产	15		略	非流动负债：	48		略
持有至到期投资	16		略	长期借款	49	506 000	略
长期应收款	17		略	应付债券	50	540 700	略
长期股权投资	18		略	长期应付款	51		略
投资性房地产	19		略	专项应付款	52		略
固定资产	20	2 883 100	略	预计负债	53		略
在建工程	21	447 400	略	递延所得税负债	54		略
工程物资	22		略	其他非流动负债	55		略
固定资产清理	23		略	非流动负债合计	56	1 046 700	略
生产性生物资产	24		略	负债合计	57	1 495 900	略
油气资产	25		略	所有者权益(股东权益)：	58		略
无形资产	26		略	实收资本(或股本)	59	4 040 000	略
开发支出	27		略	资本公积	60		略
商誉	28		略	减：库存股	61		略
长期待摊费用	29		略	盈余公积	62	158 100	略
递延所得税资产	30		略	未分配利润	63	38 600	略
其他非流动资产	31		略	所有者权益合计	64	4 236 700	略
非流动资产合计	32	3 330 500	略		65		略
资产合计	33	5 732 600	略	负债和股东权益合计	66	5 732 600	略

总经理：　　　　财务经理：　　　　复核人：　　　　制表人：

二、利润表

(一)利润表的概念及作用

利润表是反映企业一定会计期间(如月度、季度、半年度或年度)生产经营成果的会计报表。企业一定会计期间的经营成果既可能表现为盈利，也可能表现为亏损，因此，利润表也被称为损益表。它全面揭示了企业在某一特定时期实现的各种收入、发生的各种费用、成本或支出，以及企业实现的利润或发生的亏损情况。

利润表是根据“收入－费用＝利润”的基本关系来编制的，其具体内容取决于收入、费用、利润等会计要素及其内容，利润表项目是收入、费用和利润要素内容的具体体现。从反映企业经营资金运动的角度看，它是一种反映企业经营资金动态表现的报表，主要提供有关企业经营成果方面的信息，属于动态会计报表。

编制利润表的主要目的是将企业经营成果的信息，提供给各种报表使用者，以供他们作为决策的依据或参考。主要作用有：

1. 可据以解释、评价和预测企业的经营成果和获利能力

经营成果通常指以营业收入、其他收入抵扣成本、费用、税金等的差额所表示的收益信息。经营成果是一个绝对值指标，可以反映企业财富增长的规模。获利能力是一个相对值指标，它指企业运用一定经济资源（如人力、物力）获取经营成果的能力，这里所提到的经济资源可以因报表用户的不同需要而有所区别，可以是资产总额、净资产，也可以是资产的耗费（成本或费用），还可以是投入的人力（如职工人数）。因而衡量获利能力的指标包括资产收益率、净资产（税后）收益率、成本收益率以及人均实现收益等指标。经营成果的信息直接由利润表反映，而获利能力的信息除利润表外，还要借助于其他会计报表和注释附表才能得到。

通过比较和分析同一企业在不同时期，或不同企业在同一时期的资产收益率、成本收益率等指标，能够揭示企业利用经济资源的效率；通过比较和分析收益信息，可以了解某一企业收益增长的规模和趋势。根据利润表所提供的经营成果信息，股东、债权人和管理部门可解释、评价和预测企业的获利能力，据以对是否投资或追加投资、投向何处、投资多少等做出决策。

2. 可据以解释、评价和预测企业的偿债能力

偿债能力指企业以资产清偿债务的能力。利润表本身并不提供偿债能力的信息，然而企业的偿债能力不仅取决于资产的流动性和资本结构，也取决于获利能力。企业在个别年份获利能力不足，不一定影响偿债能力，但若一家企业长期丧失获利能力，则资产的流动性必然由好转坏，资本结构也将逐渐由优变劣，陷入资不抵债的困境。因而一家数年收益很少，获利能力不强甚至亏损的企业，通常其偿债能力不会很强。

债权人和管理部门通过分析和比较收益表的有关信息，可以间接地解释、评价和预测企业的偿债能力，尤其是长期偿债能力，并揭示偿债能力的变化趋势，进而做出各种信贷决策和改进企业管理工作的决策，如维持、扩大或收缩现有信贷规模，应提出何种信贷条件等。管理部门则可据以找出偿债能力不强之原因，努力提高企业的偿债能力，改善企业的公关形象。

3. 企业管理人员可据以做出经营决策

比较和分析收益表中各种构成要素，可知悉各项收入、成本、费用与收益之间的消长趋势，发现各方面工作中存在的问题，揭露缺点，找出差距，改善经营管理，努力增收节支，杜绝损失的发生，做出合理的经营决策。

4. 可据以评价和考核管理人员的绩效

比较前后期利润表上各项收入、费用、成本及收益的增减变动情况，并考查其增减变动的原因，可以较为客观地评价各职能部门，各生产经营单位的绩效，以及这些部门和人员的绩效与整个企业经营成果的关系，以便评判各部门管理人员的功过得失，及时做出采购、生产销售、筹资和人事等方面的调整，使各项活动趋于合理。

利润表上述重要作用的发挥，与利润表所列示信息的质量直接相关。利润表信息的质量则取决于企业在收入确认、费用确认以及其他利润表项目确定时所采用的方法。由于会计程

序和方法的可选择性，企业可能会选用对其有利的程序和方法，从而导致收益偏高或偏低。例如，在折旧费用、坏账损失和已售商品成本等方面都可按多种会计方法计算，产生多种选择，影响会计信息的可比性和可靠性。另一方面，利润表中的信息表述的是各类业务收入、费用、成本等的合计数以及非重复发生的非常项目，这也会削弱利润表的重要作用。

（二）利润表的格式及内容

利润表一般有表首、正表两部分。其中表首说明报表名称编制单位、编制日期、报表编号、货币名称、计量单位等；正表是利润表的主体，反映形成经营成果的各个项目和计算过程，所以曾经将这张表称为损益计算书。

利润表正表的格式一般有两种：单步式利润表和多步式利润表。单步式利润表是将当期所有的收入列在一起，然后将所有的费用列在一起，两者相减得出当期净损益。多步式利润表是通过对当期的收入、费用、支出项目按性质加以归类，按利润形成的主要环节列示一些中间性利润指标，如营业利润、利润总额、净利润，分步计算当期净损益。我国一般企业利润表基本格式如表 7—4 所示。

表 7—4　　　　**利润表**

编制单位：　　　　年　　月　　　　单位：元

项　目	行次	本期金额	上期金额
一、营业收入	1		
减：营业成本	2		
营业税金及附加	3		
销售费用	4		
管理费用	5		
财务费用	6		
资产减值损失	7		
加：公允价值变动收益（损失以“—”号填列）	8		
投资收益（损失以“—”号填列）	9		
其中：对联营企业和合营企业的投资收益	10		
二、营业利润（亏损以“—”号填列）	11		
加：营业外收入	12		
减：营业外支出	13		
其中：非流动资产处置损失	14		
三、利润总额（亏损总额以“—”号填列）	15		
减：所得税费用	16		
四、净利润（净亏损以“—”号填列）	17		
五、每股收益：	18		
（一）基本每股收益	19		
（二）稀释每股收益	20		

（三）利润表的编制方法

1. 利润表的编制步骤

我国利润表的编制被分解为多个步骤完成：

（1）计算确定营业利润

以营业收入为基础，减去营业成本、营业税金及附加、销售费用、管理费用、财务费用、资产减值损失，加上公允价值变动收益（减去公允价值变动损失）和投资收益（减去投资损失）。

营业利润＝（营业收入＋公允价值变动损益＋投资净收益）
－（营业成本＋营业税费＋期间费用＋资产减值损失）

（2）计算确定利润总额

以营业利润为基础，加上营业外收入，减去营业外支出，计算出利润总额。

利润总额＝（营业利润＋营业外收入）－营业外支出

（3）计算确定净利润

以利润总额为基础，减去所得税费用，计算出净利润或净亏损。

普通股或潜在普通股已公开交易的企业以及正处于公开发行普通股或潜在普通股过程中的企业，按照要求还应当在利润表中列示每股收益信息。

2. 利润表各项目的填列方法

（1）"营业收入"项目，应根据"主营业务收入"和"其他业务收入"科目的发生额填列。

（2）"营业务成本"项目，应根据"主营业务成本"和"其他业务支出"发生额分析填列。

（3）"营业税金及附加"项目，应根据"营业税金及附加"发生额分析填列。

（4）"销售费用"项目，应根据"销售费用"发生额分析填列。

（5）"管理费用"、"财务费用"项目应分别根据"管理费用"、"财务费用"发生额分析填列。

（6）"投资收益"项目，反映企业以各种方式对外投资所取得的扣除投资损失后的净损益，其中包括分得的投资利润、债券投资的利息收入以及认购股票取得的股利和收回投资时发生的收益等。

（7）"资产减值损失"项目应根据"资产减值损失"科目发生额分析填列。

（8）"公允价值变动收益"项目，本项目应根据"公允价值变动收益"科目发生额分析填列，如为净损失，本项目用"－"填列。

（9）"营业利润"项目，反映企业实现的营业利润，如为亏损，以"－"号填列。

（10）"营业外收入"和"营业外支出"，分别根据"营业外收入"和"营业外支出"发生额分析填列。

（11）"利润总额"反映企业实现的利润，如为亏损，以"－"号填列。

（12）"所得税"应根据"所得税费用"余额分析填列。

（13）"净利润"反映企业缴纳所得税后的利润，如为亏损，以"－"号填列。

（14）每股收益：企业应当在利润表中单独列示基本每股收益和稀释每股收益。

基本每股收益＝归属于普通股股东的当期净利润÷当期发行在外普通股的加权平均数

发行在外普通股加权平均数＝期初发行在外普通股股数＋当期新发行普通股股数
×已发行时间÷报告期时间－当期回购普通股股数
×已回购时间÷报告期时间

已发行时间、报告期时间和已回购时间一般按照天数计算；在不影响计算结果合理性的前提下，也可以采用简化的计算方法。

稀释每股收益＝归属于普通股股东的当期净利润÷假定稀释性潜在普通股转换为已发行普通股的前提下普通股股数的加权平均数

3. 月份报表“本年累计数”栏各项目填列方法

自年初起至本月末止的累计实际发生数。根据上月利润表的“本年累计数”栏的数字，加上本月利润表的“本月数”栏的数字，可以得出各项目的本月的“本年累计数”，然后填入相应的项目内。

4. 年度利润表有关栏目的填列方法

编制年度利润表时应将“本月数”栏改为“上年数”栏，填列上年累计实际发生数，与“本年累计数”栏各项目进行比较。如果上年度利润表与本年度利润表的项目名称和内容不相一致，应对上年度报表项目的名称和数字按本年度的规定进行调整，填入“上年数”栏内。

12 月份利润表的“本年累计数”，就是本年度利润表的“本年累计数”，可以直接转抄。由于年终结账时，全年的收入和支出已全部转入“本年利润”，并且通过收支对比结出本年净利润的数额。因此，应将年报中“净利润”数字，与“本年利润”结转到“利润分配——未分配利润”的数字相核对，检查报表编制和账簿记录的正确性。

（四）利润表编制举例

【例 7－2】 华天有限公司 2×13 年度有关损益类科目本年累计发生净额如下：

表 7－5　　华天有限公司 2×13 年度有关损益类科目本年累计发生净额　　单位：元

科目名称	借方发生额	贷方发生额
主营业务收入		7 500 000
主营业务成本	4 500 000	
营业税金及附加	12 000	
销售费用	120 000	
管理费用	582 600	
财务费用	180 000	
资产减值损失	185 400	
投资收益		9 000
营业外收入		300 000
营业外支出	132 240	
所得税费用	524 190	

根据本年度相关科目发生额编制的利润表如下：

表 7－6　　利润表

编制单位：华天有限公司　　2×13 年　　单位：元

项　目	行次	本期金额	上期金额
一、营业收入	1	7 500 000	略
减：营业成本	2	4 500 000	
营业税金及附加	3	12 000	

续表

项 目	行次	本期金额	上期金额
销售费用	4	120 000	
管理费用	5	582 600	
财务费用	6	180 000	
资产减值损失	7	185 400	
加:公允价值变动收益(损失以"—"号填列)	8	0	
投资收益(损失以"—"号填列)	9	9 000	
其中:对联营企业和合营企业的投资收益	10	0	
二、营业利润(亏损以"—"号填列)	11	1 929 000	
加:营业外收入	12	300 000	
减:营业外支出	13	132 240	
其中:非流动资产处置损失	14		
三、利润总额(亏损总额以"—"号填列)	15	2 096 760	
减:所得税费用	16	524 190	
四、净利润(净亏损以"—"号填列)	17	1 572 570	
五、每股收益:	18		
(一)基本每股收益	19		
(二)稀释每股收益	20		

三、现金流量表

(一)现金流量表的概念及作用

现金流量表是反映企业在一定会计期间的现金和现金等价物流入和流出的财务报表。其中,现金是指企业库存现金以及可以随时用于支付的存款;现金等价物是指企业持有的期限短、流动性强、易于转换为已知金额现金、价值变动风险很小的投资。

众所周知,现金流是衡量企业质量的一个重要指标,企业的现金流转情况在很大程度上影响企业自下而上的发展,而资产负债表和利润表是在权责发生制下编制而成的,分别反映企业某一特定日期财务状况和一定时期经营成果。虽然利润表能够说明筹资活动和投资活动的损益,但却不能说明筹资活动和投资活动产生或运用了多少现金;虽然可以通过前后各期资产负债表的比较反映企业财务状况的变动,但却不能说明其变动的过程和原因,而现金流量表的编制可以弥补上述不足。它为报表使用人提供企业一定会计期间内现金和现金等价物流入和流出的信息,便于报表使用人了解和评价企业获取现金和现金等价物的能力,并据以预测企业在未来会计期间产生净现金流量的能力、企业偿还债务及支付企业所有者的投资报酬的能力等,为报表使用人的决策服务。

(二)现金流量表的编制基础

根据《企业会计准则第 31 号——现金流量表》规定:现金流量表是以现金为基础编制的。

这里所称“现金”是广义的现金概念，它是指企业库存现金、可以随时用于支付的存款以及现金等价物，具体包括：

1. 库存现金

库存现金是指企业持有可随时用于支付的现金，与会计核算中“库存现金”账户所包括的内容一致。

2. 银行存款

银行存款是指企业存入金融企业，可以随时用于支付的存款。如果是存在金融企业的不能随时用于支付的存款，则不能作为现金流量表中的现金。

3. 其他货币资金

其他货币资金是指企业存在金融企业有特定用途的资金，如外埠存款、银行汇票存款等。与银行存款项目一样，如果其他货币资金不能随时用于支付，也不能作为现金流量表中的现金。

4. 现金等价物

现金等价物是指企业持有的期限短、流动性强、易于转换为已知金额现金、价值变动风险很小的投资。现金等价物虽然不是现金，但因其支付能力与现金差别不大，所以可视为现金。现金等价物通常指购买在 3 个月或更短时间内即到期或即可转换为现金的短期债券投资。权益性投资变现的金额通常不确定，因而不属于现金等价物。

(三)现金流量表的格式及内容

1. 现金流量表的内容

现金流量表反映的是企业现金和现金等价物的流入、流出及净额情况，也就是反映企业的现金流量。企业一定时期内现金流入和流出是由各种因素产生的，净额是流入减流出后的余额。现金流量表首先应对企业现金流量的来源和用途进行合理的分类。《企业会计准则第 31 号——现金流量表》将现金流量分为三类，即经营活动现金流量、投资活动现金流量、筹资活动现金流量。

(1)经营活动现金流量

经营活动是指企业投资活动和筹资活动以外的所有交易和事项。经营活动的现金流入主要包括：销售商品、提供劳务收到的现金；收到的税费返还；收到其他与经营活动有关的现金；等等。经营活动的现金流出主要包括：购买商品、接受劳务支付的现金；支付给职工以及为职工支付的现金；支付的各项税费；支付其他与经营活动有关的现金；等等。

(2)投资活动现金流量

投资活动是指企业长期资产的购建和不包括在现金等价物范围内的投资及其处置活动。投资活动的现金流入主要包括：收回投资收到的现金；取得投资收益收到的现金；处置固定资产、无形资产和其他长期资产收回的现金净额；收到其他与投资活动有关的现金等。投资活动的现金流出主要包括：购建固定资产、无形资产和其他长期资产支付的现金；投资支付的现金；支付其他与投资活动有关的现金等。

(3)筹资活动现金流量

筹资活动是指导致企业资本及债务规模和构成发生变化的活动。筹资活动的现金流入主要包括：吸收投资收到的现金；取得借款收到的现金；收到其他与筹资活动有关的现金；等等。筹资活动的现金流出主要包括：偿还债务支付的现金；分配股利、利润或偿付利息支付的现金；支付其他与筹资活动有关的现金；等等。

2. 现金流量表的格式

我国对现金流量表格式分别按一般企业、商业银行、保险公司、证券公司等企业类型予以规定,企业应当根据自身经营活动的性质,确定本企业适用的现金流量表格式。但不论是何种企业类型的现金流量表均需反映经营活动产生的现金流量、投资活动产生的现金流量、筹资活动产生的现金流量、汇率变动对现金及现金等价物的影响等内容。

根据《企业会计准则第 31 号——现金流量表》的相关解释规定,我国一般企业现金流量表基本格式如表 7—7 所示:

表 7—7 **现金流量表** 企会 03 表

编制单位: 年 月 单位:元

项 目	本期金额	上期金额
一、经营活动产生的现金流量:		
销售商品、提供劳务收到的现金		
收到的税费返还		
收到其他与经营活动有关的现金		
经营活动现金流入小计		
购买商品、接受劳务支付的现金		
支付给职工以及为职工支付的现金		
支付的各项税费		
支付其他与经营活动有关的现金		
经营活动现金流出小计		
经营活动产生的现金流量净额		
二、投资活动产生的现金流量:		
收回投资收到的现金		
取得投资收益收到的现金		
处置固定资产、无形资产和其他长期资产收回的现金净额		
处置子公司及其他营业单位收到的现金净额		
收到其他与投资活动有关的现金		
投资活动现金流入小计		
购建固定资产、无形资产和其他长期资产支付的现金		
投资支付的现金		
取得子公司及其他营业单位支付的现金净额		
支付其他与投资活动有关的现金		
投资活动现金流出小计		
投资活动产生的现金流量净额		
三、筹资活动产生的现金流量:		
吸收投资收到的现金		
取得借款收到的现金		
收到其他与筹资活动有关的现金		
筹资活动现金流入小计		

续表

项　目	本期金额	上期金额
偿还债务支付的现金		
分配股利、利润或偿付利息支付的现金		
支付其他与筹资活动有关的现金		
筹资活动现金流出小计		
筹资活动产生的现金流量净额		
四、汇率变动对现金及现金等价物的影响		
五、现金及现金等价物净增加额		
加：期初现金及现金等价物余额		
六、期末现金及现金等价物余额		

根据《企业会计准则第 31 号——现金流量表》规定，企业除编制现金流量表正表外，还必须列示现金流量表附注，以全面披露企业现金流量状况。现金流量表附注适用于一般企业、商业银行、保险公司、证券公司等各类企业，附注披露的内容主要包括三项：一是披露现金流量表的补充资料；二是披露当期取得或处置子公司及其他营业单位的有关信息；三是披露现金和现金等价物的信息。

(1)现金流量表补充资料的基本格式。

现金流量表补充资料主要披露将净利润调节为经营活动现金流量的信息。基本格式如表 7—8所示。

表 7—8　　现金流量表补充资料

补充资料	本期金额	上期金额
1.将净利润调节为经营活动现金流量：		
净利润		
加：资产减值准备		
固定资产折旧、油气资产折耗、生产性生物资产折旧		
无形资产摊销		
长期待摊费用摊销		
处置固定资产、无形资产和其他长期资产的损失(收益以“—”号填列)		
固定资产报废损失(收益以“—”号填列)		
公允价值变动损失(收益以“—”号填列)		
财务费用(收益以“—”号填列)		
投资损失(收益以“—”号填列)		
递延所得税资产减少(增加以“—”号填列)		
递延所得税负债增加(减少以“—”号填列)		
存货的减少(增加以“—”号填列)		
经营性应收项目的减少(增加以“—”号填列)		

续表

补充资料	本期金额	上期金额
经营性应付项目的增加(减少以“—”号填列)		
其他		
经营活动产生的现金流量净额		
2.不涉及现金收支的重大投资和筹资活动:		
债务转为资本		
一年内到期的可转换公司债券		
融资租入固定资产		
3.现金及现金等价物净变动情况:		
现金的期末余额		
减:现金的期初余额		
加:现金等价物的期末余额		
减:现金等价物的期初余额		
现金及现金等价物净增加额		

(2)披露当期取得或处置子公司及其他营业单位的有关信息的基本格式。

根据《企业会计准则第31号——现金流量表》规定,企业应当在附注中以总额披露当期取得或处置子公司及其他营业单位的相关信息。主要包括:取得或处置价格,取得或处置价格中以现金支付的部分,取得或处置子公司及其他营业单位收到的现金,取得或处置子公司及其他营业单位按照主要类别分类的非现金资产和负债。基本格式如表7—9所示。

表7—9　当期取得或处置子公司及其他营业单位的相关信息

项　目	金　额
一、取得子公司及其他营业单位的有关信息:	
1.取得子公司及其他营业单位的价格	
2.取得子公司及其他营业单位支付的现金和现金等价物	
减:子公司及其他营业单位持有的现金和现金等价物	
3.取得子公司及其他营业单位支付的现金净额	
4.取得子公司的净资产	
流动资产	
非流动资产	
流动负债	
非流动负债	
二、处置子公司及其他营业单位的有关信息:	
1.处置子公司及其他营业单位的价格	

续表

项 目	金 额
2.处置子公司及其他营业单位收到的现金和现金等价物	
减:子公司及其他营业单位持有的现金和现金等价物	
3.处置子公司及其他营业单位收到的现金净额	
4.处置子公司的净资产	
流动资产	
非流动资产	
流动负债	
非流动负债	

(3)披露现金和现金等价物信息的基本格式。

根据《企业会计准则第31号——现金流量表》规定,企业应当在附注中披露与现金和现金等价物有关的信息。主要包括:现金和现金等价物的构成及其在资产负债表中的相应金额、企业持有但不能由母公司或集团内其他子公司使用的大额现金和现金等价物金额。基本格式如表7—10所示。

表7—10　　现金和现金等价物有关的信息

项 目	本期金额	上期金额
一、现金		
其中:库存现金		
可随时用于支付的银行存款		
可随时用于支付的其他货币资金		
可用于支付的存放中央银行款项		
存放同业款项		
拆放同业款项		
二、现金等价物		
其中:三个月内到期的债券投资		
三、期末现金及现金等价物余额		
其中:母公司或集团内子公司使用受限制的现金和现金等价物		

(四)现金流量表的编制方法

1. 经营活动产生的现金流量的编制方法

经营活动产生的现金流量是评价企业现金流量质量的一项重要指标,经营活动产生的现金流量可以采用直接法和间接法两种方法进行反映。直接法是通过现金流入和现金流出的主要类别反映企业经营活动产生的现金流量,相关项目的数据可以从会计记录中直接获得,也可以在利润表中的营业收入、营业成本等数据的基础上,通过计算调整获得。间接法是以本期净利润为起点,调整不涉及现金的收入、费用、营业外收支等有关项目的增减变动,剔除投资活动、筹资活动对现金流量的影响,从而计算出经营活动产生的现金流量。

(1)直接法下相关项目的编制方法。

"销售商品、提供劳务收到的现金"项目,反映企业销售商品、提供劳务收到的现金(含应向购买者收取的增值税销项税额),包括本期及前期销售商品、提供劳务收到的现金和本期预收的款项,减去本期退回的本期或前期销售商品支付的现金。企业销售材料和代购供销业务收到的现金也在本项目反映。

"收到的税费返还"项目,反映企业收到返还的各种税费,主要包括返还的增值税、营业税、消费税、企业所得税、关税、教育费附加等各种税费返还款。该项目的金额根据"银行存款"、"营业税金及附加"、"所得税费用"以及"应交税费"等科目的记录分析计算确定。

"收到的其他与经营活动有关的现金"项目,反映企业收到的除上述项目外其他与经营活动有关的现金流入,主要包括罚款收入、经营租赁收到的租金等。若金额较大的应当单独列示。该项目没有固定的科目对应关系,通常需要分析"库存现金"、"银行存款"等科目的借方发生额进行确定。

"购买商品、接受劳务支付的现金"项目,反映企业购买商品、接受劳务实际支付的现金(含支付给销售方的增值税进项税额),包括本期及前期购买商品、接受劳务实际支付的现金和本期预付的款项,减去本期发生的购货退回收到的现金。

"支付给职工以及为职工支付的现金"项目,反映企业本期实际支付给职工的工资、奖金、各种津贴和补贴以及为职工支付的其他费用。不包括支付给离退休人员的各项费用和应由在建工程、无形资产负担的职工薪酬等。

"支付的各项税费"项目,反映企业本期或以前各期发生,本期支付的税费和预缴的税金,如支付的营业税、房产税、印花税、土地增值税、车船税、矿产资源补偿费、教育费附加等各项税费。不包括计入固定资产价值、实际支付的耕地占用税及本期退回的增值税、企业所得税等。该项目的金额根据"应交税费"科目所属的各明细科目的借方发生额分析计算确定。

"支付的其他与经营活动有关的现金"项目,反映企业支付的除上述项目外其他与经营活动有关的现金流出,主要包括罚款支出、支付的差旅费、业务招待费、保险费、经营租赁支付的租金等。若金额较大的应当单独列示。该项目一般通过分析"销售费用"、"管理费用"等科目发生额的基础上进行填列。

(2)间接法下相关项目的编制方法。

"资产减值准备"项目,反映企业本期计提的坏账准备、存货跌价准备、长期股权投资减值准备、持有至到期投资减值准备、固定资产减值准备等资产减值准备。该项目主要根据"资产减值损失"科目记录情况进行填列。

"固定资产折旧、油气资产折耗、生产性生物资产折旧"项目,反映企业本期计提的固定资产折旧、油气资产折耗、生产性生物资产折旧。

"无形资产摊销"、"长期待摊费用摊销"项目,反映企业本期计提的无形资产摊销、长期待摊费用摊销。分别根据"累计摊销"、"长期待摊费用"科目的贷方发生额分析填列。

"处置固定资产、无形资产和其他长期资产的损失"项目,反映企业本期处置固定资产、无形资产和其他长期资产发生的损益。该项目根据"营业外收入"、"营业外支出"、"其他业务收入"、"其他业务成本"等科目所属明细科目的记录分析填列。若处置结果为取得净收益则以"一"号填列。

"固定资产报废损失"项目,反映企业固定资产报废损失(含自然灾害造成的非常损失)以及固定资产盘亏(减去盘盈)后的净损失。该项目根据“营业外收入”、“营业外支出”等科目所属明细科目的记录分析填列。若盘亏损失与盘盈收益相抵后为净收益则以“－”号填列。

“公允价值变动损失”项目,反映企业持有的金融资产、金融负债以及采用公允价值计量模式的投资性房地产的公允价值的变动损失。该项目根据利润表中的“公允价值变动收益”项目的金额填列。若为变动收益则以“－”号填列。

“财务费用”项目,反映企业本期发生的财务费用中应从净利润中剔除不属于经营活动的部分。该项目根据“财务费用”科目的本期借方发生额分析填列。若为收益则以“－”号填列。

“投资损失”项目,反映企业本期投资所发生的损失减去收益后的净损失。该项目根据利润表中的“投资收益”项目的金额填列。若为投资净收益则以“－”号填列。

“递延所得税资产减少”、“递延所得税负债增加”项目,反映企业本期递延所得税资产减少和递延所得税负债增加的情况。其中,“递延所得税资产减少”项目根据资产负债表中“递延所得税资产”项目的期初余额减去期末余额后的差额填列;“递延所得税负债增加”项目根据资产负债表中“递延所得税负债”项目的期末余额减去期初余额后的差额填列。

“存货的减少”项目,反映企业本期存货的增减情况。该项目根据资产负债表中的“存货”项目的期初余额减去期末余额后的差额填列。

“经营性应收项目的减少”项目,反映企业本期经营性应收项目增减情况。该项目根据应收票据、应收账款、预付账款、其他应收款、长期应收款等项目中与经营活动有关的部分及应收的增值税销项税额的期初余额减去期末余额后的差额填列。

“经营性应付项目的增加”项目,反映企业本期经营性应付项目的增减情况。该项目根据应付票据、应付账款、预收账款、应付职工薪酬、应交税费、应付利息、应付股息、其他应付款、长期应付款等项目中与经营活动有关的部分及应付的增值税进项税额的期末余额减去期初余额后的差额填列。

2. 投资活动产生的现金流量的编制方法

“收回投资收到的现金”项目,反映企业出售、转让或到期收回除现金等价物以外的交易性金融资产、长期股权投资而收到的现金,以及收回的持有至到期投资本金而收到的现金,不包括持有至到期投资收回的利息。

“取得投资收益收到的现金”项目,反映企业因各种投资而分得的现金股利、利润、利息等。主要包括股权性投资分得的现金股利;债权性投资取得的现金利息收入;从子公司、联营企业或合营企业分回的现金利润等。

“处置固定资产、无形资产和其他长期资产收回的现金净额”项目,反映企业处置固定资产、无形资产和其他长期资产取得的现金,减去为处置这些资产而支付的有关费用后的净额。

“处置子公司及其他营业单位收到的现金净额”项目,反映企业处置子公司及其他营业单位所取得的现金减去相关处置费用后的净额。

“收到其他与投资活动有关的现金”项目,反映企业除上述各项以外收到的其他与投资活动有关的现金流入。若金额较大的应当单独列示。

“购建固定资产、无形资产和其他长期资产支付的现金”项目,反映企业购买、建造固定资产,取得无形资产和其他长期资产所支付的现金。不包括为构建固定资产而发生的借款利息资本化的部分以及融资租入固定资产支付的租赁费用等。该项目根据“固定资产”、“在建工程”、“无形资产”、“库存现金”、“银行存款”等科目的记录分析填列。

“投资支付的现金”项目,反映企业取得的除现金等价物以外的权益性投资和债权性投资所支付的现金以及支付的佣金、手续费等附加费用。该项目根据“交易性金融资产”、“持有至到期投资”、“长期股权投资”、“库存现金”、“银行存款”等科目的记录分析填列。

“取得子公司及其他营业单位支付的现金净额”项目，反映企业购买子公司及其他营业单位购买价款中以现金支付的部分，减去子公司及其他营业单位持有的现金和现金等价物后的净额。

“支付其他与投资活动有关的现金”项目，反映企业除上述各项以外支付的其他与投资活动有关的现金流出。若金额较大的应当单独列示。

3. 筹资活动产生的现金流量的编制方法

“吸收投资收到的现金”项目，反映企业以发行股票、债券等方式筹集资金实际收到的款项，减去直接支付给金融企业的手续费、宣传费、咨询费、印刷费等发行费用后的净额。该项目可根据“实收资本”(或“股本”)、“库存现金”、“银行存款”等科目的记录分析填列。

“取得借款收到的现金”项目，反映企业举借各种短期、长期借款收到的现金。该项目根据“短期借款”、“长期借款”、“库存现金”、“银行存款”等科目的记录分析填列。

“收到其他与筹资活动有关的现金”项目，反映企业除上述各项以外形成的其他与筹资活动有关的现金流入。若金额较大的应当单独列示。

“偿还债务支付的现金”项目，反映企业以现金偿还包括金融企业的借款、发行的债券等债务的本金。企业偿还的借款利息、债券利息不在本项目中列示。该项目根据“短期借款”、“长期借款”、“应付债券”、“库存现金”、“银行存款”等科目的记录分析填列。

“分配股利、利润或偿付利息支付的现金”项目，反映企业实际支付的现金股利、支付给其他投资者的利润或用现金支付的借款利息、债券利息等。该项目根据“应付股利”、“财务费用”、“应付利息”、“库存现金”、“银行存款”等科目的记录分析填列。

“支付其他与筹资活动有关的现金”项目，反映企业除上述各项以外形成的其他与筹资活动有关的现金流出。若金额较大的应当单独列示。

第三节 进出口企业内部管理用报表

一、内部管理用报表的作用及特点

(一)内部管理用报表的作用

相对于外部报表而言，内部管理用报表是仅提供给企业内部使用而不对外公开的会计报表，各单位根据经营管理需要，可以设置主要进口商品成本及盈亏表和主要出口商品成本及盈亏表。

由于内部管理用报表将企业管理部门、业务经营部门和财务管理部门的信息结合起来，企业管理当局可以根据内部管理用报表提供的有关信息及时对本企业的经营战略作出适当调整，检测企业运行，不断提高内部管理水平，进行科学决策。所以，内部管理用报表在企业经营决策过程中发挥着积极的辅助作用。

(二)内部管理用报表的特点

内部管理用报表的特点主要表现在：

1. 时效性。与外部会计报表相比，内部管理用报表是对重点业务运行状况、重点财务指标的监测分析，以便及时发现企业经营中各种可能出现的问题并作出预测。

2. 灵活性。内部管理用报表没有时间、编制方法和法律上的约束，企业可以根据需要设计格式，以达到供企业内部参考使用的目的。

二、主要进口商品销售成本及盈亏表

（一）主要进口商品销售成本及盈亏表的设计原理

主要进口商品销售成本及盈亏表是反映外经贸企业季度、年度主要进口商品销售收入、销售总成本、商品进价及盈亏额情况的会计报表。其基本格式如表7—11所示：

表7—11　　主要进口商品销售成本及盈亏表

商品名称	计量单位	销售数量	销售收入		销售总成本								盈亏额			
					总值	商品进价					进口费用	销售税金及附加	本　年		上年同期	
			单位(元)	金额		合计	国外进价			进口关税及消费税			单位盈亏	总额	单位盈亏	总额
							美元单价	美元金额	人民币金额							
1	2	3	4	6	7	8	9	10	11	12	13	14	17	18	19	20
合计																

财务负责人：　　　　复核人：　　　　填表人：

主要进口商品销售成本及盈亏表是以单项进口商品盈亏分析为核心的多栏式报表。在表格设计上，以进口每美元盈亏额指标为核心，以主要进口商品为基础列示，对不同商品的销售收入和销售成本分别进行分解，以便直观地了解各种商品的明细情况，同时对进口每美元盈亏指标，设立了"本年"和"上年同期"两个栏目，以便于比较。

进口每美元盈亏=（销售收入－销售总成本）/国外进价（美元金额）

通过编制本表，国际贸易企业可以及时分析总结本企业经营的重点进口商品的销售价格、成本总额及其构成。企业可以根据本单位经营规模和进口商品的结构按月份、季度或年度进行编制。

（二）主要进口商品销售成本及盈亏表具体项目的填列方法

主要进口商品销售成本及盈亏表填列方法如下：

1."商品名称"和"计量单位"栏应按照国家海关统一编制的海关商品码目录执行。

2."销售收入"栏应按照各有关进口销售收入账户及其明细账户的发生额分析填列。

3."销售总成本"栏填列方法。

（1）"总值"项应按"商品进价"（国外进价加进口关税及消费税）加"进口费用"和"销售税金及附加"后的金额填列。

（2）"商品进价"中"国外进价"项下"人民币金额"栏应按有关进口销售成本账户发生额分

析填列；“美元金额”栏应按期末中国人民银行公布的美元兑人民币汇价或国家规定的美元折算价折算后填列。所折算的美元金额除以销售数量得出“美元单价”。

(3)“进口费用”项按照进口商品营业费用和应分摊到进口商品的管理费用和财务费用计算填列。其中，营业费用一般应直接认定到商品，管理费用和财务费用应按照合理方法在账外分摊计入各有关进口商品。

(4)“销售税金及附加”项应按照销售税金及附加科目有关内容分析填列。其中，能直接认定到商品的应直接认定；不能直接认定到商品的在账外合理分摊。

4.“盈亏额”栏应按照“销售收入”减去“销售总成本”后的金额填列。

二、主要出口商品成本及盈亏表

(一)主要出口商品销售成本及盈亏表的设计原理

主要出口商品成本及盈亏表是反映外经贸企业季度、年度自营出口销售收入、出口总成本、盈亏总额和出口每美元成本等情况的会计报表。其基本格式如表7—12所示：

表7—12　主要出口商品成本及盈亏表

商品名称	计量单位	销售数量	销售收入			出口总成本									盈亏总额	出口美元成本(元)			
						总值	出口经营成本							出口间接费用		本年		上年同期	
			折美元		人民币金额		商品进价			出口直接费用	消费税退税	出口关税	合计						
			单位(元)	金额			单价(元)	金额	其中：增值税未退金额							经营成本	总成本	经营成本	总成本
1	2	3	4	5	6	7	8	9	10	11	12	13	14	15	16	17	18	19	20
	合计																		

财务负责人：　　　　复核人：　　　　填表人：

主要出口商品成本及盈亏表是以单项出口商品盈亏分析为核心的多栏式报表。在表格设计上，以出口每美元成本指标为核心，以主要出口商品为基础列示，对不同商品的销售收入和销售成本分别进行分解，以便直观地了解各种商品的明细情况，同时对出口每美元成本这一指标，设立了“本年”和“上年同期”两个栏目，以便于比较。

出口每美元成本＝出口商品总成本/出口商品销售收入(美元金额)

通过编制本表，国际贸易企业可以及时分析总结本企业经营的重点出口商品的销售价格、成本总额及其构成。某一商品的出口每美元成本与人民币汇率相比较，可以判断企业主要出口商品的盈亏情况。如果出口每美元成本高于同期人民币汇率，表明该商品的出口是亏损的；

反之，则是盈利的。

(二)主要出口商品成本及盈亏表具体项目的填列方法

主要出口商品成本及盈亏表填列方法如下：

1.“商品名称”和“计量单位”栏应按照国家海关统一编制的海关商品码目录执行。

2.“销售收入”栏中“人民币金额”应按“主营业务收入——自营出口销售收入”账户及有关明细账户发生额分析填列。“折美元”下的“金额”应按照栏目中“人民币金额”除以期末国家美元外汇牌价或国家规定的美元折算价计算填列。“折美元”下的“金额”除以销售数量即可得出“折美元”下“单价”金额。

3.“出口总成本”总值由“出口经营成本”加“出口间接费用”组成。按“主营业务成本——自营出口销售成本”账户及有关明细账户发生额分析填列。

4.“出口经营成本”由“商品进价”加“出口直接费用”减“消费税退税”加“出口关税”组成。

5.“盈亏总额”栏按照“销售收入”减去“出口总成本”后的金额填列。

6.“出口美元成本(元)”栏下“经营成本”应根据“出口每美元经营成本(元)＝出口经营成本／销售收入(美元)”公式计算填列。“总成本”应根据“出口每美元总成本(元)＝出口总成本／销售收入(美元)”公式计算填列。

练习题

一、单项选择题

1. 年度资产负债表日是指(　　)。

A. 年度1月1日　　B. 每月月末

C. 每季度季末　　D. 年度12月31日

2.“应收账款”账户所属明细账户如有贷方余额，则应在资产负债表中的(　　)项目内反映。

A.“应收账款”　　B.“应付账款”

C.“预付账款”　　D.“预收账款”

3. 在编制资产负债表时，下列项目中，应在流动资产类中单独列示的是(　　)。

A. 1年内到期的无形资产　　B. 1年内到期的长期股票投资

C. 1年内到期的非流动资产　　D. 1年内到期的其他长期投资

4. 资产负债表中，根据总账账户余额直接填列的项目是(　　)。

A.“应付票据”　　B.“货币资金”

C.“应付账款”　　D.“长期借款”

5. 资产负债表是反映外贸企业在(　　)。

A. 某一时期情况的报表　　B. 某一日期情况的报表

C. 某一特定时期情况的报表　　D. 某一特定日期情况的报表

6. 现行制度规定要求外贸企业每月(　　)日前编报上月的财务指标报表。

A. 5　　B. 10

C. 15　　D. 20

7. 销货折让在利润表上应(　　)。

A. 作为销售费用　　B. 在毛利下扣除

C. 在营业收入中扣除　　D. 作为营业外损失

8. 利润表充分体现了(　　)原则。

A. 权责发生制原则　　B. 配比原则

C. 划分收益性支出与权益性支出原则　　D. 实质重于形式原则

9. 在下列各项税金中，应在利润表中的"营业税金及附加"项目反映的是(　　)。

A. 耕地占用税　　B. 城市维护建设税

C. 印花税　　D. 土地增值税

10. 现金流量表通常可以采用(　　)两种方法列报。

A. 分析法　　B. 直接法

C. 间接法　　D. 直接法和间接法

11. 资产负债表、利润表、现金流量表的正表格式分别采用(　　)。

A. 账户式、多栏式、多步式　　B. 账户式、多栏式、多栏式

C. 多步式、多步式、账户式　　D. 账户式、多步式、多步式

12. 下列各项中，不符合现金流量表中现金概念的是(　　)。

A. 企业银行本票存款　　B. 企业银行汇票存款

C. 不能随时用于支付的存款　　D. 企业购入3个月内到期的国债

13. 下列经济事项中，能使企业经营活动现金流量发生变化的是(　　)。

A. 支付罚款　　B. 无形资产摊销

C. 赊销商品　　D. 支付借款利息

14. 外贸企业的内部报表"出口主要商品成本及盈亏表"是(　　)。

A. 以综合出口商品盈亏分析为核心的多栏式报表

B. 以分类出口商品盈亏分析为核心的多栏式报表

C. 以多项出口商品盈亏分析为核心的多栏式报表

D. 以单项出口商品盈亏分析为核心的多栏式报表

15. 下列出口主要商品成本分析表中，有关指标计算公式错误的是(　　)。

A. 出口每美元成本＝出口商品总成本÷出口商品销售收入(折美元金额)

B. 出口总成本＝出口商品经营成本＋出口间接费用

C. 出口经营成本＝商品进价(含增值税不予退税部分)＋出口直接费用＋出口关税

D. 盈亏总额＝销售收入－出口总成本

16. 进口主要商品成本分析表是反映(　　)。

A. 外贸企业经营进口商品盈亏的生产报表　　B. 外贸企业经营进口商品盈亏的对外报表

C. 外贸企业经营进口商品盈亏的静态报表　　D. 外贸企业经营进口商品盈亏的动态报表

17. 下列报表中，不属于进出口企业内部报表的是(　　)。

A. 出口主要商品成本及盈亏表　　B. 进口主要商品成本分析表

C. 进出口企业财务指标月报表　　D. 资产负债表

18. 下列不属于出口主要商品成本及盈亏表反映内容的有(　　)。

A. 出口商品销售收入　　B. 出口商品销售成本

C. 出口企业固定资产总值　　D. 出口关税

19. 进口主要商品成本分析表采用(　　)报表。

A. 账户式　　B. 报告式

C. 多步式　　D. 多栏式

20. 外贸企业编制财务指标报表时，企业为了及时掌握进出口规模、财务状况等主要财务指标的报表，现行制度规定要求企业每月(　　)日前编报上月的财务指标报表。

A. 3　　B. 5

C. 10　　D. 15

二、多项选择题

1. 资产负债表中的"货币资产"项目应根据(　　)账户的期末余额合计数填列。

A. "短期投资"　　B. "银行存款"

C. "其他货币资产"　　D. "库存现金"

2. 下列各项中，应包括在资产负债表"存货"项目中的有(　　)。

A. "原材料"　　B. "库存商品"

C. "低值易耗品"　　D. "委托加工物资"

3. 下列资产减值准备相关账户余额，不在资产负债表上单独列示的有(　　)。

A. "坏账准备"　　B. "长期股权投资减值准备"

C. "存货跌价准备"　　D. "固定资产减值准备"

4. 资产负债表的意义和作用在于(　　)。

A. 可以提供某一日期资产的总额及其结构，表明进出口企业拥有或控制的资源及其分布情况

B. 可以提供某一日期负债及其结构，表明进出口企业未来需要用多少资产或劳务清偿债务以及清偿的时间

C. 可以反映所有者所拥有的权益，以判断资本保值、增值的情况以及对负债的保障程度

D. 可以提供进行财务分析的基本资料

5. 下列各项中，影响企业营业利润的项目有(　　)。

A. 销售费用　　B. 管理费用

C. 投资收益　　D. 所得税费用

6. 下列各项中，可以记入利润表"营业税金及附加"项目的有(　　)。

A. 增值税　　B. 城市维护建设税

C. 教育费附加　　D. 资源税

7. 下列项目中，影响企业可供分配利润的有(　　)。

A. 年初未分配利润　　B. 当年实现的净利润

C. 用盈余公积弥补亏损　　D. 发放股票股利

8. 现金流量表补充资料包括(　　)。

A. 将净利润调节为经营活动产生的现金流量　　B. 不涉及现金收支的重大投资和筹资活动

C. 现金及现金等价物净变动情况　　D. 汇率变动对现金及现金等价物的影响

9. 经营活动产生的现金流量，主要包括经营活动中(　　)等的现金流入流出量。

A. 商品、劳务、职工薪酬　　B. 应付账款、应付票据

C. 各项税费　　D. 固定资产、无形资产、在建工程

E. 银行借款、发行债券

10. 下列各项中，属于"筹资活动产生的现金流量"的有(　　)。

A. 在工程成本中列支的利息支出　　B. 融资租赁所支付的现金

C. 分配股利或利润所支付的现金　　D. 吸收投资收到的现金

11. 现金流量表中，"支付给职工以及为职工支付的现金"项目应反映的内容有(　　)。

A. 为离退休人员支付的统筹退休金　　B. 为经营管理人员支付的住房公积金

C. 支付给经营人员的工资、奖金、津贴　　D. 支付给职工的困难补助

12. 现金等价物的特点有(　　)。

A. 持有期限短　　B. 流动性高

C. 易于转换为已知金额的现金　　D. 价值变动风险很小

13. 用直接法来编制现金流量表中"经营活动产生的现金流量"的优点是(　　)。

A. 便于将净利润与经营活动产生的现金净流量额进行比较

B. 便于了解净利润与经营活动产生的现金流量差异的原因

C. 便于预测企业现金流量的未来前景

D. 便于分析企业经营活动产生的现金流量的来源与用途

14. 出口主要商品成本及盈亏表在表格设计上，以(　　)这一指标为核心，以(　　)为基础列示，对不同商品的(　　)和(　　)分别进行分解，以便直观地了解各种商品的明细情况。

A. 出口每美元成本　　B. 主要出口商品

C. 销售收入　　D. 销售成本

15. 编制《出口主要商品成本及盈亏表》的资料，主要来源于外贸企业(　　)等资料。

A. 自营出口销售收入明细账　　B. 自营出口销售成本明细账

C. 代理出口销售收入明细账　　D. 代理出口销售成本明细账

16. 根据出口主要商品成本分析表，下列有关指标计算公式正确的是(　　)。

A. 出口每美元成本＝出口商品总成本÷出口商品销售收入(折美元金额)

B. 出口总成本＝出口商品经营成本＋出口间接费用

C. 出口经营成本＝商品进价(含增值税不予退税部分)＋出口直接费用＋出口关税

D. 盈亏总额＝销售收入－出口总成本

17. 下列报表中，(　　)属于进出口企业的内部报表。

A. 出口主要商品成本及盈亏表　　B. 进口主要商品成本分析表

C. 进出口企业财务指标月报表　　D. 资产负债表

18. "出口主要商品成本及盈亏表"可根据外贸企业自身情况选择(　　)编报一次。

A. 每年　　B. 每季

C. 每月　　D. 每旬

19. 进口主要商品成本分析表主要反映外贸企业本年度内自营进口商品(　　)的会计报表。

A. 销售收入　　B. 销售成本

C. 盈亏总额　　D. 进口每美元盈亏额

20. 外贸企业财务指标主要包括(　　)。

A. 经营成果及实缴所得税指标　　B. 自营进出口财务指标

C. 企业资产负债总额指标　　D. 独立核算企业户数

三、判断题

1. 资产负债表中的"存货"项目，应根据"材料采购"、"原材料"、"材料成本差异"、"库存商

品”等账户的借方余额合计数填列。（　　）

2. 资产负债表中的“短期借款”项目，应该根据总账科目余额填列。（　　）

3.“应收账款”项目是根据应收账款明细账期末借方余额合计减去坏账准备期末贷方余额填列的。（　　）

4. 货币资金项目应根据“库存现金”和“银行存款”科目期末余额的合计数填列。（　　）

5. 资产负债表中确认的资产都是企业拥有的。（　　）

6.“营业收入”项目，应根据“主营业务收入”账户直接填列。（　　）

7. 利润表中“营业税金及附加”项目不包括印花税。（　　）

8. 利润表是指反映企业在一定会计期间的经营成果的报表。（　　）

9. 增值税应在利润表的“营业税金及附加”项目中反映。（　　）

10.“利润分配”总账的年末余额不一定与相应的资产负债表中未分配项目的数额一致。（　　）

11. 现金流量表采用报告式结构，分类反映经营活动产生的现金流量、投资活动产生的现金流量和筹资活动产生的现金流量，最后汇总反映企业某一期间现金及现金等价物净增加额。（　　）

12. 对于会计主体来说，某一会计期间的收入一定伴随着相等的现金流入。（　　）

13. 资产负债表和利润表属于静态会计报表，现金流量表属于动态会计报表。（　　）

14. 现金流量表中的经营活动，是指企业投资活动和筹资活动以外的交易和事项。销售商品或提供劳务、处置固定资产、分配利润等产生的现金流量均包括在经营活动产生的现金流量中。（　　）

15. 现金流量表除了反映企业与现金有关的经营活动、投资活动和筹资活动外，还能够反映不涉及现金的投资和筹资活动。（　　）

16. 出口主要商品成本及盈亏表是反映外贸企业经营出口商品盈亏和换汇成本的静态报表。（　　）

17.“出口总成本”项目由“出口经营成本”加“出口间接费用”构成。（　　）

18. 进口主要商品成本分析表也称为进口商品销售利润（亏损）表。（　　）

19. 外贸企业的主营业务成本是指主营业务销售收入的进价成本。（　　）

20. 外贸会计报表提供的信息仅对外部的投资者和债权人有用。（　　）

四、综合练习

【习题 1】

1. 目的：练习资产负债表的编制。

2. 资料：

（1）某外贸公司 2007 年 10 月 31 日有关科目余额如下表所示。

会计科目	借方余额	贷方余额
库存现金	240	
银行存款	7 640	
应收票据	3 600	

续表

会计科目	借方余额	贷方余额
应收账款	1 460	
预付账款	2 320	
其他应收款	300	
原材料	11 920	
库存商品	7 460	
固定资产	163 080	
累计折旧		28 920
短期借款		3 720
应付票据		5 000
应付账款		2 180
应付职工薪酬		2 620
应交税费		1 140
预收账款		1 580
应付利息		1 360
长期借款		15 200
实收资本		95 536
盈余公积		40 944
本年利润		26 980
分配利润	19 620	
生产成本	7 540	
合计	225 180	225 180

(2)“应收账款”、“预付账款”、“应付账款”和“预收账款”四个科目所属各明细科目的期末余额如下所示：

应收账款——A公司680元(借方)；
应收账款——B公司1 120元(借方)；
应收账款——C公司340元(贷方)；
预付账款——D公司1 340元(借方)；
预付账款——E公司1 180元(借方)；
预付账款——F公司200元(贷方)；
应付账款——G公司940元(贷方)；
应付账款——H公司1 300元(贷方)；
应付账款——I公司60元(借方)；
预收账款——J公司1 020元(贷方)；
预收账款——K公司780元(贷方)；
预收账款——L公司220元(借方)。

(3)该月末无一年内到期的长期负债。

要求：根据上述资料，填列资产负债表中以下项目。

(1)货币资金
(2)应收账款
(3)预付账款
(4)存货
(5)固定资产
(6)长期借款

(7)应付账款　　(8)预收账款

【习题 2】

1. 目的:练习资产负债表编制

2. 资料:

某企业 20×3 年 12 月 31 日各有关账户的余额资料如下:

总账账户	明细账户	借或贷	金额(元)
在途物资		借	200 000
原材料		借	440 000
材料成本差异		贷	2 700
生产成本		借	360 000
库存商品		借	1 380 000
应收账款		借	220 000
	——A 公司	借	280 000
	——B 公司	贷	60 000
预收账款	——S 公司	贷	710 000
应付账款		贷	489 800
	——甲公司	贷	969 800
	——乙公司	借	480 000
预付账款		借	28 000
	——G 工厂	借	112 000
	——D 工厂	贷	84 000

要求:根据上述资料,回答下列有关资产负债表编制的问题。

(1)年末资产负债表中,“存货”应填列的数字是(　　)。

A. 2 377 300　　B. 2 380 000

C. 2 382 700　　D. 2 016 300

(2)年末资产负债表中,“应收账款”应填列的数字是(　　)。

A. 220 000　　B. 280 000

C. 600 000　　D. 710 000

(3)年末资产负债表中,“预收账款”应填列的数字是(　　)。

A. 710 000　　B. 770 000

C. 1 030 000　　D. 1 550 000

(4)年末资产负债表中,“应付账款”应填列的数字是(　　)。

A. 489 800　　B. 969 800

C. 573 800　　D. 1 053 800

(5)年末资产负债表中,“预付账款”应填列的数字是(　　)。

A. 28 000　　B. 112 000

C. 592 000　　　　D. 84 000

【习题 3】

1. 目的：练习利润表的编制

2. 资料：

某外贸公司 2007 年度有关科目发生额如下所示：

科目名称	借方发生额	贷方发生额
主营业务收入		2 500 000
其他业务收入		250 000
投资收益		100 000
营业外收入		15 000
主营业务成本	1 600 000	
营业税金及附加	150 000	
其他业务成本	120 000	
销售费用	130 000	
管理费用	260 000	
财务费用	40 000	
营业外支出	100 000	
所得税费用	240 000	

要求：根据上述资料，回答下列有关利润表编制的问题。

(1)利润表中的"上期金额"栏内的各项数字应根据(　　)填列。

A. 上年该期利润表的"本期金额"栏内所列数字

B. 上月利润表的"本期金额"栏内所列数字

C. 上年年末利润表的"本期金额"栏内所列数字

D. 各账户的期初余额

(2)利润表中的"本期金额"栏内的各项数字应根据(　　)填列。

A. 相关账户的本期余额分析　　B. 相关账户的本期余额直接

C. 相关账户的本期发生额分析　　D. 相关账户的本期发生额直接

(3)下列(　　)应记入利润表中的"营业收入" 项目。

A. 主营业务收入　　B. 其他业务收入

C. 投资收益　　D. 营业外收入

(4)该公司的营业利润为(　　)元。

A. 980 000　　B. 550 000　　C. 465 000　　D. 225 000

(5)利润表中的"利润总额"项目是在营业利润的基础上考虑(　　)计算填列的，该公司的利润总额为(　　)元。

A. 投资收益　　B. 营业外收支　　C. 465 000　　D. 225 000

(6)该公司的净利润为(　　)元。

A. 980 000　　B. 550 000　　C. 465 000　　D. 225 000

各章重点、要点及课后习题答案

第一章　国际贸易会计总论

本章重点、要点

第一节　国际贸易会计的意义

一、国际贸易会计的基本职能

二、国际贸易会计的作用和意义

第二节　国际贸易会计准则体系

一、我国的会计法律体系

1. 会计法律
2. 会计行政法规
3. 国家统一的会计制度
4. 地方性会计法规

二、会计准则体系

1. 基本准则
2. 具体准则
3. 应用指南

第三节　会计核算基本前提及会计信息质量要求

一、会计核算的基本前提

1. 会计主体
2. 持续经营
3. 会计期间
4. 货币计量

二、会计信息质量要求

1. 客观性原则
2. 相关性原则
3. 明晰性原则
4. 可比性原则
5. 实质重于形式原则
6. 重要性原则
7. 谨慎性原则
8. 及时性原则

第四节　会计要素及会计计量

一、会计要素

1. 资产
2. 负债
3. 所有者权益
4. 收入
5. 费用
6. 利润

二、会计计量

1. 历史成本
2. 重置成本
3. 可变现净值
4. 现值
5. 公允价值

第五节　国际贸易会计特点及涉外会计科目

一、国际贸易会计对象

二、国际贸易会计特点

三、国际贸易会计的科目设置

课后习题答案

单项选择题

1. B	2. B	3. D	4. C	5. B
6. A	7. D	8. C	9. D	10. A
11. A	12. A	13. B	14. D	15. C
16. B	17. B	18. D	19. C	20. A

多项选择题

1. ABD	2. ABC	3. ABCD	4. CDE	5. BCDE
6. CE	7. ABCD	8. ABCD	9. ABCD	10. ABD
11. AC	12. ABC	13. ACE	14. ABD	15. BCD
16. ABC	17. AC			

判断题

1. ×	2. ×	3. ×	4. ×	5. √
6. ×	7. ×	8. √	9. ×	10. ×
11. √	12. ×	13. ×	14. √	15. ×
16. √	17. ×	18. ×	19. √	20. ×

第二章　外币业务与国际贸易结算

本章重点、要点

第一节　外汇与汇率

一、外汇

1. 外汇的定义
2. 外汇的种类

二、汇率

1. 汇率的定义
2. 汇率的标价方法
(1)直接标价法
(2)间接标价法
(3)美元标价法
3. 汇率的分类

三、汇率制度

1. 汇率制度的内容
2. 汇率制度的比较
(1)固定汇率制
(2)浮动汇率制

第二节　外汇账户的开立与管理

一、经常项目外汇账户的主要内容

1. 经常项目的概念及其特征
2. 经常项目的内容

二、经常项目外汇账户管理的主要内容

1. 经常项目外汇账户的开立
2. 经常项目外汇账户的使用范围
(1)跨境收付
(2)境内划转
(3)购、结汇
(4)存取外币现钞
3. 使用外汇账户的一般规定

三、境内机构经常项目外汇账户的开立、变更、关闭

1. 办理依据
2. 基本信息登记
3. 基本信息变更
4. 账户的开立
5. 境内机构经常项目外币现钞账户的开立
6. 账户的变更与关闭

第三节 外汇收支业务的管理

一、经常项目外汇管理的一般规定

二、货物贸易外汇收支管理制度

1. 出口收汇与进口付汇核销制度
2. 延期付款登记管理制度
3. 出口收入存放境外管理制度

三、货物贸易外汇收支管理方式的改革

1. 对试点地区企业实施动态分类管理
2. 简化出口退税凭证,调整出口报关流程
3. 加强部门联合监管

第四节 外汇汇兑损益及其核算

一、外币业务核算的内容和程序

1. 外币业务核算的内容
(1)外币业务的内容
(2)外币业务的核算要求

(3)外币账户的设置
2. 外币业务核算的程序

二、外币业务核算的基本方法

1. 外币业务核算方法概述
2. 外币业务的基本核算方法
(1)进口商品业务
(2)出口商品业务
(3)外币支付业务
(4)外币借款业务

三、货币兑换业务

四、月末汇兑损益的核算

1. 汇兑损益的概念
2. 汇兑损益的核算要求
3. 期末外币账户的调整
4. 汇兑损益的账务处理

第五节　国际贸易术语与国际贸易结算

一、贸易术语

1. E 组:发货地交货组
2. F 组:起运地交货,主要运费未付组
3. C 组:起运地交货,主要运费已付组
4. D 组:目的地交货组
5. 常用贸易术语的价格换算

二、国际结算

1. 信用证结算方式(Letter of Credit,L/C)
2. 托收结算方式(Collection)
3. 汇付结算方式(Remittance)

三、国际结算的实务处理

1. 信用证的会计处理
2. 托收的会计处理
3. 汇付的会计处理

课后习题答案

单项选择题

1. C	2. D	3. B	4. B	5. B
6. D	7. A	8. D	9. B	10. D
11. C	12. A	13. C	14. C	15. C
16. B	17. D	18. B	19. D	20. B

多项选择题

1. EA	2. ABCDE	3. ABCDE	4. ABD	5. ABCDE
6. ACDE	7. AB	8. ABCD	9. ABCD	10. ACDE
11. AD	12. BD	13. ABCD	14. ABCD	15. ABC
16. ABCDE	17. ABCDE	18. BCD	19. BDE	

判断题

1. ×	2. √	3. ×	4. ×	5. ×
6. √	7. ×	8. √	9. √	10. ×
11. ×	12. √	13. √	14. √	15. ×
16. √	17. √	18. √	19. √	20. √

综合练习

【习题 1】

1. 业务(7)中"银行存款——港元户"的入账金额

USD 40 000×7.85÷0.95＝HKD 330 526.32

2. 期末"银行存款——美元户"折算所产生的汇兑差额

(20＋3－2.5－2－0.72＋5－2.5－4)×7.96－(158＋23.64－19.675－15.6－5.652＋39.25－19.65－31.44)－16.28×7.96－128.873＝0.715 8

3. 2 月份发生的外币业务的会计分录如下：

(1)借:银行存款——美元户($30 000×7.88)　　236 400
　　贷:应收账款——应收外汇账款——A($30 000×7.88)　　236 400

(2)借:应付账款——应付外汇账款——B($25 000×7.87)　　196 750
　　贷:银行存款——美元户($25 000×7.87)　　196 750

(3)借:银行存款——人民币户($20 000×7.79)　　155 800
　　财务费用——汇兑差额　　200
　　贷:银行存款——美元户($20 000×7.8)　　156 000

(4)借:应付职工薪酬($7 200×7.85)　　56 520

贷:银行存款——美元户($7 200×7.85)　　56 520

(5)借:银行存款——美元户($50 000×7.85)　　392 500

贷:应收账款 ——应收外汇账款 ——A($50 000×7.85)　　392 500

(6)借:应付账款——应付外汇账款——B($25 000×7.86)　　196 500

贷:银行存款——美元户($25 000×7.86)　　196 500

(7)USD 40 000×7.85÷0.95=HKD 330 526.32

借:银行存款——港元户(HKD 330 526.32×0.94)　　310 694.74

财务费用——汇兑差额　　3 705.26

贷:银行存款——美元户($40 000×7.86)　　314 400

【习题 2】

(1)实收资本=1 000 万美元×8.35=8 350(万元)

(2)银行存款(外币户一美元)汇兑收益=(700+100+1 000−120)×8.4−(5 845+1 000×8.35+100×8.5−120×8.5)=87(万元)

(3)应收账款汇兑收益=(400+200−100)×8.4−(3 340+200×8.5−100×8.5)=10(万元)

(4)长期借款汇兑损失=(500−120)×8.4−(4 175−120×8.5)=37(万元)

(5)应计入损益的汇兑收益=87+10−37=60(万元)

第三章　出口贸易业务

本章重点、要点

第一节　出口业务的意义

一、出口业务的意义和作用

二、出口贸易的基本步骤

1. 出口交易前的准备
2. 交易磋商、订立合同
3. 组织出口货源
4. 履行合同、处理争议
5. 核算效益、总结得失

第二节　出口商品收购的方式及程序

一、出口商品收购的特征

二、出口商品收购的方式

1. 出口商品收购的方式
2. 出口商品交接的方式

(1)送货制

(2)提货制

(3)发货制

三、出口商品收购的程序

1. 签订购销合同、落实货源
2. 进货验收、入库出口商品
3. 结算收购货款

第三节 出口商品收购的核算

一、账户的设置

1.“在途物资”账户
2.“库存商品”账户

二、出口商品收购业务的核算

1. 购进出口商品验收入库，同时支付货款的核算
2. 购进商品先承付货款、后验收入库的核算
3. 购进出口商品先验收入库、后支付货款的核算
4. 出口商品购进的其他业务核算
(1)购货折扣和购货折让的核算
(2)购进商品溢余和短缺的核算
(3)购进商品退补价的处理
(4)拒付货款和拒收商品的核算

第四节 出口业务收入、成本、费用的核算

一、自营出口销售业务的核算

1. 自营出口销售业务概述
2. 自营出口贸易的单证管理
3. 自营出口销售核算的要求和程序
4. 自营出口销售核算的相关规定
5. 自营出口销售会计核算的账户及结构
6. 自营出口销售其他业务的核算
(1)退关
(2)销售退回

二、代理出口销售业务的核算

1. 代理出口销售业务概述
(1)代理出口销售业务的含义和种类
(2)代理出口业务的经营原则及特点
2. 代理出口业务的程序
3. 代理出口业务的核算内容及核算方法的规定
4. 代理出口业务会计核算的账户及结构
5. 代理出口销售业务的账务处理
(1)银行为委托方直接结汇的账务处理

(2)银行为委托方间接结汇的账务处理

课后习题答案

单项选择题

1. B	2. B	3. C	4. A	5. D
6. B	7. A	8. D	9. D	10. B
11. B	12. B	13. B	14. C	15. C
16. B	17. B	18. C	19. D	20. B

多项选择题

1. BCD	2. ABC	3. ABC	4. ABCD	5. ABCDE
6. BC	7. ABC	8. AB	9. ABCD	10. ABCD
11. CD	12. BCD	13. ABCD	14. BC	15. ABC
16. ABCD	17. ABC	18. AD	19. AB	20. ABCD

判断题

1. ×	2. √	3. √	4. ×	5. ×
6. ×	7. √	8. ×	9. √	10. √
11. √	12. ×	13. ×	14. √	15. √
16. ×	17. √	18. √	19. ×	20. √

综合练习

【习题 1】

(1)AB

【解析】交单日,该公司在确认收入的同时结转成本,选项 A、B 正确。选项 C 虽然也是结转成本,但根据题意,该笔出口业务并未采用提前托运的方式,故无需通过“待运和发出商品”账户。选项 D 结算金额为扣除佣金后金额,本题应为支付给中间商的暗佣,故不应如此处理。

(2)B

【解析】暗佣的处理应蓝字借记主营业务收入,故选项 B 正确。会计分录为:

借:主营业务收入——自营出口销售收入(甲商品)($1 152×6.87)

7 914.24

贷:应付账款——应付外汇账款——国外中间商佣金($1 152×6.87)

7 914.24

选项A是明佣的处理方法，选项C为累计佣金的处理方法。各类佣金均不通过“管理费用”账户。

(3)CD

【解析】在自营出口业务中，海外运保费的支付，均冲减“主营业务收入”账户，故选项C核算的是保险费，选项D则核算海外运费。“销售费用”账户一般用以核算各项国内费用。

(4)C

【解析】出口退税的计算一般需经过以下步骤：

①当期免抵退税不得免征和抵扣税额＝57 600×6.85×(17%－9%)＝31 564.8(元)

该部分应作进项税额转出处理，会计分录如下：

借：主营业务成本——自营出口销售成本(甲商品)　　31 564.8

　　贷：应交税费——应交增值税(进项税额转出)　　31 564.8

②当期应纳税额＝620 000×17%－(580 000×17%－31 564.8)－79 800＝－41 435.2(元)＜0

当期期末留抵税额＝41 435.2(元)

③当期免抵退税额＝57 600×6.85×9%＝35 510.4(元)

④当期免抵退税额35 510.4(元)＜当期期末留抵税额41 435.2(元)

⑤当期应退税额＝当期免抵退税额＝35 510.4(元)

按规定当期应予以退回税款的会计分录如下：

借：其他应收款——应收出口退税　　35 510.4

　　贷：应交税费——应交增值税(出口退税)　　35 510.4

⑥未退还增值税＝41 435.2－35 510.4＝5 924.8(元)，结转下期继续抵扣。

(5)ABCD

【解析】选项A为国内采购业务的账务处理，选项B为内销业务的账务处理，选项C为免抵退税不得免征和抵扣的税额，作进项税额转出处理，选项D为按规定应予以退回税款的会计分录。

【分录详解】

业务(1)

借：应收账款——应收外汇账款(×客户)($57 600×6.85)　　3 945 600

　　贷：主营业务收入——自营出口销售收入(甲商品)($57 600×6.85)　　3 945 600

借：主营业务成本——自营出口销售成本(甲商品)　　288 000

　　贷：库存商品——甲商品　　288 000

业务(2)

借：主营业务收入——自营出口销售收入(甲商品)($1 152×6.87)　　7 914.24

　　贷：应付账款——应付外汇账款——国外中间商佣金($1 152×6.87)　　7 914.24

业务(3)

借：主营业务收入——自营出口销售收入(甲商品)($1 900×6.85)　13 015

　　贷：应付账款——应付保险费($1 900×6.85)　　13 015

业务(4)

借:主营业务收入——自营出口销售收入(甲商品)(＄1 470×6.85) 10 069.50

贷:应付账款——应付运费(＄1 470×6.85) 10 069.50

业务(5)

借:在途物资 580 000

应交税费——应交增值税(进项税额) 98 600

贷:应付账款 678 600

业务(6)

借:应收账款 725 400

贷:主营业务收入 620 000

应交税费——应交增值税(销项税额) 105 400

业务(7)

借:主营业务成本——自营出口销售成本(甲商品) 31 564.8

贷:应交税费——应交增值税(进项税额转出) 31 564.8

借:其他应收款——应收出口退税 35 510.4

贷:应交税费——应交增值税(出口退税) 35 510.40

【习题 2】

(1)借:在途物资 1 400 000

应交税费——应交增值税(进项) 238 000

贷:银行存款 1 638 000

借:库存商品 1 400 000

贷:在途物资 1 400 000

(2)借:发出商品——外销服装 1 400 000

贷:库存商品——外销服装 1 400 000

(3)借:应收账款——应收外汇账款(＄250 000×6.72) 1 680 000

贷:主营业务收入——自营出口销售收入(＄250 000×6.72) 1 680 000

借:主营业务成本——自营出口销售成本 1 400 000

贷:发出商品——外销服装 1 400 000

(4)借:银行存款(＄250 000×6.71) 1 677 500

贷:应收账款——应收外汇账款(＄250 000×6.71) 1 677 500

(5)借:主营业务收入——自营出口销售收入(＄3 900×6.69) 26 091

贷:应付账款——应付外汇账款(佣金)(＄3 900× 6.69) 26 091

(6)借:主营业务收入——自营出口销售收入(＄5 200×6.67) 34 684

贷:应付账款——应付外汇账款(运费)(＄5 200×6.67) 34 684

(7)借:主营业务收入——自营出口销售收入(＄1 420×6.66) 9 457.20

贷:应付账款——应付外汇账款(保费)(＄1 420×6.66) 9 457.20

(8)借:其他应收款——应收出口退税 224 000

主营业务成本 14 000

贷:应交税费——应交增值税(出口退税) 224 000

——应交增值税(进项税转出) 14 000

(9)借:银行存款 224 000

贷:其他应收款——应收出口退税 224 000

(10)借:主营业务收入——自营出口销售收入 100 800

贷:应付账款(银行存款) 100 800

借:在途物资(库存商品)——国外退货 84 000

贷:主营业务成本——自营出口销售成本 84 000

(11)借:应交税费——应交增值税(出口退税) 13 440

贷:银行存款 13 440

借:应交税费——应交增值税(进项税额转出) 840

贷:主营业务成本——自营出口销售成本 840

【习题 3】

(1)借:库存商品——库存出口商品——C 型箱包(2 000 只) 380 000

应交税费——应交增值税——进项税额 64 600

贷:应付账款——应付国内账款 444 600

(2)借:应收账款——应收外汇账款——TT 公司(USD 93 120×6.50)

605 280.00

贷:主营业务收入——自营出口销售收入(USD 96 000×6.50)

624 000.00

主营业务收入——自营出口销售收入(USD 2 880×6.50)

18 720.00(红字)

借:主营业务成本——自营出口销售成本 380 000

贷:库存商品——库存出口商品——C 型箱包 380 000

(3)借:主营业务收入——自营出口销售收入——C 型箱包(USD 734×6.50)

4 771

贷:应付账款——应付外汇账款——运费(USD 734×6.50) 4 771

(4)借:主营业务收入——自营出口销售收入——C 型箱包(USD 98×6.50)

637

贷:应付账款——应付外汇账款——保险公司(USD 98×6.50) 637

(5)借:其他应收款——应收出口退税(2 000×190×13%) 49 400

主营业务成本——自营出口销售成本(2 000×190×4%) 15 200

贷:应交税费——应交增值税——出口退税 49 400

——应交增值税——进项税转出 15 200

【习题 4】

(1)借:代管物资——H 型医疗器械(2 000 件) 300 000

(2)借:代管物资——发出商品——H 型医疗器械(2 000 件) 300 000

贷:代管物资——H 型医疗器械(2 000 件) 300 000

(3)借:应收账款——应收外汇账款(＄75 600×6.305 0) 476 658

贷:应付账款——应付国内中间商(＄2 268×6.305 0) 14 299.74

——光新医疗器械工业公司(＄73 332×6.305 0) 462 358.26

代管物资——发出商品——H 型医疗器械(2 000 件)　　300 000

(4)借:应付账款——光新医疗器械工业公司　　710

贷:银行存款　　710

或　借:应收账款——光新医疗器械工业公司　　710

贷:银行存款　　710

(5)借:应付账款——光新医疗器械工业公司($14 000×6.305 0)　　88 270

贷:银行存款($14 000×6.305 0)　　88 270

或　借:应收账款——光新医疗器械工业公司($14 000×6.305 0)　　88 270

贷:银行存款($14 000×6.305 0)　　88 270

(6)借:银行存款(待核查账户)($75 600×6.305 0)　　476 658

贷:应收账款——应收外汇账款($75 600×6.305 0)　　476 658

(7)借:银行存款($75 600×6.299 0)　　476 204.4

应付账款——光新医疗器械工业公司(汇兑损益)　　453.6

贷:银行存款(待核查账户)($75 600×6.305 0)　　476 658

借:应付账款——光新医疗器械公司[(73 332−14 000)×6.305−710−453.6]

372 924.66

贷:其他业务收入(代理费)(USD 756×6.305 0)　　4 766.58

银行存款　　368 158.08

或　借:应付账款——光新医疗器械工业公司(USD 73 332×6.305 0)

462 358.26

贷:其他业务收入(代理费)(USD 756×6.305 0)　　4 766.58

银行存款　　368 158.08

应收账款——运保费(USD 14 000×6.305 0)　　88 270

——国内费用　　710

——汇兑损益　　453.6

借:应付账款——国内中间商($2 268×6.305 0)　　14 299.74

贷:银行存款　　14 299.74

第四章　出口退税核算

本章重点、要点

第一节　出口退税的原则和作用

一、我国出口货物退(免)税政策的历史沿革

二、近期出口货物退(免)税政策改革

1. 政策优扶
2. 系统升级
3. 外汇改革
4. 防范骗税

三、出口货物退(免)税宏观调控基本原则及其作用

1. 出口货物退(免)税的概念
2. 出口货物退(免)税的特点
3. 出口货物退(免)税的原则
4. 出口货物退(免)税的作用

第二节　我国现行的出口退税政策

一、出口货物退(免)税立法依据

二、出口货物退(免)税的主体范围

三、出口退(免)税的货物范围

1. 享受出口退(免)税的基本条件
2. 特准退(免)税的货物范围
3. 享受出口免税的货物范围

四、出口货物退(免)税的种类及方法

1. 出口货物退(免)增值税
2. 出口货物退(免)消费税

五、出口货物退(免)税的税率

1. 增值税退税率
2. 消费税退税率

六、出口货物退(免)税的计税依据

1. 外贸企业出口货物应退增值税税额的计税依据
2. 外贸企业出口货物应退消费税税额的依据
3. 自营生产企业出口货物应退(免)增值税税额的计税依据
4. 自营生产企业出口货物应退(免)消费税税额的依据

七、出口货物退(免)税凭证

八、出口货物退(免)税的期限和地点

1. 出口货物退(免)税的期限
2. 出口货物退(免)税的地点

九、出口货物退(免)税的预算级次

第三节　生产企业自营出口的退(免)税核算

一、生产企业出口货物退(免)税政策

1. 基本规定
2. 出口退(免)税申报期限
3. 生产企业从事加工贸易的税收政策

二、一般贸易出口货物"免、抵、退"税操作指南

1. 主要操作程序
2. 办理免、抵、退税申报所需资料
3. 免、抵、退税的计算方法
4. 免、抵、退税的会计处理

第四节 外贸企业的退(免)税核算

一、外贸企业出口货物退(免)税政策

1. 规范外贸经营秩序的有关规定
2. 出口货物视同内销征税的有关规定
3. 出口货物退(免)税单证备案制度
4. 出口退税违章处罚的有关规定

二、外贸企业出口退税计算及申报要求

1. 外贸企业出口退税的计算
(1)外贸企业出口货物应退增值税的计算
(2)外贸企业出口货物应退消费税的计算
2. 外贸企业出口退税申报资料要求
3. 外贸企业出口退税申报凭证的装订要求
4. 外贸企业出口退税业务办理期限

三、外贸企业增值税纳税申报的有关要求

1. 外贸企业出口货物的增值税纳税申报
2. 外贸企业出口货物视同内销征税的增值税纳税申报

四、外贸企业出口退税的有关会计核算

1. 外贸企业出口退税核算的关键环节
2. 外贸企业出口货物退税核算应用举例
(1)一般贸易出口货物的会计核算
(2)进料加工出口货物的会计核算

五、外贸企业有关出口货物退(免)税证明的办理要求

1. 出口货物退运已办结税务证明
2. 进料加工贸易免税证明
3. 代理出口货物证明
4. 外贸企业出口视同内销征税货物进项税额抵扣证明
5. 补办出口货物报关单证明

课后习题答案

单项选择题

1. A　　2. A　　3. D　　4. B　　5. A

6. C	7. A	8. B	9. B	10. B
11. B	12. A	13. D	14. D	15. B
16. B	17. C	18. D	19. B	20. B

多项选择题

1. AB	2. ABCD	3. ABCD	4. ABCD	5. ABDE
6. ABCD	7. ABCD	8. ABCD	9. ABCD	10. ABC
11. ABC	12. ABC	13. ABCD	14. ABCD	15. ABC
16. AB	17. ABCD	18. ABCD	19. ABCD	20. ABCD

判断题

1. √	2. √	3. √	4. ×	5. ×
6. √	7. √	8. ×	9. √	10. √
11. ×	12. √	13. √	14. √	15. √
16. √	17. ×	18. ×	19. √	20. √

综合练习

【习题 1】

免抵退税不得免征和抵扣税额＝＄500 000×6.32×(17％－16％)＝31 600(元人民币)

应纳税额＝780 000×17％－[610 000×17％－31 600]－38 000＝－22 500(元人民币)

免抵退税额＝＄500 000×6.32×16％＝505 600(元人民币)

所以，应退税额为 22 500 元人民币。

【习题 2】

来料加工贸易复出口货物所耗进项税额转出＝60×90÷(200＋100)＝18(万元)

当期免抵退不得免征和抵扣税额＝(200－90)×(17％－13％)＝4.4(万元)

应纳增值税＝100×17％－(60－18－4.4)－3＝－23.6(万元)

免抵退税额＝(200－90)×13％＝14.3(万元)

应退税额＝14.3(万元)

免抵税额＝0

【习题 3】

(1)外购原、辅材料，备件，能耗等，会计分录为：

借：原材料等科目	5 000 000	
应交税费——应交增值税(进项税额)	850 000	
贷：银行存款		5 850 000

(2)产品外销时，会计分录为：

借:应收账款——应收外汇账款　　24 000 000

　贷:主营业务收入　　24 000 000

(3)内销产品,会计分录为:

借:银行存款　　3 510 000

　贷:主营业务收入　　3 000 000

　　应交税费——应交增值税(销项税额)　　510 000

(4)月末,计算当月出口货物不予抵扣和退税的税额

不得免征和抵扣税额=当期出口货物离岸价×人民币外汇牌价×(征税率－退税率)

=2 400 ×(17%－15%)=48(万元)

借:主营业务成本　　480 000

　贷:应交税费——应交增值税(进项税额转出)　　480 000

(5)计算应纳税额

本月应纳税额=销项税额－进项税额

=销项税额－(进项税额＋上期留抵税款－当期不予抵扣或退税的金额)

=51－(85＋5－48)=9(万元)

结转后,月末"应交税费——未交增值税"账户贷方余额为 90 000 元。

(6)实际缴纳时

借:应交税费——未交增值税　　90 000

　贷:银行存款　　90 000

(7)计算应免抵税额

应免抵税额=免抵退税额=出口货物离岸价×外汇人民币牌价×出口货物退税率

=2 400×15%=360(万元)

借:应交税费——应交增值税(出口抵减内销产品应纳税额)　　3 600 000

　贷:应交税费——应交增值税(出口退税)　　3 600 000

【习题 4】

(1)D　(2)C　(3)A　(4)A　(5)A　(6)C　(7)B

【解析】

(1)一月份

(500＋10)×17%－[600×17%－30×7.30×(17%－13%)]

=95.20－(102－8.76)

=1.96(万元)

本月应纳的增值税为 1.96 万元,所以不再退税。

(2)二月份

500×17%－[650×17%－20×7.35×(17%－13%)－20×17%]

=85－(110.5－5.88－3.40)

=－16.22(万元)

所以,本月可予办理出口退税 16.22 万元。

(3)三月份

420×17%－[480×17%－40×7.40×(17%－13%)]－16.22

=71.40－[(81.60－11.84)]－16.22

＝－14.58(万元)

所以,本月可以办理出口退税,又因为:

40×7.40×13%＝38.48(万元)＞14.58(万元)

所以,本月准予退税14.58万元。

(4)四月份

180×17%－[850×17%－35×7.35×(17%－13%)－50×17%]

＝30.60－(144.50－10.29－8.50)

＝－95.11(万元)

所以,本月可以办理出口退税,又因为:

35×7.35×13%＝33.44(万元)＜95.11(万元)

本月准予退还增值税33.44万元,未退还增值税61.67万元,结转下期继续抵扣。

(5)一月份会计分录:

借:应交税费——应交增值税　　19 600

　　贷:银行存款　　19 600

(6)三月份会计分录:

借:其他应收款　　145 800

　　贷:应交税费——应交增值税　　145 800

(7)四月份会计分录:

借:其他应收款　　334 400

　　贷:应交税费——应交增值税　　334 400

第五章　进口贸易业务

本章重点、要点

第一节　进口业务的种类和基本程序

一、进口贸易业务的含义

二、进口贸易业务的种类和程序

1. 进口贸易业务的种类
2. 进口贸易业务的程序

三、进口贸易对进口单据应严格审核

1. 发票
2. 提单

第二节　进口业务采购与销售的核算

一、进口商品的采购成本构成

1. 国外进价
2. 进口税金

(1)进口关税

(2)进口增值税及消费税

二、账户设置

三、自营进口商品购进的核算

四、进口商品销售收入的结算

五、自营进口销售业务的明细分类核算

六、代理进口业务的核算

第三节 进口业务销货退回的核算

一、销货退回的核算

二、资产负债表日后销货退回事项的核算

1. 报告年度所得税汇算清缴前的销货退回账务处理
2. 报告年度所得税汇算清缴后的销货退回账务处理

第四节 进口业务索赔和理赔的核算

一、索赔与索赔条款

二、索赔的对象和内容

三、索赔的证明文件和有效期限

四、处理索赔的方式

五、进口索赔应注意的问题

课后习题答案

单项选择题

1. B	2. C	3. C	4. B	5. D
6. C	7. D	8. D	9. A	10. D
11. A	12. D	13. B	14. B	15. D
16. C	17. B	18. A	19. A	20. A

多项选择题

1. ACD	2. BE	3. AD	4. ABD	5. BCD
6. ABD	7. BD	8. AB	9. ABCD	10. ABD

11. ABD	12. BC	13. ABCDE	14. BDE	15. ABCDE
16. ABCDE	17. ABCE	18. BCD	19. ACD	

判断题

1. √	2. √	3. ×	4. ×	5. ×
6. √	7. √	8. √	9. ×	10. √
11. √	12. ×	13. ×	14. √	15. √
16. ×	17. √	18. √	19. ×	20. ×

综合练习

【习题 1】

1. 4 月 3 日，购入甲商品

借：在途物质——甲商品	30 450	
应交税费——应交增值税（进项税额）	5 100	
贷：银行存款		35 550

2. 4 月 10 日，商品验收入库

借：库存商品——甲商品	30 450	
贷：在途物质——甲商品		30 450

3. 4 月 15 日，出口甲商品

借：应收外汇账款（USD 5 000×6.82）	34 100	
贷：主营业务收入——自营出口销售收入		34 100

同时结转销售成本：

借：主营业务成本——自营出口销售成本	30 450	
贷：库存商品——甲商品		30 450

4. 4 月 20 日，支付海运运费和海运保险费

借：主营业务收入——自营出口销售收入（运费和保险费）	6 693.4	
贷：银行存款（USD 980×6.83）		6 693.4

5. 4 月 30 日，编制出口退税

借：其他应收款——应收出口退税	5 100	
贷：应交税费——应交增值税（出口退税）		5 100

6. 4 月 30 日，货款结汇

借：银行存款（USD 5 000×6.85）	34 250	
贷：应收外汇账款（USD 5 000×6.82）		34 100
汇兑损益		150

7. 5 月 3 日，收到税务部门退来税款

借：银行存款	5 100	
贷：其他应收款——应收出口退税		5 100

【习题 2】

1.借:在途物资——在途进口物资——油料(FOB)　　758 400
　　贷:银行存款——美元户(USD 120 000×6.32)　　758 400

同时向国内用户结算货款

　借:应收账款——应收国内账款——××国内客户　　1 825 200
　　贷:主营业务收入——自营进口销售收入——油料　　1 560 000
　　　应交税费——应交增值税(销项税额)　　265 200

2.借:在途物资——在途进口物资——油料　　45 504
　　贷:银行存款——美元户(USD 7 200×6.32)　　45 504

3.借:在途物资——在途进口物资——油料　　2 275.20
　　贷:银行存款——美元户(USD 360×6.32)　　2 275.20

4.借:在途物资——在途进口物资——油料(关税)　　96 741.50
　　贷:应交税费——应交进口关税　　96 741.50
　借:应交税费——应交进口关税　　96 741.50
　　　　——应交增值税(进项税额)　　153 496.52
　　贷:银行存款　　250 238.02

5.借:主营业务成本——自营进口销售成本——油料　　910 020.70
　　贷:在途物资——在途进口物资——油料　　910 020.70

【习题 3】

1.6 月 5 日,冲转商品销售收入

　借:主营业务收入——自营出口销售收入(USD 50 000×6.82)　　341 000
　　　　——自营出口销售收入(出口佣金)　　6 820
　　贷:应收账款——应收外汇账款　　347 820

冲转商品销售成本:

　借:待运和发出商品——服装　　375 000
　　贷:主营业务成本——自营出口销售成本　　375 000
　借:待处理财产损溢　　8 934.2
　　贷:主营业务收入——自营出口销售收入(国外运费)　　8 184
　　　　——自营出口销售收入(国外保险费)　　750.2
　　　销售费用　　1 650

2.6 月 7 日,支付退货运费、保险费

　借:待处理财产损溢　　8 947.3
　　贷:银行存款——美元户(USD 1 310×6.83)　　8 947.3

3.6 月 8 日,支付国内运费、装卸费

　借:待处理财产损溢　　1 600
　　贷:银行存款——人民币户　　1 600

4.6 月 10 日,退回商品入库

　借:库存商品——库存出口商品(服装)　　375 000
　　贷:待运和发出商品——服装　　375 000

5.6 月 12 日,结转待处理财产损溢

借:营业外支出 19 481.5

贷:待处理财产损溢 19 481.5

【习题 4】

1.4 月 3 日,接到单据时

借:材料采购——进口材料采购 818 400

贷:其他货币资金——信用证存款(USD 120 000×6.82) 818 400

2.4 月 5 日,支付国外运保费时

借:材料采购——进口材料采购 18 441

贷:银行存款(USD 2 700×6.83) 18 441

3.4 月 10 日,原料到岸申报关税时

借:材料采购——进口材料采购 167 368.2

贷:应交税费——应交进口关税 167 368.2

4.4 月 22 日,收到佣金时

借:银行存款——美元户(USD 1 500×6.82) 10 230

贷:材料采购——进口材料采购 10 230

5.4 月 23 日,原料验收入库时

借:库存商品——库存进口商品 993 979.2

贷:材料采购——进口材料采购 993 979.2

6.4 月 25 日,支付进口关税、增值税时

借:应交税费——应交进口关税 167 368.2

——应交增值税(进项税额) 170 715.6

贷:银行存款 338 083.8

第六章 易货及加工补偿贸易

本章重点、要点

第一节 易货贸易概述及核算

一、易货贸易概述

二、易货贸易的核算

1. 易货贸易账务处理的原则
2. 易货贸易账务处理的账户
3. 易货贸易进口销售的作价原则
4. 易货贸易账务处理的方法

(1)易货贸易出口业务的核算
(2)易货贸易进口业务的核算
(3)年末易货贸易的盈亏账务处理方法

第二节 加工贸易流程

一、加工贸易概念

1. 加工贸易的定义
2. 加工贸易的种类

(1)进料加工
(2)来料加工
(3)装配业务
(4)协作生产

3. 加工贸易的合同
4. 加工贸易与一般贸易的关系

二、保税

1. 保税的定义

2. 保税的形式
3. 监管手续费
4. 加工贸易流程

三、加工贸易流程

第三节　加工贸易银行保证金台账制度

一、加工贸易银行保证金台账的概念

二、加工贸易银行保证金台账制度内容

1. 台账制度的核心内容
2. 不实行台账制的情况
3. 加工贸易银行保证金台账的运作程序
4. 加工贸易税收银行保证金台账制度构成因素
5. 台账制度下相关账务处理

第四节　来料加工、进料加工及补偿贸易的账务处理

一、来料加工贸易的账务处理

1. 来料加工的概念
2. 来料加工企业设立程序
3. 来料加工企业的海关监管
4. 来料加工企业会计核算的会计政策
5. 来料加工企业会计核算内容
6. 来料加工的账务处理
7. 来料加工企业的税金核算
8. 进口设备的会计核算
9. 国内采购设备的会计核算

二、进料加工贸易的账务处理

1. 进料加工的概念
2. 进料加工的税务特点
3. 对进料加工料、件的海关监管
4. 进料加工贸易的账务处理
5. 进料加工出口退税及会计处理
6. 进料加工与来料加工的区别

三、补偿贸易的账务处理

课后习题答案

单项选择题

1. D	2. D	3. D	4. B	5. A
6. D	7. D	8. C	9. D	10. B
11. A	12. B	13. D	14. B	15. A
16. D	17. C	18. C	19. D	20. D

多项选择题

1. ABCDE	2. BDE	3. ABCE	4. ACD	5. ACD
6. ABCDE	7. ABCDE	8. ABCDE	9. ABDE	10. ABCE
11. BC	12. ABCDE	13. ADE	14. ABC	15. ABE
16. AC	17. AB	18. ABCE	19. ABCD	20. BCDE

判断题

1. ×	2. √	3. √	4. √	5. ×
6. √	7. √	8. ×	9. ×	10. ×
11. √	12. ×	13. √	14. ×	15. ×
16. √	17. √	18. ×	19. √	20. √

综合练习

【习题1】

1.借:在途物资——坯布	800	
应交税费——应交增值税(进项税额)	136	
贷:银行存款		936
借:库存商品——坯布	800	
贷:在途物资——坯布		800
2.借:在途物资——进口商品——坯布	164	
贷:银行存款		164
借:库存商品——进口商品——坯布	164	
贷:在途物资——进口商品——坯布		164

3.借:委托加工物资——服装 964
　　贷:库存商品——坯布 800
　　　　进口商品——坯布 164
4.借:委托加工物资——服装 400
　　贷:银行存款 400
　借:库存商品——服装 1 364
　　贷:委托加工物资——服装 1 364
5.借:应收账款——应收外汇账款 1 775
　　贷:主营业务收入——自营出口销售收入 1 775
　借:主营业务成本——自营出口销售成本 1 364
　　贷:库存商品——服装 1 364
6.借:其他应收款——应收出口退税 120
　　主营业务成本——自营出口销售成本 16
　　贷:应交税费——应交增值税(出口退税) 120
　　　　　　——应交增值税(进项税转出) 16
7.借:银行存款 120
　　贷:其他应收款——应收出口退税 120

【习题 2】

1.借:在途物资——进料加工 675 000
　　贷:银行存款——美元户(＄90 000×7.50) 675 000
2.借:应交税费——应交关税(＄90 000×0.15×7.50×20%) 20 250
　　　　　——应交增值税[(675 000+20 250)×17%×15%] 17 728.88
　　贷:银行存款 37 978.88
　借:在途物资——进料加工 20 250
　　贷:应交税费——应交关税 20 250
　借:原材料(675 000+20 250) 695 250
　　贷:在途物资——进料加工 695 250
3.借:应收账款——加工厂 819 000
　　贷:主营业务收入 700 000
　　　　应交税费——应交增值税——进料价(销项税额) 119 000
　借:主营业务成本 695 250
　　贷:原材料 695 250
4.借:库存商品——服装 900 000
　　应交税费——应交增值税——进料加工 153 000
　　贷:应收账款——加工厂 1 053 000
5.借:应收账款——应收外汇账款(外商) 1 071 000
　　贷:主营业务收入——自营出口销售收入(＄140 000×7.65) 1 071 000
　借:主营业务成本——自营出口销售成本 900 000
　　贷:库存商品——服装 900 000

第七章 进出口企业财务会计报表

本章重点、要点

第一节 财务会计报表概述

一、财务会计报表的概念和作用

二、财务会计报表的分类

三、财务会计报表的编制要求

四、进出口企业财务报表体系

第二节 进出口企业外部报表的编制

一、资产负债表

1. 资产负债表的结构
2. 资产负债表的编制方法

二、利润表

1. 利润表的概念及作用
2. 利润表的格式及内容
3. 利润表的编制方法

三、现金流量表

1. 现金流量表的概念及作用
2. 现金流量表的编制基础
3. 现金流量表的格式及内容
4. 现金流量表的编制方法

第三节　进出口企业内部管理用报表

一、内部管理用报表的作用及特点

1. 内部管理用报表的作用
2. 内部管理用报表的特点

二、主要进口商品销售成本及盈亏表

1. 主要进口商品销售成本及盈亏表的设计原理
2. 主要进口商品销售成本及盈亏表具体项目的填列方法

三、主要出口商品成本及盈亏表

1. 主要出口商品销售成本及盈亏表的设计原理
2. 主要出口商品成本及盈亏表具体项目的填列方法

课后习题答案

单项选择题

1. D	2. D	3. C	4. A	5. D
6. B	7. C	8. B	9. B	10. D
11. D	12. C	13. A	14. D	15. C
16. D	17. D	18. C	19. D	20. C

多项选择题

1. BCD	2. ABCD	3. ABCD	4. ABCD	5. ABC
6. BCD	7. ABC	8. ABC	9. AC	10. BCD
11. BCD	12. ABCD	13. CD	14. ABCD	15. ABC
16. ABD	17. ABC	18. ABC	19. ABCD	20. ABCD

判断题

1. √	2. √	3. ×	4. ×	5. ×
6. ×	7. √	8. √	9. ×	10. ×
11. √	12. ×	13. ×	14. ×	15. √

16. × 17. √ 18. √ 19. √ 20. ×

综合练习

【习题一】

(1)240+7 640=7 880;“货币资金”项目,应根据“库存现金”、“银行存款”、“其他货币资金”科目的期末余额合计计算填列。

(2)680+1 120+220=2 020;“应收账款”项目,应根据“应收账款”、“预收账款”总账科目所属明细科目的借方余额之和,减去“坏账准备”账户中有关应收账款计提的坏账准备填列,即按扣减后的净额填列。

(3)1 340+1 180+60=2 580;“预付款项”项目,应根据“预付账款”、“应付账款”总账科目所属明细科目的借方余额之和,减去“坏账准备”账户中有关预付账款计提的坏账准备期末余额后的净额填列。

(4)11 920+7 460+7 540=26 920;“存货”项目,应根据“材料采购”(或“在途物资”)、“原材料”、“包装物”、“低值易耗品”、“委托加工物资”、“生产成本”、“自制半成品”、“库存商品”、“材料成本差异”等账户的期末余额合计后,减去“存货跌价准备”账户期末余额后的净额填列。

(5)163 080−28 920=134 160;“固定资产”,应根据“固定资产”科目的期末余额扣减“累计折旧”和“固定资产减值准备”后的净额填列。

(6)15 200;“长期借款”项目,应根据“长期借款”账户的期末余额扣减“长期借款”账户所属明细分类账户中反映的将于一年内到期的长期借款部分分析计算填列,即扣除将于一年内(含一年)到期的部分后的金额填列。

(7)940+1 300+200=2 440;“应付账款”项目,应根据“应付账款”、“预付账款”总账科目所属明细科目的贷方发生额计算填列。

(8)780+1 020+340=2 140;“预收款项”项目,应根据“预收账款”、“应收账款”总账科目所属的明细科目的贷方发生额计算填列。

【习题 2】

(1)A (2)B (3)B (4)D (5)C

【解析】

存货=1 380 000+200 000+360 000+440 000−2 700=2 377 300

应收账款=280 000

预收账款=710 000+60 000=770 000

应付账款=969 800+84 000=1 053 800

预付账款=112 000+480 000=592 000

【习题 3】

(1)A (2)C (3)ABC (4)B (5)BC (6)D

【解析】

(1)利润表的“上期金额”栏各项目数字,应根据上年该期利润表的“本期金额”栏内所列数字填列。

(2)利润表的“本期金额”栏各项目数字,除“基本每股收益”和“稀释每股收益”项目外,应根据相关账户的本期发生额分析填列。

(3)营业外收入不属于营业收入项目。

(4)营业利润即以营业收入减去营业成本、营业税金及附加、销售费用、管理费用、财务费用、资产减值损失，加上公允价值变动收益(减去公允价值变动损失)和投资收益(减去投资损失)。选项A没有减去期间费用，选项B为营业利润，选项C为利润总额，选项D为净利润。

(5)利润总额，即以营业利润加上营业外收入，减去营业外支出。

(6)净利润，即以利润总额减去所得税费用。

参考文献

1. 中国注册会计师协会:《会计》,中国财政经济出版社 2014 年版。

2. 中国注册会计师协会:《税法》,经济科学出版社 2014 年版。

3. 企业会计准则编审委员会:《企业会计准则案例讲解》,立信会计出版社 2014 年版。

4. 中国对外贸易经济合作企业协会、全国外经贸从业人员考试中心:《外贸会计实务教程》,科学技术文献出版社 2011 年版。

5. 于强、穆延荣:《外经贸会计实务》,天津大学出版社 2011 年版。

6. 丁元霖:《外贸会计》(第四版),立信会计出版社 2014 年版。